山东行政学院优秀教案

山东行政学院教务处　编

山东大学出版社

图书在版编目(CIP)数据

山东行政学院优秀教案/山东行政学院教务处编.
—济南:山东大学出版社,2019.10
ISBN 978-7-5607-6499-3

Ⅰ.①山… Ⅱ.①山… Ⅲ.①中国共产党—党校—教案(教育)—汇编—济南 Ⅳ.①D261.41

中国版本图书馆 CIP 数据核字(2019)第 243270 号

策划编辑:刘 彤
责任编辑:李云霄
封面设计:张 荔

出版发行:山东大学出版社
社 址 山东省济南市山大南路 20 号
邮 编 250100
电 话 市场部(0531)88363008
经 销:新华书店
印 刷:泰安金彩印务有限公司
规 格:720 毫米×1000 毫米 1/16
24.75 印张 458 千字
版 次:2019 年 10 月第 1 版
印 次:2019 年 10 月第 1 次印刷
定 价:48.00 元

目　录

以高水平开放推动山东高质量发展

刘　泽

[教学目的]

以本省处级公务员为培训对象，通过该课程培训，期望达到以下教学目标：

1.使学员理解什么是高水平开放，提出高水平开放的国内外背景是什么。

2.使学员了解改革开放以来山东开放发展的历史与现状、优势与不足。

3.阐述新时期山东省如何通过高水平开放推动高质量发展。

[教学重点]

1.分析新时期我国高水平开放的必要性以及所面临的国内外新形势。

2.分析山东开放发展的优势和劣势。

3.联系山东实际，提出新时期如何高水平开放。

[教学形式]

以讲授为主，中间穿插案例，提高互动教学效果。

[教学内容]

案例引入：中美贸易战

2018 年，特朗普政府挑起了中美贸易战。从 3 月上旬到现在，从贸易摩擦演变为贸易战。先是以威胁国家安全为名，美国总统特朗普于 2018 年 3 月8 日签署公告，对进口自中国的钢铁和铝产品分别加征 25％和 15％的关税，于 3 月 23 日生效。作为对美进口钢铁和铝 232 措施的反制政策，3 月 23 日国务院关税税则委员会决定自 2018 年 4 月 2 日起对自美进口的 128 项产品加征 15％或 25％的关税，包括鲜水果、干果及坚果制品、葡萄酒、猪肉等。之后，围绕 301 调查正式打响了贸易战，大体有三个阶段：互拉清单、三次谈判、开战。3 月 22 日，特朗普签署了总统备忘录，准备对约 600 亿美元进口自中国的商品加征关税，4 月 3 日，征税总价值降为 500 亿美元，美国贸易代表署建议对清单上的中国产品征收额外 25%的关税，征税对象直指中国制造 2025。4 月 4 日，中方也列出了价值 500 亿美元的清单，对原产于美国的大豆、汽车、飞机等 14 类 106 项进口商品加征 25%的关税。任何贸易战都是“杀敌一千，自损八百”。为了避免贸易战的爆发，从 5 月 3 日到 6 月 4 日，中美之间经过了三次磋商，但均未达成预期成果。7 月 6 日，美国对进口自中国的 340 亿美元商品加征 25%关税的措施正式生效，标志着中美贸易战第一枪打响。8 月 23 日，美国在 301 调查项下对自中国进口的 160 亿美元产品加征 25%关税的措施正式生效，意味着中美贸易战的第二枪打响。作为回应，中国从 8 月 23 日 12 时 1 分起正式对约 160 亿美元自美进口产品加征 25%的关税。

还记得那艘成为网红的货轮吗？7 月 6 日，一艘装载着 7 万吨美国大豆的货船以 13.5 节的最大航速拼命“奔”向中国大连港，想赶在 7 月 6 日中午 12 时加征关税之前到达。结果，还是没赶上。40 多天后，8 月 11 日，靠泊大连大窑湾北良港，12 日开始卸货作业，13 日货主正式向海关申报进口上述大豆。该货船在加征关税之前，只需缴纳 440 多万元的税，如今按照新实施的加征 25%的税率计算，这批大豆就需要缴纳 4024 万元左右的税款。

2018 年下半年，中国经济面临的最大不确定性就是中美贸易摩擦的演变。

思考 1：特朗普政府为什么要发起中美贸易战？

思考 2：中美贸易战反映出新时期中国开放发展的环境有哪些变化？

(一)高水平开放是我国新时期高质量发展的现实要求

1. 我国开放发展的阶段性特征

一个国家是否属于“开放型”经济体，主要看两点：第一，国家层面是否积极主动地扩大对外经济交往；第二，国家是否放宽政策，放开或者取消各种限制，不再采取封锁国内市场和国内投资场所的保护政策。中国近现代，尽管与其他国家一直有经贸往来，但真正意义上的开放发展是从党的十一届三中全会后开始的。1978 年以后的对外开放大致可分为四个阶段。

第一阶段：1978～1991 年，对外开放探索阶段。

背景：20 世纪 70 年代末 80 年代初，一些发达国家出现了劳动密集型产业的产能转移。党的十一届三中全会作出了实行改革开放的重大决策。

开放的目标：出口换汇。

主要举措：设立经济特区—开放沿海城市等。

第二阶段：1992～2000 年，全方位对外开放形成阶段。

背景：20 世纪 90 年代，发达国家开始了新一轮的产业转移，即制造业产能转移。党的十四大明确了建立社会主义市场经济体制的改革目标，中国积极申请“入世”。

开放目标：抓住发达国家先进制造业转移的历史机遇，加快工业化、现代化进程。

主要举措：沿江、沿边城市开放—沿海、内陆省会城市开放—扩大至西部地区开放。

第三阶段：2001～2007 年，经济国际化阶段。

背景：进入 21 世纪，新一轮的国际产业转移大潮（高新技术产业和现代服务业，尤其是 IT 产业）出现。2001 年 11 月 10 日，中国政府在多哈正式签署文件加入 WTO。

开放目标：深度融入全球价值链分工。

主要举措：积极履行加入 WTO 的承诺，扩大开放领域，降低关税和非关税壁垒。

第四阶段：2008 年至今，对外开放质量提升阶段。

背景：2008 年发生全球经济危机，国内经济进入新常态。

开放目标：发展高水平对外开放，参与全球治理。

主要举措：2008 年，外资企业和内资企业的企业所得税税率正式统一，外资企业长期享受的超国民待遇彻底结束。2013 年 9 月，上海率先公布《中国（上海）自由贸易试验区外商投资准入特别管理措施（负面清单）》，标志着中国首次以负面清单管理代替正面清单管理。

改革开放 40 年后，中国成为全球第二大经济体，第一大货物贸易国，第一大外汇储备国。2017 年，中国 GDP 折算超过 12 万亿美元，占世界经济总量的 15%左右；每年为全球带来近 2 万亿美元的货物出口和 5000 亿美元的服务出口；1979 年，中国的外汇储备仅有 8.4 亿美元，截至 2018 年 7 月末，我国外汇储备规模达到 31179 亿美元。2017 年，我国人均 GDP 为 8836 美元，山东人均 GDP 为 10790 美元，进入中高收入国家行列。

至此，中国由“外向型经济”走向“开放型经济”，由“政策性开放”走向“制度性开放”。

结论：开放发展使我国迈入高质量发展阶段。

2. 国内：进入高质量发展阶段

中共十九大和中央经济工作会议作出了“中国特色社会主义进入了新时代，我国经济发展也进入了新时代”的重大论断，指出新时代我国经济发展的基本特征，就是我国经济已由高速增长阶段转向高质量发展阶段。

高质量发展，意味着高质量的供给、高质量的需求、高质量的配置、高质量的投入产出、高质量的收入分配和高质量的经济循环。还记得吗？2015 年春节前后，关于中国赴日游客抢购马桶盖和电饭煲的新闻意外地成为热点，甚至引起大家对“世界工厂”为何做不好一个小小马桶盖的反思。

(1)怎样理解“高水平开放”？

“是否需要开放”的问题已经不需要讨论了。

为什么要“高水平开放”？习近平指出：“站在新的历史起点上，实现‘两个一百年’奋斗目标、实现中华民族伟大复兴的中国梦，必须适应经济全球化新趋势，准确判断国际形势变化，深刻把握国内改革发展新要求，以更加积极有为的行动，推进更高水平的对外开放，以对外开放的主动性赢得经济发展的主动，赢得国际竞争的主动。”

“高水平开放”的内涵。党的十九大报告提出，要“推动形成全面开放新格局”，就是要在更大范围、更宽领域、更深层次上全面提高开放型经济水平。具体来说有以下四点：

一是更宽的开放领域。拓展开放新领域。今后，我国在深化制造业开放的同时，重点推进金融、教育、文化、医疗等服务业领域的有序开放。最新公布的 2017 版外商投资目录显示，外资限制措施从 2015 年前的 180 条减少到目前的 63 条，总计缩减了 65%。

二是更优的开放布局。拓展对外开放新布局。十九大报告已经明确将“一带一路”定位为中国推进新一轮改革开放的重大平台，以“一带一路”建设为重点，形成陆海内外联动、东西双向互济的开放格局。

三是更大的经济发展空间。《2017 年中国企业全球化报告》显示，中国海外投资正在从能源领域为主转向高端制造、品牌、技术类投资。过去“引进来”和“走出去”较多的是资金、货物、服务，新一轮对外开放将更多关注人才、技术、创新能力的交流。中国经验、中国倡议、中国标准正在被越来越多的国家认可。

四是更大的各国利益交汇点。在亚太经合组织工商领导人峰会上，习近平总书记面向世界作出了一系列具体的承诺，给出了中国方案：全面实行准入前国民待遇加负面清单管理制度；赋予自由贸易试验区更大改革自主权，探索建立自由贸易港；推动建设亚太自由贸易区，构建面向全球的自由贸易区网络。未来 15 年，中国市场将进一步扩大，预计将进口 24 万亿美元商品，吸收 2 万亿美元境外直接投资，对外投资总额将达到 2 万亿美元。

(2)我国经济进入高质量发展阶段，开放型经济发展的基础条件发生了变化

我国经济进入新常态，处在转变经济发展方式、优化经济结构和转换增长动力的关键期。十八大以来，以习近平同志为核心的党中央在科学分析国内外经济

发展形势、准确把握我国基本国情的基础上，作出了我国经济发展进入新常态的科学判断，这是对我国迈向更高级发展阶段的明确宣示。原因有以下几点：

一是要素成本上升。国内劳动力、土地等要素成本持续上升。

二是能源资源和生态环境约束日益增强。

三是在经济总量成长为全球第二的同时，产业层次总体不高。商务部数据显示，2017 年，中国制造业产值为 24.2 万亿元人民币，占 GDP 的 29.32%，是当之无愧的第一大产业。但是，在这 24.2 万亿元产值中，以机电、化工、机械设备等为主的中低端工业产值占到 82%，高端产业贡献率不到 20%。

例 1：德国和瑞士是全球最高薪酬的两个国家，劳动力短缺，两国的劳动力成本比美国高出 20%～30%，但其制造业仍在金字塔的顶尖且游刃有余，这是站在工业领域高地的制胜法宝。

例 2：一家德资企业，生产汽车上的连接器，这只是一个配套小零件，技术含量不高，模式也很简单。电镀环节一般污染比较严重，按环保要求应属于疏解的环节，但它的加工车间里没有一丝异味，电镀泥都要从中国拉回德国二次提炼。建厂十几年没污染过中国一寸土地。在整个汽车中，它占的成本恐怕连千分之一都未必有，但是品牌认知度高，质量可靠，可替换性很低。不靠高科技、新模式，不可替代性使其保持年百分之三十多的增长。

(3)高质量发展的动力来源

2015 年开始，我国供给侧结构性改革的帷幕拉开。

供给侧结构性改革的目的是为了提升经济发展的质量。从提高供给质量出发，提高供给结构对需求变化的适应性，以更好地满足人民群众日益增长的美好生活需要。

过去习惯于从需求侧，即从投资、消费、出口这“三驾马车”寻求经济增长动力，现在应更多关注供给侧动力。

现代增长理论以探讨经济增长源泉为使命，是供给侧动力及供给侧结构性改革的理论来源，现代增长理论揭示的增长源泉，或者说增长动力即供给侧动力，主要来自以下几个方面：一是内生于经济体系内部的技术进步；二是人力资本既替代劳动，也替代物质资本，成为现代经济增长的最重要投入要素；三是企业家精神；四是制度创新。

(4)一系列开放举措增强了我国与世界的互动能力

十八大以来，国家的一系列重大举措有利于“高水平开放”。

● “一带一路”倡议；

● 自贸区建设；

● 自由贸易试验区建设；

● 构建开放型经济新体制。

2018 年 4 月 10 日，习近平总书记在博鳌论坛主旨演讲中宣布：在扩大开放方面，中国将采取以下四大类重大举措，第一，大幅度放宽市场准入；第二，创造更有吸引力的投资环境；第三，加强知识产权保护；第四，主动扩大进口。进一步向世界宣示了开放的决心和开放的诚意。

3. 全球新趋势：顺应经济全球化发展大势要求我国高水平开放

世界经济进入新一轮大调整时期，尽管遇到挫折，经济全球化仍是大势所趋，并呈现出一些新的发展趋势。

(1)全球经贸规则正在加快重构

● 什么是 WTO？WTO 是全球最重要的多边贸易框架。

● 全球经贸规则演变新趋势。全球经贸规则由 WTO 主导向多边贸易体制和区域贸易安排并存转变。多边贸易体制和区域贸易安排成为驱动经济全球化向前发展的两个轮子。

● 分析：美国从 TPP、TTIP 到特朗普一系列“退群”及双边贸易的签署将给现有的世界贸易秩序带来怎样的冲击？特朗普是否在试图构建新的全球贸易规则？

进入 2018 年，特朗普到处挥舞贸易大棒，搞单边主义，使得全球主要经济体不得安宁，破坏了已有的国际贸易秩序。

(2)全球价值链分工不断深化

● 国际分工理论和比较优势理论仍适用于当今的全球贸易。

国际贸易中的分工形态主要有三种：产业间分工、产业内分工、产品内分工。20 世纪 90 年代以来，国际分工展现出一个引人瞩目的特征，就是逐渐形成了以工序、工段、环节为对象的产品内分工体系。

未来趋势是：全球价值链分工正从加工制造业向服务业领域拓展，价值链的“全球长度”将进一步延伸。

以波音飞机为例。波音飞机有 100 万个零部件，但是这 100 万个零部件并不是在美国生产的，而是在全世界 70 多个国家 19 万个企业生产的，所以美国只不过是波音飞机的总部整合资源，把全世界 70 多个国家 100 万个零部件采购到美国，在西雅图组装，销售到全世界。据联合国贸发会统计测算，当前全球贸易中，80%属于全球生产网络内的商品贸易。

● 分析案例引入中的思考 1：特朗普政府为什么要发起中美贸易战？

特朗普将中美贸易逆差的责任算到中国头上是站不住脚的。第一，中间品贸易统计没有分离出去。一部售价 1000 美元的苹果 iPhoneX，中国挣了几十美元的组装费，但是要为 1000 美元的出口负中美贸易逆差的责任。第二，美国储蓄率太低。

“贸易逆差”只是个幌子，遏制中国发展才是美国真正的目的。

(3)“逆全球化”“贸易保护主义”抬头

什么是“全球化”？全球化目前有诸多定义，通常意义上的全球化是指国与国之间在政治、经济贸易上的互相依存关系不断增强。2008年经济危机后，全球经济低迷，贸易保护主义抬头，英国脱欧、特朗普当选美国总统等事件使全球化备受打击，以中国、印度为代表的新兴国家崛起，正在成为推动全球化的主要力量。

随着交通、通信技术的发展，国与国之间的经济联系越来越密切，全球化程度越来越高，发达国家和发展中国家都从中获益，特朗普的“美国吃亏”论是不成立的。

2018年6月，习近平在上合组织青岛峰会上指出：“‘地球村’的世界决定了各国日益利益交融、命运与共，合作共赢是大势所趋。”

结论：应对中美贸易摩擦的有效途径是推动高水平开放。美国可以说是影响中国对外开放外部环境的最大变量。从更长远和更宏观的视角，我国应坚定不移地提高开放水平，进一步提高我国经济发展质量。

(二)山东高水平开放的基础条件与发展优势

1.开放发展的成就

(1)对外贸易。总量：2017年，我省进出口达17823.9亿元(人民币)，同比增长15.2%，进出口额占全国的比重为6.41%，位居广东、江苏、上海、浙江、北京之后第六位。美国、韩国、欧盟、东盟是山东省前四大贸易伙伴，2017年占山东进出口总额的48%。

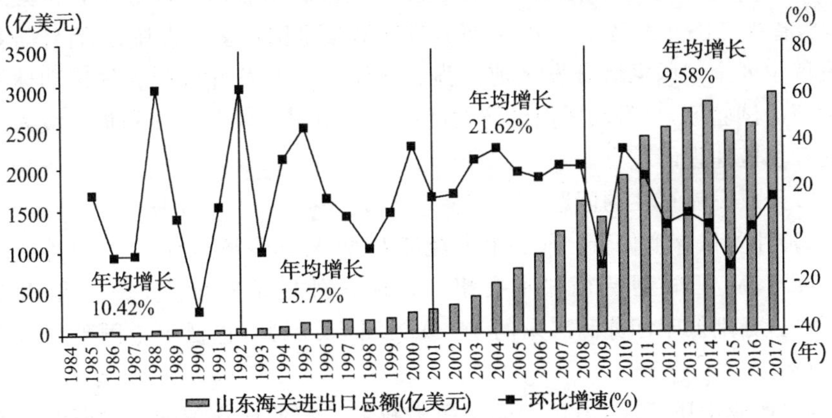

图1　山东省1984～2017年进出口总额及其增长速度

资料来源：山东统计年鉴和山东省商务厅网站。

(2)利用外资。2017 年,山东实际使用外资 1210.5 亿元(合 179.29 亿美元),比 2016 年(1110.7 亿元)增长 9.0%,占全国的 13.79%,居全国第五位。

(3)对外投资。2017 年,山东实际对外投资 377.5 亿元(合 55.9 亿美元),占全国对外直接投资额的 4.66%。其中,山东 2017 年对"一带一路"沿线国家实际投资 100.6 亿元(合 14.8997 亿美元),增长 81.7%,占全国的 10.35%。

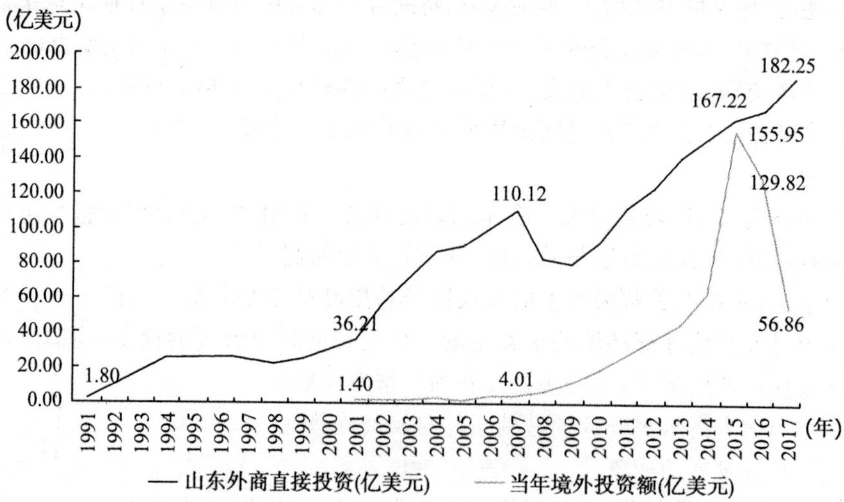

图 2 山东省 1991～2017 年利用外资及对外投资总额

资料来源:山东统计年鉴和山东省商务厅网站。

(4)开发区建设。1984 年,中国在 14 个沿海开放城市建立了第一批国家级经济技术开发区,包括山东青岛和烟台。目前,山东有国家级经济技术开发区 15 家,省级经济开发区 151 家,省级开发区数量全国最多。青岛、烟台经济技术开发区位列全国国家级开发区前六强。开发区是改革开放的先导区和体制机制创新的试验区,是带动区域经济发展的强力引擎。体制创新和提高投入产出比是开发区建设的重点。

2. 开放发展存在的问题

(1)外贸依存度偏低。作为沿海经济大省,与其经济总量相比,对外贸易活跃程度不高,开放型特征并不突出。表现在外贸依存度上,2017 年山东为 24.52%,分别低于江苏和广东的 46.59% 和 75.83%,也低于全国平均水平的 32.71%。

(2)产业素质不高,出口产品竞争力较弱。产业层次偏低。对资源依赖性较强,初级产品多、产业链条短,多数处于价值链的中低端,高附加值和高科技含量的产品较少,基础原材料、能源和高耗能产业占比偏高。出口商品主要是以资源类和劳动密集型为主，技术密集型、资金密集型产品的出口竞争力仍比较弱，表现在几个方面：一是初级产品出口占全省出口总额的比重偏高，2015 年该数据为 11.1%，远高于全国的平均比重 4.57%。山东在初级产品出口中具有显著优势，这与山东省是农业大省的实际情况相符，山东农业增加值居全国第一，食品生产占全国 1/6，出口占 1/4。二是工业制成品出口优势不明显，机电产品出口占出口的比重为 37%，低于全国近 20 个百分点。三是高新技术产品出口少。2017 年高新技术出口仅占 12%，机电产品出口占 37%，低于全国近 20 个百分点。四是服务进出口占比低。服务进出口额占全省 GDP 的比重为 4.57%，低于同期全国 7.19%的平均水平。

(3)省内区域开放不平衡。主要表现在沿海与内地的东西发展不平衡。2017 年，青岛、烟台、潍坊、威海四市的进出口占到全省进出口的 61%，其中，青岛和烟台两市就占到全省的 45%；青岛、烟台、济南、潍坊、威海五市的实际利用外资占到全省实际利用外资的 79.6%，其中仅青岛就占到全省的 43.4%；实际境外投资，济宁、青岛、烟台、济南四市合计占到全省实际境外投资的 70%。

3.山东高水平开放的优势

(1)经济优势。一是经济体量大。2017 年 GDP 为 72678.18 亿元，首次迈入 7 万亿元大关，居全国第三位。2017 年，山东人均国内生产总值达到 10790 美元，进入中高收入国家行列。二是产业体系完备。农业：农业增加值、水果产量、蔬菜产量、肉类产量、水产品产量、农产品出口均位列全国第一，农产品出口占全国的 1/4。工业：产业门类齐全，是全国重要的先进制造业基地，工程机械、交通装备、纺织服装、家用电器、信息技术等产业优势明显。工业产出占全国的 1/8。轻工、化工、机械、冶金、纺织、电子信息行业的主营业务收入超过万亿元。服务业：2017 年第三产业的增加值为 3.49 万亿元，居全国第三位；社会消费品零售总额为 3.36 万亿元，居全国第二位。2016 年产业结构实现了“三二一”的跨越。三是开放促进产业在全球价值链中的攀升。例如，迪尚成立初期，也是靠“三来一补”赚取一点点微薄的利润，通过代理国际品牌等策略，搭建了自己的品牌运营团队，建立起了自己的品牌零售渠道。然后，通过海外收购，在美国拥有了 5 家服装公司、10 个自主品牌，收购了韩国三大服装上市公司之一的 AVISTA 公司，将其旗下的 4 个国际知名品牌收入囊中。目前，迪尚的自主品牌出口占到 15%。再例如，威海的医疗器械、烟台的汽车制造，都在短短几年里就迅速成长为数百亿元的规模。LG 和富士康引领电子信息产业集群崛起，万华隆起现代化工产业集群。通用东岳带动 440 户零部件企业集中布局，造就千亿元级先进制造产业集群。

(2)区位优越。山东省具有很好的沿海区位优势。第一，1984 年第一批开放城市中就有青岛、烟台。第二，海上运输重要节点。3300 多千米的海岸线上有 7 个市级海港，沿海港口已经与世界 130 多个国家和地区的 450 多个港口实现通航。全球港口吞吐量前 10 中，中国占 7 席，山东占 2 席。青岛港是世界第七大综合大港、我国第二大外贸口岸和北方第一大集装箱港口，港口航线密度、外贸货物吞吐量和集装箱吞吐量均居北方港口首位。第三，西连中原腹地，是"一带一路"上的重要交通枢纽。

(3)海洋优势。一是海岸线长、海域面积大。山东拥有 3345 千米的海岸线，占全国的 1/6；拥有 15.95 万平方千米的海域面积，与全省陆地面积相当。二是海洋经济规模大。山东海洋生产总值多年位居全国第二，在全省地区生产总值和全国海洋生产总值中的比重均在 20%左右；海洋渔业、海洋生物医药、海洋电力、海洋交通运输等多个产业位居全国第一。三是海洋科技实力非常强。山东拥有 55 所省级以上海洋科研教学机构；110 个国家级海洋科技创新平台；拥有海洋领域驻鲁两院院士 22 名；我国海洋领域唯一的国家实验室——海洋科学与技术国家实验室落户青岛。2018 年 5 月 10 日山东省召开的山东海洋强省建设工作会议，明确了"山东最大的潜力在海洋，最大的空间在海洋，最大的动能也在海洋"。

(4)政策优势，拥有各种试验区、新旧动能转换综合试验区。有国家新旧动能转换综合试验区、济南开放型经济新体制试点、青岛跨境电商综试区、威海服务贸易创新发展试点、临沂市场采购贸易方式试点等。

(三)以高水平开放推动山东高质量发展的对策

1.积极融入国家"一带一路"倡议

开放发展要积极融入国家发展战略。山东新一轮开放要积极融入国家"一带一路"倡议。山东融入"一带一路"拥有诸多优势，一是港口优势，二是海洋经济优势，三是经贸合作基础优势。

(1)发挥港口优势。在《推动共建丝绸之路经济带和 21 世纪海上丝绸之路的愿景与行动》中，涉及山东的主要是发挥青岛和烟台的港口优势。从全国沿海港口看，山东港口具有不可比拟的优势。山东沿海共有一类开放港口 24 处，港口密度居全国之首且均为不冻港。山东省是全国唯一拥有 3 个超 3 亿吨沿海大港的省份。

(2)发挥海洋经济优势。山东具备完备的海洋产业体系，海洋生产总值多年来位居全国第二，海洋渔业、海洋盐业、海洋工程建筑业、海洋电力业增加值均居全国首位。"一带一路"发展战略将提升山东海洋经济的辐射带动能力，积极升级港口运输、临港工业、海洋渔业、船舶修造等传统产业，大力发展海洋生物医药、海洋装备制造、海洋化工、能源矿产、海水综合利用等海洋高新技术产业集群，大力发展海洋信息服务、滨海旅游等新兴海洋服务业，拓展山东优势产业发展空间。

(3)发挥经贸合作基础优势。近年来，山东在巩固日韩及欧美等传统市场的同时，与“一带一路”沿线国家(地区)之间的经贸合作日益密切。比如，对外经贸合作方面，山东创建国家级境外经贸合作园区 4 家，数量居全国第一位；互联互通设施建设方面，开通中亚东欧班列 8 条，国内外航线超过 300 条。东南亚 11 国是山东在“一带一路”沿线国家中最大的经贸合作伙伴。中巴经济走廊主要以园区为重点，其中海尔—鲁巴经济园区的产量在巴基斯坦首屈一指。山东参与“一带一路”，一是深化与沿线国家在农产品、能源资源、机械设备、旅游、建筑等领域的贸易合作，进一步增强山东企业的出口竞争力。二是推动山东优势产能向“一带一路”沿线国家和地区转移，如，受国家宏观调控较大和贸易摩擦较多的钢铁冶炼、氧化铝产业，轻工、纺织、建材、装备制造等山东传统优势产业。三是充分发挥山东对外承包工程的优势，扩大沿线国家对外工程承包业务。

2. 培育外贸竞争新优势

方向：由“大进大出”转向“优进优出”；既注重货物贸易，又重视服务贸易。

(1)在货物贸易上实施以质取胜战略。强化企业的品牌意识，支持企业自创品牌，并购或租用国际知名品牌。加快山东机电、轻工、纺织服装、化工、医药等传统外贸企业的转型升级，培育和建设装备制造业和战略性新兴产业出口基地，建设出口农产品质量安全示范基地。

(2)大力发展服务贸易。积极扩大服务业对外开放是我国新一轮对外开放的重点。服务业是山东经济的短板，服务贸易也是山东对外贸易的短板。实现高水平开放，必须进一步开放服务业市场，扩大城市公用事业以及咨询、会展、会计、审计、律师等中介服务领域对外开放，推进银行、保险、物流、旅游等对外开放。要充分发挥山东人力资源丰富的优势，积极承接国际服务离岸外包业务，培育一批具有自主知识产权、自主品牌和高增值服务能力的服务外包企业，带动整个服务业的对外开放和层次提升。例如，实行过境免签政策将强烈刺激外籍游客入境旅游的发展。截至 2018 年 1 月 1 日，我国上海、浙江、江苏、北京、天津、河北、辽宁的 15 个口岸允许 144 小时免签，11 个口岸实行 72 小时过境免签(包括青岛)。山东青岛流亭国际机场口岸从 2015 年 11 月 16 日起实行 72 小时免签，免签期间活动范围限于山东省行政区域。但实施效果并不理想，青岛过境免签的活动范围是整个山东，72 小时还是太短，同时还存在其他服务短板。比如，新加坡机场为过境免签客人提供多种优惠服务，包括免费赠送新加坡知名景区门票或酒店住宿券，在酒店住宿可获赠特色餐馆的免费体验券，提供机场内零售或餐饮服务的抵用券等。而这些,国内很少有机场会想到。

(3)发展外贸新模式。山东省目前对外贸易重点推进外贸综合服务平台、跨境电商、市场采购贸易、旅游购物等“四种模式”。例如:临沂市中国(临沂)跨国采购中心可为商客提供“一条龙”采购服务;“旅游购物商品”出口模式等便利化政策落地实施;临沂商城工程物资市场积极探索国际工程物资采购出口新模式;市里设立了国际贸易服务大厅,组织涉外部门、中介服务机构集中办公,提供涉外审批等“一站式”服务。这些措施极大地促进了对外贸易。2016 年 6 月 1 日,威海中韩海运 EMS 速递邮路进出口业务全面开通,电商货物运输时间与空运相当,成本节约 70%,实现了“空运时效、海运价格”。

3.积极有效利用外资

不缺资金,为什么还要继续引进外资?2016 年起,中国对外直接投资规模已经超过外商直接投资。但山东省的对外直接投资规模一直低于外商直接投资,2015 年两项投资金额非常接近,对外投资为 156 亿美元,外商投资为 163 亿美元。高水平开放,引资是其中重要一环。从中高速增长走向高质量发展,更加需要重视和利用外资企业带来的先进技术、管理经验、体制机制和创新思维方法等;更加需要学习外资企业对市场前景判断的前瞻性和战略性,以便快速融入国际价值链、生产链、创新链,并推动国内产业变革和技术竞争。当前,全球跨国公司掌握着全球 1/3 的总产值、2/3 的国际贸易、91%的知识产权、90%的跨国直接投资,是推动经济国际化和国际产业转移的重要力量。2017 年 1 月,国务院印发的《关于扩大对外开放积极利用外资若干措施的通知》,2018 年 6 月 15 日,国务院印发的《关于积极有效利用外资推动经济高质量发展若干措施的通知》,就是为了推动新一轮开放中的高水平引进。

开发区是开放的前沿阵地,要发挥开发区利用外资重要的平台作用。山东新旧动能转换,强调三核引领(济南、青岛、烟台),多点突破(14 市国家和省级经济技术开发区、高新技术产业开发区以及海关特殊监管区),重心就在开发区。开发区过去是、将来也是引资的重要平台。一是要放宽市场准入,持续推进服务业开放,深化农业、采矿业、制造业开放;二是提升引资质量,引导外资更多投向现代农业、生态建设、先进制造业、现代服务业;三是提升投资保护水平,打造高标准投资环境;四是提升投资便利化水平,深化“放管服”改革。

4.积极“走出去”,培育壮大山东本土跨国公司

山东作为一个经济大省、开放大省,大企业多,产业基础好,具有培育跨国公司的有利条件。海尔是山东较早“走出去”的企业,从 20 世纪末,海尔就开启了国际化战略,经过近 20 年的发展,海尔的产品几乎遍布全球,平均每分钟就有 125 位海外消费者成为海尔用户。近年来,山东加快了培育本土化跨国公司

的步伐，出现了中国重汽、海尔、海信、如意、兖矿、歌尔、浪潮等成功走出去的本土跨国企业。

目前全球每年约67%左右是采取跨国并购方式进行的，前些年我国利用外资97%是绿地投资的方式，近年来并购成为主要方式。近几年，跨国并购在资源开发、国际产能合作、品牌并购等方面推动了一批大项目。如，烟台万华并购匈牙利宝思德，成为全球第一大 MDI 厂商；山东潍柴并购德国凯傲38.25%的股份，获取世界高端液压核心技术。2017年，兖矿集团并购澳大利亚联合煤炭公司、山东黄金集团并购阿根廷贝拉德罗金矿公司、潍柴动力并购美国 PSI 动力公司、歌尔并购美国高平电子公司、如意集团并购雅格狮丹公司等项目实施，对解决我省资源需求、引进先进技术、提升品牌附加值发挥了重要作用。

按照美国学者的结论，国外收购有70%的失败率，主要原因是各个国家的不同文化之间很难融合，我国企业在近些年大踏步走出去的过程中还因对投资国政策、法律、习俗等的不了解而遭受了不少损失。因此，应加强以下几方面的工作：一是加强企业“走出去”的中介服务；二是培养具有综合能力的服务于跨国公司的人才；三是推广海尔的“人单合一”模式。

5.构建开放型经济新体制

新一轮高水平开放，能释放什么红利？过去40年的低要素成本红利、政策红利已经释放得差不多了，制度环境将成为新一轮高水平开放的最大竞争力。世界银行(2008)的研究表明，山东省的营商环境总体上位于中国各省前列，但与上海及江浙等省相比，在手续数量、时间成本、经济成本等方面还有些差距，中小企业经营活动相对也不活跃，与一个稳定、公平、透明、可预期的营商环境还有距离。山东营商环境的确还有不小改进的空间。如，思想还不够开放；落实国民待遇还不到位；体制、机制僵化还不够灵活；贸易投资便利化水平还不够高；国际化生活环境还不够理想等。例如，烟台韩资企业约有4万韩国人，但烟台却没有成规模的韩国人居住社区和能与韩国教育衔接配套的国际学校，各大医院也没有开辟专门服务外国人就医的绿色通道，外籍人员在生活居住和子女教育等方面存在诸多不便。

为适应高水平开放，一是要营造透明高效的政务环境。落实“负面清单”制度，真正在放宽市场准入方面取得实质性突破。二是营造公平有序的市场环境。强化市场在资源配置中的主体地位，切实维护公平竞争的市场环境，加强投资者权益保护和知识产权保护，全面落实外资国民待遇。三是营造高效便利的商务环境。加强服务型政府建设，进一步提高贸易便利化水平，最大限度地降低企业商务成本。四是营造舒适包容的宜居环境。在外国人较为集中的城市建设国际化社区，提升国际化服务水平。

参考文献

[1]张二震.开放发展[M].南京:江苏人民出版社,2016.

[2]习近平.2015 年 9 月访美期间在会见美国企业代表团时的讲话.

[3]李伟.高质量发展有六大内涵.http://www.drc.gov.cn/xscg/20180122/182-473-2895401.htm.

[4]习近平在十八届中央政治局第十九次集体学习时的讲话(2014 年 12 月 5 日)[N].人民日报,2014-12-7.

[5]习近平:加快实施自由贸易区战略　加快构建开放型经济新体制.http://fta.mofcom.gov.cn/article/zhengwugk/201412/19394_1.html.

[6]房爱卿.以高水平开放推动高质量发展　有力有效应对中美贸易摩擦[N].人民政协报,2018-5-8.

[7]刘日红.透过贸易摩擦反思中国和世界关系——推进更高水平开放需重点解决四点问题[N].证券时报,2018-6-12.

[8]关于印发山东省推进工业转型升级行动计划(2015～2020 年)的通知.

[9]陈丙会.构建对外开放新格局山东全面参与“一带一路”[N].中国工业报,2017-5-18.

[10]国家移民管理局网站.http://www.mps.gov.cn/n2254996/n2254999/c5977739/content.html.

(刘泽,经济学教研部主任、教授)

防范化解地方政府债务风险

李维梁

[**教学目的**]

党的十八大以来，党中央高度重视防范化解金融风险，高度关注地方政府债务问题。当前，在我国经济增速放缓、财政压力加大、地方债发行增量收窄的背景下，地方隐性负债有增加、违规举债有增多的可能性。

2018年4月2日，习近平总书记在中央财经委员会第一次会议上发表重要讲话强调，防范化解金融风险，事关国家安全、发展全局、人民财产安全，是实现高质量发展必须跨越的重大关口。会议提出：要以结构性去杠杆为基本思路，分部门、分债务类型提出不同要求，地方政府和企业特别是国有企业要尽快把杠杆降下来，努力实现宏观杠杆率稳定和逐步下降。要集中力量，优先处理可能威胁经济社会稳定和引发系统性风险的问题。要抓紧协调建立中央和地方金融监管机制，强化地方政府属地风险处置责任。

本课程教学致力于"在防范化解地方政府债务风险方面普及知识，增强公务员金融风险意识，确保不发生系统性风险"的目的。课程以知识性内容为基础，以操作性内容为重点，以防范化解系统性风险为核心，通过对地方政府债务风险的时间纵向和空间横向两个层面的分析讲解，力争达到深入浅出、理论和实践相结合，实现"提高公务员理论和业务水平，更好地贯彻落实中央和上级的各项精神"的培训目标。

[**教学重点**]

本课程按照党中央坚决打好三大攻坚战的要求，通过对"地方政府债务形成的历史沿革""当前地方政府防范化解债务风险的重要性""地方政府融资的规范形式""地方政府融资和风险防范的四点建议"等四部分内容进行分析讲解，提升公务员对防范化解地方政府债务风险的认识，提高地方政府规范融资的能力，实现贯彻落实党中央决策部署、守住不发生系统性金融风险的底线的目标。

［教学形式］

采取讲授式教学形式，为活跃课堂气氛，可以穿插视频和研讨活动。

［教学内容］

（一）地方政府债务形成的历史沿革

谈到地方政府债务，人们的第一印象就是 1994 年分税制改革导致的地方财政收入比例的下降致使地方政府入不敷出。如图 1 所示，1978 年以来，中央财政、地方财政收入比例经历了两个明显的阶段，第一阶段为 1978～1993 年，地方财政收入先降后升，中央财政收入先升后降；第二阶段为 1994 年以来，中央、地方财政收入比重基本稳定。

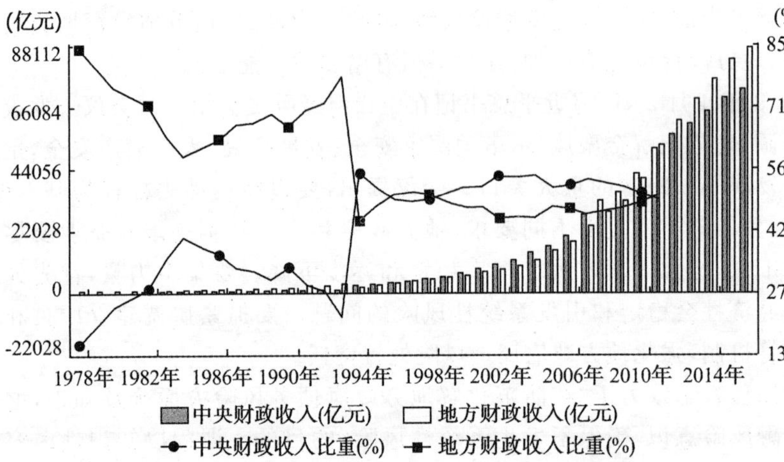

图 1　1978 年以来我国中央财政、地方财政收入及比重

资料来源：《中国统计年鉴（2018 年）》。

1989 年末，财政部部长王丙乾在全国财政工作会议上说："现行的财政包干体制执行多年，今后应兴利除弊，逐步完善。比较理想的改革方案是实行分税制的包干办法，以有助于调动中央和地方两个积极性，明年准备选几个地方进行试点。"党的十三大报告中提到，"在合理划分中央和地方财政收支范围的前提下实行分税制"。1993 年，当时财政收入在国内生产总值的比重从 1979 年的 28.4%降到 1993 年的 12.6%，中央财政在全国财政的比重从 46.8%降到31.6%，也就是所谓的"双降"局面。7 月 23 日，在全国财政会议上，朱镕基总理坦言，包税制下，中央收入不过40%，支出要占50%，年年借债，中央财政过不下去了，“不到2000年中央财政就要垮台。这种状况是与市场经济发展背道而驰的，必须调整过来”。

1994年，分税制正式实行，“双降”的局面一举扭转，到2003年，全国财政占国内GDP的比重从12.6%上升到18.6%，中央财政从1996年的39%上升到54.6%。

1.分税制与土地财政

分税制实施以后，地方政府没钱，但不得不去承担很大的财政开支，“上头点菜，地方埋单，地方政府苦不堪言”，所以只有去通过卖地来筹集资金，形成了土地财政。

1993年，地方土地出让金为557.8亿元，1994年，小幅上升到639亿元，直到2000年之前，也没有超过1994年的数字。研究发现，只有1999～2003年间随着地方预算内缺口的扩大，土地财政的规模才开始不断扩大；而2003年之后地方预算内的缺口是比较稳定的，但是土地财政的规模却在飞速膨胀。这说明财政压力并不能解释地方政府钟情于土地财政的原因。正如华生指出，最初是为了治理土地开发中的腐败混乱局面而引进的土地招拍挂制度，变成了地方政府土地财政膨胀的契机。各级政府纷纷把不断征收农民土地整理拍卖取得财政收入作为主要的生财之道。地方政府靠土地储备抵押取得的银行贷款、靠拍卖土地筹集资金扩展城市搞建设成为中国特色的土地财政发展模式，导致了多方面的矛盾和风险。

同时，在地方政府官员晋升压力下，地方采取税收优惠竞争吸引投资落地造成的财政缺口，需要从土地财政中寻求弥补，进一步加剧了对土地财政的依赖。在一定程度上，地方政府的税收竞争本质上是一种低级竞争，是以牺牲制度进步和公共产品改善为代价的，对于发达地区的负面作用甚至高于正面作用。当前，中央严控房地产无序发展，土地财政规模趋于缩小，地方政府需要提供更好的公共产品来进行经济竞争，而避免直接通过减免税进行竞争。

2.分税制导致财力与事权不匹配

从图1、图2可以看出，地方政府基本上占有45%左右的财力，但却承担了85%作用的公共事务，分税制导致了地方财力与事权的不匹配，从而衍生出了“跑部前进”“土地财政”、乱收费罚款、违法违规举债等各种突出的问题，影响了廉政建设，推高了地价房价，阻碍了中小企业发展，助长了财政供养机构和人员的恶性膨胀。同时，通过地方政府融资平台，向银行、民间大量借贷，甚至拖欠工资，出现违法违规担保等方式，积累了相当的债务风险，在某些地区甚至成为“定时炸弹”。

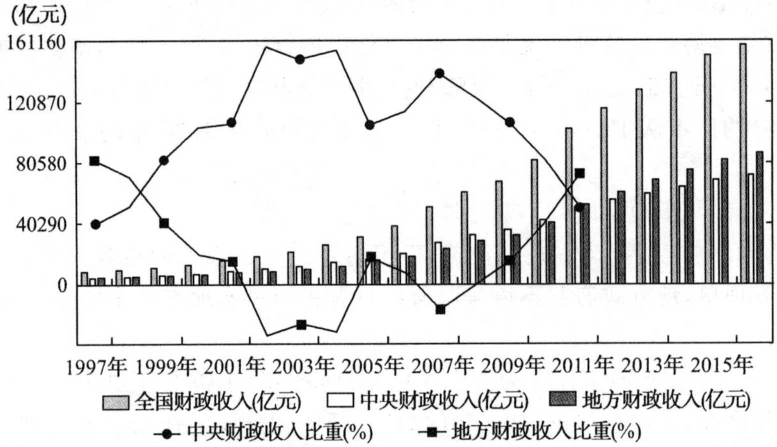

图 2　20 年来我国中央财政、地方财政支出及比重

资料来源:《中国统计年鉴(2018 年)》。

3. 分税制与地方税体系

党的十九大报告提出,深化税收制度改革,健全地方税体系。深化税制改革的目标是形成税法统一、税负公平、调节有度的税收制度体系,促进科学发展、社会公平和市场统一,我国需要构建既符合市场经济一般规律,又具有中国特色的中央和地方收入划分体系。党的十九大报告将“建立权责清晰、财力协调、区域均衡的中央和地方财政关系”放在了财税体制改革的首要位置,同时在税制改革部分明确提出了“健全地方税体系”的要求。

“营改增”后,房地产税作为地方税体系的重要一员,受到社会各界的普遍重视。根据国外实施房地产税的实践,房地产税作为土地财政的替代品,更重要的是改变地方政府行为激励——通过房地产税提供地方公共产品。因为如果房地产税作为地方政府的主体税种,那么在户籍开放、人口接近自由流动的情况下,地方政府要维持以房价为基础的税收,就必须要增加在教育、医疗等非经济性的公共产品上的投资,通过吸引新的人口迁入来获得。房地产税对非经济性的公共产品的供给有显著的正面影响,而土地财政收入则是对非经济性公共产品的供给有负面影响。某种程度上,房地产税实施后,地方政府的招商引资将会发生转变,由过去对于资本的青睐转化为对人口、人才的青睐,房地产税将可以改变地方政府发展模式的激励。

(二)当前地方政府防范化解债务风险的重要性

2017 年 7 月 14～15 日的全国金融工作会议提出,要把国有企业降杠杆作为重中之重,抓好处置“僵尸企业”工作。各级地方党委和政府要树立正确的政绩观，严控地方政府债务增量，终身问责，倒查责任。党的十九大报告强调，要突出抓重点、补短板、强弱项，特别是要坚决打好防范化解重大风险、精准脱贫、污染防治的攻坚战。2017 年 12 月 18～20 日召开的中央经济工作会议要求，切实加强地方政府债务管理，守住不发生系统性金融风险的底线，促进有效投资特别是民间投资合理增长。2018 年 4 月 2 日，中央财经委员会第一次会议指出，要以结构性去杠杆为基本思路，分部门、分债务类型提出不同要求，地方政府和企业特别是国有企业要尽快把杠杆降下来，努力实现宏观杠杆率稳定和逐步下降。

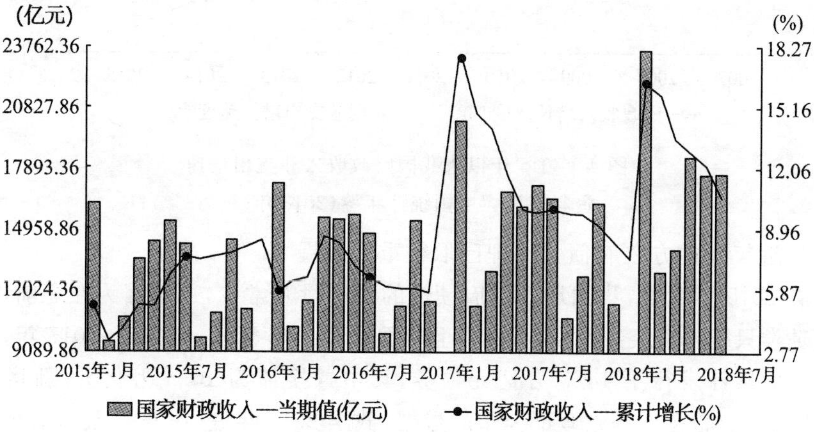

图 3　2015 年以来我国财政收入及月度增速

资料来源：《中国统计年鉴(2018 年)》。

当前，在我国经济增速放缓、财政压力加大、地方债发行增量收窄的背景下，地方隐性负债有增加、违规举债有增多的可能性，党中央、国务院对防范化解地方政府债务风险高度重视。从图 4、图 5 可以看出，不考虑国际金融危机的冲击，我国财政收入从 2011 年增速为 21.6％后，开始逐年下降，到 2016 年达到 6.3％的最低点；受 2015 年和 2016 年增速低迷的影响，根据 2017 年国民经济和社会发展统计公报，全年全国一般公共预算收入为 172567 亿元，比上年增长 7.4％；2018 年 6 月的月度累计增速为 10.6％，仅比去年 6 月高 0.8 个百分点。2017 年 10 月，作为地方政府主要税种的营业税退出历史舞台，“巧妇难为无米之炊”，为了满足公共支出的刚性需要，同时还要提供符合人民群众要求的公共物品，如交通、义务教育、医疗、养老等方面需要不断加大投入，地方政府面临的资金缺口正在加大。越是这个时候，防范化解地方政府债务风险的压力就越大，更要绷紧这根弦。

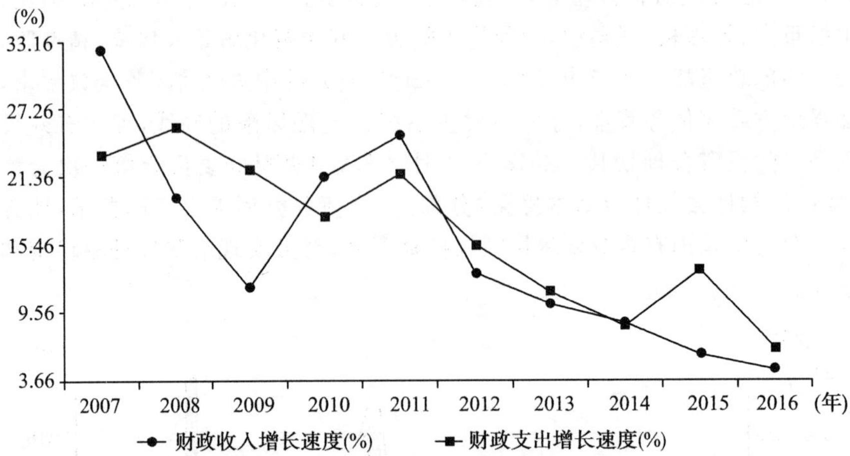

图 4　2015 年以来我国财政收入和支出增速

资料来源:《中国统计年鉴(2018 年)》。

1. 近年来地方政府债务治理已取得重大进展

在 2015 年之前,我国地方政府债券的发行量非常少,这是因为在之前,地方政府债券只能由财政部代发代还,并且受到严格限额管理。2015～2017 年,各级地方政府累计发行了 14.3 万亿元债券,其中置换债为 10.4 万亿元,新增债为 3.9 万亿元。根据中国财政部公布的数据,截至 2017 年底,中央财政国债余额为 13.48 万亿元,地方政府债务余额为 16.47 万亿元,我国政府总体债务余额是 29.95 万亿元,政府负债率(总体债务/GDP)为 36.2%,远低于 60%的风险预警线。但是如果加上隐性债务约 30.1 万亿元,广义地方政府债务达到了 60 万亿元,负债率已经超过了 60%的预警线。目前,隐性债务的病症已经开始显现,地方政府和国有部门的投资下降明显,很大程度上就是受到债务压力的影响。

2. 地方政府债务风险特别是隐性债务风险正在积累

地方政府显性债务已经较为清晰,但不可否认的是,地方政府隐性债务风险正在积累。财政部要求坚决遏制隐性债务增量,督促整改政府投资基金、PPP、政府购买服务中的不规范行为,严禁各种违法违规担保和变相举债;妥善化解隐性债务存量,省级政府对本辖区债务负总责,省级以下政府各负其责,重点加强对高风险地区债务化解力度。2018 年 4 月 18 日,审计署公布《2017 年第四季度国家重大政策措施落实情况跟踪审计结果》:违规出具承诺函、融资租赁、签订工程类政府购买协议等方式变相举债,形成政府隐性债务。由于统计口径、认定标准、实际数据等存在诸多争议和困难,目前似乎没有人能够确认隐性债务的真实情况,如表 1 所示,不同机构估算的地方政府隐性债务数额差异较大。

表 1　不同机构估算的地方政府隐性债务　单位:万亿元

机构	估算
国际清算银行	8.90
长江产业经济研究院	30.27
社科院国家与金融发展实验室	30.00
清华大学财税研究所	47.00
社科院世界经济与政治研究所	23.57
海通证券姜超团队(从融资渠道估算)	32.90
海通证券姜超团队(从举债主体测算)	30.60

这是因为:(1)地方政府隐性债务大多在市县两级政府,公开程度不够、潜在不合规比例较高,受部分地方政府财政收入低迷的影响,某些隐性债务的还款来源和担保措施缺乏实际保障,对地方政府财政金融的稳定发展构成很大挑战。(2)地方政府债务产生的制度根源较难快速改变,地方税体系的完善需要时间,决定了地方债务风险仍将在较长时间内存在。(3)由于地方政府的财权和事权不平衡,如果通过"明渠"获得资金不能弥补两者之间的缺口,地方政府只会通过不断的"金融创新"甚至直接的违法违规借债融资予以弥补。

3.地方政府债务风险治理短期内会增加地方政府财政压力

当前中央政府对地方政府的债务风险重视程度较高,债务风险质量在短期内会增加地方政府的财政压力,正如人大财经委副主任委员贺铿在 2018 年 5 月 19 日北京举行的"2018 中国企业信用发展论坛暨第九届诚信公益盛典"演讲中所说,中国的地方债大概是 40 万亿元,这应该是合理的,但是地方政府就没有一个想还债的。政府信用比企业信用还差。"现在要让他还债,他说我工资都发不出来,财政困难得很,怎么办? 所以现在欠的这些债不说还本,还息许多地方都还不起。"

这种压力可能来自三个方面:(1)地方政府借债规模受到人大批准的限额控制,且实际使用率逐年下降,增长空间受到财政赤字率的控制,规模有限,地方政府债务"去杠杆"将形成存量资金的较大缺口。(2)在不出现系统性金融风险的前提下,个别地方政府隐性债务可能打破"刚性兑付"。一些原地方政府融资平台、城投公司、地方国有企业的债券违约现象,有可能会持续或在一定程度内进一步发酵。(3)基础设施建设投资的波动性可能有所增强,可能会影响在建工程等的顺利进行。地方支出是基础设施投资的主要来源,地方政府隐性债务陆续受到一定限制和治理后,基础设施领域投资已会出现明显下降。

财政部财科院院长刘尚希表示,若去杠杆力度过大可能会引爆风险炸弹。

当前地方政府性债务就如一座冰山，水面上的是显性债务，而水面下的就是隐性债务。隐性债务的危险性不言自明。在当前问责机制下，多部门同时发力遏制隐性债务，若力度过大可能会提前引爆风险炸弹。

（三）地方政府融资的规范形式

地方政府融资的两种规范形式是发行地方政府债券和规范运作的 PPP 模式。地方政府债券类型主要分为一般债券和专项债券。无收益的公益性事业由地方政府发行一般债券融资，主要以一般公共预算收入偿还。有收益的公益性事业由地方政府通过发行专项债券融资，以对应的政府性基金或专项收入偿还。在 PPP 模式下，政府与社会资本之间是一种长期的契约关系，PPP 支出责任不同于政府债务和负债，规范的 PPP 项目不涉及隐性债务。

1.发行地方政府债券

地方政府债券是当前地方政府融资的规范来源，随着市场化程度的提高，地方政府债券发行的分化也会越来越严重。这种分化可能表现在：一是发行利率与地方政府偿债能力负相关；二是财政困难地区的政府债务发行难度增大。这种分化将会导致地方政府融资的马太效应：出现富裕地区财政充裕，融资能力强，偿债能力强，基础设施和公共服务水平高，对资本和人才的吸引力增强，经济增长后劲充足，财政充裕的良性循环；而贫穷地区则出现相反的局面。

(1)发展脉络

1995 年《中华人民共和国预算法》第二十八条规定，地方各级预算按照量入为出、收支平衡的原则编制，不列赤字。除法律和国务院另有规定外，地方政府不得发行地方政府债券。受金融危机的冲击，2009 年财政部开始代发代还地方债，中央发行 2000 亿元左右的地方政府债券额度，主要是为了实施积极的财政政策，增强地方安排配套资金和扩大政府投资的能力，满足地方政府的部分融资需求。2011 年，财政部在上海、浙江、广东、深圳四省市试点自发代还地方债；2014 年，财政部在上海、浙江、广东、深圳、山东、江苏、江西、青岛、北京、宁夏 10 个省(市、区)试点自发自还，开创了地方政府自主发债新纪元。

(2)新《预算法》对发行地方政府债券的新要求

随着对地方政府债务关注的不断升温，防范金融风险得到越来越多的重视，为杜绝地方政府的不规范融资，防止出现违法违规举债，2015 年 1 月 1 日起实施的新《预算法》对地方政府债券的发行提出了新的要求。新《预算法》第三十五条规定，地方各级预算按照量入为出、收支平衡的原则编制，除本法另有规定外，不列赤字。经国务院批准的省、自治区、直辖市的预算中必需的建设投资的部分资金，可以在国务院确定的限额内，通过发行地方政府债券举借债务的方式筹措。举借债务的规模，由国务院报全国人民代表大会或者全国人民代表大会常务委员会批准。省、自治区、直辖市依照国务院下达的限额举借的债务，列入本级预算调整方案，报本级人民代表大会常务委员会批准。举借的债务应当有偿还计划和稳定的偿还资金来源，只能用于公益性资本支出，不得用于经常性支出。除前款规定外，地方政府及其所属部门不得以任何方式举借债务。除法律另有规定外，地方政府及其所属部门不得为任何单位和个人的债务以任何方式提供担保。国务院建立地方政府债务风险评估和预警机制、应急处置机制以及责任追究制度。国务院财政部门对地方政府债务实施监督。

2.规范运作的PPP模式

(1)PPP模式定义

财政部定义的PPP模式——政府和社会合作模式是在基础设施及公共服务领域建立的一种长期合作关系。通常模式是由社会资本承担设计、建设、运营、维护基础设施的大部分工作，并通过"使用者付费"及必要的"政府付费"获得合理投资回报；政府部门负责基础设施及公共服务的价格和质量监管，以保证公共利益最大化。现阶段我国PPP项目运作方式主要包括：委托运营(O&M)、管理合同(MC)、租赁—运营—移交(LOT)、建设—运营—移交(BOT)、建设—拥有—运营(BOO)、转让—运营—移交(TOT)和改建—运营—移交(ROT)及其组合等。

发改委定义的PPP模式——政府和社会资本合作模式是指政府为增强公共产品和服务供给能力，提高供给效率，通过特许经营、购买服务、股权合作等方式，与社会资本建立的利益共享、风险共担及长期合作关系。

PPP模式需要正确处理政府、市场、社会之间的关系：市场和政府都是公共产品提供和生产的手段；正确处理社会资本"短高快"要求与政府"长低慢"实际之间的矛盾；坚持社会资本盈利而不暴利的原则；规范运作的PPP模式的核心是政府和社会资本双方的利益共享、风险共担及长期合作。

(2)规范运作的PPP模式操作流程

所谓规范的PPP模式，就是按照财金[2014]113号《政府和社会资本合作模式操作指南(试行)》的要求，规范项目识别、准备、采购、执行、移交各环节的操作流程。

①项目发起和评价

物有所值(Value for Money，VfM)评价是判断是否采用PPP模式代替政府传统投资运营方式提供公共服务项目的一种评价方法。中华人民共和国境内拟采用、已采用PPP模式实施的项目均应开展物有所值初始定量、定性评价和中期评价。如果项目认定的PPP值小于PSC值(公共部门比较值)，就可以采取PPP模式，否则就必须采取其他形式来开展项目融资。

财政部关于印发《政府和社会资本合作项目财政承受能力论证指引》的通知(财金[2015]21号)要求,地方政府每一年度全部PPP项目需要从预算中安排的支出责任占一般公共预算支出比例应当不超过10%。有些中介机构会建议地方政府考虑可能纳入一般公共预算的政府性基金预算收入、国有资本经营收入,将导致超过10%红线的现象。在PPP运作中,政府和社会资本共同出资设立项目公司所需经费、政府提供运营补贴所需经费、政府提供相关配套所需经费、政府承担相应风险所需经费、由于项目提前终止而导致的政府回购或补偿所需经费,要求地方政府在采取PPP模式时必须论证财政承受能力。

《关于进一步共同做好政府和社会资本合作(PPP)有关工作的通知》(财金[2016]32号)规定,PPP项目期限原则上不低于10年;国家发展和改革委员会、财政部、住房和城乡建设部、交通运输部、水利部、中国人民银行六部委令第25号文《基础设施和公用事业特许经营管理办法》规定,PPP项目期限最长不超过30年。这是综合考虑PPP项目提供产品和服务的价格承受能力以及政府对PPP项目的财政承受能力、降低地方政府债务风险以及项目设施、技术创新周期等实践要求的基础上确定的合理范围。

②PPP项目风险配置

PPP项目风险配置的最高目标是降低项目全生命周期风险,保证公共产品和服务提供的经济性(节约)、效率性(投入产出)和效益性(达到预期目标),即财政支出绩效考评"3E"(Economy,Efficiency,Effectiveness)原则。在PPP项目合作期限内,政府和社会资本要动态公平分担风险,因为在10~30年长期合作期限内,由于不可预见性导致合同不完备,而PPP项目涉及公共产品和基础设施建设,如果出现问题将会影响经济社会发展,政府不能一甩了之,应追求全生命周期中各方共赢。PPP项目一般采取动态公平分担风险基本原则:一是由最有控制力和意愿的一方承担风险;二是风险承担和收益回报匹配对等,高风险要有高收益,充分发挥社会资本的管理水平;每一方承担的风险要有上限,要以项目在全生命周期内发挥的功能来合理分担风险。

③项目运作结构

PPP项目都要成立项目公司,就是SPV(特殊目的载体),因为PPP需要通过项目融资,从而实现项目与母公司的风险隔离;项目公司的准股份制设置有利于公司治理的操作,如股东的进入和退出等;项目公司在项目所在地注册,便于政府与社会资本的管理沟通,同时项目公司纳税给项目所在地政府。

PPP合同期满,项目公司应按照合同约定将需要移交的项目设施(含为项目设施正常运营所必需的各类项目设施、设备、土地使用权、各信息系统、维护手册等)无偿移交给政府或其指定机构。项目公司应确保移交的项目设施不存在任何抵押、质押等担保权益或所有权约束，亦不得存在任何种类和性质的索赔权。移交结束且质量保证期满后，项目公司可以清算。

④绩效监测与支付

《关于推广运用政府和社会资本合作模式有关问题的通知》(财金[2014]76号)指出，“财政补贴要以项目运营绩效评价结果为依据，综合考虑产品或服务价格、建造成本、运营费用、实际收益率、财政中长期承受能力等因素合理确定”。《关于规范政府和社会资本合作(PPP)综合信息平台项目库管理的通知》(财办金[2017]92号)要求，严格新项目入库标准，要建立按效付费机制。包括通过政府付费或可行性缺口补助方式获得回报，要建立与项目产出绩效相挂钩的付费机制；政府付费或可行性缺口补助在项目合作期内连续、平滑支付，不能导致某一时期内财政支出压力激增；项目建设成本要参与绩效考核，实际与绩效考核结果挂钩部分占比要达到30%，不能固化政府支出责任。

PPP项目绩效监测与支付的难点在于：一是项目绩效考核指标设计要事无巨细，将项目可能存在的不确定性写入调整条款；二是项目绩效考核体系搭建要公平公正，反映风险与利益的匹配，做到“盈利而非暴利”；三是项目绩效考核过程要公开透明，不搞“抽屉协议”，要严格按照项目绩效监测结果支付对价；四是项目绩效考核结果要经得起实践检验，真正利于项目提质增效，实现政府、市场、社会三方的“共商、共建、共享”。

(3)不规范的PPP模式可能引发债务风险

自2014年国务院推广PPP模式以来，国务院、财政部、发改委等部门为了PPP模式的规范发展，从模式、流程、综合信息平台建设等方面不断出台相应的规范文件，经历了从鼓励到规范的一个发展历程，回归到了加强地方债务风险管理的轨道，避免了地方政府大面积出现通过PPP模式违法违规举债的现象。规范运作的PPP模式不会引发隐性债务风险，那么，什么样的PPP项目可能引发隐性债务风险？一类为大幅突破地方政府10%财政承受能力红线的项目，PPP项目必须做财政承受能力测试，如果擅自突破10%的一般公共预算支出的红线，将会成为隐性债务风险来源；另一类为政府对社会资本约定固定回报、回购安排以及不包含实质性运营内容的项目，这些项目的本质就在于通过PPP的形式违法违规融资，也可能成为隐性债务风险来源。这两类项目正是国务院和财政部所严格禁止的，在PPP项目运作过程中要不忘初心、规范管理和创新发展，严格规范PPP运作，利用社会资本提供公共服务和基础设施建设，满足经济社会发展需要，在中央防范化解风险的框架下不断完善相关规定，实现谋发展的目的。

(四)地方政府融资和风险防范的四点建议

从国际金融危机以来,国际国内对中国政府债务众说纷纭,莫衷一是,2013 年审计署发布第 32 号公告,通报了全国政府性债务的审计结果,对全国政府性债务进行了摸底和公开,提出了政府债务风险的严重性,回答了国际社会对于中国地方政府债务风险的关注,正式拉开了地方政府债务风险防范的大幕。在此,提出地方政府融资和风险防范的四点建议。

1.适度扩大发行地方债券规模

为了控制财政风险,地方政府此前通过融资平台公司等渠道的筹资路径相继被封杀,发行地方政府债券是地方政府融资的规范渠道。地方政府债券额度由中央采取限额管理,设定了债务规模的"天花板"。在近些年地方财力紧张、违法违规举债形成隐性债务遭到中央部委严打背景下,地方政府为基础设施筹资更加依赖发行地方政府债券。2015 年财政部首次发行了置换债券,通过发行地方政府债券来替换约 14 万亿元的融资平台等持有的非政府债券形式的债务,降低了地方政府利息负担,避免了地方政府资金链断裂,化解了许多长期积压的"三角债",降低了金融系统呆坏账损失。

继中央强调加快基础设施建设"补短板"和财政部要求加快发行地方政府债券之后,为了给基建项目筹资,地方政府债券发行进入了冲刺阶段。2018 年 7 月 31 日,中共中央政治局召开会议,分析研究当前经济形势,部署下半年经济工作。会议认为,今年以来,各地区、各部门按照党中央部署,坚持稳中求进工作总基调,贯彻新发展理念,落实高质量发展要求,以供给侧结构性改革为主线,着力打好防范化解重大风险、精准脱贫、污染防治三大攻坚战,加快改革开放步伐,上半年经济保持了总体平稳、稳中向好态势。主要宏观调控指标处在合理区间,经济结构持续优化,防范化解金融风险取得初步成效,生态环境改善,人民群众获得感、幸福感、安全感增强。会议要求下半年稳投资,尤其是加大基础设施投资领域"补短板"力度。国务院常务会议也要求财政政策更加积极,其中之一正是加强相关方面衔接,加快今年 1.35 万亿元地方政府专项债券发行和使用进度,推动在建基础设施项目早见成效。为落实上述要求,财政部公布了《关于做好地方政府专项债券发行工作的意见》,要求加快专项债券发行进度,各地至 2018 年 9 月底累计完成新增专项债券发行比例原则上不得低于 80%,剩余的发行额度应当主要放在 10 月份发行。

因此,地方政府应积极申请拓展债券适度新增发行规模,加大地方政府债务发行规模,以满足正常合理的融资需求。地方政府通过市场化发债,必须提升债务管理水平,降低市场利率波动,同时要明确官员任期内形成的债务都要承担责任,坚持"谁家孩子谁抱走"的基本原则,防止地方债务风险。2018 年 9

月,银保监会下发的《中国银保监会办公厅关于商业银行承销地方政府债券有关事项的通知》指出,地方政府债券参照国债和政策性金融债,不适用《中国银监会关于加强商业银行债券承销业务风险管理的通知》(银监发[2012]16号)的相关规定。预计通知下发后,银行承销地方债意愿会增强,地方债特别是地方专项债将加速发行,对基建投资发挥提振作用,落实中央政治局会议"稳投资""补短板"的要求。此外,地方政府还可以充分利用主权外债资金,积极争取引进和使用利率较低、条件较优惠的国际金融组织和外国政府贷款,既可补充基础设施建设的资金缺口,管理得当,又可充分利用汇率变化效应,降低融资、经济建设和经济发展的成本。

2.发挥PPP模式在成本节约、效率提高、质量提升上的功能

(1)PPP首先是一种融资模式,是吸引社会资本解决基础设施建设和公共服务提供过程中资金紧缺的更加宽广的渠道。PPP可以发挥"四两拨千斤"的功效,助力落实积极有效的财政政策,深化投融资体制改革。运用政府引导基金等工具将会促进PPP项目融资,政府引导基金既可平行出资,也可做劣后出资,以出资额为限承担投资风险,但不向其他出资人承诺投资固定收益或保本兜底。

(2)PPP其次是一种管理模式,是吸引社会资本参与解决公共产品和服务提供效率的更加有效的方式。政府鼓励引入社会力量和民间资本参与各类公共服务建设。如合肥图书馆"悦·书房"的诞生也是PPP模式的一次创新实践。"图书馆提供场地和图书资源,企业提供创意设计、空间建设以及运营服务。"

(3)PPP长远看更是一种治理模式,是发挥市场配置资源决定性作用和更好发挥政府职能的试验田。李克强总理在政府工作报告中指出,决不能"新官不理旧账",这是诚信政府的承诺。"有些地方政府的某些行为不好,新官不理旧账,换了一个官,过去的合同就不算了。政贵有恒,你不能把合同当废纸,对此我们是坚决制止的,而且要予以处罚。去年我们有关部门抓住几个典型案件,把涉及产权的错案纠正过来,这也表明了我们的决心,就是要持续向社会发出信号,让恒产者有恒心,让投资者有信心,让各类产权的所有者安心,给所有合法产权所有者都吃上长效的定心丸。"PPP是社会资本参与公共服务提供和基础设施建设,涉及社会的各个层面,是社会治理的一种载体。

3.积极稳妥规范推进PPP模式

(1)科学规划、统筹安排PPP项目。"好钢要用在刀刃上",财政资金是全民的财富,取之于民、用之于民,要科学规划、统筹安排PPP项目。在推进PPP模式过程中防止"眉毛胡子一把抓",推进PPP模式应突出重点、抓住关键,科学制定PPP项目规划,合理确定PPP项目总体规模,统筹安排PPP项目实施类型、

建设时序,充分发挥规划和预算的刚性约束作用,不该上的项目坚决不上,防止财政承受能力被少数项目占满。应重点支持以使用者付费为主的特许经营项目,科学论证涉及政府补贴的项目,审慎开展完全依赖财政支出的政府付费项目,降低PPP项目对政府付费的依赖。不能"先到先得",要根据需求的紧急程度与建设的重要程度进行筛选和排序,制定出符合地方发展现状,满足财政支出能力,周期可达10～30年的PPP项目实施规划。

(2)协调推进、规范操作流程。在遵循有关投资管理和财政管理法律法规的前提下,探索建立发展改革部门、财政部门分别牵头,行业主管部门、规划部门、自然资源部门、生态环境部门等共同参与、各尽其责、密切配合的协调推进机制,共同做好PPP工作。发展改革部门负责制定PPP项目规划、建设管理PPP项目库、管理PPP引导资金、完善价格调整机制,按规定权限审批、核准、备案项目。财政部门负责项目涉及的物有所值评价、财政承受能力论证、财政资金预算安排,控制防范财政风险,规范管理入库项目:储备项目库、执行项目库、示范项目库。行业主管部门和地方政府负责遴选、发起项目,组织实施方案联审,进行监督检查和绩效评价。

(3)加快盘活基础设施存量资产。2017年7月3日,国家发展改革委《关于加快运用PPP模式盘活基础设施存量资产有关工作的通知》(发改投资[2017]1266号)提出:对拟采取PPP模式的存量基础设施项目,根据项目特点和具体情况,可通过转让—运营—移交(TOT)、改建—运营—移交(ROT)、转让—拥有—运营(TOO)、委托运营、股权合作等多种方式,将项目的资产所有权、股权、经营权、收费权等转让给社会资本。对已经采取PPP模式且政府方在项目公司中占有股份的存量基础设施项目,可通过股权转让等方式,将政府方持有的股权部分或全部转让给项目的社会资本方或其他投资人。对在建的基础设施项目,也可积极探索推进PPP模式,引入社会资本负责项目的投资、建设、运营和管理,减少项目前期推进困难等障碍,更好地吸引社会资本特别是民间资本进入。运用PPP模式盘活基础设施存量资产回收的资金,除按规定用于必要的职工安置、债权债务处置等支出外,应主要用于新的基础设施和公用事业建设,重点支持"补短板"项目,形成新的优质资产。

(4)鼓励和支持民间资本参与。2017年11月28日,《国家发展改革委关于鼓励民间资本参与政府和社会资本合作(PPP)项目的指导意见》提出,从民间资本行业准入、优惠政策、项目推介、社会资本方选择、PPP合同、政府诚信体系建设等方面予以鼓励和支持。加大基础设施和公用事业领域开放力度,除国家法律法规明确禁止准入的行业和领域外,一律向民间资本开放。在制定PPP政策、编制PPP规划、确定PPP实施方案时,充分吸收采纳民间资本的合理建议。

主动为民营企业服务，不断优化营商环境，构建“亲”“清”新型政商关系，为民间资本参与PPP项目创造更加公平、规范、开放的市场环境。对民间资本主导或参与的PPP项目，鼓励开通前期工作办理等方面的“绿色通道”。鼓励结合本地区实际，依法依规出台更多的优惠政策。

(5)不能忽视防范风险的要求，杜绝将PPP异化为新的融资平台。近一年多来，财政部问责了多起地方政府通过融资平台违法违规融资的案例。涉事被问责各级官员逾百人，且出现因违规举债担保被倒查责任、终身问责的案例；违规融资方式中，既有银行贷款、信托、租赁、资管等传统方式，也有政府购买服务、专项建设基金等方法；财政担保、承诺收益、名股实债等问题遭严查。2017年11月10日，财政部办公厅发布的《关于规范政府和社会资本合作(PPP)综合信息平台项目库管理的通知》(财办金[2017]92号)要求：“防止PPP异化为新的融资平台，坚决遏制隐性债务风险增量”；“各级财政部门要深刻认识当前规范项目库管理的重要意义，及时纠正PPP泛化滥用现象，进一步推进PPP规范发展，着力推动PPP回归公共服务创新供给机制的本源，促进实现公共服务提质增效目标，夯实PPP可持续发展的基础。”

4. 采取多种方式筹集资金，助力基础设施建设和公共服务提供

(1)探索增强地方财政能力

按照党的十九大要求，在顶层设计上积极稳妥推进健全地方税体系改革。调整税制结构，培育地方税源，加强地方税权，理顺税费关系，逐步建立稳定、可持续的地方税体系。完善地方税种，根据税基弱流动性、收入成长性、征管便利性等原则，合理确定地方税税种。在目前已实施的城镇土地使用税、房产税、车船税、耕地占用税、契税、烟叶税、土地增值税等为地方税的基础上，继续拓展地方税的范围。按照“立法先行、充分授权、分步推进”的原则，推进房地产税立法和实施。要“按照评估值”征收房地产税，并适当降低建设、交易环节税费负担。结合财政事权和支出责任划分、税收制度改革和税收政策调整，考虑税种属性，在保持中央和地方财力格局总体稳定的前提下，科学确定共享税中央和地方分享方式及比例，适当增加地方税种，形成以共享税为主、专享税为辅，共享税分享合理、专享税划分科学的具有中国特色的中央和地方收入划分体系。因地制宜、合理规范划分省以下政府间收入。另外，要围绕山东新旧动能转换综合试验区建设，做好相关专项建设规划编制及单项项目前期储备工作，积极争取中央支持资金。在教育、医疗、科研、特色镇建设、精准扶贫、文化旅游、资源节约、生态环保、危房改造、农业农田水利、乡镇农民体育健身等建设方面争取中央支持资金。

(2)统筹盘活财政存量资金

财政存量资金是指政府作为财政收支主体，在其财政年度预算中已经安排的财政支出与收入时间错配而正常持有的，收入超预算增长、收入延迟划拨而消极持有的，支出计划不完善或不可执行而不断被积累下来的财政资金。2018 年 4 月 27 日，李克强在国务院第一次廉政工作会议上的讲话指出，一些地方、部门和预算单位重投入轻管理，财政资金使用效率不高，有的甚至闲置浪费。今年要全面实施绩效管理，将绩效管理覆盖所有财政资金，贯穿预算编制、执行全过程，做到花钱必问效、无效必问责。今后要把绩效评价结果与预算调整和政策调整挂起钩来，低效、无效资金一律削减，长期沉淀的资金一律收回，统筹用于需要支持的领域，使积极的财政政策更加聚力增效。将部门单位长期不用的财政资金，集中调整用于支持 PPP、融资担保、政府投资基金等工作的开展，发挥政府投资引导作用。

参考文献

[1]许梦博. 地方财政学[M]. 北京：清华大学出版社，2015.

[2]李晓鹏等. 地方政府投融资模式研究[M]. 北京：机械工业出版社，2014.

[3]杨晓敏. PPP 项目策划与操作实务[M]. 北京：中国建筑工业出版社，2015.

[4]华生. 城市化转型与土地陷阱[M]. 北京：东方出版社，2014.

[5]苏宁金融研究院. 中国地方政府到底欠了多少债？https://www.sohu.com/a/251977043_465587.

（李维梁，经济学教研部副主任、副教授）

山东经济的新旧动能转换与镇域经济发展

徐晓鹰

[教学目的]

通过本专题的教学，要使学员明确新旧动能转换对山东经济发展的重要意义，同时明确，山东省要实现新旧动能转换，就必须大力发展镇域经济，而要发展镇域经济，主要是要搞清楚哪些，并采取哪些行之有效的措施。

[教学重点]

1. 山东省实现新旧动能转换的重要意义。
2. 山东省实现新旧动能转换的优势和存在的问题。
3. 推进新旧动能转换与大力推动镇域经济发展的关系。
4. 发展镇域经济的主要对策。

[教学形式]

1. 课堂讲授。
2. 案例分析。
3. 互动教学。

[教学内容]

引子：提案《镇域经济应成为山东经济新的增长点》

2016 年，山东省的国内生产总值达到 6.7 万亿元，在全国位居第三，经济发展取得了很大的成就，但同时也要看到，山东省的经济发展存在着许多问题。突出表现是经济发展过于粗放，内在质量不高，经济结构不协调。导致这些问题出现的原因很多，我们认为最重要的是三个方面，一是产业结构不合理；二是镇域经济发展不充分；三是民营经济不发达。而这三个原因是相互交织在一起的，需要我们抽丝剥茧，厘清头绪，抓住问题的关键点。这个关键点就是镇域经济不发达。

1.山东省镇域经济不发达的表现

(1)山东省的经济强镇进入全国百强镇的数量太少。

(2)山东省经济强镇的实力与其他发达省区有很大的差距。

(3)山东省的镇域经济发展严重滞后于全省经济发展。

2.发展山东省镇域经济的几点建议

(1)发展镇域经济要进行正确的产业选择。

(2)发展镇域经济要强化市场经济意识。

(3)发展镇域经济要充分发挥企业家的作用。

(4)发展镇域经济要打造良好的营商环境。

(一)关于山东新旧动能转换的问题

2018年1月3日，我国以国函1号文的形式批复了《山东省新旧动能转换综合试验区建设总体方案》，这是自中国共产党第十九次全国代表大会后国务院批复的首个区域性国家发展战略，也是全国第一个以新旧动能转换为主题的区域发展战略。

1.山东新旧动能转换优势基础

(1)新旧动能转换空间潜力巨大

为什么要选择山东来推动新旧动能转换的区域发展战略？这是由山东省特定的地理区域位置和经济基础决定的。山东地处黄河下游，东临黄渤海，北承京津冀经济圈，南接长江经济带，是我国由南向北扩大开放、由东向西梯度发展的战略节点，这一独特的地理区位，在推进新旧动能转换进程中，不仅便于承接南北的“四新”经济，而且还对我国整个北方经济格局的改变有关键性的作用。

山东既是人口大省(2017年末，山东省的人口总数是10005.83万，自然增长10.14‰；广东省为11169万，自然增长9.16‰)，也是经济大省，在全国经济大局中具有重要的地位和作用，将为全国新旧动能转换发挥重要作用。山东新动能转换具有较大的空间、潜力和回旋余地，有基础、有能力为全国新旧动能转换创造新经验。

(2)新旧动能转换成效凸显

● 山东省的主要经济指标在全国位居前列。

● 传统产业转型升级步伐加快，结构持续优化。主要有以下表现：一是传统产业改造步伐加快；二是传统产业转型不断衍生新产业新模式；三是传统产业与智能技术、信息技术的融合深化;四是传统落后过剩产能逐步退出,产能利用率显著提高。

● 新经济快速成长。

(3)创新能力日益增强

山东综合创新能力连续七年保持在全国第6位,科技支撑引领发展的能力显著增强。具体来讲,主要表现是:

● 2017年,济青烟国家科技成果转移转化示范区获批,新增国家企业技术中心14家,总数达179家,稳居全国第一位。

● 山东是国家工程中心布局最多的省份,国家级创新平台数量在全国也名列前茅。

● 山东建有148家省级以上科技企业孵化器和293家备案众创空间,均居全国前列。

● 全社会研发经费占GDP比重从2010年的1.72%提高到了2017年的2.35%。规模以上高新技术企业实现产值5.5万亿元,占规模以上工业企业产值比重达到35%左右。

● 山东半岛国家自主创新示范区、黄河三角洲农业高新技术产业示范区建设取得积极进展。

● 国家企业技术中心、企业重点实验室、工业设计中心等创新平台数量均列全国第一。国家超级计算济南中心、海洋科学与技术国家实验室(试点)等一批重大科技基础设施高水平建设。量子通信、高端容错计算机系统、深水半潜式钻井平台、高速动车等一批高端科技项目取得重大突破。

● 大力实施“人才强省”战略,创新创业生态环境持续优化,人才资源总量突破1500万人。

(4)动能转换体制、机制不断完善

改革全面深化,新旧动能转换环境不断优化。改革红利持续释放,供给侧结构性改革取得阶段性成果,“放管服”、金融、国企、信用体系等改革走在全国前列,市场主体呈“井喷式”增长。放宽民营企业准入领域,民营企业整体实力明显提升。深化财税金融体制改革,深入推进“放管服”改革,加强事中、事后监管,实行清单模式,推行了“双随机、一公开”监管制度。

(5)开放型经济呈现积极变化

山东作为沿海开放经济大省,近年来着力构建新体制,形成新格局,塑造新优势,开放型经济呈现积极变化。外贸新兴业态持续发力,进出口增幅在全国前十位。

(6)绿色发展取得新成效

山东把绿色发展作为加快转变经济发展方式、提高经济发展质量的重要着力点,初步建立了符合市场经济体制要求的绿色发展的长效机制。节能减排取得成效,全省PM2.5、PM10、二氧化硫、二氧化氮等主要污染物平均浓度比2013年分别下降41.8%、33.8%、66.2%、22.9%。水环境质量大幅改善,省控重点河流主要水质指标COD和氮氧化物平均浓度比2013年分别下降9.0%和36.5%。土壤和固废污染防治成效明显,工业固体废弃物资源综合利用率达86.1%。

(7)动能转换要素支撑条件良好

山东交通运输发达,铁路、公路、港口、机场布局合理,现代化综合运输体系基本形成。2017年,高速铁路、高速公路通车里程分别达到1240千米、5820千米,比2012年增长55.2%、17%;沿海港口吞吐量突破15亿吨,比2012年增长42%。

现代能源体系支撑保障能力较强,构建了煤炭、电力、石油、天然气以及新能源和可再生能源全面发展的能源供应体系。两条“外电入鲁”通道建成投用,新增外电接纳能力500万千瓦。

2.山东新旧动能转换主要矛盾和问题

进入新常态(2012年以后),山东经济增速逐年回落,2012年首次回落到9.8%,2016年降到7.6%,6年回落4.7个百分点。

2017年达到72678.2亿元,居全国第3位,仅次于广东、江苏两省。但GDP增速列全国第16位,人均GDP列全国第9位,山东“大而不强”。

1989年~2009年的20年间,在全国的经济版图上,广东高居首位,山东与江苏齐头并进、交替领先。但从2008年以后,无论是总量规模还是质量效益,山东与广东、江苏的差距越来越大,面临着“标兵越行越远,追兵越来越近”的尴尬局面。与广东的差距由2008年的5860亿元扩大到2017年的1.72万亿元;与江苏的差距由50亿元扩大到1.32万亿元。

(1)产业结构不合理

2017年,山东服务业占比48.0%,但仍比全国平均水平低。产业结构总体偏重,传统动能仍居主导地位。传统产业占工业比重约为70%,重化工业占传统产业比重约为70%。

(2)新生产要素支撑仍然不够

● 知识、技术、信息、数据等新生产要素对新旧动能转换的支撑作用仍然不够,对创新驱动发展造成阻碍。

● 支撑产业升级的技术储备明显不足,技术创新链条存在脱节问题。2017年全社会科技研发经费支出占比2.35%,低于广东、江苏、浙江三省。

●部分领域核心技术缺乏，创新能力仍不够强。规模以上工业企业设立研发机构的仅占7%，科研成果转化率偏低，吸引社会资本支持创新的良好机制尚未形成，专业科研机构和高等院校的科研成果往往偏离企业和市场的实际需求，技术转化率不高，未能形成产业链、创新链、资金链的有机互动、有序衔接。

●富集新生产要素的人才供给有限。高层次人才团队偏少，智力支撑有待增强。

(3)体制机制障碍突出

●市场经济意识淡薄，市场体系不完善、不成熟，特别是要素市场化改革不充分，制度性交易成本过高。

●民营经济发展环境尚需改善，国有企业深层次改革攻坚尚未取得实质性突破，各种形式的行业垄断和不合理限制有待突破。全国民营企业500强中，浙江、江苏分别达到134家和94家，山东只有45家。

●政府职能错位、失位依然存在，职能转变不彻底，“政府监管跟不上”和“政府服务不到位”并存，服务效率、信息公开、简政放权等方面与营造“亲”“清”新型政商关系仍有一定距离。

(4)开放优势减弱

2016年，山东经济外向度只有23.1%，分别比广东、江苏、浙江低56.3个、21.1个和24.7个百分点。2017年，山东外贸依存度比全国低近10个百分点。在我国“一带一路”对外开放格局中，山东的沿海区位比较优势正在迅速下降。

(5)资源环境压力持续加大

●以重化工为主的产业结构和以煤为主的能源结构带来的环境问题依然严重，支撑新旧动能转换的生态承载力亟待加强。

●山东主要污染排放总量位居全国前列，能源消耗占全国的9%，其中煤炭消费量占全国的10.6%；二氧化硫、氮氧化物、化学需氧量的排放总量居全国第1位，万元生产总值能耗为0.57吨标准煤，高于广东、江苏等省。未来，资源环境对发展瓶颈的制约将会更加明显。

(6)基础设施制约明显，支撑作用有待加强

●重大交通设施相对滞后。全省“三横四纵”路网通道尚未全面形成，跨区域干线通道不足，胶东半岛北部、鲁南和鲁西南交通短板明显。

●高速铁路、城际铁路等高标准快速客运铁路建设与经济大省地位不符。省高速公路通车里程落到了全国第8位，高速公路双向六车道的不足20%。高铁出省通道只有1条，省内高铁尚未实现互联互通。

●民用航空对外联通能力不足，以全省开通的国际地区航线为例，济南机场开通18条，青岛机场29条，而成都高达102条，郑州也有27条，与上海、广东

等省市更不可同日而语。

所有这些都是全省新旧动能转换必须着力突破的关键问题，迫切需要加快解决。

(二)加快新旧动能转换的重大意义

1.山东推动新旧动能转换的重要意义

李克强总理在2016年、2017年连续两年在山东省团组参加《政府工作报告》的审议时，都寄希望于山东省，希望山东省在新旧动能转换中充分发挥作用，2016年指出："希望山东在保持中国经济持续中高速增长上继续挑大梁，在推进新旧动能接续转换上继续勇攻坚，在解决重点民生问题上始终做表率。"2017年又再次指出："支持山东创建国家新旧动能转换综合试验区，希望山东在全国新旧动能转换中起关键性作用。"

山东省积极响应中央政府的要求，在2017年山东省召开的中国共产党山东省第11次全省代表大会上，刘家义书记指出"把加快新旧动能转换为统领经济发展的重大工程"，要"积极创建国家新旧动能转换综合试验区"，在2018年2月22日召开的全省新旧动能转换动员大会上，刘家义书记又指出："加快实施新旧动能转换重大工程，建设好新旧动能转换综合试验区，对山东未来发展至关重要，既是重大机遇，也是重大责任，更是重大挑战。"

2.推进新旧动能转换的方向与思路

(1)新旧动能转换的基本内涵

新动能与旧动能是相互联系的、不可分割的，新旧动能转换切忌顾此失彼，要让新动能蓬勃发展，传统动能焕发生机，共同构成推动经济发展的强大动力。新动能既来自新技术、新模式、新业态、新产业"四新"经济的发展壮大，也来自"老树发新芽"的传统产业改造提升。新动能不仅催生了新经济，而且还在推动着传统动能转型升级。

说到底，新旧动能转换主要包括三部分：一是"无中生有"的新技术、新模式、新业态、新产业发展，打造经济新的"发动机"；二是"有中出新"的传统产业"挖潜开荒"，推动高端化、低碳化、智能化改造，促进"老树发新芽"；三是在"去"上见实效，积极稳妥地处置"僵尸企业"，大力淘汰落后产能和化解过剩产能，不断提高供给体系质量和效率。

(2)新旧动能转换的方向

● 发展方式转变

经济发展进入新常态，经济不再具备高速增长的条件，外延式发展已走到了尽头，必须培育和创造新的发展动能，必须以新的发展方式取代传统的发展方式，要在发展理念、发展模式、发展路径等方面加快转变，加速实现由追求速度数量向追求质量效率转变，从规模外延型向效益内涵式发展转变，由粗放经营向集约发展转变，走内涵集约化发展的新路子。

山东资源环境压力加大，必须坚定走生产发展、生活富裕、生态良好的文明发展道路，切实把生态文明建设融入经济社会发展各个环节和全过程，大力发展低碳循环经济，推动形成绿色发展方式、生活方式和消费模式，加大节能减排力度，加快建设资源节约型、环境友好型社会和“美丽山东”，促进人与自然和谐共生，实现更高质量、更有效率、更可持续的发展，充分发挥试验区在绿色发展中的示范作用。

● 经济结构转型

经济结构转型升级孕育着巨大的动能。山东是经济大省，多项指标都排在全国前列，但客观来讲，传统动能占比较大，新动能培育不足，发展的质量效益也不够高。

面对国际产业分工格局和贸易环境的变化、新一轮科技革命和产业变革的加快，面对国内生产要素成本上升和消费结构升级的新趋势，山东必须加快经济结构转型，改变以往产业转型升级的方向和路线，着力突破能够有效提升国际分工地位和价值链层级的研发设计、营销网络、品牌培育、供应链管理等制约产业转型升级的关键环节，大力推进产业发展从规模扩张为主向质量提升为主转变，由加工制造向创新创造转变，由比较优势向竞争优势转变；加快促进产业向高端化、绿色化、智慧化、集群化、融合化、国际化方向发展，重塑产业链、价值链和供应链，加快构建现代产业新体系，提升产业核心竞争力，在全国推动产业转型升级中发挥示范引领作用。

● 增长动力转向

在传统优势和比较优势弱化的条件下，当前和今后仅仅依靠传统低成本要素的大规模投入来拉动经济增长已很难奏效，“十一五”时期，山东每增加 1 元增加值，需投资 3.9 元，到“十二五”时期则需投资 7.8 元，2016 年需投资 13.08 元，而全国只需投资 8.85 元，江苏、广东只需投资 8.26 元和 4.92 元。必须推进结构性改革，以创新供给带动需求扩展，以扩大有效需求倒逼供给升级，实现供给和需求在新条件下的相互促进。不仅要继续挖掘旧动力的潜能，打好稳投资、促消费、扩出口这“三驾马车”协同发力的组合拳，特别要引领和创造消费需求，促进经济增长由主要依靠投资、出口拉动向依靠消费、投资、出口协调拉动转变；而且还要更加注重培育发展新动能，加大供给侧结构性改革力度，扩大有效供给，特别要充分发挥制度变革、结构升级和创新驱动“三大新动力”的作用，真正使经济发展动力得到转换。

要增强高端要素聚集发展功能和创新发展能力，加快重塑技术、人才、信息、管理、制度等新要素的竞争优势，优化生产要素配置，激活生产要素，提高全要素生产率，加快实现从传统要素驱动、投资规模驱动为主向以创新驱动为主的转换。

● 创新成果转化

山东重要科技成果实现产业化的比例仅为20%左右，科技创新对GDP的贡献率明显偏低。紧紧抓住新一轮科技革命和产业变革的重大机遇，抢占高新技术制高点，充分集聚创新优质要素，以提高自主创新能力为核心，大力引进产业高端项目，加快创新平台建设，培育创新主体，完善创新体系，推动经开区从产业服务平台向创新发展平台延伸。

强化科技同经济对接、创新成果同产业对接，加快各类科技孵化器建设，创建知识产权试点示范园区，鼓励产品创新、业态创新和模式创新，推进科技创新创业，促进科技创新成果转化和产业化，全面提升区域创新能力和产业技术水平，在科技创新成果转化中发挥示范作用。

● 体制转轨

在体制改革方面先行先试，推进重点领域和关键环节改革。

建设国际化、高水平的营商环境，推行小政府大社会、小机构大服务。

大力推进行政管理体制改革，充分发挥市场在资源配置中的决定性作用。建立公平竞争保障机制，打破地域分割和行业垄断，加快土地、劳动力等生产要素市场化改革，促进生产要素在城乡、地区、企业、行业间的自由流动与优化组合，加快形成统一开放、竞争有序的市场体系。

引领新一轮对外开放方向，在更高层次推进开放合作。从"区域化"向国际化转型，抓住"一带一路"战略实施，以及中韩、中澳达成自由贸易协议的机遇，不断提高经济的国际化水平。

（三）推进新旧动能转换就必须大力发展镇域经济

1. 发展镇域经济，可以为实现农业现代化提供坚实的经济基础

实现农业现代化，必须要有可靠的财力支持，现在中央提出实施乡村振兴战略，推进农业现代化所需的财力固然可以依靠中央和地方的财政支持，但两级财政毕竟有限，而且需要用钱的地方很多，真正能够落到农村的钱更是微乎其微，杯水车薪，根本解决不了我国广大农村实行现代化的资金需求问题，因此，实现我国农业现代化，长期依靠两级财政输血是不行的，必须想方设法培育农村的造血机制，那就是大力发展乡镇经济，通过乡镇企业的发展，由工业反哺农业，使农业现代化有可靠的财力来源。对于工业化与农业结构变化的关系，我国著名经济学家张培刚在20世纪40年代就给予高度的关注，他在1949年出版的成名作《农业与工业化》中指出："工业化是一系列基要生产函数连续发

生变化的过程。"他认为工业化不仅包括了工业部门的发展，而且还包括"工业化了的农业"的发展。用我们很容易理解的一句话来说，一个地区的经济发展，必须多业并举，所谓"无农不稳，无工不富，无商不活"。

2. 发展镇域经济，能够就地转移农村过剩的劳动力

按照国家统计局提供的数据，2016 年，全国总人口是 13.83 亿，其中城市常住人口为 7.93 亿，占 57.35%，农村人口为 5.89 亿，占 42.65%，比较成功地实现了城镇化。但由于我国是一个人口大国，人均耕地只有 1.5 亩，加上林、牧，我国人均用地总和只有 0.56 公顷，只相当于世界平均水平的 30%。因此，农民只是从事单一的农业生产活动，其边际效用是递减的，因为可供支配的土地资源有限，单纯依靠农业生产实现富裕是不可能的。随着改革开放的深入，城乡藩篱的拆除，大量的农村剩余劳动力纷纷涌入大城市和经济发达地区，而同时带来一系列的社会问题：一是造成农村大量的留守老人和儿童无人照料，引发很多社会悲剧；二是造成大规模的人口迁徙，今年的春运，全国的客流量就达到 30 亿人次，基本上是半个世界在搬迁；三是给大城市带来很大的社会问题，引发城市病。要有效地解决这些问题，大力发展镇域经济应该不失为一项有效的举措。发展乡镇企业，可以让农民离土不离乡，既可以就近从业，增加收入，同时又能够关照自己的家庭，让老人老有所养，让孩子幼有所育，而且农忙时还可以在家里帮上忙，一举数得，何乐而不为。

3. 发展镇域经济，有利于土地流转，促进农业的规模化经营

农村土地确权让农民吃了定心丸，但由于我国农村人口多，人均耕地规模十分有限，因此，要想让农民按承包的土地一家一户从事农业生产经营来实现致富是根本不可能的，必须把土地集中起来，通过规模化、集约化的经营，提高每个农业生产者的经营效益。习近平总书记在十九大报告中指出："完善农业支持保护制度，发展多种形式适度规模经营，培育新型农业经营主体，健全农业社会化服务体系，实现小农户和现代农业发展有机衔接。"实现土地有偿流转和土地入股，发展各种大型农场、农业庄园、农村产业发展联合体，应该是未来我国农业发展的重要方向。

4. 镇域经济发展滞后严重影响山东经济发展

(1)山东省的经济强镇进入全国百强镇的数量太少

检索历年的相关资料，我们可以发现，2014 年之前，全国经济百强镇排行榜中，山东省难觅踪影，2015 年以后，山东省有两个经济强镇跻身其间，但排位比较靠后。其中广饶县的大王镇，居第 70 位；兖州的新兖镇居第 90 位。2016 年，两镇同时往前提升两位，大王镇居第 68 位，新兖镇居第 88 位，但全省再无其他镇进入这个榜单。这个现象是与我们这个经济强省不相称的。2016 年，全国百

强镇中，广东省占32席，江苏省占27席，浙江省占20席，福建省占10席，这四个省占去全国的89%，近9成。我们山东省可以说是相形见绌。

(2)山东省经济强镇的实力与其他发达省区有很大的差距

2015年，全国百强镇中的前十强，平均地区生产总值高达571亿元，镇本级财政收入达37.93亿元。与之相比较，我省对"全省百强镇建设示范行动"示范镇的考核结果是:2012年，全省100个示范镇财政收入是111.5亿元，平均每个镇的财政收入是1.1亿元;2015年，200个示范镇的镇均财政收入提高到2.03亿元，但仍是不可同日而语的。

(3)山东省的镇域经济发展严重滞后于全省经济发展

作为一个经济大省，山东省的镇域经济发展是严重滞后的，也是全省经济发展亟待补齐的一块短板。从我们学院接受省公务员局委托举办的全省乡镇长培训班所了解的情况来看，目前，我们山东省有相当多的乡镇完全没有现代意义的工业企业，有的乡镇工业在镇域经济中几乎是一片空白。这是我们的弱势，但也要看到其中的机会和潜力。在去产能的大背景下，以重化工为主体的国有企业已经没有什么潜力可挖了。山东省的县域经济发展是可圈可点的，2016年，我们山东省进入全国百强县的有26个县(市、区)，仅次于浙江而居全国第二位。下一步，在大力发展镇域经济的基础上，县域经济仍然可以保持强势。而镇域经济，如我们前面的分析，是山东省经济未来发展的希望所在，也是大有潜力可挖的新的增长点。

(四)发展镇域经济的主要对策

1.在思想上对发展镇域经济要有足够的重视

(1)中央领导高度重视发展小城镇

2014年，习近平总书记对福建晋江推进新型城镇化试点工作作出重要批示:"眼睛不要只盯在大城市，中国更宜多发展中小城市及城镇。"

(2)《国家新型城镇化规划》强调发展小城镇

《国家新型城镇化规划》指出:把加快发展小城市作为优化城镇规模结构的主攻方向，将有条件的县城和重点镇发展成为中小城市，增强中小城市和小城镇的人口经济集聚能力。

2015年5月13日召开的实施《国家新型城镇化规划》重点工作电视电话会中指出:县城和重点镇是城镇体系的薄弱环节，是城镇化发展的潜力所在，也是促进人口市民化的重要平台。

2.克服畏难情绪，开动脑筋想办法

我省西部地区经济基础比较差，也缺乏资源，因此，我们一些领导和干部对发展镇域经济一直有些信心不足，甚至有些人说:就是让青岛的干部去也无能为力。这种认识和态度是不对的。我们先不要进行横向的比较，就以我省经济相对落后的菏泽来说，与10年前、20年前相比已经有了很大的改变。关键还是要开动脑筋，寻找突破口，充分利用自己所特有的资源和产业优势。所谓办法总比困难多。其实，经济落后地区的发展，在很大程度上取决于是否有一个有胆识、有工作思路的领导。

3.建设产业新区推动镇域经济发展

彭楼镇位于鄄城县东南部，北距鄄城县城区23千米，南与牡丹区接壤，距菏泽市区25千米。辖44个行政村、81个自然村，全镇总面积为79平方千米，耕地占71805亩。本镇人口总量为6.5万，其中，城镇户籍人口为17034，外来人口及从事非农业生产活动的人口为20336。

舜王城中药材市场是全国17家国家级中药材专业市场之一，是山东省唯一的中药材专业市场，是继安徽亳州、河北安国之后全国重要的中药材集散地。山东省中药产业园位于舜王城中药材市场北邻，总建筑面积为35.63万平方米，目标是建设"中国北方绿色药都"。

向阳新型社区位于舜王城中药材市场东邻，总规划面积950亩，辐射半径2.5千米，覆盖13个村庄；可容纳16000人居住，涵盖了行政服务中心、公检法三所、学校、医院、老年公寓、娱乐广场、大型超市、污水处理厂、垃圾中转站、太阳能路灯及供气管道等高标准配套设施。截至目前，新区建设完成750户，建设老年房160户，正在建设300户。

4.正确选择产业的发展方向

发展镇域经济必须要有相应的产业，特别是加工制造产业做支撑。要特别强调，发展山东省的镇域经济不能继续选择在山东省已经严重过剩的、严重污染环境的重化工产业，要选择能够拉长产业链、增加附加价值、进行深度加工的加工制造业，以及能够充分利用当地农产品资源而进行生产的农业产业化项目。总之，未来山东省的镇域经济发展，在产业选择上，一定要以市场为导向，进行逆向选择。从理论上来说，产业选择有两个方向，一个是"顺向选择"；一个是"逆向选择"。所谓"顺向选择"，就是在当地资源禀赋的基础上，考虑产业的发展，有铁矿砂就发展钢铁工业，有煤炭资源就发展煤化工或坑口电站，有瓷土就发展陶瓷工业。总之，就是"靠山吃山、靠水吃水"。而"逆向选择"，则是从市场需求出发，以满足市场的需要为出发点，由市场需要来引导我们进行产业选择，靠市场吃饭。"顺向选择"所形成的产业，只能形成某一产业的生产能力，不一定能够形成市场的竞争能力，而按"逆向选择"所形成的产业，总是紧盯市场，因此就容易形成市场的竞争力。

5.发展镇域经济必须强化市场经济意识

1993 年中国共产党十四届三中全会通过了《关于建立社会主义市场经济体制若干问题的决定》,明确了我国社会主义经济体制改革的目标就是建立市场经济体制。这个时间已经延续了 20 多年,但是应该说,我们山东的一些企业并没有真正形成市场经济的意识。因此,一定要明确:在市场经济环境里,企业一定要搞清楚,市场需要什么,而不是我们能够生产什么,更不是我们需要什么。

(1)市场经济是竞争经济

只要存在市场,就存在竞争。要参与竞争,并在竞争中获胜,就必须动脑筋,想办法,采取有效的竞争战略和策略,不能浅尝辄止,不能一遇到一些问题和困难就败下阵来,就退出市场。在以往的发展过程中,我们山东有太多这样的产品,如龙口的金龙电器、滕州的彤辉电暖气、莱阳的莱薇食品加工机等。我们一定要分析,一个产品在市场上销售不畅或出现销售疲软的原因是什么:是设计不够合理,外观不美观,价格确定不合理,性价比太低;还是广告力度不够,在市场上缺乏影响力和美誉度,等等。找到问题后,再努力解决。

(2)市场经济必须克服"官本位"的思想

我们山东受传统文化的影响,"官本位"意识比较浓厚,似乎只要有职有权,就掌握了所有的话语权,一切都得听领导的,特别是一些重大的决策问题。但市场并不听领导的,因此,对于经济发展问题,特别是企业的一些决策,还是应该听市场专家的、听市场一线工作人员的意见,要真正深入市场进行调查研究,了解市场的需求。

(3)市场经济必须增强服务意识

所谓增强服务意识,就是要想用户之所想,急用户之所急。所谓"己所不欲,勿施于人"。要站在用户和消费者的角度,设身处地来进行产品设计,组织产品生产,提供服务;而不能只是考虑自己怎么方便,这样市场是做不好、做不长久的。尤其是政府部门,要提高对市场主体的服务意识。

6.加强企业家队伍建设,弘扬企业家精神

美国经济学家斯班格勒在《人口密集地区发展方面的经济要素》中说:"工业进步突出取决于:第一,有眼光、有魄力的创新者和企业家在人口中占有多大的比例;第二,这些够资格的人物在作出和执行有关的决策时拥有多大的权力……"

总结我国改革开放后的经济发展历程,我们可以发现,在自然矿产资源比较匮乏的沿海发达地区经济之所以会取得突飞猛进的发展,主要得益于两个方面:一是在异军突起的乡镇企业中有一大批颇有作为的企业家迅速崛起。江苏省的主要领导在总结他们的发展经验时就明确指出:关键就在于培养和造就了一批有开拓创新能力的企业干部；二是形成了有利于企业家成长的政策环境。

近年来，我们山东对这个问题的认识越来越清楚，企业家队伍也在迅速成长。但与其他发达省区相比，我们山东还是有一定的差距。在2013年，各类市场主体新登记户数和民营市场主体新登记户数均列广东、湖北、江苏、浙江之后，仅居全国第5位。每万人口拥有私营企业77.4户，低于全国92.1户的平均水平；每万人口拥有个体工商户320.8户，低于全国326户的平均水平。

从万人创业率看，2016年山东平均每万人创办市场主体721户，而浙江是950户，江苏是875户，广东是826户。从注册资本（金）数量看，到2016年底，山东实有市场主体注册资本（金）仅相当于广东的45.1%、江苏的61.2%和浙江的91.5%。差距是十分明显的。

我省发展的事实也充分证明：一个地区是否培育了企业家文化，是否形成了有利于企业家成长的环境，对一个地区的经济发展有着至关重要的作用，我省黄岛、即墨、邹平、博兴都有一批干事创业、有胆有识的企业家队伍。邹平的企业家队伍被称为邹平经济发展的重要“引擎”。邹平的发展经验是值得我们借鉴和思考的。

7.打造良好的营商环境

管仲说：“夫凡人之情，见利莫能勿就，见害莫能勿避。其商人通贾，倍道兼行，夜以继日，千里而不远者，利在前也。渔人之入海，海深万仞，就波逆流乘危百里，宿夜不出者，利在水也。……故善者势利之在，而民自美安，不推而往，不引而来，不烦不扰，而民自富。”

我们山东有一段时间对这个问题认识不是很清楚、很到位，有些地方的营商环境比较差，搞得客商不敢来，来了留不住，甚至连我们自己的本土企业也跑掉了，比如九阳的总部就在2006年搬到浙江杭州去了。为什么呢？我们的营商环境太差。要改变这种局面，就必须打造良好的营商环境。

而事实证明：只要能够打造一个好的营商环境，就能够吸引企业前来投资办厂，促进当地经济的发展。所谓“栽下梧桐树，引得凤凰来”。各地的乡镇政府应该为乡镇企业的建设和发展提供支持和帮助，在土地征用、协调银行贷款、税收减免等各方面提供各种可能的服务。

我们认为，抓住了镇域经济的发展，就等于抓住了山东省经济下一步增长的牛鼻子。因为镇域经济不能靠政府去投资，要充分调动经济能人，发挥他们的能量，这样就有助于山东省民营经济的发展，同时鼓励他们多向山东省比较弱势的深度加工业投资，这样也就能够更好地促进山东省的产业结构调整。

参考文献

[1]习近平.决胜全面建成小康社会　夺取新时代中国特色社会主义伟大胜利——在中国共产党第十九次全国代表大会上的报告.新华网，http://www.xinhuanet.com/2017-10/27/c_1121867529.htm.

[2]国务院.山东省新旧动能转换综合试验区建设方案.

[3]刘家义.在山东省全面展开新旧动能转换重大工程动员大会上的讲话.

[4]山东省人民政府.山东省新旧动能转换重大工程实施规划.

[5]中国中小城市经济发展委员会.2015年、2016年、2017年中国中小城市科学发展指数研究成果发布.

[6]姜涛.管子新注[M].济南:齐鲁书社,2006.

（徐晓鹰，经济学教研部教授）

科学认识信息动能　加快新旧动能转换

周衍鲁

［教学目的］

1.明确新时代是科技革命引发产业变革的时代，科技创新是创新发展的持续动力，信息及其技术是新旧动能转换不可或缺的重要动力。

2.从信息技术理论层面提升政府的技术领导力。

3.为解决自信息化以来的“不会为、不敢为、慢作为”现象提供技术理论支持。

［教学重点］

1.习近平新时代科技创新思想在信息技术领域的具体体现。

2.创新的信息动能技术理论。

3.关于山东新旧动能转换的补充性建议。

［教学形式］

教授互动式。

［教学内容］

一、“互联网＋”与信息动能

（一）新旧动能转换背景，信息技术应用中的问题与解决方案

综观当今世界科技革命和产业变革，现代信息技术是发展最快、影响力最大、渗透力最强的高新技术，正在改变着所有行业的发展路径。新一代信息技术产业之所以在培育山东新动能决策中列“十强产业和五大新兴产业”之首，就是因为它不但能直接创造新兴产业，还能融合其他产业转型发展；是创建和发

展综合试验区的重要抓手。信息技术是发展数字经济的根本动力，数字经济的三大要素均包括在信息技术之中。2016 年，美国的数字经济在 GDP 中的占比已经达到 58.3%，我国的占比是 30.3%，美国依靠数字经济抢占全球制高点的态势越来越明显。2018 年 4 月 20 日，习近平在全国网络安全和信息化会议上进一步强调："加快数字中国建设，就是要适应我国发展新的历史方位，全面贯彻新发展理念，以信息化培育新动能，用新动能推动新发展，以新发展创造新辉煌。"也就是说，从国家层面确立了信息技术与数字中国、信息化与新动能、新动能与中华民族伟大复兴的根本逻辑。

在国内，能说明管理与技术两方面问题的只有"信息化"和"互联网+"。2000 年十五届五中全会首次提出："把推进国民经济和社会信息化放在优先位置"，作为"覆盖现代化建设全局的战略措施"。"互联网+"是 2015 年国家推行"互联网+行动计划"。我们以"互联网+"为代表，按照正向逻辑，采用理论问题形象化、复杂问题简单化方法，从管理和技术角度解读"互联网+"的含义，打通"管理与技术"，从实践应用解读"信息及其技术"如何发挥动能作用发展数字经济。

（二）"互联网+"与信息动能

1."互联网+"的含义

到目前为止，还是国发 40 号文件中给出了一个精准的"互联网+"定义，充分体现了现在智慧型政府学术型官员的特点。

"互联网+"就是把互联网的创新成果与经济社会各领域深度融合，推动技术进步、效率提升、组织变革，提升实体经济的创新力和生产力，形成更广泛的以互联网为基础设施和创新要素的经济社会发展新形态。

2."互联网+"的基础设施

"互联网+"的基础设施可以概括为"云网端"三部分。

（1）网

实际上我们现在享用的是有三网叠加的互联网。"三网"分别是传统互联网、物联网和移动互联网。互联网是以光纤连接的信息传输网络；物联网是以传感器连接而成的物物联网；移动互联网是基于云计算基础上的互联网。所以，我们已经进入人人相息、人物相息、物物相息，随时随地都可以获得自己需要信息的时代——全息时代。

（2）云计算大数据

计算机的核心技术是计算能力。计算能力提高的前提条件：数据存储的速度和数据传输的速度。而这一波技术发展的核心就是数据存储和传输速度的大幅提升，数据按照摩尔定律每 18 个月翻一番，网络传输速度每 9 个月提高一倍。

大数据是指在云计算平台上被实时分析处理，实现数据流动并释放出巨大潜力的具有相关性的海量数据。

(3)端

端是指终端。是互联网与用户的中介，既是数据来源，也是提供服务的界面。

3.产业齐聚云计算，万物并育大数据创新发展

现在是"(国民经济的各大)产业齐聚云计算，(源自空天地海的)万物并育大数据创新发展"的时代。各个产业都在云计算中聚集大数据，各行业各专业根据自身的需求，运用专业知识进行计算；通过网络传输有价值的信息，在这一"聚"一"算"一"传"，采集于空天地海的数据经过专业化处理→传到空天地海，一、二、三产业融合发展，实现产业跨界融合化，即一产业的接二连三(1＋2＋3)、产业的乘数效应(1×2×3)，传统经济到新经济的跨越——由"创新"实现的新经济发展→数字经济。

4.信息动能案例

(1)传统锁与数码锁

我们都知道"一把钥匙开一把锁"，然而信息化技术改变了我们的历史传统结论。一把钥匙(卡、密码)可以开一把锁，也可以开N把锁；一把锁可以变成N层锁(密码)，需要N个密码，N个人才能开一把锁……这把锁可以是我们常见的门锁，也可以是金库的金锁，更可以是一台设备的开关，一个企业的大门，一个系统的密码，一个包括空天地海网络的密码。

(2)单车的信息→带来的社会管理问题(街道、城市和司法)：企业管理扩展到社会管理——通过信息管理是最有效的办法。

(3)出租车：两个终端一个(人与车的)信息：60%～70%→火车：1993年至今高铁，超高速列车→一带一路。

(4)金融

"双11"中，支付宝使用2015年为8.59万次/秒，2016年为12万次/秒。

(5)设备/车间/企业/行业→平台

云服务的形式决定着新经济的模式。

如果是商务数据→电子商务；

是政府数据→电子政务："互联网＋电子政务"

是农业数据就是"互联网＋农业"；

是工业数据就是"互联网＋工业"

……

智慧地球中，自然界：将山川、河流；人类：通过人体信息；人类的创造：桥

梁、运河、电网等只有大数据才能解决这些问题。

街道上的摄像头：一般精度的1～2米/秒，高精度的5～7米/秒。

行业的数据……

(三)“互联网＋”与数字经济

1.技术含义

“互联网＋”是智慧化的技术和商业模式。这种技术和商业模式与经济社会各领域深度融合→改变各个行业的发展路径→形成经济社会发展新形态。

从技术角度看，是信息化的重要组成部分(信息化小组组长是习近平)，与此对应的是基础信息经济和融合经济，融合经济就是“互联网＋相关行业”。

是技术为支撑的商业模式(IaaS基础设施即服务，SaaS软件即服务，PaaS平台即服务)。

2.“互联网＋”与信息经济

基础型数字经济：电子信息＋软件服务＋电信运营＋广播电视。

融合型数字经济：传统产业中信息资本存量带来的产出增长份额。

决策层：云计算大数据可以和能源、金融相提并论的领域。

二、信息动能驱动数字经济的路径

(一)科技创新引领新经济

1.中国科技发展的现状

根据国家科技部2015年对世界领先技术进行的统计，中国领先(前三名，对科技发展起到主导作用，195项)的占17%，与之并行(前十名，不一定能直接改变发展趋势，但可以快速跟进，只要有想法就能快速跟上，355项)的占32%，低于世界平均水平(没有任何影响力，599项)的占51%，这些技术中，11.5%的技术差距在拉大，88.5%的技术差距在缩小。

2.单一产业替代案例

胶卷相机诞生在100多年前，出货量随着人类生活水平的提高逐渐增加。第一台数码相机诞生在1975年。由于成本太高、用户体验度不是太好，拍出来的照片的清晰度与胶卷相机相差较大，数码相机没有马上上市。但随着科技的发展，照片的清晰度不断提高，到1999年时，成本降到1000元左右，同时像素超过1000倍以上，肉眼已经很难分清是胶卷相机还是数码相机的照片。这时胶卷相机的出货量出现大幅下滑，同时数码相机的出货量缓慢上升，数码相机的增加量和胶卷相机的减少量大体上是相等的。这是单一行业的产品替代关系。

3.信息动能与中国数字经济

信息动能:数字经济成为经济增长的核心动力。

跨界、融合、创新、转型是信息时代产业发展的主旋律,全球数字经济正处于重塑发展理念、调整战略布局、重构竞争规则的新阶段。

2016 年比 2015 年提高:美国为 16.7%,日本为 15.92%,英国为 31.5%,中国为 15.08%。之后,美国依靠数字经济抢占全球竞争制高点的态势更加明显。

数字经济与融合型数字经济比较:2007 年是中国数字经济内部结构发生变化的重要拐点,在此之后,基础型数字经济占数字经济的比重逐年下降,但仍然保持稳定增长,并为融合型数字经济提供有力支撑;融合型数字经济增速与贡献率均创近年新高,是中国数字经济发展的主要动力。

(二)"互联网+"驱动数字经济的路径

1.企业信息化系统

物料需求计划(MRP,Material Requirements Planning)

制造资源计划(MRPII,Material Resources Planning),把企业生产、财务、销售、工程技术、采购等子系统集成为一个一体化系统。

能力需求计划(CRP,Capability Requirements Planning)

企业资源计划(ERP,Enterprise Resources Planning),实现对整个供应链的有效管理。

业务流程重组(BRP,Business Process Reengineering)。

供应商:SCM;客户管理:CRM;服务:PLM;生产:MES

工业 3.0 自动化,以 PLC(可编程逻辑控制器)和 PC 的应用为标志,从此机器不但接管了人的大部分体力劳动,而且还接管了一部分脑力劳动,工业生产能力也自此超越了人类的消费能力,人类进入了产能过剩时代。

2.智能制造

如果说德国的 4.0 是制造业转到互联网,美国提出产业互联网或者是工业的互联网,使互联网走入产业,依靠智能机器加上先进的共聚合人机交互,实现计算、控制、通信三位一体,我们叫作信息物理系统。

(1)德国立足于制造业

工业 4.0 最早起源于德国,在 2011 年汉诺威工业博览会开幕式中被首次提出。2013 年,德国联盟教研部与联邦经济技术部将其列为《高技术战略 2020》十大未来技术项目之一。工业 4.0 是指利用信息物理系统(Cyber-Physical System,简称 CPS)将市场中的供应、制造、销售等信息数据化、智慧化,最后达到快速、有效、个人化的产品供应。工业 4.0 可以真正首次实现资源、信息、物体和人的网络联合。

①自下而上,重“硬”环节

德国这样是世界最具竞争力的制造业之一,尤其是装备制造业在全球处于领先地位。但德国工业面临的挑战及其相对弱项也十分明显。

首先,机械设备领域的全球竞争正日趋激烈。不仅美国在全球金融危机后大力推进“再工业化”战略与措施,而且亚洲的机械设备制造商也正奋起直追,威胁德国制造商。其次,软件与互联网技术是德国工业的相对弱项。因此,从产业链环节上看,德国提出的“工业 4.0”偏重于生产制造的“硬”环节,立足于“智能工厂”“智能生产”两大主题,偏重于生产与制造过程,旨在推进生产或服务模式由集中式控制向分散化增强型转变,实现高度灵活的个性化和数字化生产或服务。

德国工业 4.0 的核心是信息物理系统(CPS),希望通过这套系统的由下游的“物理端”(生产制造环节)来占领上游的“信息端”。具体手段是通过传感网紧密连接外界现实世界,将网络的高级计算能力有效应用于现实世界中,希望将设计、开发、生产等所有流程的数据通过传感器采集并进行分析,形成可自律操作的生产系统。

②政府主导,全社会协同

2013 年 4 月,德国机械及制造商协会(VDMA)、德国电气电子(ZWEI)和信息技术协会(BITKOM)设立“工业 4.0 平台”,并确定规范与标准、安全、研究与创新三大主题。2015 年 3 月,德国经济和能源部、德国教育和研究部共同启动“升级版 4.0 平台”建设,接管由上述三大协会负责的工业 4.0 平台。

(2)美国巨头立足于信息技术

在美国,工业 4.0 被称为“工业互联网”,这个概念最早是 2011 年由美国 GE(通用电气公司)提出。2012 年,美国发布了“工业互联网战略”。2013 年6 月,GE 第一次将“工业互联网”概念推向中国。GE 总裁伊梅尔特在中国高调推出他的工业互联网概念:工业互联网是全球工业系统与高级计算、分析传感技术及互联网的高度融合。它通过智能机器间的连接并最终将人机连接,结合软件和大数据分析,重构全球工业,激发生产率,让世界更快捷、更清洁、更经济。

①自上而下,重“软”服务

在工业 3.0 即信息化时代,美国是遥遥领先于全球他国的领军者,拥有 Google、Intel、IBM 等 IT 巨头和无数的 IT 企业,这也为美国在工业 4.0 的“工业互联网”战略奠定了基础。相比德国的工业 4.0,美国的“工业互联网”更加注重软件、网络和大数据。

②企业联盟,打通壁垒

2014 年 3 月,在提出“工业互联网”的概念后,GE 联合 AT&T、思科、IBM

和英特尔几大龙头企业成立了美国工业互联网联盟IIC。IIC采用开放式成员制，致力于发展一个“通用蓝图”，使各个厂商设备之间实现数据共享。该蓝图的标准不仅涉及Internet网络协议，而且还包括诸如IT系统中数据的存储容量、互连和非互连设备的功率大小、数据流量控制等指标。IIC成立的目的在于通过制定通用标准，打破技术壁垒，利用互联网数据激活传统工业过程，更好地促进物理世界和数字世界的融合。美国IIC已经成为推动工业互联网标准化的重要平台，它主导建立并完善参考架构，通过为企业自主设立的应用案例开展垂直领域探索，支持建立测试床推进检验验证。

中国的“互联网+”不限于产业互联网，还包括消费互联网和静物互联网，依靠通信技术、互联网技术、大数据技术支持“互联网+”的发展。产业互联网的实现，起点是两化融合，然后上到企业互联网化，再进一步发展到智能制造、智能工厂。当然，产业互联网的目的是生产智能的产品，提供智能服务，以至于增强市场的竞争力。

(3)“互联网+”：中国经济发展带来的机遇

按照GE公司和世界银行的分析，产业互联网里面，最主要是制造业，占了17%，另外还有其他工业，像建筑、电力、采矿、石油等占30%，产业互联网广义来讲还包括保健和交通通信，产业互联网的增加值在2011年已经占到当年GDP的46%，到2025年会占到当年全球GDP的50%。

波士顿咨询公司分析G20国家，2016年互联网对GDP的贡献，最明显的是英国占了12.4%，中国仅次于英国和韩国，以6.9%居第三位，同期美国只有5.4%。

麦肯锡同时分析，2013～2025年中国互联网能给GDP带来7%～22%的比例，占重要的增长比例。

麦肯锡在2013年比较过中国和美国，就面向消费者的互联网来讲，中国超过了美国，所以当时麦肯锡认为，2014年中国消费型互联网占GDP的比例、对GDP的贡献已经占到4.4%，同时美国只有4.3%。但是在消费互联网方面，中国的消费者的电商比例占到50%，企业的电商比例只有8%，而同期美国的企业的电商比例是80%，所以对中国的电子商务来讲，在企业的电子商务应该是短板，而且如果以云服务的渗透率和中小企业的互联网使用率来看，中国跟美国比还差不少。所以美国认为，中国的企业电商的互联网要到2040年才有可能赶上美国。

三、山东新旧动能转换现状与建议

新旧动能转换，简单地讲，就是将在经济社会中落后的生产经营管理模式转换为新时代新动力的过程。落后的生产经营管理模式是指:效率低下、成本居高不下、高耗能重污染、难以创新,没有竞争力的生产方式、经营形式和管理模式;新时代新动力是指以五大发展理念为引领,以新科技革命和产业变革为主导的新技术、新产业、新业态、新模式。

(一)山东数字经济发展现状

2016 年中国省域数字经济发展呈现新态势:

1.东部增速较快,中西部两极分化。2016 年,各省数字经济规模稳步增长,但区域间差距有扩大趋势,总体呈现自东向西逐级递减的梯级分布特征。

2.山东省融合型数字发展居全国之首。全国发展状况并不平衡,区域分布东高西低态势明显。2008~2015 年,山东、广东、浙江、江苏、上海等省份融合型信息经济增长幅度最大。2016 年山东省融合型数字发展排在全国之首。

(二)用信息技术培育山东新动能

中共山东省委、省政府根据习近平(2008 年 5 月、2013 年 11 月)、李克强(两年在政府工作报告,今年来山东)对发展新动能的要求,山东应该在长三角和京津冀两大经济区的发展格局中,找准定位,落实习近平总书记“走在前列”的要求。只有在新旧动能转换上先行一步,走出一条路子,才能在全国发展大局中取得主动、赢得先机。

刘家义书记针对加快新旧动能转换提出:抓住“三个链条”,以“四新”促“四化”,实现“三个发展”。从“互联网+”角度看相关内容:

从“互联网+”角度看“四新”:新技术、新产业、新业态、新模式。

新技术:以云计算、大数据、移动互联网和物联网为主导的新技术引发新产业、新业态和新模式。

新产业:新技术催生的新市场需求衍生出的产业都是新产业。

新业态:从新生和传统领域中衍生或叠加出的行业新态就是新业态。

新模式:新技术、新产业和新业态延伸产业链,提升价值链和贯通供应链,实现新的盈利模式就是新模式。

也就是说这些新技术的应用自然产生新产业,这些新技术与传统产业技术融合发展自然形成另一种新产业,新产业、新业态的盈利模式也是创新的。“四新”的根本在于技术创新,技术能弥补人类本能的缺陷。科技创新是创新发展的第一动力。

从“互联网+”角度看“四化”:产业智慧化、智慧产业化、跨界融合化、品牌高端化。

1.产业智慧化和智慧产业化

“互联网+”是智慧化的技术和商业模式。这波新技术发展的根本就是信息的存储和传输，云计算发挥“大脑”作用，具有智慧，让使用这项技术的产业、行业、企业和产品具有智慧，这就是产业智慧化；由这些智慧化的技术或商业模式形成的产业就是智慧产业化。

“老树发新芽”“老树嫁新枝”，“新枝”是新技术的直接效果，“新芽”是新技术＋传统产业作用的结果。

“腾笼换鸟”是供给侧改革实施的手段，换的鸟就是要应用新技术，生产新产品；“浴火重生”就是鼓励企业担当风险，寻求发展新方向，创造新天地。

2.跨界融合化

“互联网＋”的实施就是与经济社会各领域融合发展，就是“一二三”跨界融合，实现“1＋2＋3”的第一产业接二连三的延伸，即产业链延伸；实现“1×2×3”的乘数效应。不是说的结果，是融合的路径。

3.品牌高端化

利用“互联网＋”技术打造高端品牌。管理信息化、电子商务、智能制造等一系列新技术是品牌走向高端的重要支撑。将“互联网＋”新技术应用于生产、销售、广告方式、客户体验等品牌打造环节，因此，“互联网＋”是品牌高端化的重要路径。

因此，“互联网＋”是抓住“三个链条”，以“四新”促“四化”，实现“三个发展”的重要抓手。

（三）关于山东新旧动能转换的补充性建议

补充性，就是从技术端入手。其他问题相关厅局已经很详细地进行了部署。

1.根据技术应用的周期特征施策

各市、县处于的技术阶段不一样，一个市、县不同企业还各有不同，在县里还有许多企业依然停留在机械制造阶段，也就是工业1.0层次，要实现跨越式发展难度很大，风险很大。应用新技术将被置于“互联网＋四化叠加”的复杂环境，所以，社会各界都要伸出援助之手，管理更要从各个方面支持、扶持、推动。综观技术创新几百年的历史，科技创新是呈波状演进的，每次技术发展的巨潮过后，紧接着的是相对平静的适应期。

2.加快制度创新

最重要的是怎样用技术，怎样用懂技术的人才，怎样满足技术人才的需求，怎样为技术的应用铺平道路……

“互联网＋四化叠加”复杂形势，需要全方面的政策支持。

以“互联网＋政务服务”为例，从技术、人才、具体措施，顶层设计从基层开始，在数梦工场的山东人才

3.建立技术引领经济发展的思维

传统思维是经济引导科学技术发展，在产业变革的重要关头，特别是在落实环节，建立技术引领经济和科学发展的管理理念更有利于落实新旧动能转换的战略部署。科学与技术是不一样的知识，科学解释的是“事情是怎样的”，无国界，只能发现；技术告诉我们“怎样做事情”，可以有国界，可以发明，可以无中生有；管理是解决“如何做好事情”，是技术与经济之间的桥梁。

技术能弥补人类先天本能的缺失。从技术端入手，集中体现信息价值的发挥，通过信息消费发现其规律，掌握其灵性。实践证明，我国的工业互联网平台赋能制造业的产业链正在形成。在产业链上游，信息技术企业通过提供基础云计算资源能力、数据管理及数据分析能力为平台构建提供支撑。

参考文献

[1]王东京.用事实验证理论[N].学习时报，2018-5-25.

[2]中国互联网络信息中心(CNNIC).中国互联网络发展状况统计报告，2018年8月20日.

[3] ZHE-MING M A. Research on mechanism of information consumption [J]. Information Science, 2012(12):8.

[4]Sepstrup P. Consumption of mass communication-construction of a model on information consumption behavior[J]. *Behavior Theories*, 1977(9): 335-339.

[5]卡尔·夏皮罗，哈尔.R.范里安.信息规则——网络经济的策略指导[M].北京:中国人民大学出版社，2017.

[6]布尔金.信息论——本质·多样性·统一[M].北京:知识产权出版社，2015.

[7]许良.技术哲学[M].上海:复旦大学出版社，2004.

[8]谢平，邹传伟，刘海二.互联网金融手册[M].北京:中国人民大学出版社，2014.

[9]埃森哲公司.2017中国数字经济发展报告，2018年3月24日.

[10]金爱民.驱动创新，政府的边界在哪里？[J].财经界，2015，10:59-60.

(周衍鲁，经济学教研部教授)

推进共享经济发展
培育新的经济增长点

初明强

［教学目的］

1.学习十九大报告中论述的共享发展理念以及其他有关“共享”的论述。讲述共享经济中所体现的共享发展理念。

2.使学员了解共享经济兴起的背景和共享经济模式的运行机理。

3.从共享经济的五个创新特征向学员展望共享经济的未来——共享经济是迈向生态文明时代的新经济革命。

［教学重点］

1.学习十九大报告中论述的共享发展理念。

2.共享经济模式的运行机理。

3.共享经济的五个创新。

［教学形式］

讲授式。

［教学内容］

（一）共享发展与共享经济

1.学习十九大报告中有关“共享”的论述

三、新时代中国特色社会主义思想和基本方略

（四）坚持新发展理念。发展是解决我国一切问题的基础和关键，发展必须是科学发展，必须坚定不移贯彻创新、协调、绿色、开放、共享的发展理念。

(八)坚持在发展中保障和改善民生。增进民生福祉是发展的根本目的。深入开展脱贫攻坚,保证全体人民在共建共享发展中有更多获得感,不断促进人的全面发展、全体人民共同富裕。

五、贯彻新发展理念,建设现代化经济体系

(一)深化供给侧结构性改革。……在中高端消费、创新引领、绿色低碳、共享经济、现代供应链、人力资本服务等领域培育新增长点,形成新动能。

(六)推动形成全面开放新格局。要以"一带一路"建设为重点,坚持引进来和走出去并重,遵循共商共建共享原则,加强创新能力开放合作,形成陆海内外联动、东西双向互济的开放格局。

八、提高保障和改善民生水平,加强和创新社会治理

(六)打造共建共治共享的社会治理格局。加强社会治理制度建设,完善党委领导、政府负责、社会协同、公众参与、法治保障的社会治理体制,提高社会治理社会化、法治化、智能化、专业化水平。

十一、坚持"一国两制",推进祖国统一

我们坚持爱国者为主体的"港人治港""澳人治澳",发展壮大爱国爱港爱澳力量,增强香港、澳门同胞的国家意识和爱国精神,让香港、澳门同胞同祖国人民共担民族复兴的历史责任,共享祖国繁荣富强的伟大荣光。

十二、坚持和平发展道路,推动构建人类命运共同体

中国秉持共商共建共享的全球治理观,倡导国际关系民主化,坚持国家不分大小、强弱、贫富一律平等,支持联合国发挥积极作用,支持扩大发展中国家在国际事务中的代表性和发言权。

在十九大报告中,共有七处出现了"共享",其深刻内涵体现在:从覆盖人群而言,共享是全民共享;从享受内容而言,共享是全面共享;从实现途径而言,共享是共建共享;从发展进程而言,共享是渐进共享。全民共享是目标,全面共享是内容,共建共享是基础,渐进共享是途径,贯穿的核心是以人民为中心的发展思想,体现的价值是共同富裕和公平正义。

2."共享"理念完美继承了中国传统文化

中华传统文化充满着公平、平等、正义思想。《礼记》讲"大道之行,天下为公",主张财产公有、为政公平、推行公道。《吕氏春秋》说"治天下也,必先公",主张要治理好国家,必须做到公平先行。《左传》提出"衣食所安,弗敢专也,必以分人",强调好东西不独自占有,要拿出来和其他人共同分享。《论语》讲"不患寡而患不均",不担心分配得到的分量少,而是担心分配得不均匀。

共享发展理念强调发展为了人民,发展依靠人民,发展成果由人民共享,最

终实现共同富裕，使人民共同享有人生出彩的机会、梦想成真的机会、同祖国和时代一起成长与进步的机会。这一根本性规定植根于传统文化中“大同社会”理想的文化基因，两者文脉相连、内在契合。更重要的是，共享发展理念内含的共同富裕追求，建立在中国特色社会主义的道路、理论、制度与文化基础上，这使得其在传承优秀文化基因的同时，又克服了传统的空想局限，是对传统“大同社会”这一家国理想的批判性继承、创造性转化和创新性发展。

3.改革开放以来的发展理论

“发展是硬道理”——工作重心转移到经济建设上。

“发展是我们党执政兴国的第一要务”——深化了对发展规律的认识。

“科学发展观”——系统阐述和提升了党的发展理论。

“创新、协调、绿色、开放、共享”——升华了党的发展理论，使未来的发展路径更为清晰、更加明确。

邓小平提出“发展才是硬道理”，社会主义的根本任务是解放和发展生产力，中国解决所有问题的关键是靠自己的发展。邓小平不仅强调必须发展，而且是怎样实现发展的总设计师。在邓小平理论指导下，党制定了体现发展要旨的“一个中心，两个基本点”的基本路线，以“三个有利于”作为衡量党和国家工作的根本标准，规划了我国现代化建设“三步走”的发展战略，提出科学技术是第一生产力，坚持物质文明和精神文明“两手抓，两手都要硬”。邓小平还把全面持续发展作为制定方针政策和发展战略的一个重要出发点，把人口、资源和环境问题放在国民经济和社会发展的战略全局，指出“经济发展后劲的大小，越来越取决于劳动者的素质”“要采取有力的步骤，使我们的发展能够持续、有后劲”。邓小平理论彰显了党的发展理论的实质，开辟了中国特色社会主义发展道路。

世纪之交，以江泽民同志为核心的党的第三代领导集体站在新的历史方位，在探索建设一个什么样的党、怎样建设党的过程中，把发展提到了党执政兴国的第一要务的高度，阐明发展是贯穿“三个代表”重要思想的主题，创造性回答了中国特色社会主义的发展道路、发展阶段、发展战略、发展动力和发展的根本任务、依靠力量、领导力量、国际战略等重大问题。以江泽民为核心的党中央还确定了抓住机遇、深化改革、扩大开放、促进发展、保持稳定的大局方针，明确了建立和完善社会主义市场经济的改革发展目标，提出了转变经济增长方式的重大任务，实施科教兴国战略、可持续发展战略、西部大开发战略，走新型工业化道路等。

十六大以来，以胡锦涛同志为总书记的党中央围绕什么是发展、怎么样发展等一系列重大问题，认真总结我国发展实践，准确把握发展的阶段性特征，及时提出和全面贯彻科学发展观，开拓了经济社会发展的广阔空间。科学发展观第一要义是推动经济社会发展，核心立场是以人为本，基本要求是全面协调可持续，根本方法是统筹兼顾。科学发展观揭示了发展的本质和内涵，是马克思主义关于发展的世界观和方法论的集中体现，对新形势下发展问题做出了新的科学回答，把对中国特色社会主义规律的认识提高到了新的水平。

十八大以来，以习近平同志为核心的党中央把握当今世界经济正处于深度调整、中国经历新旧动能转化的时代大势，围绕国家治理体系和治理能力现代化，适应和引领经济发展新常态，协调推进"四个全面"战略布局，提出创新发展、协调发展、绿色发展、开放发展、共享发展，这是具有高度战略性、纲领性和引领性的理性认识。五大发展理念着力解决发展动力、发展平衡、人与自然和谐、发展内外联动、社会公平正义等问题，是发展思路、发展方向、发展着力点的集中体现，是内在联系、相互贯通、相互促进的有机整体。用新的发展理念引领新的发展实践，使得中国未来的发展路径更为清晰、更加明确。

4.共享发展理念的内涵

共享发展理念的内涵：坚持发展为了人民、发展依靠人民、发展成果由人民共享(共享发展的目的)；建设公正社会，促进共享发展(共享发展的方向)；人人参与，人人尽力，人人享有(共享发展的方式)。

效率与公平的对立统一关系：改革开放初期："效率优先"；新时期的共享发展："效率优先，兼顾公平"。

5."共享经济"的定义

共享经济是源于新消费方式与互联网信息技术相互作用下，对社会与公众的闲置资源进行再配置与分享的新经济形态。该经济形态具有以下四个特征：

(1)共享经济兴起动力是源于"不求拥有，但求所用"的新消费观、"闲置就是浪费、使用但不购买"的环保自觉消费作用下兴起的新消费经济。从生产方式变革主导的经济发展转向消费方式变革主导的经济发展，是现代共享经济发展的新动力。

(2)共享经济是基于互联网信息技术、实现跨界资源低成本、高效率再配置的新信息经济。让信息技术成为现代经济增长的新要素，是共享经济不同于传统工业经济的新增长机制。

(3)共享经济是将闲置的物质资源、精神资源、文化资源与多元化生活资源进行分享的新财富经济。从物质与生产端主导的财富增值经济转向消费端主导的物质与精神复合增值的新财富经济是共享经济的新内涵。

(4)共享经济是在"利他中利己"的人人可以参与的"人尽其能，物尽其用"的新人本经济。从少数人控制的资本经济转向人人参与的人本经济是共享经济的本质内涵。

6.案例:滴滴出行

“滴滴出行”创建于2012年,现在每天为用户提供超2500万次的出行服务,高峰期平台每分钟接收超过3万乘车需求。

● 瞄准大难题:改善城市交通,治理道路拥堵,缓解打车难,是城市管理者的大难题。

● 利用新手段:滴滴要让互联网连接起来的所有交通工具都能互相分享,通过云端的基于大数据的智能交通引擎统一匹配和调度,提高城市整体效率。

● 提出好理念:共享交通资源,让出行更美好。

思考深层次问题:

● 真的有必要每个人都拥有一辆汽车吗?城市交通的发展出路在哪儿?

● 有效控制城市汽车总量,依靠技术平台对交通工具的有效调度和分享,让存量汽车服务更多的人,大家按使用付费而不再需要人人拥有汽车。

● 让欲望消费回归到需求消费才是解决城市交通问题的正确之道。

案例的五个特点:

● 第一个是有闲置的资源,要么是闲置的物品,如:汽车、劳动力。

● 第二个是所有权和使用权可分离。

● 第三个是可流动性,可以单独交付到你或者单独移动到你这一边的。

● 第四个是要有共享的信息,有供方、需方的共享信息。

● 第五个非常重要的是连接,要把这些信息连接起来,我们需要有这样的平台——共享的平台。

(二)共享经济中的共享发展理念

1.如何正确看待共享与公有、私有的关系:树立“使用而非拥有”的新理念

工业经济时代:不论是公有资源还是私有资源,其使用权大多掌握在资源所有者或受托管理者手中,严重制约了资源的充分利用。

共享经济时代:所有权与使用权分离。“平台拥有,大众使用”“分成制”平台“让共享变得更容易”。实现了“人人参与,人人尽力,人人享有”。化解了普遍服务与商业竞争的矛盾,统一了先富与共富关系,是共享发展理念落地的有效形式。

2.以资源充分利用理念支持资源共享,实现越共享效率越高

“过剩产生闲置”“闲置就是浪费”

共享经济平台化,可以更精细、更精准地配置资源。例如,在固定份子钱制度下看似没有多少潜力可挖的出租车,变成共享车后就挖掘出大量闲置潜力。

越共享效率越高,这是共享发展理念的重要含义。

3.将资源(分时)非排他性利用与利益包容统一起来,实现效率越高越公平

闲置资源包括实体资源,例如车与房;还包括人的知识、时间、能力。但是,从事共享经济的企业都是出于对闲置资产进行利用的吗?如阿里巴巴、苹果公司、腾讯等。

非排他性利用资源,如:知识资源,在技术上是非排他性的,具有比闲置资源更大的利用潜力。但有许多知识资源在制度意义上是排他性的,例如知识产权设置知识产品的较高许可使用门槛。这个门槛能否再降低一点?如:阿里巴巴腾讯和苹果公司的平台、开发工具都不收版权费。

充分发挥可复用、可再生资源,真正实现人人共享。利用低门槛这一公平要素,提高创新的群体效率与多样性效率。

扩大使用范围—降低使用门槛—更多的人参与—公平的实现

共享经济体现共享发展理念的实际意义是,效率越高越公平。

4.如何让共享经济的开放精神推动大众创业、万众创新

上面是平台组织,通过平台的开放,将使用功能通过 API 下放给下面的个人(App)。下面是个人,下面的个人的作用是发挥个性化、定制方面的所长,提供多样性增值,为顾客创造价值。

个人只是使用平台这种重资产(固定成本),但不需要拥有。使用行为就可以成为轻资产运作。这是共享经济不同于小农经济之处,它是大众创业、万众创新的具体实现方式,是共享发展的价值目标。

5.共享发展理念引导共享经济的深度发展

“互联网+”是共享发展的基础性平台

海尔的“企业平台化、员工创客化、用户个性化”是其对现代制造基础设施能力“分享”的新探索。海尔着眼于做互联网时代全球制造业的基础设施。企业无边界,全世界好的创意都可“共享”利用海尔强大的制造能力。“互联网+”智能制造又是一类更值得期待的共享模式。

(三)共享经济兴起的背景

1.共享文化的形成

熟人社会的有福同享、有难同当传统;公司的全员持股政策——缓解了企业巨大分配不公和再生产风险;互联网为知识、信息、闲置物品的共享提供了平台;电子商务平台让人脉与渠道也从私有变为共享;“闲置就是浪费”的环保消费文化抑制了长期以来被社会鼓励的高速消费、奢侈消费文化。

2.消费观念的转变——“使用不必拥有”

“85后”“90后”逐渐成为消费的主力军。他们在成长过程中几乎没有感受过物质的匮乏和短缺,他们对新鲜事物的接纳更加快速。他们注重的是,在有

需要的时刻被满足。

互联网经过 20 年的商业化应用，使得市场间的交易成本降低，越来越容易在互联网中搜寻闲置资源，一种“使用不必拥有”的闲置资产共享的新生活形态正在成形中。

3.全球经济增长放缓、资源枯竭和环境恶化

生产过剩、消费过剩、资源枯竭、环境恶化严重影响了经济的发展。共享经济可实现生产和消费的真实沟通，消融供需差距；逐步消化过剩产出，开创未来绿色可持续的消费模式。2008～2009 年，美国最早开始出现共享经济平台 Uber、Airbnb。滴滴出行等国内共享经济平台也是出现在中国经济由高速增长转向中高速增长的 2012 年。共享经济所提供的更廉价的服务受到用户的欢迎。

4.“互联网＋”助推了共享经济的发展

(1)互联网与“互联网＋”的第一个功能是打破信息壁垒，实现成本革命

Web1.0——门户网：单向信息推送方式，适合信息广播和宣传；

Web2.0——社交网：双向信息传递方式，适合实时双向或多方交流，形成了互联网社会生态；

Web3.0——大数据平台：将云计算、大数据、移动互联网等技术融为一体，形成了智能型的互联网生态环境。

(2)互联网与“互联网＋”的第二个功能是重构商业逻辑

● C2B——改变运营成本：C2B 是互联网经济时代新的商业模式，先有消费者需求产生而后有企业生产，即先有消费者提出需求，后有生产企业按需求组织生产。通常情况为消费者根据自身需求定制产品和价格，生产企业进行定制化生产。

● P2P——改变中介成本：P2P 即网贷平台，作为一个中介，类似链家房产中介，提供一个信息平台来撮合贷款人和借款人，贷款人和借款人自行对对方进行评判，并完成借贷，P2P 平台从成交的借贷业务中收取手续费，类似于信息介绍费。

● 自媒体——改变营销成本：自媒体营销又称“社会化营销”，是利用社会化网络、在线社区、博客、百科、贴吧、微博、媒体开放平台或者其他互联网协作平台媒体来进行营销，公共关系和客户服务维护开拓的一种方式。

● O2O——改变服务成本：O2O 是指将线下的商务机会与互联网结合，让互联网成为线下交易的前台，其优势在于把网上和网下的优势完美结合。网购导购平台把互联网与地面店完美对接，实现互联网落地。让消费者在享受线上优惠价格的同时，又可享受线下贴身的服务。同时，O2O 模式还可实现不同商

家的联盟。

(3)互联网与“互联网+”的第三个功能是创新经济发展模式

●资金募集——众筹:由发起人、跟投人、平台构成。具有低门槛、多样性、依靠大众力量、注重创意的特征,是指一种向群众募资,以支持发起的个人或组织的行为。一般而言是透过网络上的平台联结起赞助者与提案者。群众募资被用来支持各种活动,包含灾害重建、民间集资、竞选活动、创业募资、艺术创作、自由软件、设计发明、科学研究以及公共专案等。

●研发生产——众包:众包是一种分布式的问题解决和生产模式。问题以公开招标的方式传播给未知的解决方案提供者群体。众用户分布、组成在在线社区,并提交方案。

●营销服务——自媒体:自媒体营销又称“社会化营销”,是利用社会化网络、在线社区、博客、百科、贴吧、微博、媒体开放平台或者其他互联网协作平台媒体来进行营销,公共关系和客户服务维护开拓的一种方式。

●经营管理——扁平化:扁平化管理是企业为解决层级结构的组织形式在互联网环境下而实施的一种管理模式。当企业规模扩大时,原来的有效办法是增加管理层次,而现在的有效办法是增加管理幅度。当管理层次减少而管理幅度增加时,金字塔状的组织形式就被“压缩”成扁平状的组织形式。

(4)如何理解互联网与“互联网+”的区别?

互联网的应用:企业+互联网=企业,将互联网当成自己可利用的资源——“利己”行为;

“互联网+”的应用:互联网+企业=互联网,就是不再“利己”地把互联网当作自己的资源,而是将自己的资源共享给互联网,设法“利他”。形成互联网生态是共享经济的思维,主体在互联网生态。

(四)共享经济的运行机制

1.构建了高效率、高品质、安全、绿色、经济的运营模式

跨界平台组织一边收集用户需求、一边整合众资源,整合成一个具有某种特色的网络生态产业链(如“滴滴出行”)。

2.共享经济的运行机制

(1)是跨界整合协调的创新机制。虚拟与实体、生产与消费、城市与乡村、科研与社会、文化、体育、经济等。

(2)是宏观整合与微观激活的互动机制。上端:大数据、云计算。下端:家庭、社区、个人。云端整合空间越大,下端参与数量越多,激活程度越高。

(3)是多元主体参与的协调自组织机制。

●随时随地:移动互联网和定位技术可方便需求方随时随地提出服务

需求。

● 动态定价：根植于互联网的共享经济平台，可方便供给方随时根据当前的供需调整价格策略，灵活定价。

● 自由时间：服务/产品提供者可以自行决定对服务提供时间，而不需要受商业组织的制度限制。

● 双向约束：打破了传统的用户（顾客）对服务提供者的评价机制，建立用户和服务提供者双方相互评价的体系。

（五）共享经济是迈向生态文明时代的新经济革命

1. 共享经济的五个创新

（1）新消费经济：经济发展新动力

“不求拥有，但求所用”的新消费观、“闲置就是浪费，使用但不购买”的环保自觉消费观。

（2）新平台经济：经济增长新要素

基于互联网、云计算、大数据和定位技术等信息技术建立的共享平台实现了跨界资源低成本、高效率的配置，“使资源共享变得简单易行”。

（3）新资本经济：非货币化资本成为财富增长新资本

自然资本、社会资本、文化资本、人力资本。

（4）新组织经济：协同共生主导的自组织经济

自利竞争→自利竞争＋政府调控→自利竞争＋互联网→多中心协调共生组织。

（5）人本化经济：“人尽其能，物尽其用”服务于人的共享经济

2. 共享经济助推生态文明新时代的形成

杰里米·里夫金博士在《零成本边际社会》中提出：共享经济是对近300年来整个资本主义经济范式的一次颠覆。工业文明下的经济增长逻辑是通过企业不断扩大资本和劳动力规模以及通过技术创新来降低成本，实现资本增值的经济。只有最大限度地抢占资本、劳动力、技术的制高点，才能在市场中生存。所以竞争、垄断、技术封锁是工业文明的思维逻辑与增长机制。而依托互联网的共享经济则是对这个逻辑的颠覆与改变。

互联网技术对被垄断的跨界资源趋于零边际成本的整合与配置，将会从根本上改变工业经济时代的竞争经济，替代竞争是一种多元主体参与、跨界资源充分配置的协调共生成为共享经济增长的重要动力。在互联网技术打开的跨界资源共享的系统中，参加系统中交易的公众与企业越多，交易成本越多，公众和企业获得的收益就越大。资本主导的工业竞争机制，严重存在着赢者通吃，导致社会两极分化，而互联网支撑形成的协调共生机制，恰恰是公众与企业都

能获得分享的收益。从这个意义上说，共享经济的这种思维逻辑是对工业文明的反转。工业文明下的单个个体是为了更多地独享与更好地生存，争取尽可能多地消费地球资源来增加自身的财富，这是一种“零和博弈”，即不是你输就是我赢的非合作模式。而共享经济却是每个人的“正和博弈”，通过共享资源，减少地球资源生产和消费，以互助方式扩大了每个人资源的再利用。这也正是生态文明理念下和谐、开放和共享的经济发展范式。

参考文献

[1]国家行政学院生态文明研究中心课题组(张孝德等).分享经济:迈向生态文明时代的新经济革命[J].经济研究参考,2017,13(1):3-27.

[2]张省,常江波.共享经济研究述评与展望[J].郑州轻工业学院学报(社会科学版),2018,19(2):72-80.

[3]段华明.从《论十大关系》到五大发展理念:党的发展理论的与时俱进[N].文明日报,2016-1-31(6).

[4]马纯红.共享发展的中华优秀传统文化底蕴[N].光明日报,2016-11-09(13).

[5]鲁湘玉,戴文悦.“互联网+”时代众包营销研究综述[J].电子商务,2017(6):54-55.

[6][美]杰里米·里夫金.零成本边际社会[M].北京:中信出版社,2014.

(初明强,经济学教研部副教授)

新时代的生态文明建设

［教学目的］

生态文明建设是党的十七大提出的重大战略，十八大将生态文明建设与经济建设、政治建设、文化建设、社会建设一起上升为“五位一体”总体布局，十九大报告提出中国特色社会主义进入了新时代。在经济发展步入“新常态”和环境资源对经济发展的约束日益趋紧的背景下，生态文明建设战略进入落地实施的新阶段。

“新时代的生态文明建设”专题教学目标是使学员了解生态文明建设战略提出的背景，明确新时代生态文明建设的内涵、重点建设领域、山东省生态文明建设情况以及山东省加强生态文明建设面临的挑战和机遇。课堂上组织学员对生态文明建设中的实际问题展开深入思考、研讨交流和分析判断，促进理论与实践相结合，激发学员的创造性思维，提高对生态文明建设理论、政策的理解和应用能力，以促进新时代下山东省生态文明建设工作。

［教学重点］

1.新时代生态文明建设背景

从新时代我国社会主要矛盾变化及生态短板和新时代背景下环境资源对经济发展的约束、人类文明发展历程、我国古代生态智慧等方面分析生态文明建设战略提出的背景、战略实施的必要性及重大意义。

2.习近平生态文明思想

习近平生态文明思想是新时代生态文明建设战略的核心内涵。通过对“两山理论”、生态生产力理念和生态福利、绿色民生理念的介绍，使学员系统地把握习近平生态文明思想的理论体系和新时代生态文明建设战略的内涵。

3.新时代生态文明建设的重点领域

结合山东省生态文明建设、构建绿色生产方式的案例，从强化主体功能定位、优化国土空间开发格局，推动形成绿色生产体系，建立绿色消费体系，健全生态文明体制，形成绿色发展长效机制等方面展开，介绍生态文明建设的重点领域和重点工作。

4.山东省生态文明建设面临的挑战和机遇

对山东省生态文明建设中面临的挑战和机遇进行分析，启发学员思考、交流、研讨生态文明建设过程中遇到的问题，探讨发展对策，形成理念共识。

[教学形式]

讲授、案例分析、研讨交流。

[教学内容]

一、新时代生态文明建设背景

1.新时代我国社会主要矛盾变化及生态短板

党的十九大报告提出中国特色社会主义进入了新时代，社会主要矛盾已经转化为人民日益增长的美好生活需要和不平衡不充分的发展之间的矛盾。这一矛盾突出表现在两个方面，一是老百姓对良好生态环境和生态产品的需求增加与生态环境恶化、生态产品缺乏之间的矛盾；二是生态环境资源与经济粗放发展之间的矛盾。

改革开放40年来，经济快速增长、文化走向世界、民生大幅改善，综合国力和影响力显著上升。当前，我国正处在全面建成小康社会，加快推进社会主义现代化，实现中华民族伟大复兴的新发展阶段。在这样一个新阶段，环境资源约束趋紧成为实现“中国梦”的瓶颈之一。我国人口已经超过13亿，占世界总人口的22%。从我国的资源情况来看，总量并不算少，但是由于人口众多，人均资源占有量显得十分短缺，这是制约我国经济和社会持续发展的一个十分严重的问题。进入21世纪以来，中国的生态环境危机大致表现为以下几个方面：一是水环境情况严峻；二是大气环境处于严重污染水平，包括污染物排放总量上升，城市空气污染、酸雨污染、室内污染等；三是固体废物和噪声污染日益突出；四是生态环境退化严重，包括土壤系统衰退、森林生态系统呈数量型增长与质量型下降并存局面、草地退化严重化为重要沙尘源区等；五是生物多样性锐减。其中，以水环境危机最为突出，包括水资源短缺、生态用水匮乏、污染物排放量大、构成发生变化、江河湖海遭受污染、饮用水安全受到威胁、近岸海域污染严重、水生态失衡等。

十八大以来，以绿色发展理念为引领，生态文明建设取得了一定的成就。从总体上看，我国生态环境恶化的趋势已初步得到遏制，但目前我国环境形势依然相当严峻，生态环境先天脆弱、易于失衡，生态环境对经济社会发展的瓶颈制约日益突出，民众对生活环境治理的呼声也愈发强烈，转变经济增长方式的要求十分迫切。如果没有良好的生态环境，人民呼吸不到新鲜的空气、喝不上干净的水、吃不到放心的食品，就谈不上实现“中国梦”。面对全球性的生态危机和中国的环境问题，以习近平同志为核心的中国共产党领导集体担起了扭转危机、改变人类命运的重任。习近平生态治理思想顺时顺势而产生，是全球性生态危机发展的必然结果，也是人类主动拯救自己的路径探索。

2.人类文明发展进程

一部人类文明的发展史，就是一部人与自然的关系史。人类社会从原始社会走出，经历了渔猎文明、农业文明、工业文明，现在正处于工业文明向生态文明演进的转型期。在不同的文明阶段，人与自然的关系是变化的：在渔猎文明时代，自然力异常强大，人类崇拜自然，畏惧自然，形成图腾文化；在农业文明时代，人类崇拜土地，开始掌握了一些知识和技能，有了一些工具，出现了“愚公移山”的思想，比较注意与自然的协调；在工业文明时代，随着机器（蒸汽机）的发明，科学技术迅猛发展，人类改造自然的能力空前提高，出现了“人类中心主义”，人与自然的矛盾日益尖锐，必须协调人与自然的关系，生态文明应运而生。如果说渔猎文明是“蓝色文明”，农业文明是“黄色文明”，工业文明是“黑色文明”，那么生态文明就是“绿色文明”，是工业文明发展的必然结果与最高境界。近 300 年的工业文明以人类征服自然为主要特征，世界工业化的发展使征服自然的文化达到极致，一系列全球性生态危机说明地球再没能力支持工业文明的继续发展。工业文明在给人类带来巨大财富的同时，也造成了全球范围的生态危机。当前中国正处于工业化的中后期，面临资源约束趋紧、环境污染严重、生态系统退化的严峻形势。要遏制这一趋势，必须把加强生态文明建设和坚持绿色发展理念摆在更加突出的位置。

伴随着世界工业化进程的推进，国际上出现了四次绿色发展浪潮。1962～1972 年，第一波绿色浪潮——环境主义浪潮，以《寂静的春天》《只有一个地球》《增长的极限》著作为代表的绿色思想引起全球反思，促成 1972 年斯德哥尔摩联合国人类环境会议召开，环境保护成为人类发展的重要方面。1972～1992 年，第二波绿色浪潮——可持续发展浪潮，以《我们共同的未来》和《倍数4》等著作为代表，促成 1992 年里约联合国环境与发展会议，可持续发展战略成为人类的普遍共识。1992～2012 年，第三波绿色浪潮——绿色经济浪潮，以联合国环境署的《全球绿色新政》和《迈向绿色经济》等为代表，绿色经济理论提出了基于可持续发展的绿色思想，强调地球关键自然资本的非减发展，意味着人类经济社会发展必须尊重地球边界和自然极限。2012 年以来，形成了第四波绿色浪潮——生态文明浪潮，2015 年，联合国环境署发布《绿水青山就是金山银山：中国生态文明战略与行动》报告，首次以联合国视角与世界分享中国绿色发展理念和生态文明战略，我国的生态文明建设引领国际第四波绿色浪潮。

3.我国古代生态智慧

我们的祖先早就认识到了生态环境的重要性，积淀了丰厚的生态智慧。孔子说："子钓而不纲，弋不射宿。"(《论语·述而》)意思是夫子用鱼竿钓鱼而不用渔网捕鱼，用弋射的方式获取猎物，但是从来不射取休息的鸟兽。钓而不纲，不贪，是谓智也；弋不射宿，不杀生、不乘危，是谓仁也。仁且智，夫子既圣矣。

荀子说："圣王之制也：草木荣华滋硕之时，则斧斤不入山林，不夭其生，不绝其长也。鼋鼍、鱼鳖、鳅鳣孕别之时，罔罟毒药不入泽，不夭其生，不绝其长也。"这段话的意思是，圣明帝王的制度是：草木正在开花长大的时候，砍伐的斧头不准进入山林，这是为了使它们的生命不夭折，使它们不断生长；鼋、鼍、鱼、鳖、泥鳅、鳝鱼等怀孕产卵的时候，渔网、毒药不准投入湖泽，这是为了使它们的生命不夭折，使它们不断生长。"春耕、夏耘、秋收、冬藏，四者不失时，故五谷不绝，而百姓有余食也……斩伐养长，不失其时，故山林不童，而百姓有余材也。"即：春天耕种、夏天锄草、秋天收获、冬天储藏，这四件事都不丧失时机，所以五谷不断地生长而老百姓有多余的粮食……树木的砍伐与培育养护不错过季节，所以山林不会光秃秃而老百姓有多余的木材。

《吕氏春秋》中讲道："竭泽而渔，岂不获得？而明年无鱼；焚薮而田，岂不获得？而明年无兽。"意思是使河流干涸而捕鱼，难道会没有收获吗？但第二年就没有鱼了；烧毁树林来打猎，难道会没有收获吗？但第二年就没有野兽了。"竭泽而渔""焚薮而田"比喻取之不留余地，只图眼前利益，不做长远打算。这句话是提倡适度开发、可持续发展，反对追求竭泽而渔式的短期利益，我们的祖先早已具备了这样的生存智慧。这些关于对自然要取之以时、取之有度的思想，具有十分重要的现实意义，是新时代生态文明思想的源泉。

二、习近平生态文明思想

生态文明是在新天人和谐自然观、利他共生的价值观指导下，涉及科技范式、经济模式、生活方式、国家治理方式等一系列变革的新文明模式，其核心观点在于遵循生态价值观，处理好人与自然的关系，尊重自然、保护自然、顺应自然。

1."两山理论"

2013 年 9 月 7 日，习近平在哈萨克斯坦纳扎尔巴耶夫大学谈到环境保护问题时指出:“我们既要绿水青山,也要金山银山。宁要绿水青山,不要金山银山,而且绿水青山就是金山银山。”

绿色发展“两山”论,用通俗的语言表达了深刻的思想,有着丰富的内涵。“既要绿水青山,又要金山银山”,强调生态环境和经济社会发展相辅相成、不可偏废,要把生态优美和经济增长“双赢”作为科学发展的重要价值标准。“宁要绿水青山,不要金山银山”,强调绿水青山是比金山银山更基础、更宝贵的财富;当生态环境保护与经济社会发展产生冲突时,必须把保护生态环境作为优先选择。“绿水青山就是金山银山”,强调优美的生态环境就是生产力,就是社会财富,凸显了生态环境在经济社会发展中的重要价值。2005 年,时任中共浙江省委书记的习近平指出:“生态环境优势转化为生态农业、生态工业、生态旅游等生态经济的优势,那么绿水青山也就变成了金山银山。”

习近平用“绿水青山”喻生态环境,用“金山银山”喻经济发展,把生态与经济的关系比作“两座山”之间的关系。习近平指出,人们对“两座山”之间关系的认识经历了“替代论”“兼顾论”“统一论”三个阶段:第一个阶段是用绿水青山换取金山银山。此时,人的生态环境观念尚未形成,资源环境开发程度也较低,通过开发资源改善生活的愿望比较强烈,主客观条件都促成了以牺牲自然生态环境为代价来换取经济一时发展的认识和模式。第二个阶段是既要金山银山也要绿水青山。随着经济的增长,资源匮乏、环境恶化的问题开始凸显,人们越来越意识到生态环境的重要性,必须兼顾生态保护与经济发展。第三个阶段是绿水青山就是金山银山。人们认识到绿水青山可以源源不断地带来金山银山,生态优势可以转变为经济优势,经济和生态可以浑然一体、和谐统一、相互促进、良性循环,这是一种更高的认识和发展境界。

2.生态生产力理念

2013 年 5 月,习近平总书记在中央政治局第六次集体学习时指出:“要正确处理好经济发展同生态环境保护的关系,牢固树立保护生态环境就是保护生产力、改善生态环境就是发展生产力的理念。”这一重要论述深刻阐明了生态环境与生产力之间的关系,是对生产力理论的重大发展,包含尊重自然、谋求人与自然和谐发展的价值理念和发展理念。

我们只有更加重视生态环境这一生产力要素,更加尊重自然生态的发展规律,保护和利用好生态环境,才能更好地发展生产力,在更高层次上实现人与自然的和谐。要克服把保护生态与发展生产力对立起来的传统思维,下大决心、花大气力改变不合理的产业结构、资源利用方式、能源结构、空间布局、生活方式,更加自觉地推动绿色发展、循环发展、低碳发展,决不以牺牲环境、浪费资源为代价换取一时的经济增长,决不走“先污染后治理”的老路,探索出一条环境保护新路，实现经济社会发展与生态环境保护的共赢。

3.生态福利、绿色民生理念

除"两山理论"和生态生产力理念之外，习近平还提出了很多关于生态环境保护的金句，如"环境就是民生""青山就是美丽""蓝天也是幸福""良好的生态环境是最公平的公共产品，是最普惠的民生福祉"等，这些都是习近平生态文明思想的重要部分。

三、生态文明建设的重点领域

1.强化主体功能定位，优化国土空间开发格局

2010年12月，《全国主体功能区规划》发布实施，提出实施主体功能区划的目标是构建高效、协调、可持续的国土空间开发格局。《山东省主体功能区规划》(2013年1月)指出：推进形成主体功能区，有利于推进经济结构战略性调整，加快转变经济发展方式，实现科学发展；有利于按照以人为本的理念推进区域协调发展，缩小地区间公共服务和人民生活水平的差距；有利于引导经济布局、城镇建设、人口分布与资源环境承载能力相适应，促进人口、经济、资源环境的空间均衡；有利于从源头上促进资源节约和高效利用，加强环境保护和生态建设，应对和减缓气候变化，实现可持续发展；有利于制定实施更有针对性的区域政策和绩效评价体系，加强和改善区域宏观调控。

全省主体功能区划分：依据资源环境承载力、开发强度和发展潜力，通过衔接国家主体功能区布局，协调周边省区区域功能，在国土开发综合评价的基础上，按照开发内容和开发方式进行了划分。

完善主体功能区政策体系：加大对重点生态功能区和农产品主产区转移支付力度，建立健全生态补偿机制，让生态损害者赔偿、受益者付费、保护者得到合理补偿。加快完善产业、投资、土地、环保、人口等区域政策，以主体功能区为政策单元，提高政策精准性、有效性。健全绩效考核评价办法，建立健全激励和约束并举的机制，分类管理、各有侧重、差别化考核。强化产业准入政策，建立差异化的环境准入标准。

2.推动形成绿色生产体系

绿色发展是实现生产发展、生活富裕、生态良好的文明发展道路的历史选择，是通往人与自然和谐境界的必由之路。当前，必须加快推动生产方式绿色化，构建科技含量高、资源消耗低、环境污染少的产业结构和生产方式，大幅提高经济绿色化程度，加快发展绿色产业，形成经济社会发展新的增长点。

(1)循环经济体系

大力发展循环经济。在产业调整方面，我们要发挥优势，继续大力发展循

环经济，开展清洁生产，构建工业循环经济体系。近年来，山东省在工业结构调整、传统产业转型升级方面取得了较大成绩。例如，山东省造纸行业的转型升级是传统产业转型升级的典型代表，为建立工业循环经济体系提供了可借鉴的经验。然而，从整体来看，山东省的工业产业还处于中低端水平，主要表现为能耗较大、资源依赖性强、污染物排放较多，经济发展动能不足。因此，2017 年山东省启动了新旧动能转换工程，强调要通过发展新技术、新产业、新业态、新模式，实现产业智慧化、智慧产业化、跨界融合化、品牌高端化，以促进经济转型升级提质增效。新旧动能转换工程为山东省生态经济的发展提供了重大机遇，要以绿色发展理念为指导，着力构建循环生态工业经济体系，在“四新四化”中培育、壮大生态经济发展新动能。

案例

山东泉林纸业集团的循环体系

山东泉林纸业集团是在山东省造纸行业的绿色转型中脱颖而出的企业之一。传统草浆造纸技术由于污染严重、治理成本高等原因，一度走到行业发展的尽头，呈现以木浆造纸取而代之的趋势。山东泉林纸业以循环经济为理念，成功研发出三项秸秆清洁制浆核心技术，破解了制约草浆造纸发展的技术难题，创立了“一草三用”生态纸业循环发展的泉林模式，自主研发改进的蒸煮工艺把黑液变成了有机肥料。同时，加大环保投入和创新，建成了高效废水处理系统，污水处理的最后一个单元是污水涵养湿地，湿地水流清澈见底，从湿地淌出的清水水质符合国家和山东省标准。泉林被国家确定为第一批循环经济试点企业，被评为全国循环经济工作先进单位，成为草浆造纸的一朵奇葩。如今，山东造纸行业已从“资源—产品—污染排放”的传统增长模式，转变为“资源—生产—废物利用—资源再生”的绿色发展模式，中水回用、固废回收等技术应用普遍，以泉林为代表的一批造纸企业已成为资源综合利用的典范。

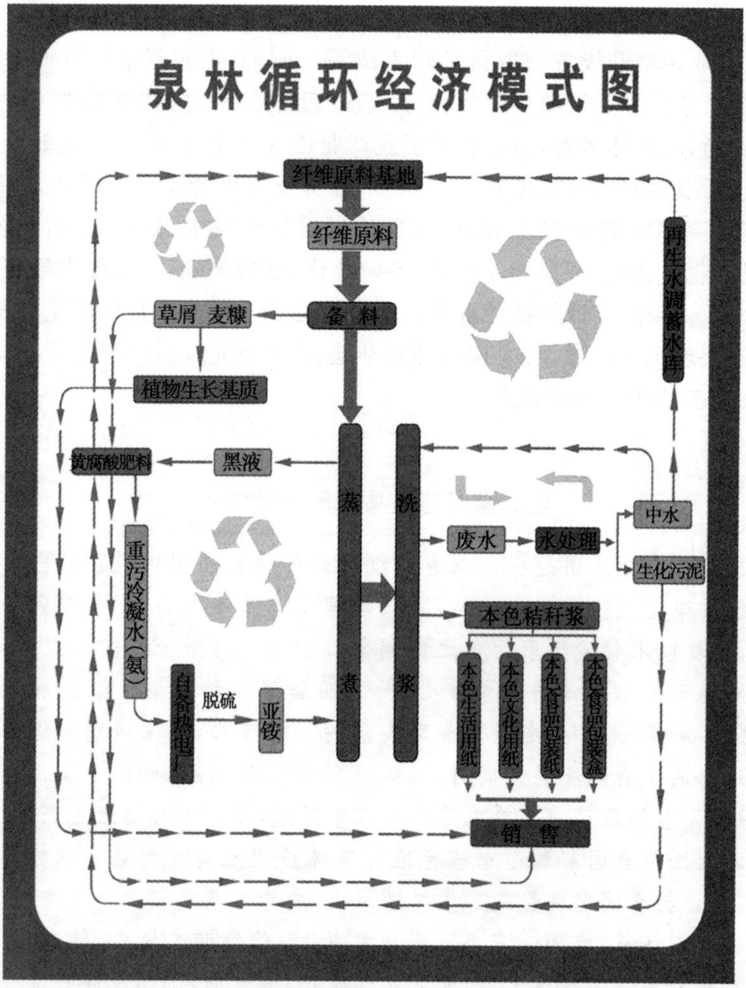

图 1　泉林循环经济模式

[案例研讨]:结合山东泉林集团转型升级的案例,启发学员讨论以下两个问题:

- 山东省造纸行业转型升级对其他行业的启示有哪些?
- 在生态文明建设中,政府部门应如何发挥作用?

(2)生态农业体系

以乡村振兴战略为契机,发展高效生态的循环农业。山东省在高效生态的循环农业方面进行了有益的探索。例如,山东省乐陵市梁锥希森新村循环经济模式和山东泉林集团造纸产业的循环经济模式,分别在村域和工农业融合的范围内形成了循环经济产业链。2018 年 5 月 11 日,中共山东省委、省政府率先印发了《山东省乡村振兴战略规划(2018～2022年)》和推动乡村“产业振兴、人才振兴、文化振兴、生态振兴、组织振兴”五个工作方案，其中《山东省推动乡村生态振兴工作方案》中明确提出，开展生态循环农业示范行动，大力发展“生态＋”产业，将乡村生态优势转化为发展生态经济的优势，提供更多更好的绿色生态产品和服务，促进生态和经济良性循环。乡村振兴战略的实施，为生态经济的发展带来了重大机遇。

3.建立绿色消费体系和生活方式

建立绿色消费体系首先要培育绿色消费理念。在消费观上，传统消费观念将个人对物质财富的占有和消耗视为幸福的标准，进而导致个人主义和享乐主义的蔓延。这种消费观激发了人们对物质财富的无穷欲望，疯狂地对自然资源进行掠夺，致使生态系统严重失衡，人与自然、人与人的关系紧张。绿色消费观从实现人类社会的可持续发展出发，以合理利用自然资源、保护生态环境为目的，“倡导简约适度、绿色低碳的生活方式，反对奢侈浪费和不合理消费”，努力实现保护环境、生活幸福、社会持续发展的统一。要把绿色发展融入文化建设，树立和弘扬生态文明主流价值观，加强宣传教育，增强全民节约、环保、生态意识，形成政府、企业、民间组织、公民共同推动绿色发展的新格局。

与绿色发展相适应的生活方式应倡导人们追求生活的质量，而不是简单需求的满足，反对过度消费和对物质财富的过度享受。人类个体的生活既不能损害群体生存的自然环境，也不应损害其他物种的繁衍生存。从而使整个社会消费结构既是合理的也是低碳的。要厉行节约，反对浪费，使绿色消费成为人类生活的新目标、新时尚，从而使人过上真正符合人类本性及社会道德的生活。加快推动生活方式绿色化，实现生活方式和消费模式向勤俭节约、绿色低碳、文明健康的方向转变，力戒奢侈浪费和不合理消费。

4.健全生态文明体制，形成绿色发展长效机制

2018年“两会”上，李克强总理所作的政府工作报告在“健全生态文明体制”一节中指出：“改革完善生态环境管理制度，加强自然生态空间用途管制，推行生态环境损害赔偿制度，完善生态补偿机制，以更加有效的制度保护生态环境。”由此可见，健全生态文明体制、形成绿色发展长效机制的关键在于建立“有效的”生态环境保护制度。“有效的”生态环境保护制度既要实现“市场有效”，也要实现“政府有效”。

四、山东省生态文明建设面临的挑战与机遇

1.山东省生态文明建设总体情况

山东省的生态文明建设实践可以分为“生态省”建设、“生态山东”建设和生态文明建设三个阶段。

第一阶段,“生态省”建设阶段。所谓“生态省”,实质上是指生态经济省。从政策层面上,中国于1999年开始了对“生态省”建设的实践探索。山东省拥有独特的自然资源和人文资源,较早地意识到经济与环境协调发展的重要性,于2001年颁布了《山东省环境保护条例》,突出强调“发展循环经济,加强生态保护建设”。2003年《山东生态省建设规划纲要》发布实施,山东省全面启动“生态省”建设,省委、省政府把“生态省”建设作为实现生态文明的有效途径和重要载体,先后出台实施了一系列加快“生态省”建设的政策措施。“生态省”建设启动后,山东省首先从污染最重的造纸行业入手,在全国率先发布实施第一个地方行业标准。2010年1月1日起统一执行流域性排放标准,从实质上取消了高污染行业的排污特权。目前,山东制浆造纸企业经过转型升级、科技创新、主动治污,推动了产业变革,原700多家造纸企业经兼并重组、优胜劣汰只剩下十几家,但产量却是原来的两倍,行业污染排放量下降了80%,走出了一条用严格的环境标准倒逼传统高污染行业转型升级的成功之路。2005年,山东省被国家批准为“全国首批循环经济试点省”,同年省委、省政府发布了“关于加快生态省建设的意见”(鲁发[2005]20号),进一步促进了生态经济的发展。

第二阶段,“生态山东”建设阶段。2011年,省委、省政府根据“生态省”建设情况,发布了“关于建设生态山东的决定”(鲁发[2011]22号),将“生态山东”建设的首要目标确定为生态经济形成较大规模。为了推动“生态山东”建设,2014年2月,省政府办公厅印发了《山东省环境空气质量生态补偿暂行办法》,建立了考核奖惩和生态补偿机制,并于2015年4月进行了修订,完善了生态补偿机制,走在全国前列。2016年4月,《山东省生态保护与建设规划(2014～2020年)》发布,对我省目前生态状况进行了评估与规划。

第三阶段,生态文明建设阶段。2016年5月,按照中央要求,中共山东省委、省政府印发了《关于加快推进生态文明建设的实施方案》,方案中明确生态文明建设是“生态省”“生态山东”建设的更高阶段,并提出了我省到2020年的发展目标:在资源利用方面,单位国内生产总值二氧化碳排放强度比2005年下降40%～45%,能源消耗强度持续下降,平水年份年用水总量控制在276.59亿立方米以内,万元GDP用水量、万元工业增加值用水量较2015年降低10%以上。要达到上述发展目标,我们必须坚持大力发展生态经济,以生态经济发展

促进我省产业结构调整优化和生态文明建设。

2017年12月，国家统计局、国家发展改革委、环境保护部和中央组织部联合发布《2016年生态文明建设年度评价结果公报》，公布了2016年度各省份绿色发展指数和公众满意程度。从《公报》数据来看，绿色发展指数排名前五位的地区分别为北京、福建、浙江、上海、重庆，山东名列第18位，说明我省绿色发展水平不高，绿色发展潜力较大。

2.山东省生态文明建设面临的挑战

山东省生态文明建设面临的挑战有以下三个方面：一是绿色发展理念不够坚定，绿色发展能力不足。当前虽然我们绿色发展理念的口号喊得很响，但在经济发展的特定阶段，当生态环境和经济发展呈现相互制约作用，真正面临对“金山银山”和“绿水青山”的选择的时候，部分领导干部特别是基层领导干部还是更青睐“金山银山”，认为要用经济发展解决发展中的问题。比如有的乡镇长对生态农业兴趣不浓，觉得生态农业经济效益见效慢，资金投入后当年没有收益，不如工业见效快，当年投资当年可见收益。基层领导干部的这种思想，归根结底还是对绿色发展理念理解不透、把握不牢、竖立不坚。同时，这也反映出了当前我们绿色发展能力不足，尚未形成生态环境和经济发展的良性互动。

二是生态文明建设落后于经济发展，环境资源约束趋紧。我省生态资源禀赋较差，与生态经济建设密切相关的森林、水资源等十分匮乏，人均占有量大大低于全国平均水平，生产力布局与生态资源可持续发展不相适应的矛盾十分突出。近几年，全省生态整体恶化态势趋缓，但尚未得到根本遏制，经济发展带来的生态保护压力依然较大。水资源严重短缺(2016年水资源总量是220.32亿立方米，地表水量是121.18亿立方米)，人均水资源量是221.48立方米，不足全国人均水平的1/6。矿产资源人均占有量仅为全国人均值的49%。这种资源现状，远远不能适应山东由经济大省向经济强省转变，建设全面小康社会，实现富民强省新跨越的要求。当前，生态问题仍然是我省经济社会可持续发展的重要制约因素，生态产品仍然是我省短缺的重要产品，生态差距仍然是我省与先进省份、发达国家和地区的重要差距。

三是产业、能源结构不合理，资源消耗水平较高。目前，我省产业结构仍需进一步调整，存在的主要问题是先进制造业专业化技术水平较低，资源消耗型产品占比较高；能源结构不合理，表1显示了2011～2016年我省能源消费量及构成情况，从表1中可以看出，2011～2016年我省能源消费量呈增加趋势，且煤炭占80%左右，新能源所占比例较低，这是造成北方雾霾的根源所在。

表 1　　山东省能源消费量及构成(2011～2016)

类　别	2011	2012	2013	2014	2015	2016
能源消费量(折标准煤)(万吨标准煤)	31211.8	32686.7	34234.9	35362.6	36759.2	38722.8
煤品(%)	79.60	80.22	79.74	80.75	79.48	76.87
油品(%)	17.12	15.94	16.29	14.89	15.87	16.27
电力(%)	0.17	0.24	0.34	0.38	0.57	1.87
其他(%)	3.11	3.60	3.63	3.98	4.08	4.99

数据来源:《山东统计年鉴》(2012～2017)。

从表 1 数据我们可以看出,山东省能源消耗总量大、污染物排放多,根本原因在于经济发展方式粗放、产业结构和能源结构不合理。在进行技术和体制机制创新的同时,要调整优化能源结构,转变资源利用方式,提高利用效率。改变一次能源消费中以煤炭为主体的消费结构,开发清洁能源。清洁能源主要包括核能和可再生能源,如太阳能、风能、水能、海潮能、地热能、生物能等。从全球来看,丹麦的生态经济发展处于领先地位,在丹麦已经禁止了燃煤发电厂的建设。当前,美国、新西兰、冰岛、日本等国均优先开发了地热能源,将地热视为继煤炭、石油之后的重要替代型新能源。山东省 17 地市几乎都有地热资源,经遥感解译,确定山东省地热面积达 100.53 万公顷,占全省土地总面积的 6.42%,据山东省地矿局初步调查,地下 3000 米以内可利用地热资源量,相当于 100 亿吨标准煤的热量。

3. 山东省生态文明建设机遇

进入新时代,我省生态文明建设面临挑战的同时,也迎来了三大契机。

(1)新旧动能转换重大工程带来发展契机

2017 年以来,中央和山东省对加快新旧动能转换、培育壮大经济发展新动能作出了一系列重大部署,山东省更是将加快新旧动能转换作为统领地区经济工作的“牛鼻子”。在新旧动能转换的大背景下,要以新旧动能转换重大工程为载体,把绿色发展理念融入山东省新旧动能转换重大工程的设计和实施全过程,着力推行绿色科技应用,对传统优势产业进行绿色化改造和提升,大力发展新兴绿色产业。积极构建用节能低碳环保技术改造提升传统产业、用循环经济理念重构产业园区新兴产业链、用环保治污节能技术打造装备制造新业态以及推进生物质能源利用、新能源利用等项目库和机制体系,从而推动山东省绿色发展上台阶。

下一步生态文明建设中，要切实把绿色发展理念融入新旧动能转换重大工程和各个环节中，进一步强化资源环境倒逼机制。一是加强节能环保技术推广应用，全面推行清洁生产，构建高效、清洁、低碳、循环的绿色制造体系；二是加快完善循环经济产业链，创立动静结合的循环产业体系，实现生产过程的减量化、再利用、资源化和无害化；三是培育生态工业园模式和循环经济产业园区，积极发展循环经济示范企业，大力推进重点行业、重点领域循环经济的发展；四是推动企业打造绿色价值链，实现经济价值和绿色价值的协同创造；五是加快清洁能源和新能源技术开发、装备研制及大规模应用，推广节能新技术和节能新产品，加快高耗能行业的节能技术改造；六是加快建立具有“环境标志”的生态服务业，推进传统服务业的生态化，大力发展生态商业、生态物流、生态旅游、绿色金融、健康养生等服务业，积极发展电子商务、网络购物、物联网、环保产业、智慧社区等服务新业态。

(2)乡村振兴战略带来发展契机

党的十九大作出了中国特色社会主义进入新时代、社会主要矛盾转化的历史性判断，提出了乡村振兴战略。2018 年的中央一号文件《中共中央　国务院关于实施乡村振兴战略的意见》，全面贯彻党的十九大精神，以习近平新时代中国特色社会主义思想为指导，围绕实施乡村振兴战略讲意义、定思路、定任务、定政策、提要求，坚持问题导向，加快推进乡村治理体系和治理能力现代化，加快推进农业农村现代化，走中国特色社会主义乡村振兴道路，谋划新时代乡村振兴的顶层设计。

2018 年中央一号文件明确了实施乡村振兴战略的总要求是：产业兴旺、生态宜居、乡风文明、治理有效、生活富裕。“五位一体”的总要求，充分体现了绿色发展理念，为实现全社会的绿色发展提供了更大的平台、空间和发展契机。一是大力发展以有机无公害为标准的现代生态高效农业、资源节约型和生态保育型农业，切实转变农业发展方式，走产出高效、产品安全、资源节约、环境友好的现代农业发展道路。二是创新农业循环经济、生态农业发展模式，发展观光农业、绿色农业、有机农业。加强农业可持续能力建设，推进农业生态环境治理，实施土壤改良，改善生产条件，修复生态链。三是深入开展节水农业、循环农业、有机农业和生物肥料等技术研发，开发标准化、规模化的现代养殖技术，推广农业面源污染和重金属污染防治的低成本技术和模式建设安全环境、清洁生产、生态储运全覆盖的食品安全技术体系。

(3)污染防治攻坚战带来发展契机

党的十九大报告提出要打赢污染防治攻坚战，着力解决突出环境问题，并作出了一系列具体安排，如坚持全民共治、源头防治，持续实施大气污染防治行动，加快水污染防治，实施流域环境和近岸海域综合治理。强化土壤污染管控和修复，加强农业面源污染防治，开展农村人居环境整治行动。加强固体废弃物和垃圾处置。提高污染排放标准，强化排污者责任，健全环保信用评价、信息强制性披露、严惩重罚等制度。

山东省在借助生态环境保护的压力、提高排污标准、倒逼传统产业转型升级方面具有成功的经验。应当结合党中央对于污染防治攻坚战的重大战略部署，紧抓机遇，再度发挥生态环境保护的新动能推动作用，促进传统产业转型升级和绿色产业发展。

结语：山东造纸行业发展的实践证明，没有真正落后的行业，只有落后的观念、标准、技术和管理。在新时代背景下，生态文明建设任务繁重、任重道远。然而，只要我们坚定了理念，认清了道路，就一定能把这件事情做好，为社会永续发展做出自己的努力和贡献。最后，以咱们行政学院的校训“经世济用，行正致远”和大家共勉，经世济用是指做学问、进行理论研究，一定要结合实际并应用于实际，才能对社会有用、有益；行正致远，无论一个人还是一个社会，理念对了，才能走得更远。

参考文献

[1]全国干部培训教材编审指导委员会.生态文明建设与可持续发展[M].北京：人民出版社，2011.

[2]林红，严子杰.生态文明建设案例教程[M].北京：中共中央党校出版社，2013.

[3]山东省发改委，省林业厅，省环保厅.山东省生态保护与建设规划(2014～2020)，2016.4.

[4]张孝德.“两山”之路是中国生态文明建设内生发展之路[J].中国生态文明，2015(3).

[5]张孝德.“十三五”时期生态文明建设新战略[J].经济研究参考，2016(8).

（张彦丽，经济学教研部副教授）

基层推进精准扶贫战略过程中的问题与对策

相雪梅

［教学目的］

十九大报告强调，坚决打赢脱贫攻坚战，确保到2020年我国现行标准下农村贫困人口实现脱贫，贫困县全部摘帽，解决区域性整体贫困。打赢脱贫攻坚战的关键在精准扶贫战略的执行，精准扶贫战略执行的关键在基层。因而本课程的教学目的是帮助基层进一步明确精准扶贫政策，分享基层精准扶贫的成功经验，梳理基层精准扶贫过程中遇到的问题，探讨解决问题的方案与对策，为基层组织进一步推进精准扶贫战略提供启发。

［教学重点］

教学效率的提高取决于三点：一是清晰把握学员需求；二是谁来满足学员需求；三是以何种方式满足学员需求。本课程采用访谈式教学，即通过访谈互动形式讨论学员关心的问题，其组织重点在于三点：一是访谈问题的确定，即学员需求的把握；二是嘉宾的选聘，即嘉宾与学员需求的匹配；三是课堂组织，即课堂节奏与气氛的把控，促进学员、嘉宾、教师的有效沟通。内容重点则包括精准扶贫政策解析、成功经验分享、疑难问题探讨等。

［教学形式］

本课程采用访谈式教学。访谈式教学是一种较为新颖的教学方式，既能够改进传统教学课堂中教师与学员之间的关系，还能实现与启发式、情境式等多种教学方法的有机融合，利于创造性解决学员问题，提高教学质量。

[教学内容]

访谈式教学的教学内容相对不固定,需要做好充分的课前准备。本课程的课前准备包括精准扶贫相关知识储备、典型案例搜集、典型地区实践调研以及对山东省基层精准扶贫推进中存在问题的调查。课堂组织中则要基于课程导入、问题访谈、课程小结的流程把教学内容贯穿其中。另外需要特别关注课堂组织的注意事项和课后回访。

(一)课前准备

1. 知识储备

充分的知识准备是授好课的前提。基于篇幅原因,主要介绍三类知识。

(1)马克思主义反贫困理论

马克思主义反贫困理论认为,资本主义制度下无产阶级贫困的实质是技术进步催生的资本有机构成提高导致社会两极分化的结果,建立在资本主义社会化大生产和生产资料私有制之间不可调和的矛盾基础上的资本主义制度是无产阶级贫困的根源。因而,消灭私有制、建立生产资料共同所有的理想社会,解放生产力,发展生产力,实现全人类的共同富裕,是马克思主义反贫困理论的核心。

在解决中国贫困问题的具体实践中,中国共产党历届中央领导集体继往开来、创新发展,不断把马克思主义反贫困理论中国化推向前进。特别是党的十八大以来,习近平总书记加强顶层设计,把精准扶贫事业上升到国家战略高度,对贫困问题的真实情况作出了符合当下实际的科学判断,提出了扶贫开发重要思想,大力推行精准扶贫战略,这是马克思主义反贫困理论中国化的新贡献。

精准扶贫的扶贫开发思想充实和发展了马克思主义反贫困理论中国化的基本内涵。贫穷不是社会主义,也不是共产主义。中国共产党领导的中国革命和建设,其根本目的就是消灭贫困,实现共同富裕。做好扶贫开发工作是全面建成小康社会最艰巨的任务,其中,改善民生又是扶贫开发的基本目的。

精准扶贫的扶贫开发思想开拓和创新了马克思主义反贫困理论中国化的实施路径。随着经济结构和技术结构的变化,经济增长对减贫的作用在减弱;同时,扶贫开发的战略重点已经转变为提高发展能力,加快脱贫致富,缩小发展差距。精准扶贫,通过精准瞄准、精准帮扶,直接瞄准贫困群体和致贫原因,施行多种优惠政策并集中资源对其进行最直接有效的帮扶,拓展了消除贫困的方法手段。

精准扶贫的扶贫开发思想丰富和积累了马克思主义反贫困理论中国化的运用经验。全面脱贫是直接关系我国是否走社会主义道路的根本性问题;共同富裕是中国特色社会主义的本质规定。精准扶贫战略思想是对马克思主义反贫困理论的科学阐释和发展，将马克思主义反贫困理论中国化的运用经验拓展到了新空间，提升到了新高度。

(2)中国扶贫开发发展历程

新中国成立后，我国扶贫工作共经历了六个发展阶段。精准扶贫战略是我国扶贫开发工作进入新阶段的必然选择。

计划经济时期的发展生产推动减贫(1949～1977)。1949年中华人民共和国成立时，中国是世界上最贫穷的国家之一。为尽快摆脱贫困，中国政府建立了计划经济体制，通过发展生产，力求在全国范围内消除贫困。在农村，中央政府在全国新解放区进行土地改革，实行农业合作化制度，组建了人民公社，解放了长期被束缚的农村生产力。在城市，确立了优先发展重工业的发展战略，逐步建立了独立的比较完整的工业体系和国民经济体系。通过发展生产，中国历史上第一次出现了大规模的贫困缓解。到1978年，我国农村有2.5亿贫困人口，占当时农村人口的30.7%。

改革开放初期的体制改革推动减贫(1978～1985)。1978年，中国政府开始逐步由计划经济体制向市场经济体制转变。家庭联产承包责任制的确立，使农民再次获得了土地的经营权，激发了农民生产积极性。体制改革促进了农村经济的快速发展，成为减缓农村贫困的主要动力。农村绝对贫困人口由1978年的2.5亿减少到1985年的1.25亿，七年间共减少1.25亿，平均每年减少1786万，从而该阶段成为我国历史上减缓贫困最为显著的时期。

改革红利锐减下的大规模扶贫开发(1986～1993)。随着市场化经济改革的逐渐推开，通过解放农村生产力来推动减贫的红利逐渐消失，农村经济增长和农民生活改善趋于停滞。自1986年开始，我国建立了专门的扶贫机构，中央建立了国务院扶贫开发领导小组及办公室，省地县各级也相继成立了相应的机构，扶贫工作步入组织化、制度化、专业化阶段。到1993年，农村绝对贫困人口减少到8000万。

扶贫力度强化下的八七扶贫开发(1994～2000)。为了加快扶贫开发的步伐，进一步推动我国减贫工作，1994年国务院启动了《国家八七扶贫攻坚计划》。为进一步强化扶贫开发力度，国务院对扶贫开发政策进行了一系列调整，规范机关定点扶贫，建立了东部沿海地区支持西部欠发达地区的扶贫协作机制，明确了资金、任务、权利、责任“四个到省”的扶贫工作责任制。经过7年的努力，到2000年底，农村绝对贫困人口减少到3209万，扶贫目标基本实现。

产业化整村推进的巩固成果综合扶贫(2001～2011)。为进一步推动扶贫开发工作，以巩固扶贫成果，2001年，国务院颁布并实施了《中国农村扶贫开发纲要(2001～2010)》。该阶段主要以整村推进、劳动力转移培训和产业化扶贫为工作重点,并在党的十六大"两个趋向""多予、少取、放活"和"以工促农,以城带乡"指导下,基于经济增长拉动和专项扶贫计划推动,逐步形成了一个集行业政策、区域政策和社会政策于一体的"大扶贫"格局。

因地制宜分类指导的精准扶贫(2013～2020)。2012年,党的十八大提出全面建成小康社会目标,全面脱贫成为我党的重要使命,革命老区、民族地区、边疆地区及连片特困地区成了脱贫攻坚工作的重中之重。2013年11月,习近平总书记在湘西土家族苗族自治州十八洞村调研时,率先提出了"实事求是、因地制宜、分类指导、精准扶贫"十六字方针,并明确提出了"可复制""可推广"的原则。随后,花垣县委扶贫工作队进驻该村,开展精准扶贫。2014年1月,中办详细规制了精准扶贫工作模式的顶层设计,推动了"精准扶贫"思想落地,精准扶贫战略在全国各地开始推行。"十二五"期间实现平均每年减贫1300多万,贫困发生率从10.2%下降到3.1%。

(3)精准扶贫战略相关理论

精准扶贫是粗放扶贫的对称,是指针对不同贫困区域环境、不同贫困农户状况,运用科学有效程序对扶贫对象实施精准识别、精准帮扶、精准管理的治贫方式,是适应我国新时代脱贫要求的扶贫开发思想。

精准扶贫之"六个精准"。一是"扶贫对象精准",通过群众评议、入户调查、公告公示、抽查检验等手段,把贫困人口识别出来,"扶真贫",解决扶贫中存在的"大水漫灌"问题。二是"项目安排精准",要因人因地施策、因贫困原因施策、因贫困类型施策,区别不同情况,选择和安排扶贫项目,做到对症下药、精准滴灌、靶向治疗。三是"资金使用精准",切实加强扶贫资金使用的精准性、规范性、安全性、有效性,提高扶贫资金使用成效,发挥扶贫资金更大效益。四是"措施到户精准",精准分析贫困户的致贫原因,针对贫困户的不同需求,分类施策,采取适宜措施开展扶贫工作,从而解决扶贫项目到不了户或到户效率差的问题。五是"因村派人精准",在选派第一书记和驻村工作队时要精准,杜绝结对帮扶时发生的"小马拉大车"、硬"拉郎配"等用人不当现象。六是"脱贫成效精准",使扶贫成果真实可靠,扶贫工作具有可持续性。

精准扶贫之"五个一批"。第一,发展生产脱贫一批。对贫困人口中有劳动能力、有耕地或其他资源,但缺资金、缺产业、缺技能的,立足当地资源,宜农则农、宜林则林、宜商则商、宜游则游、宜商则商,通过扶持发展特色优势产业,培育主导产品,实现就地脱贫。第二,易地搬迁脱贫一批。对居住在生存条件恶劣、生态环境脆弱、自然灾害频发、"一方水土养不活一方人"的地区的农村贫困人口,加快实施易地搬迁。在这个过程中,要坚持"群众自愿、积极稳妥"的原则，因地制宜地选择搬迁安置方式，合理确定补助标准和住房建设标准，完善搬迁后续扶持政策，确保搬迁对象有业可就、稳妥脱贫，做到搬得出、稳得住、能致富。第三，生态补偿脱贫一批。加大贫困地区生态保护修复力度，增加重点生态功能区转移支付，扩大政策实施范围，让有劳动能力的贫困人口就地转成护林员等生态保护人员。第四，发展教育脱贫一批。治贫先治愚，扶贫先扶智，发展贫困地区教育事业，让贫困家庭子女都能接受公平有质量的教育，对于增强其自身生存和发展能力至关重要。探索率先从建档立卡的贫困家庭学生开始实施普通高中教育免学(杂)费，落实中等职业教育免学(杂)费，帮助贫困地区改善办学条件，加大支持乡村教师队伍建设力度，对农村贫困家庭幼儿特别是留守儿童给予特殊关爱。第五，社会保障托底一批。对贫困人口中完全或部分丧失劳动能力的人，由社会保障来兜底，统筹协调农村扶贫标准和农村低保标准，加大其他形式的社会救助力度。

精准扶贫之"四个问题"。"扶持谁"，就是要瞄准扶贫对象。"扶持谁"的确定是个动态调整的过程，一方面要做到定期核查、及时调整，提高数据质量，另一方面要充分利用建档立卡数据，把致贫原因分析清楚，把帮扶计划制订好，把帮扶责任落实到人，把帮扶政策落实到户。"谁来扶"，就是要发挥合力。发挥我国的政治优势和制度优势，强化各级党委、政府扶贫攻坚责任，改革对省级和县级的考核机制，引导贫困县党政领导把主要精力放在扶贫开发上；明确行业部门的责任，加强贫困地区基础设施条件，改善人居环境和住房安全，提高公共服务水平，为贫困人口脱贫创造条件；动员社会各方面参与扶贫，实现社会帮扶资源和精准扶贫有效对接；发挥贫困地区基层组织的战斗堡垒作用，选好配强驻村工作队(第一书记)，激发贫困群众改变命运的斗志。"怎么扶"，就是根据致贫原因和发展需求分类施策。主要途径有特色产业扶贫、资本市场扶贫、保险扶贫、生态扶贫、就业与劳务协作扶贫、易地搬迁扶贫等。"如何退"，就是建立和实施贫困人口脱贫和贫困县摘帽机制。从设定时间表、留出缓冲期、实行严格评估几个方面，按照标准验收，防范虚假脱贫、数字脱贫。

2.实践调研

良好的实践调研为授课提供充足的素材。基于篇幅原因，主要介绍几类调研的几个案例或问题。

(1)精准扶贫典型案例搜集

河北省阜平县保险扶贫。河北省阜平县创新性地创建了农业保险"联办共保"机制和扶贫贷款"风险共担"机制，从而保障了保险扶贫工作的有效顺利开展。"联办共保"机制即结合本地实际情况设立能够覆盖全县主要种养业品类的农业保险险种，形成结构合理、品类齐全、运行规范、保障有力的农业保险体系；“风险共担”机制即创新政府与保险公司合作的“联办共保”模式，收入共享、风险共担不仅降低了保险公司的风险、盘活了财政扶贫资金，也对农业保险的全面铺开创造了积极条件，兜住了农业经营风险底线，打消了“银行放贷收不回、农户贷款还不了”的顾虑。

新疆卫星工厂就业扶贫。2016年巴楚县大力实施“南疆星火”工程，在自治区纺织服装各项优惠政策激励下，各乡镇设立“卫星工厂”18个，涵盖手工地毯编织、手工土布织造、机械地毯修补、服装加工等多个产业类别，带动农民就业1450多人。2016年帕纺织品有限公司为吸引更多的农民成为厂里的工人，公司把定型和包装等以手工操作为主、操作简单的环节放到了村里，可以让农民们在照顾好家庭的前提下，每月能有千元左右的收入。

(2)典型地区精准扶贫调研

兰考县脱贫之路。一是发展产业。“兰考把脱贫攻坚与供给侧改革相结合，找准特色产业，让贫困户在家门口稳定增收，拔下了穷根。”主要采取“三带和三不愁”和“四跟四走”方针，充分利用当地资源，经过科学论证，因地制宜地上“金瓜”“鸡”“鸭”“驴”“光伏”等项目，从着眼打造“一村一品”“一乡一业”，实现了一、二、三产业融合发展。二是财政支撑。针对贫困户想干事却没钱，干事又扛不了风险等问题，由财政出资建立扶贫信贷风险补偿金，贷款免抵押、免担保，享受全额贴息；财政有针对性地给特色农业项目上保险，一旦发生意外，也有相应理赔。探索创新“先拨付、后报账，村决策、乡统筹、县监督”的扶贫资金分配运行机制，扶贫工作由原来村里“被动承接”转变为“主动运作”，贫困户从“与己无关”到“以我为主”，大大提高了积极性、主动性和创造性。三是金融支持。探索建立了政府主导、金融支持、企业发展、风险保障金融扶贫模式。为贫困户发放贷款3.23亿元，培育小微企业和新型农业经营主体1093家，带动6000多户贫困家庭增收脱贫。同时，对全县建档立卡贫困户中已脱贫户开展信用等级评定，现已授信725户，发放贷款116笔552万元。四是群众基础。群众的全过程参与和互相评议是保证扶贫工作公信力的重要手段。例如，多次对建档立卡贫困户各类信息进行暗访式、网格式、地毯式检查，确保了对扶贫对象的精准识别。在发展集体经济上，要求各村级组织做到“先议后动、全程透明、群众监督”，充分调动了农村基层组织的积极性。

井冈山市扶贫经验。划定三种类型，让每一个贫困户“准识别”；创新五种模式，让每一个贫困户“真脱贫”；完善五项机制，确保全市脱贫攻坚“能落实”。第一，“有能力”的“扶起来”，实现家家有致富产业。第二，“扶不了”的“带起来”，实现个个有资产性收益。采取股份制、联营式、托管式等多种合作模式，通过吸纳贫困户或以资金，或以土地入股等形式，参与产业发展，固化贫困户与企业、基地、合作社的利益联结，让每家每户有一份稳定的资产性收益。第三，“带不了”的“保起来”，实现人人有兜底保障。实施贫困线与低保线“双线合一”，通过低保的扩面提标，使贫困人口尽可能地享受低保，尽可能地享受更高标准的低保。第四，“住不了”的“建起来”，实现户户有安居住房。实行拆旧建新、维修加固、移民搬迁、政府代建4种安居建房模式，采取政府补一点、群众出一点、社会捐一点、扶贫资金给一点、银行贷一点等五个“一点”的办法筹措资金，通过开展“消灭危旧土坯房，建设美丽乡村”攻坚行动，确保每一栋危旧土坯房都能拆得动、建得起、住得进。第五，“建好了”的“靓起来”，实现村村有面貌提升。要让贫困群众在干净、漂亮、整洁、舒适的环境中实现脱贫。

3.山东省基层精准扶贫问题调查

山东省是沿海大省，也是农业大省。“十二五”期间，山东省有500多万省标以下贫困人口稳定脱贫，其中2016年实现省标以下151.2万贫困人口脱贫，2017年又有83.2万贫困人口脱贫，贫困发生率由7.2%下降到0.3%以下。目前，山东省贫困人口主要聚焦三类人群：一是60岁以上老年人；二是残疾人群；三是因病致贫人群。从贫困人口行政区划分布看，山东省贫困人口具有“4个2”特点。“4个2”就是全省建档立卡贫困人口比较多的菏泽、临沂两个市、20个脱贫任务比较重的县、200个重点扶持乡镇、2000个扶贫工作重点村，这是山东省的深度贫困地区。

通过问卷调研发现，山东省基层在推进精准扶贫过程中存在的问题主要包括：第一，精准识别不够精准。主要原因在于：一是农民收入不易量化，存在漏项、低估、少报行为；二是农民财产难以汇总，房产、汽车、存款等存在隐瞒、无法比对现象；三是户间支出存在差异，突发大额支出成为致贫原因，如车祸、重疾等；四是特殊群体的纳入问题，如精神病患的纳入程序、子女无公职但富裕的老年人纳入问题等。第二，扶贫项目质量堪忧。主要原因在于：一是因存在行政壁垒扶贫资金难以整合，有些扶贫项目受资金约束；二是土地性质难以改变，有些扶贫项目受土地约束；三是缺乏特色优势资源，项目难以形成特色；四是因收益率限制过分追求短期回报，扶贫资金使用以稳健为导向，如把扶贫资金注入成熟项目企业，由企业给贫困户分红实现脱贫，一方面项目缺乏创新，另一方面没能形成贫困户固定资产，实现贫困户自我造血。第三，扶贫合力难以形成。主要原因在于：一是扶贫主体以政府为主，行业和社会力量参与度低；二是不同行业、部门扶贫力量各自为战，不仅不利于合力形成，而且还造成帮扶过度或帮扶空白；三是扶贫队伍专业性参差不齐，专家人才缺乏，存在第一书记有名无实的情况；四是帮扶单位难以发挥造血功能，帮扶责任人时间、精力有限；五是基层干部老龄化严重，知识技能更新慢，政策学习不深入，掌握的资源信息少。第四，贫困村与插花村存在不平衡：一是贫困村收益过剩与插花村资金短缺的不平衡，二是贫困村与插花村基础设施建设的不平衡。主要原因在于：贫困村贫困户逐年减少而政策资金数额、项目分红比例没有相应降低，存在收益分配过剩；插花村不享受相应政策支持，缺资金少项目难以发展；贫困村享受政策支持，加之行业扶持和社会扶持，基础设施建设迅速推进，集体收益日渐增多；插花村缺乏相应建设费用，基础设施短板难以补齐，集体资产难以形成。第五，物质扶贫与精神扶贫存在不平衡。主要原因在于：一是长期以来以物质脱贫作为衡量标准；二是实际工作中存在"扶懒"现象，输血扶贫和变相输血扶贫助长"等靠要"思想；三是缺乏"扶志""扶智"的有效方法和科学措施。第六，基层组织考核压力大。主要原因在于：一是建档立卡表格设计复杂，考核项目专业性太强，超出基层干部能力范围；二是动态信息管理系统更新慢、使用率低；三是扶贫项目的验收要求形式过于复杂教条。

（二）课堂组织

1. 课程导入

明确课程目标、内容及形式，介绍嘉宾，创造学员、嘉宾、教师良好互动的课堂气氛，营造严肃认真又轻松活泼的课堂环境。必要时，以 PPT 或影像资料辅助导入。

2. 访谈过程

分为共性问题访谈和个性问题访谈两个阶段。必要时，在访谈过程中辅以影像资料，以便清晰阐述。

(1)共性问题访谈

教师针对一些共性问题向嘉宾提问，在此过程中教师要注意与嘉宾的交流沟通，时时提出相应的细节问题，帮助嘉宾对问题进行阐释解答。共性问题举例如下：

第一，"发展生产脱贫一批"需要因地制宜地选择适合的产业项目，那么什么是产业项目？如何选择合适的产业项目？有无标准或原则可以遵循？

第二，精准扶贫有三个主体，其中之一是贫困农民，农民参与是提高农民能力、提升农民素质、增加农民收入的重要前提，那么如何调动农民的积极性？如何激发农民的内生动力？

第三，扶贫资金的科学使用是扶贫成果的有效保证，对于专项资金、行业资金、社会资金的使用都有哪些政策依据？怎样在不违反资金用途的前提下，补好扶贫工作的短板？

第四，精准扶贫战略的推行为乡村振兴打下了产业、基础设施等方面基础，乡村振兴是解决"三农问题"的重要战略，精准扶贫长效机制的构建是精准扶贫的关键，在乡村振兴背景下，如何构建精准扶贫长效机制？放眼全国有哪些做法可供借鉴？

第五，达不到10%的项目收益率，收益率高的项目不属于产业项目，群众满意度随意性大，农民年收入难以核定，贫困户不愿退出，重复填表……基层面临很大的考核压力，现行精准扶贫战略在推进过程中是否存在一些不甚合理的地方？怎样改进？能否构建容错机制以鼓励更多的扶贫一线人员探索新路子？能否设定合理的项目收益率以鼓励申请实施长线项目？

(2)个性问题访谈

教师引导学员就自己工作过程中难以解决的问题与嘉宾进行交流。教师注意促进学员间互动以及学员与嘉宾的顺利沟通。典型问题如：

第一，某某镇把产业扶贫资金投入某某贫困村附近的由某某旅游公司承办的山地旅游项目，具体形成了休闲小木屋等固定资产，由旅游公司给该贫困村的贫困户进行分红，帮助其脱贫。当前面临问题是被要求整改，原因是产业扶贫项目资金非用于产业项目。

第二，某某镇某某贫困村把产业扶贫资金30万元用于蔬菜大棚项目，因突遇狂风暴雨，大棚尽毁，没有买保险，未及时上报，未留下关于该问题的会议记录。当前面临问题是被要求返还30万元扶贫款，追责相关责任人。

第三，某某镇某某村不属于省定贫困村，不享受贫困村的种种政策，道路交通等基础设施条件远远差于周边贫困村，如何解决这类问题？

第四，某某贫困村光伏扶贫项目因为项目程序存在问题，补贴难以兑现，如何解决？

第五，部分贫困村存在扶懒现象，农民争当贫困户，怎样解决精神扶贫问题，怎样把“扶贫”与“扶志”“扶智”相结合？

第六，部分贫困村“因村派人”不精准，起不到实质性作用。

3.课程小结

精准扶贫战略的有效实施关系到全面小康社会的如期实现，关系到广大农民重要民生问题的解决。精准扶贫的各个环节和方面，如六个精准、五个一批、四个问题、十大工程、三位一体等，在具体实施过程中不可避免地存在这样或那样的问题，往往顶层设计很丰满，实施过程很骨感，作为我们基层组织而言，就要学一点理论、懂一些政策、学一些典型、了解一些现实，在加强基层支部建设基础上，在立足本地资源优势前提下，从群众中来，到群众中去，科学决策，勇于创新，以推进精准扶贫战略的落地。精准扶贫在基层的顺利推进是精准扶贫战略落地的关键，所存在问题的合理解决为精准扶贫的最后一公里扫清了障碍。我们的课程为大家搭建了一个沟通交流的平台，然而因为时间有限，难以对所有现存问题进行充分的讨论，希望大家在以后的工作及学习中能够抓住机会多交流沟通，促进我们基层精准扶贫工作的有效推行。

（三）注意事项

访谈式教学效果与效率的提升有赖于做好以下几个方面：

(1)教师对学员需求的良好把握，以提高嘉宾选择与问题设定的针对性；

(2)教师与嘉宾的课前充分沟通，以提高嘉宾与授课内容的匹配度；

(3)教师对授课内容的全面详尽把握，与嘉宾、学员的课堂互动能力，善于捕捉问题点的能力，调节课堂气氛的能力，以及冷场、学员不解等突发问题处理技巧的灵活运用能力，以提高课堂组织效果。

(4)在访谈过程中，适度插入视频、文本等相应案例，以进行引导和强化。如中国农业大学李晓云教授在河南省勐腊县河边村开展的深度贫困地区综合治理的实验；山东省威海市文登区米山镇西铺头村发展集体经济的案例、葛家镇扶贫果业基地的探索等。

（四）课后跟踪回访

通过各种形式的回访，跟踪问题的解决情况。

参考文献

[1]马克思. 资本论(第 1 卷)[M]. 北京：人民出版社，2004.

[2]张伟. 马克思主义反贫困理论中国化的新贡献[N]. 光明日报，2017-6-7.

[3]国家行政学院编写组. 中国精准脱贫攻坚十讲[M]. 北京：人民出版社，2016.

[4]张占斌，张青. 新时代怎样做到精准扶贫[M]. 石家庄：河北人民出版社，2018.

（相雪梅，经济学教研部副教授）

新时代公务员职业道德与修养

邱丽莉　卜昭滔　陈明珠

［教学目的］

按照党中央和山东省委、省政府的要求，引导来我院培训的各类公务员，了解公务员职业道德的要求和内容，提高职业道德建设水平，积极发挥公务员职业道德实践生力军的作用。

使他们理想信念更加坚定，精神状态更加饱满，履职行为更加规范，工作作风更加务实，真正成为社会主义道德的示范者、诚信风尚的引领者、公平正义的维护者。

［教学重点］

重点是公务员职业道德的基本内容的认知与理解。

［教学形式］

课堂讲授加讨论式，讲授为团队教学。

［教学内容］

公务员来自人民、扎根人民，又不同于普通群众，由于要行使公权力，管理国家公共事务，承担更多的公共责任，就要遵守公务员职业道德。公务员职业道德意义重大：从国家层面看，它关乎党和国家事业的兴衰；从社会层面看，它关乎社会风气的善恶；从个人层面看，它关乎公务员的事业成败。

（一）传承与借鉴

1. 古为今用：中国古代官德

中国从夏朝便有了公务活动的“官”，《说文解字》中说，官是“史，事君也”，吏是“治人者也”。从先秦时期开始，诸子百家争鸣，无论各家各派代表了哪一个阶级的利益，最终对于为官从政者的要求，他们都有一个共识——为政以德，由此锻造了我国传统行政伦理以德治代替法治的一大特色。我们能够称为传统道德的内容都可以看作是古代对官员的道德要求，而且由于为官者地位特殊，对他们的道德标准约束始终比百姓的高。

(1)忠君爱国。“忠孝两全”是古代对一个人道德最完美的评价，忠君报国被视为官德中的首德。在家国同构、忠孝一体的大背景下，官吏们自觉奉行“臣事君以忠”的原则，“食君之禄，为君解忧”。后来随着君主专制制度的发展，忠君衍化出了“为人臣者，杀其身有益于君则为之”，忠君以身许国，君过可以提出谏言等内容。历史上，有文天祥、岳飞、陆游这些古代为官楷模为国家、为民族、为整体献身。留名千古的忠臣并不是因为效忠一个君主或者一个姓氏，而是忠于整个中华民族。今天，“忠于国家”是秉承了传统精华又与时俱进的忠，是忠于国家利益维护国家统一和民族团结，是坚定理想信念忠于党，在思想上、政治上、行动上与党中央保持高度一致。

(2)以民为本。自古以来，“民为贵，君为轻”的民本思想就深入人心，统治者们很早就认识到“民可近，不可下”，“民”是国家治乱兴亡的根本，所以传统官德中仁政爱民、富民惠民、为民请命的思想随处可见。统治者和官员都提倡要爱民如子，要做百姓的父母官，要“于百姓之事，如父母之计儿女，必时其饮食，体其寒暖，事事发乎至诚”。要关心百姓是否吃饱穿暖，把百姓放在心上。以民为本告诫公务员、领导干部要慎重决策。官越大，责任越大；决策幅度越大，涉及群众的利益越大。全心全意为人民服务，需要多为人民着想，多向人民请教，慎重用权。

(3)清廉俭朴。历朝历代，老百姓最痛恨的就是贪官徇私枉法，清廉俭朴始终是为官从政最基本、最起码的道德规范，有“廉非为政之极，而为政必自廉始”，“居官首重为清”，清廉是为官万善之首的说法。历史上青史留名的好官，基本上都有清廉俭朴的特征，于成龙更胜一筹。他为官多年，全部的俸禄几乎都被他用来赈济管辖地区的贫民，吃饭极少有荤腥，以粗糠、青菜为食，所以老百姓亲切地称呼他为“于糠粥”“于青菜”。于成龙的遗物，仅有官袍一件，少许盐和豆豉。他去世后，康熙封他为“天下第一廉吏”。

(4)公正刚直。除了廉之外，为官之德另外一个重要的内容就是“公”，公生明，廉生威。“民不患寡而患不均”，不公平、不正义就会导致矛盾、冲突，招来反抗暴乱，直到新的公平和正义再次产生。所以为了维护社会安定，统治阶层就讲“大道之行也，天下为公”，强调为官要有公私之辨，把公为天下、利济苍生作为官员出仕的标准，把“公义胜私欲”作为道德的根本要求，在执政领域要戒忍自己的私心，公平合理地处理政事。在执法领域就是执法无贵贱、执法无私情；

在官员个人道德领域就是要正直不阿，勇于仗义执言。

(5)勤政敬业。中国传统官德文化历来强调为官执政者要勤勉政事，突出在其位，要谋其政，要"居之无倦，行之以忠"。曾国藩把官员的"勤"归纳为五勤：身勤、眼勤、手勤、口勤和心勤。他说"千古之圣贤豪杰，即奸雄欲立于世者，不外一'勤'字"。他能够成为古代史最后一人和现代史第一人，也是靠"勤"字。古代官德中，对勤政和廉洁之间的关系也有特别的阐述，即"洁己固然重要"，但是还要"任事有为"，"廉而不勤，仍不得谓之好官"，在当今"庸官懒政"造成的危害不亚于贪官。新时代我们营造清廉的制度环境的同时，勤政建设也应该跟上步伐，担当好责任，真正去涵养崇尚实干、勇于担当的良好政治生态。

2.洋为中用：国外公务员职业道德

(1)国外公务员职业道德的特色内容

公务员制度，国外也称作"文官制度"，1855 年在英国诞生，随后在欧美国家得到普及。英国在 1889 通过反腐立法的形式，又开了国外公务员职业道德建设的先河。国外除了要求公务员廉洁自律、恪尽职守、注重自身品行等外，他们的职业道德还有一些特别的内容，其中跟我们有区别也比较有特色的是政治忠诚与中立、诚信。

政治忠诚与政治中立。这项内容与典型国家"政事两类，两官分途"的人事制度有关。在典型国家，对国家社会发展有重大决策任务的政务官，对于他们的衡量标准就是坚持政治忠诚，尤其忠诚于宪法，坚持和维护国家的最高利益。政治中立主要是针对通过文官制度考核择优录取的政府公职人员，也就是事务官。值得一提的是，这种"中立"在中国不实行也不可能实行。因为我国的公务员制度是建立在社会主义制度之上的，公务员必须接受中国共产党的领导，在政治上同党中央保持高度一致，积极参与政治活动，不存在游离于社会主义制度的公务员。

诚信。在典型国家，诚信是其精神生活的基石，在公民和政府是授权和被授权关系的价值基础上，公务员被普遍看作是契约关系的代理人，所以对"代理人"诚信品德看得非常重要。

(2)国外公务员职业道德建设的做法

第一，实现公务员职业道德建设的法律化、制度化。依法治国和以德治国在国外体现得非常明显。他们一旦发现伦理越轨行为，最典型的反应是采取新的立法、制定新的规则或者颁布新的制度来强化制度约束。所以，在公务员职业道德立法领域，典型国家基本上都颁布了形形色色的法律。除了法律之外，国外公务员职业道德建设也非常讲究相关制度的匹配。其中有一些制度非常出色。比如分权和监督制度、诚信制度、财产和礼品申报制度，录用考核制度、回避制度、以富养廉的制度等。

第二,设立专门化、多元化的公务员职业道德监管机构。瑞典和英国这些君主立宪制国家都存在议会监察专员制度,有些国家则实行行政监督,比如美国联邦政府和各州都设立有政府伦理办公室,韩国则有公务员道德委员会。这些机构基本上都是负责培训公务员的行政道德并听取公众对政府官员违反道德的控诉等。此外,社会力量参与公务员职业道德监督也是国外特色。美国除了有伦理办公室,还有一些非营利性的民间组织通过对政府的监督调查加强对公务员职业道德的监管,这些多元的监督管理机构增强了公务员职业道德建设规范化的执行能力。

第三,实现公务员职业道德建设社会化。国外也认为,在道德建设中,公务员职业道德固然很关键,但公民的道德教育才是基础,没有坚实的公民道德基础,官德的提升还是“空中楼阁”。所以,他们选择通过社会公德建设、通过学校教育营造出公务员职业道德建设的舆论氛围和社会环境,让所有人自然明白道德的重要性。

(3)他山之石的启示

通过了解国外的这些做法,可以给我们提供的启示有:在时机成熟的时候,我们也要积极地推动公务员职业道德立法,不断创新公务员职业道德建设的体制机制和方法。另外,要吸收我们传统文化精华,实现公务员职业道德建设与社会主义核心价值观的宣传有机结合,与国民教育结合,与全民法治教育结合,从源头上把好思想关,营造涵养公务员从政伦理的社会文化氛围。最后,公务员职业道德建设需要实践,实现知行合一,如果培训是重点解决“知”的问题,那么制度的执行以及公务员自身本职工作的实践是解决“行”的问题,只有不断地实践,通过职业行为养成良好的职业道德,才能潜移默化,循环往复,不断提升公务员的职业道德水平。

(二)公务员职业道德的基本内容

公务员职业道德的核心内容:坚定信念、忠于国家、服务人民、恪尽职守、依法办事、公正廉洁。这是2016年由中组部、人社部和国家公务员局等三家部门联合制定的。相对于2011年版本的内容,增加了坚定信念和依法办事,是对我国四个全面战略布局的一个重要体现。针对这部分内容,一是从宏观的方面讲述下我国公务员职业道德核心内容的特色;二是对公务员职业道德具体内容的解读。

在这里,需要强调的是我国公务员职业道德的最大特色是政治性,我们是社会主义国家,中国共产党是执政党,我国的公务员制度是具有社会主义性质的,有鲜明的政治性,不能搞政治中立或者文官中立。所以,不论是不是共产党员，只要你是国家公务员，就要坚持共产党的领导，执行党的路线、方针、政策，接受党的教育和管理，在思想上、政治上、行动上和党中央保持高度一致，这也是我国公务员职业道德的一个最大的特色。在党的十九大报告中，习近平再次强调了党政军民学，东西南北中，党是领导一切的执政思想。

公务员职业道德的具体内容要求：

1.坚定信念

要把坚定信念放在第一位，这是由我们中国共产党的执政党的组织属性决定的。德国总理默克尔认为，如果没有信仰，在价值观上紊乱的国家和民族对执政党来说是最大的风险。看历史上苏联的例子。20 世纪 90 年代，苏联解体后，社会主义事业也处于低潮，这也引起世界各国学者们的研究兴趣。学者们经过研究发现，当年俄国共产党只有 20 万党员时夺取革命的胜利，建立了政权；200 万党员时打败了法西斯，保卫了政权；而后 2000 万党员时却自己打败了自己，失去了政权。就是因为苏联领导干部抛弃了马克思主义信仰，抛弃了共产主义，最终丧失了民心，丢掉了政权。早在 1991 年年初，美国人在苏联做问卷调查发现，普通的工人、农民、市民和苏共处级以下干部有 70%的人认为，苏联要有前途必须坚持社会主义制度。而局级以上的干部，包括国企领导人，赞成保留社会主义制度的只有 11%。可见，社会上所谓的“精英阶层”，对社会主义制度没有信心了。现在 20 多年过去了，而人民生活水平下降了一半，70%以上人认为整个国家的路走错了。苏共垮台的教训告诉我们：党员干部、国家公务员的理想信念问题解决不好，整个国家的命脉，这不仅是执政党的生死存亡，而且还关系到国家和民族的前途和命运。

我们党从革命党成长为执政党，拥有近 9000 万的大党，靠的是组织内部所有的个体，心往一处想，劲往一处使，形成一个整体的力量。能把所有的人都拢在一起的就是理想信念，就是坚持马克思主义信仰。

当前，我们的理想信念受到两个方面的挑战。一是来自西方价值观念、生活方式的渗透，另外就是来自市场经济的负面影响和改革进程中出现的社会矛盾、社会问题。这两个方面相互影响，致使人们坚持的理想信念受到严重的冲击。客观地说，大多数蜕变的领导干部，都曾有过为党和人民奉献一切的理想信念，在各自的岗位上为党和人民做过不少好事。然而，随着职位的提升、权力的扩大，他们逐渐丧失了共产党员的理想信念，沦为腐败分子。我们遗憾地看到，很多腐败的领导干部都有一个苦难的童年，奋斗的青年，上升的中年，最后是悲惨的晚年，造成的原因之一就是缺乏正确的信念支撑。所以，现在很多出了问题的党员干部都后悔地说，自己的理想信念出了问题。

针对如何评价检验理想信念，习近平总书记在讲话中提出了六条标准：是否能在重大政治考验面前有政治定力；是否能树立牢固的宗旨意识；是否能对工作极端负责；是否能做到吃苦在前、享受在后；是否能在急、难、险、重任务面前勇挑重担；是否能经得起权力、金钱、美色的诱惑。

2.忠于国家

古今中外，忠于国家被称为官员的天职。在我国，古代官员就有家国情怀的爱国思想。家国情怀，就是我们说的国家就是我们自己的家。不同时期有不同的家国情怀的表达方式。革命战争年代，走上战场为国捐躯保家卫国；和平建设年代，就是为国家现代化建设贡献力量。作为公务员，需要强调的就是要保守国家秘密和工作秘密。然而，有的人为了自己的私利，不惜出卖国家的利益和秘密。比如《打铁还需自身硬》的纪录片中，中纪委的年轻的处级干部袁卫华泄露工作秘密。曾经立功受奖，却为了自己的私利，将工作秘密拿来做交易，泄露了工作秘密，葬送了自己的前程。

3.服务人民

全心全意为人民服务如何体现呢？就是要权为民所用，情为民所系，利为民所谋。新中国成立后，我们有大量的为人民服务的人民的好公仆好典范。从周恩来到焦裕禄再到孔繁森等，他们用自己各自的方式，从点点滴滴中做好服务人民的工作。现在，我们讲"情为民所系"的时候，是否真正用心了？是否发自肺腑的真情实意呢？

举个例子。"表哥"杨达才作为一位省级安全监管局的局长，面对惨烈的车祸现场，他没有沉痛的表情，相反还显得乐呵呵的。所以，仅仅从这一点来说，他就是不道德的。这引起了网友的愤怒，认为他不是个好官，于是对他进行人肉搜索，发现他在不同的场合都带有不同的名贵手表，进而对他进行揭发，经过纪检监察机关的调查，证实他是个贪官。所以，是不是真心真意地为人民服务，群众还是看得很清楚的。

我们对群众一定要有真情实意，提高情商，带着感情为人民服务。习近平总书记就很重视情商。他在天津视察时与一位年轻的基层干部交流指出，情商更重，特别是基层干部与群众直接交流，更是需要用真情、真心、真意。这个情商就是职业道德。

4.恪尽职守

恪尽职守就是尽最大的努力，做好本职工作。这是立身之本。我们看一个官员能否恪尽职守，其实关键就是看有没有责任心，有没有担当精神。这不仅是职业道德的体现，而且还是能力的体现。我们举个习近平总书记年轻时在宁德的例子。

习近平总书记在1988年担任中共福建宁德地委书记，之前是厦门经济特区常委、副市长。当时的宁德是全省最落后的地方，时任省委副书记的贾庆林找习近平谈话说，省委想让他去改变一下那里的面貌。习近平没有后退，勇敢地接受了任务。当时宁德市地方存在一个“盖房修坟娶媳妇”习俗。为此很多干部争相盖房子，其中的潜规则让百姓非常气愤。当时牵扯的干部达2000多人，在社会上产生了恶劣的影响。习近平刚刚上任，面对问题没有回避。一些同事劝他，还是别整了，牵扯这么多干部，习近平却坚定地反问道，是该得罪300万群众，还是该得罪两三千人？随后很好地解决了这个问题，也赢得了群众的认可。从这个事就可以看出习近平总书记的魄力，所以他才能成为我们党的核心。

5.依法办事

到2011年我国形成了中国特色社会主义法制体系，实现了有法可依。但是还存在一些有法不依、执法不严、违法不究的情况。为什么？

有个电影《我不是潘金莲》的一个片段反映了我国社会的现实问题。故事的主人公叫李雪莲，为了分到丈夫单位的房子，与丈夫假离婚，结果被丈夫真离婚，还被丈夫污蔑作风不正，是“潘金莲”，李雪莲觉得自己冤屈，从此走上了上告上访的道路。这个过程就很真实地反映了我们中国的熟人社会的现状，就是什么事都找关系，什么关系都找都攀。按程序能办成的事，也找关系，不按程序办的更找关系。这就是阻碍依法办事的一项重要因素。

与一些基层的公务员交流，发现都认识到法治思维的重要意义，但是在实际工作中并没有自觉选择法治思维和法治方式。他们分析说了几个理由：一是人治思维习惯了。说我国几千年的人治传统，积累了丰富的方法，很管用。二是认为法治不适合中国国情，认为法治是分权，不利于管理；认为法治思维呆板滞缓，需要严格的法定程序，不如政策灵活和变通好用，并列举了一些实例。他们说的这些可能有其合理性，但是如果这种思维不改变，结果就是有法不依，权大于法，关系盛行，潜规则盛行，真的无法实现法治国家了。

所以，树立法治素养很关键，不仅广大群众有法治素养，更重要的就是公务员领导干部树立法治理念，提高法治素养。针对这些，我们党提出要“全面推进依法治国”并首次要求领导干部要用法治思维和法治方式来执政。把法治建设成效纳入政绩考核指标体系，把能不能遵守法律、依法办事作为考察干部的重要内容。同时，我国又制定了新的16字方针——科学立法，严格执法，公正司法，全民守法。需要指出的是，新16字方针是对旧16字方针的提升和完善，同时适用的。

6.公正廉洁

这是两个词，一个是公正，一个是廉洁，前者是处事的道德准则，后者是立身的道德规则。这四个字彰显了从政者立身处事的基本原则。公生明，廉生威。可以说，公正廉洁是古今中外官德的核心。这部分内容，既有职业道德方面的要求，又有个人品德方面的要求。

我们常说，一个人的道德品质体现在各个方面。所以，职业道德和个人私德品德这两个方面是相通的，是相互影响的。特别是在我们国家，从传统上就很看重个人品德、私德。人们习惯于通过私德看官德。所以，我们现在对干部的考核，不仅是职业道德的考核，而且还把个人品德、家庭美德和社会公德列入了考核范围，就是出于这个方面考虑的。现在党员"自费"奢侈，中纪委明确表示也不行，这明显超出了当地正常生活消费水平，破坏了党员带头践行社会主义新风尚的良好形象。

（三）加强公务员职业道德修养的主要途径

加强公务员职业道德的途径有很多，主要集中在他律和自律两个方面。我们主要讲自律。

1.他律

他律的内容主要有加强制度建设、加强监督等。

(1)加强制度建设、完善制度：一是完善用人选人机制；二是健全考核评价机制；三是完善制约机制与激励机制；四是完善惩治和预防腐败体系。

(2)加强监督：十九大报告中提出了六大监督：一是加强党内监督；二是加强国家机关监督；三是加强民主监督；四是加强司法监督；五是加强群众监督；六是加强舆论监督。

2.自律

从自律的角度，主要有以下六个方面：坚定信念立德；牢记宗旨守德；加强学习明德；克己自律养德；形象良好树德；心态阳光强德。

(1)坚定信念立德

主要强调四个内容：一是信念过硬；二是政治过硬；三是培育和践行社会主义核心价值观；四是树立正确的世界观、人生观、价值观。

信念过硬：目前我们国家党员干部理想信念存在的问题主要有下列五个方面：第一，对共产主义心存怀疑；第二，热衷于算命看相、烧香拜佛；第三，理念信念动摇、宗旨意识淡化、是非观念淡薄、正义感退化，浑浑噩噩过日子；第四，向往西方社会制度和价值观；第五，政治性、原则性问题上态度暧昧，要滑头。理想信念问题是党的思想建设的"牛鼻子"。

先来看对共产主义心存怀疑这个问题。有人认为我们生活在和平时期，不可能像战争年代的先辈们一样，对共产主义有坚定的信仰，"共产主义"只是入党宣誓时念过的一个名词。其根本原因就是没有真弄懂。共产主义有三层含义:第一,是一种理论,“没有革命的理论就没有革命的行动”,共产主义理论指导着共产主义运动。第二,是一种社会制度。共产主义社会最根本的特征表现为三点:一是物质财富极大丰富,消费资料按需分配;二是社会关系高度和谐,人们精神境界极大提高;三是每个人自由而全面地发展,人类实现从必然王国向自由王国的飞跃。第三,是一个漫长的过程。曾有无数志士仁人为之实现付出了自己最宝贵的生命,但它的最终实现仍是一个遥远而漫长的过程。共产主义社会的整体实现不是一蹴而就的事,但它一定会实现。只要我们胸怀理想、坚定信念,不动摇、不懈怠、不折腾,顽强奋斗、艰苦奋斗、不懈奋斗,志存高远,脚踏实地,发扬“愚公移山”的精神,总有一天共产主义理想定会变成现实。

政治过硬:坚定政治立场,同党中央保持高度一致。列宁指出:“政治上有修养的人是绝不会贪污的。”列宁说的政治修养就是党性修养。很多贪官对我们党的执政地位,对我们党的理想信念作了错误的判断。有的甚至没有了信仰,或者偏离了信仰。增强政治敏锐性和政治鉴别力,坚决抵制各种错误思想影响;就是要坚持党性原则,严格遵守和自觉维护党的纪律特别是政治纪律,确保中央政令畅通。

(2)牢记宗旨守德

首先要强化公仆意识,从思想上牢记初心和使命。其次要践行公仆精神,本领高强。

先来看公仆意识。在党群关系问题上,用心倾听、察民之苦、排民之忧,才算是一名合格的党员干部。如果连这一点都做不到,在那里玩弄概念不办实事,那就是对“为人民服务”宗旨的背叛。作为中华人民共和国的政府公务员,作为领导干部,在百姓面前,要做君、亲、师,做父母官,爱民如子。还要起示范作用,一言一行为百姓做表率。

其次要践行公仆精神,本领高强。能够做到习近平总书记讲到的“五个过硬”中的责任过硬、能力过硬、作风过硬。责任过硬:树立正确的政绩观,发扬求真务实、真抓实干的作风,以钉钉子精神担当尽责,真正做到对历史和人民负责;能力过硬:不断掌握新知识、熟悉新领域、开拓新视野,全面提高领导能力和执政水平;作风过硬:把人民群众放在心中,广泛开展调查研究,在全心全意为人民服务中提升政治站位、提高工作能力,在真心实意向人民学习中拓展工作视野、丰富工作经验、提高理论联系实际的水平,在倾听人民呼声、虚心接受人民监督中自觉进行自我反省、自我批评、自我教育,在服务人民中不断完善自己,持之以恒地克服形式主义、官僚主义,久久为功祛除享乐主义和奢靡之风。

面对工作,简单的事情重复做,重复的事情用心做。不作为、慢作为、乱作为、懒作为、虚作为、假作为、粗作为都是不可取的。

(3)加强学习明德

针对公务员职业道德,应该从以下方面加强学习:

第一,学习政治理论。

一是学习党章党规:明确基本标准,树立行为规范,通读熟读党章党规,把握基准和底线。学党章要逐条逐句通读,全面理解党的纲领,牢记入党誓词,牢记党的宗旨,牢记党员义务和权利,引导党员尊崇党章、遵守党章、维护党章,坚定理想信念,对党绝对忠诚。二是学《准则》和《条例》。三是学党的历史、革命先辈和先进典型。四是从违纪违法案件中吸取教训,肃清恶劣影响,发挥正面典型的激励作用和反面典型的警示作用,引导党员牢记党规党纪,牢记党的优良传统和作风,树立崇高的道德追求,养成纪律自觉,守住为人、做事的基准和底线。

二是学习习近平新时代中国特色社会主义思想。要同学习马列主义、毛泽东思想、邓小平理论、"三个代表"重要思想和科学发展观结合起来,深刻理解党的科学理论既一脉相承又与时俱进的内在联系,坚定中国特色社会主义道路自信、理论自信、制度自信、文化自信。

三是学习十九大精神。

第二,学习古代官德。

第三,学习现代模范人物。

唐代吴兢《贞观政要·任贤》中有一段名言:"以铜为镜,可以正衣冠;以古为镜,可以知兴替;以人为镜,可以明得失。"

第四,学习各种知识。

培根说过:"读史使人明智,读诗使人灵秀,数学使人周密,科学使人深刻,伦理使人庄重,逻辑修辞使人善辩。凡有所学,皆成性格。"

(4)克己自律养德

克己自律主要包括以下内容:做到五自:自重、自省、自警、自励、自觉。常想四毋:毋意、毋必、毋固、毋我。注意三圈:一是生活圈,在生活圈中严守规矩,抗得住各种诱惑;二是交往圈,在交往圈中分清良莠,不交不良之友;三是娱乐圈,在娱乐圈中抵御"灯红酒绿",不为声色所迷。牢记"八慎":慎微、慎欲、慎始、慎终、慎独、慎言、慎行、慎好。

(5)形象良好树德

公务员形象主要包括素质、仪表、交往、工作形象等。素质形象要高长宽:高即有高尚的思想品德与精神境界;长是指有专门的业务特长;宽是指有宽广的知识面和视野。仪表形象包括人的容貌、姿态、服饰、风度等。交往形象主要包括介绍、电话、握手、交谈、会议、拜访、接待来访等。工作形象即处理好各种工作关系。服从上级:服从命令、维护威信、如实报告工作、正确对待批评等;关心下级:尊重下级人格、意见、自主权,肯定下级成绩,帮助下级做好工作等;尊重同事:坦诚、沟通、宽容、合作等。

(6)心态阳光强德

第一,塑造阳光心态。

心态就是心理状态,是人们对待事物的心理感受和态度趋向。心态分为两类:一类正面心态,是阳光心态;另一类反面心态,是消极心态。

心态对个人起着重要的作用:播种一种心态,收获一种态度;播种一种态度,收获一种习惯;播种一种习惯,收获一种性格,性格决定命运。所以,心态决定命运。心态的不同导致人生的不同,而且这种不同会有天壤之别。一个人的心情好坏、身体健康、生命长度、人生基础、生活质量、幸福指数、工作能力、人际环境等都会受到心态的影响。心态会通过影响个人进而影响家庭、团队、组织,社会。十九大报告中提出,"加强社会心理服务体系建设,培育自尊自信、理性平和、积极向上的社会心态",而公务员是国家治国理政的精英,更应该塑造阳光心态。如果不能改变世界,就接受世界;如果不能改变环境,就适应环境;如果不能改变他人,就改变自己;如果不能改变已经发生了的和正在发生着的事情,就改变对这些事情的态度。点亮自己的一盏心灯,照亮自己的内心,照亮身边的亲人,照亮自己所在的团队,照亮自己治理的一方水土上的百姓,让整个社会变得温暖又明亮。

阳光心态是健康的心理状态,是指一种高效而满意的、持续的心理状态,在这种状态下人能做出良好的反应,具有生命的活力,能充分发挥其身心潜能。阳光心态是积极、知足、感恩、达观的一种心智模式。具备阳光心态可以使人深刻而不浮躁,谦和而不张扬,自信而又亲和,利于缔造自我内心和谐、家庭和谐以及团队和谐。

塑造阳光心态,需要树立正确的世界观,要用辩证的思维方法分析问题、解决问题。

第二,快乐努力工作。

心态阳光的人,能够"听天命,尽人事",做到悦纳自我、正确定位、不断完善自我;能够尽职尽责:想干事、能干事、会干事、干成事、好共事、不出事;能够平衡得失,客观对待得失进退;能够只为成功找方法,不为失败找借口。

第三,科学管理情绪。

心态阳光的人,能够管理好自己的情绪。能够培养积极情绪,感恩、宽容、心平气和;能够通过倾诉、转移、调节、锻炼等方法宣泄不良情绪,缓解各种压力。

总之，只要我们坚定信念、敬畏法律、加强自律、心态阳光，就会事业顺利，一生平安幸福。

参考文献

[1]刘余莉．公务员职业道德学习读本[M]．北京：团结出版社，2012．

[2]汤文颖．公务员职业道德培训教程[M]．北京：国家行政学院出版社，2015．

[3]国家公务员局培训于监督司．公务员职业道德读本[M]．北京：中国人事出版社，2012．

[4]林汐．公务员职业道德建设培训教材[M]．北京：人民出版社，2012．

[5]吴德慧．公务员职业道德建设读本[M]．北京：中国言实出版社，2016．

[6]葛荃．中国古代行政管理思想史[M]．天津：天津人民出版社，2016．

[7]熊缨．外国公职人员行为及道德准则[M]．北京：中国社会科学出版社，2017．

[8]徐顽强．公务员职业道德修养[M]．北京：科学出版社，2013．

[9]沈士光．职业道德[M]．上海：上海人民出版社，2016．

[10]吴德慧．做新时代党的好干部[M]．北京：红旗出版社，2018．

[11]国家行政学院．公务员职业道德建设学习手册[M]．北京：国家行政学院出版社，2012．

（邱丽莉，山东行政学院政治学教研部教授
卜昭滔，山东行政学院政治学教研部副教授
陈明珠，山东行政学院政治学教研部讲师）

公务员阳光心态与压力舒缓

邱丽莉

[教学目的]

通过讲授及课堂互动讨论，使来学院培训的各类公务员，培育自尊自信、理性平和、积极向上的阳光心态，能够用阳光心态缓解各种压力。

[教学重点]

阳光心态的塑造。

[教学形式]

课堂讲授式。

[教学内容]

（一）阳光心态

1. 塑造阳光心态

（1）心态的定义

心态就是心理状态，是人们对待事物的心理感受和态度趋向。

心态有很多种，从正反两方面来说，大致可以分为两类：一类是正义、友好、忠贞、诚信、积极、知足、感恩、达观、快乐、热情、宽容等，属于正面心态，是阳光心态；另一类是欺骗、憎恨、邪恶、消极、背叛、贪婪、悲观、虚荣、嫉妒、失望、焦虑、愤怒、恐惧、轻蔑、羞愧等，属于反面心态，是消极心态。

（2）心态的作用

心态对个人的重要作用：心态若改变，态度跟着改变；态度若改变，习惯跟着改变；习惯若改变，性格跟着改变；性格若改变，人生就跟着改变。也就是说，播种一种心态，收获一种态度；播种一种态度，收获一种习惯；播种一种习惯，收获一种性格,性格决定命运。

所以,心态决定命运。心态的不同导致人生的不同,而且这种不同会有天壤之别。一个人的心情好坏、身体健康、生命长度、人生基础、生活质量、幸福指数、工作能力、人际环境等都会受到心态的影响。

第一,境由心造。一个人的心情好坏是受心态影响的。具体来说,阳光心态会使人高兴,生欢喜心。正所谓"春有百花秋有月,夏有凉风冬有雪;若无闲事挂心头,便是人间好时节",阳光心态能让我们体会到春、夏、秋、冬四季不同的美,因为快乐的心态会像一缕温暖的阳光驱散心里的阴云,阳光会铺满每个角落。而消极的心态会使人悲伤,郁郁寡欢。"感时花溅泪,恨别鸟惊心。"会发现开放的玫瑰在流泪,奔腾的小溪在哭泣。

第二,"病由心生"。一个人的身体健康是受心态影响的。早在《黄帝内经》中就提到了"七情伤",指出人的情绪和疾病的关系密切。《素问》概括为:怒则气上,喜则气缓,悲则气消,恐则气下,惊则气乱,思则气结。即:喜伤心,怒伤肝,忧伤肺,思伤脾,恐伤肾。现代医学也证实,不良的心态可以引起多种疾病;即使得了同一种病,拥有阳光心态的人康复的速度也比心态消极的人快得多。

第三,"仁者寿"。一个人的寿命是受心态影响的。拥有阳光心态,就会接纳自我、接纳他人、接纳社会与世界,会与世界相处得长长久久。而消极心态的人,在生活中既不能接受自己,又不能接受别人,还不善于接受现实,处处不顺心,事事看不惯,使其内心长期处于失衡与迷失状态中,人生体味中只有痛苦、受挫感和失败感。久而久之会使人产生抑郁、不安、心理失调等心理问题,甚至会影响到生命的质量和长度。

第四,"相由心生"。一个人的容颜是受心态影响的。人在小的时候,漂亮不漂亮是由遗传基因决定的,但是岁月像一把刻刀,雕刻着我们的人生轨迹,而心态就像一把刻刀,雕刻着我们的容颜。成年后,漂亮不漂亮则由自己的心态决定。席慕荣曾经在《岁月》一文中写道:"好多年没有见面的朋友,再见面时,觉得他们都有一点不同了。有人有了悲伤的眼睛,有人有了冷静的嘴角,有人是一脸的喜悦,有人却是一脸风霜;好像几十年没能与我的朋友们共度的沧桑,都隐隐约约地写在他们的脸上了。原来岁月并不是真的逝去,它只是从我们的眼前消失,却转过来躲在我们的心里,然后再慢慢地改变我们的容貌。"如果我们未曾美丽地年轻过,请让我们美丽地老去。时光终究会将我们变老,假设最终岁月在你光洁的额头上刻上些许皱纹,这个是我们不能避免的,而我们可以做到不让这些皱纹刻进我们的心里。

第五,"命由己造"。人的事业成败是受心态影响的。从心理学的角度来讲,心态是一个人的心理活动和状态的总和,是人们对社会生活的反映和体验。

心态对一个人的思想、情感、需要和欲望有着决定性的影响，它制约着一个人对待工作、对待事业的态度。心态是把“双刃剑”，积极的心态往往能够成就人生事业，相反，消极的心态则往往影响事业的成功。如果一个人长期处于压抑、烦躁、消极甚至对立的心态下，即使他的办公条件再优越，也不可能取得很好的成绩；反之，如果一个人有良好的心理状态、和谐的人际关系、正确的精神因素，那么他就会对自己的工作充满信心，从而产生工作的自觉性、主动性、创造性，充分发挥内在的无穷潜力。

心态不仅仅影响个人，而且还会通过个人来影响家庭。

决定一个家庭和谐美满的因素不是房间的面积、家电的档次、装修的豪华程度、家具齐全与否，而是家庭成员的心态是否阳光。当今的离婚率居高不下，根本原因就在于婚姻中的男女，没有以阳光的心态去看待婚姻。男人和女人是人世间两种不同的美，男人阳刚如山，女人阴柔如水，在婚姻中，好山好水才有好风光。家是人的第一个港湾，在家里，我们可以放松自己的身体，还原自己最自然的状态；在家里，我们可以放松自己的灵魂，给精神一个家园，让疲惫的心灵停泊靠岸。拥有阳光心态的人，会懂得珍惜婚姻，懂得夫妻的最高境界是彼此相容而不是改造彼此。在婚姻中，能感觉到自己被疼爱、被需要，被尊重，生活就会有信心，工作就会有热情，生命就会有意义。

心态不仅仅影响个人，而且还会通过个人来影响团队、影响社会。一个团队、一个组织的氛围，是由每位成员的心态决定的，整个社会的氛围是由单个的社会成员的心态组成的，和谐的社会需要阳光心态。

你内心如果是一团火，就能释放出光和热；你内心如果是一块冰，就是融化了也还是零度。要想温暖别人，你内心要有热；要想照亮别人，请先照亮自己；要想照亮自己，首先要照亮自己的内心。怎样照亮内心？请点亮一盏心灯，塑造阳光心态。如果不能改变世界，就接受世界；如果不能改变环境，就适应环境；如果不能改变他人，就改变自己；如果不能改变已经发生了的和正在发生着的事情，就改变对这些事情的态度。

(3)阳光心态的定义

阳光心态是健康的心理状态，是指一种高效而满意的、持续的心理状态，在这种状态下人能做出良好的反应，具有生命的活力，能充分发挥其身心潜能。

阳光心态是积极、知足、感恩、达观的一种心智模式。

具备阳光心态可以使人深刻而不浮躁，谦和而不张扬，自信而又亲和，利于缔造自我内心和谐、家庭和谐以及团队和谐。

(4)阳光心态的塑造

首先，树立正确的世界观。

世界观是人们对整个世界的最一般的看法和根本观点。立场、观点、方法是紧密联系在一起的，看问题的角度决定了解决问题的方法。古代盲人摸象的故事很好地说明了这个道理。这个故事比喻对事物只是片面了解就妄下结论，会犯以偏概全的错误。当我们看到这个故事的时候，都会知道盲人们只摸到了大象身体的一部分就下结论是错误的。请让我们展开自己的想象力想象一下，如果世界是一头大象，那么我们每个人都是一位摸象人。因为我们每个人都出生在一个具体的时间、地点、处于特定的阶层，接受特定的教育，站在特定的立场，当我们看眼前的世界的时候，就如同摸象的盲人一样，也只是摸到了大象身体的一部分，而不能够看到整个世界，所以仁者见仁，智者见智。再想象一下，摸到了大象尾巴，说大象是条绳子的人，如果站在原地不动，用不了多久，就会得出一种判断，大象又臭又臊。我们所处的世界某些角落会又臭又臊，但不是整个世界都如此。怎么才能发现别处不臭不臊，充满了光明呢？那就要放开自己抓着大象尾巴的手，变换自己看世界的角度，放宽自己看世界的视野，站得高才看得远，看得全才不会以偏概全。

儒家思想以“仁”为中心，而忠恕之道一以贯之。忠即“己欲立而立人，己欲达而达人”，恕即“己所不欲，勿施于人”。忠恕的思想用今天的语言即“换位思考”。由于每个人看世界的角度不同，每个人眼中都有自己的世界，当我们遇到问题时，不仅要从自己的角度去分析问题、解决问题，而且还应该从他人的角度去想问题。

其次，要用辩证的思维方法分析问题、解决问题。

即用联系的、发展的、全面的、矛盾的观点看世界、看问题。现实生活纷繁复杂，不断变化发展，如果用静止、孤立、绝对化的观点看问题，往往会滞后与偏激。任何事物都不是孤立地存在的，分析问题时，要看到事物内部诸因素之间和事物之间的相互关系，以免偏颇。要看到问题的各个方面，考虑多种可能的因素，抓住主要矛盾。我们还要看到矛盾在一定条件下是可以互相转化的。

世界是一个过程的集合体，而不是一个事物的集合体。万事万物运动发展的总趋势是波浪式前进或螺旋式上升的，直线上升或者前进是不符合事物发展规律的。用辩证的眼光看人生，就会坦然地接受生命中的起起落落，从而得意不忘形，失意不失志。

2.快乐努力工作

(1)正确认识自我

第一，悦纳自我。

古人云“听天命，尽人事”，听天命即接纳自我。接纳自我会无怨。在我们来到世界前，无法选择自己出生的时代、家庭、父母、姓氏、血型等因素，但是不能改变环境就要学会适应环境，不能改变别人就要改变自己。常言道："既来之，则安之"，改变世界的最好方法就是改变自己看世界的眼光，接受自己所处的时代、养育自己的家乡、哺育自己的父母、不一定出众但是独一无二的相貌等。

第二，正确定位。

目前存在的不能正确认识自己的表现有以下两种，一是将自己定位较高：好高骛远，眼高手低。二是将自己定位较低：怀才不遇，产生抱怨；自暴自弃，自卑心重。这两种表现都不阳光，不能正确地定位自己。

第三，完善自我。

子曰："三人行，必有我师焉；择其善者而从之，其不善者而改之。"要不断改掉不良习惯，做自己尊重的人。退休之日，觉得职业中的自己值得尊重。迟暮之年，感到生活中的自己值得尊重。

第四，尽职尽责。

尽人事即努力拼搏。一个人走过长长的一生，就要承担多种角色，不同的社会角色要承担相应的责任。不管承担哪种角色，都要尽最大的努力，做到最好，向最好的别人学习，做最好的自己，做好了心态自然阳光。

(2)正确认识工作

工作是生命中最珍贵的礼物，每个人都应该努力工作，爱岗守业、敬业、乐业。

1943年，美国著名心理学家亚伯拉罕·马斯洛在《人类激励理论》论文中提出马斯洛需求层次理论，将人的需求划分为五个层次，由低到高，分别是生理需求、安全需求、社交需求、尊重需求和自我实现需求。自我实现的需求是最高层次的需求，是指实现个人理想、抱负，发挥个人的能力到最大程度，达到自我实现境界的人，接受自己也接受他人，解决问题能力增强，自觉性提高，善于独立处事，要求不受打扰地独处，完成与自己的能力相称的一切事情的需要。马斯洛提出，为满足自我实现需求所采取的途径是因人而异的。自我实现的需求是努力实现自己的潜力，使自己越来越成为自己所期望的人物。也就是说，没有人能够不工作还能满足自我实现的需求。而工作，能够满足生理需求、安全需求、社交需求、尊重需求和自我实现需求。因为通过工作，获得报酬，能够解决衣、食、住、行；通过工作，能够被别人需要，得到快乐和满足；通过工作，能够有归属感和荣誉感，获得精神满足；通过工作，为自己寻找到实现自我价值的机会和平台。

在工作中，要想干事、能干事、会干事、干成事、不出事。

从态度上看，要想干事。要想干事是一种状态，一种激情。有了这种态度，干事创业就有了基础;有了这种激情,推进干事创业就有了动力。凡事想干了,才会有希望;不想,则一事无成。想是愿望所致,想是职责使然,想是事业心、责任感的表现。对领导干部来说,获得权力的同时还获得干事的责任和义务。想不想干事,可以看出一个领导干部的思想境界,不干事的"官"就是"懒官"。"懒官"绝不是境界高尚的"官"。心态决定状态,有些人对干事总是缺乏激情,根本原因在于不在状态。有的得过且过不想干事,有的心态失衡不愿干事,有的怕承担风险规避干事,有的对事情挑肥拣瘦,因利择之。因此,想干事,就必须有好的状态,有对党、对人民事业高度负责的精神。

从力度上看,要能干事、会干事。能干事、会干事是一种能力,一种胆识。想不想干事是态度问题,能不能干事是水平问题、能力问题、胆识问题。干事是一个过程。干事前,须搞好调研,抓好谋划,明确干事的目标、措施和要求。干事中,须把握事物发展的内在规律,抓好组织协调,明确工作重点,把握重要环节,须善于发现新情况、新问题,及时提出新对策、新办法。干事后,须有评价反馈,听一听百姓的反映,看一看办事的效果,及时总结经验教训。能不能干事,不仅取决于水平能力,而且还与胆识密切关联。胆识决定气魄。有些事办不成或办不好,问题就在于当断不断,贻误最佳时机。能力、水平、胆识不是与生俱来的,而是通过不断学习、不断实践提高的。因此,领导干部要做善于学习的有心人。

从效度上,要干成事。干成事是一种追求,一种效益。干成事是想干事与能干事的综合反映。想干事、能干事须把干成事作为追求目标,想干事而不去干、坐而论道不行;能干事而干不成、没效果也不行。我们所说的干成事,是符合科学发展的事,是百姓满意的事。政绩工程和形象工程则与干成事背道而驰;还有些事,初衷不可说不好,但效果未必理想,动机与效果背离;如有的工程竣工了,却是"豆腐渣"工程;有些事看似轰轰烈烈,但徒有虚表,形式大于内容。因此,要着眼于干成事,智谋在干成事、劲使在干成事,用效果检验干成事。

领导干部不出事是一条底线,一种坚守。不出事与想干事、能干事、干成事相辅相成。不出事是领导干部的底线,必须坚守。分析一些领导干部出事的原因,不论是因失职渎职而出事,还是因腐败而出事,都是道德修养缺失,都是对制度底线的触犯。道德修养有利于夯实底线,对制度敬畏的人有利于固守底线。底线以党纪政纪、法律法规固定下来,是可以避免、防范和坚守的。做到不出事,一方面要加强修养,提升素质;另一方面须增强制度意识,自觉地在制度约束下行事,把不出事作为想干事、能干事、会干事、干成事的保障,在不出事中实实在在地想事、干事、干成事。

(3)客观分析得失进退

在工作中,最容易引起心理不平衡的因素是得失,即面对进退、利弊、舍得、升迁、职务、级别、名利、待遇、报酬、奉献、索取、回报、播种、耕耘、收获等问题时,心理失衡。

分析其原因不难看出,心理不平衡是因为在看待自己的得失与别人的得失时,没有使用同样的尺度。看自己的得,会想起为了今天的得,而付出的种种艰辛和努力,一幕幕、一桩桩都会浮现在眼前,与自己的耕耘相比,总是觉得自己得到的果子太小,也得到的太晚。而看到别人的得时,却看不到别人为得到付出的代价,只看到了别人捧在手里的成果,所以会感觉别人的果子太大,得到得太早。其实,“一分耕耘一分收获”,收获的背后一定有耕耘。如果能用相同的尺度看待别人的所得和自己的所得,心理就会平衡。也就是说,辉煌的背后一定是沧桑,正像一首歌中所唱的:“不经历风雨,怎么见彩虹,没有人能随随便便成功”。例如美国 NBA 球员科比·布莱恩特就是一部励志大书,他的运动生涯再一次证明“天才出于勤奋”的普遍性和必然性。

全世界公认,科比·布莱恩特是一位篮球天才,他每次赛季都是高效率的,能在比自己年轻十岁的年轻队员头上扣篮,创出单场比赛 81 分的个人纪录等神话。科比本人却以“洛杉矶早晨四点”自称。他的意思是,他的成功完全出于勤奋。记者曾经问科比:“你为什么能如此成功呢?”科比反问道:“你知道洛杉矶每天早上四点钟是什么样子吗?”记者摇摇头:“不知道。”科比说:“满天星星,寥落的灯光,行人很少。”说到这科比笑了,“究竟怎么样,我也不太清楚。但这没有关系,你说是吗?每天洛杉矶早上四点仍然在黑暗中,我就起床行走在黑暗的洛杉矶街道上。一天过去了,洛杉矶的黑暗没有丝毫改变;两天过去了,黑暗依然没有半点改变;十多年过去了,洛杉矶街道早上四点的黑暗仍然没有改变,但我却已变成了肌肉强健,有体能、有力量,有着很高投篮命中率的运动员。”

(4)努力寻找成功的方法

在工作中,想干事的人会找方法,不想干事的人会找理由,而方法千万条,理由万万个。成功者找方法,并且只为成功找方法,不为失败找借口。而失败者找借口,总为失败找借口。成功者会主动面对问题,坚信方法总比问题多,不会在工作中寻找任何借口,会尽心尽力做好每一件事,从不推脱;总会善始善终地完成好每一项任务,解决好每一个执行中的问题。一个生活的强者,不论遇到什么难题,他都会迎难而上,直面困难,主动破解,获得成功。这样的人,从来没有借口,他们也不需要借口。

没有借口的背后,隐含着的是一种强烈的责任感、事业心、荣誉感和纪律意识，是一种服从、自信、诚实、主动和敬业。

一个有责任心的人，没有借口。一个人的责任心源于对工作的热情。一个对工作具有热情的人，他对待工作没有借口；一个有责任心的人，他会始终保持平常的心态，扎实的作风，兢兢业业、尽心尽职做好每一件事情，哪怕是一件毫不起眼的小事情。

一个有追求的人，没有借口。一个人之所以平庸，并非能力不足，而是轻视工作、马虎拖延、敷衍塞责的处事习惯和态度作祟。一个有追求的人，他不会懒惰；一个有追求的人，他不会懈怠；一个有追求的人，他不会平庸；一个有追求的人，他更不会有借口。

一个有自信的人，没有借口。人总是渴望取得成功，虽然对成功的理解因人而异，但在追求成功的过程中，都不可避免地会伴随着挫折和失败。有的人敢于直面挑战，冷静处理挫折，从容面对失败，在总结中不断提高，在挫折中逐步完善，最终能够达到成功的巅峰，获得成功的喜悦；而有的人在追求的过程中，一旦遇到挫折，就怨天尤人、一蹶不振，并努力为自己寻找一些失败的借口，最终只能半途而废。这，就是有信心与没有信心的区别。

生活中，每一个人都盼望取得成功，但并非每个人都能如愿以偿。在困难重重时、在浮躁不按时、在失意彷徨时、在消极等待时，明确目标，拒绝借口，获取成功。

（二）压力舒缓

1. 正确认识压力

（1）目前存在的压力

在市场经济的冲击下，经济快速发展，人们在物质生活水平提高的同时，生活节奏不断加快，竞争压力不断增加，所承受的精神压力也不断增加。由于社会竞争加剧、收入差距拉大，不同阶层、不同年龄的人都面临着巨大的心理压力。不同的社会问题反映在个体身上，表现为幸福感降低、焦虑、疾病高发、适应性差、工作效率下降、婚姻家庭关系不和谐、人际关系紧张等。将目前存在的主要压力进行归纳，主要有以下三类：工作压力、社会压力、生活压力。

（2）压力下的不良反应

压力过大会带来很多问题。在重大的压力下，不良反应按照从低到高主要有以下三类：

首先，负性生理反应，如心率加快，血压升高；四肢乏力；经常头痛、偏头痛；睡眠质量差、失眠等。

其次，负性心理反应，如焦虑心理、厌战心理、失衡心理、逃避心理等。

最后，负性行为反应，如饮食过度，工作拖拉、效率低，冒险行为、攻击性行为增加等。

2.科学舒缓压力

(1)科学管理情绪

首先,培养积极的情绪。

要有一颗感恩的心,心怀感恩去工作、生活。感恩是中华民族的传统美德。人,可以不伟大,也可以居于清贫,但人不可以不感恩。人也可以平凡,但不能拒绝高尚。感恩能够滋润良心,化解矛盾,赢得好人缘,成就好团队,维持稳定,促进发展。我们应该感恩天地,有天地才有万物生;应该感恩祖先、父母,是他们赐予了我们生命;应该感恩师长,是他们用知识与智慧健壮了我们的羽翼,使我们有飞向天空的力量,引领我们做"大写的人";应该感恩亲人,是他们陪伴、疼爱和关心我们;应该感恩同事、朋友,茫茫人海、芸芸众生,相遇相知便是最大的缘分;应该感恩我们所在的组织,为我们提供施展才华、实现自我价值的舞台;也应该感恩敌人、挫折、不幸和困难。

要有一颗宽容的心。宽容是同事间的最高境界,能营造和谐同事关系,化解矛盾,增强凝聚力;相容是夫妻间的最高境界;包容是朋友间的最高境界;笑容是生活中的最高境界。

不怨恨。消除怨恨。不生气。生气时深呼吸,问自己:"气什么?值吗?怎么才不生气?有没有比生气更好的方法?"

控制愤怒。愤怒不见人、见人不说话、说话不议论、议论不决定、决定不行动。

其次,宣泄不良情绪。

宣泄不良情绪可以采取以下几种方法:①倾诉。可以向家人、好友倾诉,或者写信、写日记。②转移注意力。通过做公益事情或休闲娱乐活动,把注意力转移到自己感兴趣的事情上。③进行体育锻炼。通过体育锻炼,提高自己的意志力。④发泄情绪。通过哭、喊、笑,把积郁在心中的不快发泄出来,可以用看悲情电影的方式哭,可以用唱歌的方式喊,用听相声、看笑话、小品等方式笑。只要合理地宣泄,就能既调适了自己的心理,又不会造成不良的影响。

(2)舒缓各种压力

要正确看待压力。先将压力进行分解,再进行消化。

首先,分析欲望带来的压力。欲望多,心胸窄,欲望少,则心胸宽;欲望多,心境忙,欲望少,则心境闲;欲望多,心术险,欲望少,则心术平;欲望多,心事忧,欲望少,则心事乐。将过高的欲望降低一下,压力也会随之减轻许多。

再次,分析家庭带来的压力。老人和孩子都不是生活的压力,而是我们的财富。老人在,家就在;老人不在了,家就不在了。对待老人应该永远有耐心,永远和颜悦色。孩子是我们生命中重要的财富,我们是在养大孩子的过程中逐渐成熟,我们和孩子一起成长。

最后,分析工作带来的压力。我们既然必须工作,没有人能每天都只做自己最喜欢的事,和自己最喜欢的人在一起。缓解工作压力的方法就是转身,喜欢自己每天做的工作,喜欢和自己一起工作的人。做自己喜欢的事,把那些不得不做的事变成自己喜欢的事。

总之,公务员是治国理政的精英,他们在哪里,哪里就是政府;他们在哪里,哪里就是国家。他们的心态阳光了,我们政府就是阳光政府,我们的国家就会光明灿烂,我们的民族就充满希望。

参考文献

[1]薛泽通.当代公务员心态健康讲座[M].北京:红旗出版社,2007.

[2]张健鹏,胡足青.上帝的笑[M].北京:当代世界出版社,2001.

[3]张健鹏,胡足青.鞋里的沙[M].北京:当代世界出版社,2001.

[4]张健鹏,胡足青.心里的锁[M].北京:当代世界出版社,2001.

[5]俊明,向阳.放下就是快乐[M].北京:中国致公出版社,2001.

[6]樊富珉,钮文异.牵手幸福[M].北京:红旗出版社,2013.

[8]吴维库.阳光心态[M].北京:机械工业出版社,2012.

[9]文君.心态好才能工作好[M].北京:华夏出版社,2012.

[10]李世强.优秀员工要有阳光心态[M].北京:中国妇女出版社,2012.

(邱丽莉,政治学教研部教授)

领导干部沟通与协调能力

王　丽

［教学目的］

1.提高认识

《国家公务员通用能力标准框架》规定公务员必须具备九种通用能力，其中“沟通与协调能力”是必须具备的能力之一。

领导是做管理工作的，制定政策、进行决策、协调利益、化解矛盾、整合资源、调动一切积极因素、激发社会创造活力等，都需要沟通协调，所以对沟通协调能力要求更高。

2.提升能力

本课程引用“浙江余杭中泰垃圾焚烧发电项目”典型案例，通过学员对案例的研讨分析，教师的总结讲授，使学员进一步认识到提高个人素质、提升沟通协调能力的重要性，并使学员掌握沟通与协调的原则、方法、技巧。

［教学重点］

引导学员对“浙江余杭中泰垃圾焚烧发电项目”典型案例进行研讨分析，让学员从中梳理出该项目前期发生群体性事件的原因，从中应该吸取的教训；该项目后期能够顺利推进的依据，值得学习借鉴的方法经验。教师结合研讨结果讲授如何提升沟通与协调能力。

［教学形式］

案例研讨与课堂讲授相结合，采用启发式、思考式、互动式等多种教学方法，并借助视频音像资料加深学员印象，强化培训效果。

[教学内容]

2003年人事部印发《国家公务员通用能力标准框架(试行)》,规定公务员必须具备九种通用能力,即政治鉴别能力、依法行政能力、公共服务能力、调查研究能力、学习能力、沟通协调能力、创新能力、应对突发事件能力以及心理调适能力。

其中,“沟通与协调能力”是公务员必须具备的九种通用能力之一。领导干部是做管理工作的,需要沟通协调好各个方面的关系,预防和化解矛盾,最大限度地发挥组织效能,所以对其沟通协调能力要求更高。

领导干部的沟通与协调工作包括许多方面,如与领导同事之间、与下级部门之间、与社会公众之间等。领导干部与人民群众的沟通协调始终是非常重要的一个方面。十九大报告提出要求我们党“全面增强执政本领”,并从增强学习本领、增强政治领导本领、增强改革创新本领、增强科学发展本领、增强依法执政本领、增强群众工作本领、增强狠抓落实本领、增强驾驭风险本领等八个方面提出了明确要求。增强群众工作的本领,必然要求咱们领导干部必须具备良好的与群众沟通协调的能力。

[案例]沟通与信任游戏:囚徒困境

两个犯罪嫌疑人作案后被警察抓住,分别关在不同的屋子里接受审讯。警察知道两人有罪,但缺乏足够的证据。警察告诉每个人:如果两人都抵赖,各判刑一年;如果两人都坦白,各判八年;如果两人中一个坦白而另一个抵赖,坦白的放出去,抵赖的判十年。

假定每个囚徒都是利己的:

1.在不能沟通的情况下,他们会怎么做?

不管同伙选择什么,每个囚徒的最优选择是坦白。

同伙抵赖:自己抵赖,判一年;坦白,放出去。

同伙坦白:自己抵赖,判十年;坦白,判八年。

结果:都选择坦白。

2.如果可以沟通的话,那他们的最优选择又是什么呢?

集体的最优选择:都抵赖,各判一年。

这个游戏是博弈论中的经典案例“囚徒困境”。当然实际情况要复杂得多。这个简单的模型给予我们重要的启发:怀疑和不信任导致失败,合作才能双赢,要实现合作必须进行沟通协调。

在我们的实际工作中,是不是有时也陷于“囚徒困境”?在一个单位里,每个人,每个部门都想把工作做好,有时因为缺乏沟通交流,配合不到位,导致工作效率不高甚至目标难以完成。

我们做一项决策，明明是对群众有利的，是好事，付出很多，很辛苦，因为沟通不到位，却不被群众理解，招致埋怨，甚至引发严重冲突。发生在2014年5月份的“中泰垃圾焚烧发电厂项目”事件（以下简称“中泰事件”）就是这样的一个典型事例。

当然，前些年因为建立垃圾焚烧厂而导致的群体事件很多，许多项目群众一闹就不得不停下。而这个案件并没有因为群众闹而放弃，而是通过沟通协调，最后使项目顺利建成。“中泰事件”的发生，很重要的一个原因是政府与群众沟通存在问题，而最后这个事情得到圆满解决，也是因为政府重视了与群众的沟通，并且采取了有效的方式、方法，群众由原来的强烈反对到积极配合，最后使得中泰垃圾处理发电厂得以在原址建成。

这是当时的一段视频（插入视频）。

“中泰事件”简介：

我们都知道“上有天堂，下有苏杭”，这些年，“天堂”杭州也一直面临着“垃圾围城”的窘境。城市在扩大，人口在增加，加之如织的游人，近年来杭州市区垃圾年增长率均超过10%，而且这一数据只增不减。

长期以来，杭州垃圾处理基本靠填埋。天子岭垃圾填埋场是杭州最大的垃圾填埋场，占地1840亩，1991年投入使用时标高为30米，165米就是上限，预计使用寿命已不足6年。杭州环卫部门有个形象描述：过去全城产生的垃圾，6年能填满整个西湖；如今，只需要3年。城市要建设发展，人民生活要改善，作为“天堂”的杭州，寻找更好的办法解决日益严峻的垃圾处理难题已刻不容缓。经过专家一次又一次的论证，解困的路径指向垃圾焚烧。

其实，一些已经完成工业化的发达国家，发展中都曾遭遇过“垃圾围城”的问题。实践证明，最安全、最合理的办法是采用焚烧处理。欧盟大部分国家的焚烧处理率高达70%～80%。德国、加拿大等国，甚至把埋在地下几十年的垃圾重新挖出来焚烧发电——只要将焚烧炉的烟气温度控制在高于850℃，垃圾焚烧对空气的污染将降到最低。

经过反复筛选，专家将新建垃圾焚烧厂的地点定在了余杭区中泰街道的一个废弃的采矿场。建成后，将主要用于处理城西居民产生的生活垃圾。项目启动之后，由于担心这些设施对身体健康、环境质量、资产价值等带来的多重负面影响，附近群众包括城西部分居民多次集会进行抗议。2014年5月10日，大量群众涌上02省道和杭徽高速余杭段，于是出现了视频中我们看到的一幕。

下面，请各小组围绕三个问题展开讨论：

1. 中泰垃圾焚烧发电项目发生群体性冲突事件的原因是什么？

2.事件发生之前，当地政府是如何与群众沟通交流的？

3.事件发生之后，当地政府采取了哪些与群众沟通协调的方式、方法？

时间40分钟，讨论结束后，请各小组推选一个代表交流一下讨论结果。

学员讨论、发言交流（略）。

教师总结：刚才各个小组的发言都很好，在比较短的时间内找到了在中泰垃圾焚烧发电项目中前期政府与当地群众在沟通方面存在的问题，以及事件之后作出的积极改变。这些问题大致可以归纳为三个方面：

态度理念问题：重视不够……

素质能力问题：专业水平有待提高……

方式、方法问题：方法单一……

这些问题的存在，是导致这次群体性事件发生的重要原因，令人感到欣慰的是，在冲突事件发生后的处理以及后续项目的持续建设中，我们发现，当地政府工作人员已经转变观念，增强与群众的沟通意识，积极沟通、主动沟通。这方面我们不多谈了，我们重点谈一下素质能力问题和方式、方法问题。下面我们从三个方面进行交流：

（一）提高自身素质

具备良好的素质，这是实现有效沟通的前提条件。在实际工作中，有的人沟通协调能力强，群众威信高，工作成绩突出，不是凭空来的，一定是具备较高的素质。这就像一棵大树，枝繁叶茂，它一定有发达的根系，能够汲取更多的营养。美国著名心理学家麦克利兰于1973年提出了一个著名的素质冰山模型，将人员个体素质按不同表现形式划分为表面的"冰山以上部分"和深藏的"冰山以下部分"。其中，"冰山以上部分"是可以看到的，而"冰山以下部分"看不到，但却对人的行为与表现起着关键性的作用，是个人行为的深层次根源。

如何提高自身素质？答案：增强学习本领。十九大报告提出了党员干部要提高八种本领，"学习本领"位于八大本领之首。我们党依靠学习走到今天，也要依靠学习走向未来。好学才能上进，才能增强本领，才能提高素质。当今时代，知识更新周期大大缩短，各种新知识、新情况、新事物层出不穷。近50年来，人类社会创造的知识比过去3000年的总和还要多。只有不断学习，才能跟上时代前进的脚步。之前我们去菏泽做调研，大家都知道，菏泽电商做得很不错，当地群众有70多岁的老人、有十几岁的孩子都会熟练地运用互联网技术。今天，大数据、云计算、人工智能、区块链……新技术层出不穷，如果不及时学习，真的就落伍了，就会出现"本领恐慌"的问题。进入新时代，我们面临的形势依然复杂，任务更加艰巨，要做好方方面面的工作，对我们的本领提出了新的要求，所以，总书记说全党同志特别是各级领导干部都要有加强学习的紧迫感。

首先，要向书本学习，养成读书的习惯。要学习马克思主义理论，掌握科学的思维方法；学习党的路线、方针、政策和国家的法律法规，这是领导干部开展工作要做的基本准备，也是很重要的政治素养。领导干部要结合工作需要来学习，不断提高自己的知识化、专业化水平。要坚持干什么学什么、缺什么补什么，有针对性地学习掌握做好领导工作、履行岗位职责所必备的各种知识，努力使自己真正成为行家里手、内行领导。各种文史知识、中国优秀传统文化领导干部也要学习，以学益智，以学修身。英国非常著名的心理学家统计了一些杰出人物的特点，发现他们都有坚持阅读的习惯。毛主席一生都在学习，他说："有了学问，好比站在山上，可以看到很远很多的东西。没有学问，如在暗沟里走路，摸索不着，那会苦煞人。"

习近平"把学习作为一种追求、一种爱好、一种健康的生活方式，做到好学乐学"。总书记在接受俄罗斯媒体采访时曾说："读书已成了我的一种生活方式。读书可以让人保持思想活力，让人得到智慧启发，让人滋养浩然之气。"

其次，向实践学习，向专家学习，向群众学习。习近平总书记说："领导不是百事通，不是万能的。要做群众的先生，先做群众的学生。领导干部要放下架子，敢当小学生，多同群众交朋友，多向群众请教。要真正悟透群众是真正的英雄。"——2012 年习近平总书记在广东考察时的讲话。

毛泽东提出"要当人民的学生"。他在《〈农村调查〉的序言和跋》一文中，指出："没有满腔的热忱，没有眼睛向下的决心，没有求知的渴望，没有放下臭架子、甘当小学生的精神，是一定不能做，也一定做不好的。必须明白：群众是真正的英雄，而我们自己则往往是幼稚可笑的，不了解这一点，就不能得到起码的知识。"

在"中泰事件"中，时任中泰街道办事处主任的冯德伟就讲："垃圾焚烧项目选址出现一些杂音后，区里也试图做一些解疑释难的工作，可有些同志连专业术语也讲不清。结果，就被所谓'环保人士'的说法先入为主地打了个'时间差'。新时期，如何成为做群众工作的行家里手是摆在我们每个干部面前的新课题。"

（二）学习沟通与协调的方法技巧

1. 用事实引导观点

进行沟通协调，要去说服别人，不是提出一个结论就能解决问题，对方必须自己去得出这个结论才会认可。没有事实，把观点强加给对方，对方也不会接受。作为沟通主体，必须找出那些支撑这个结论的事实，并加以筛选，让事实引导对方得出你想要让他接受的结论。

（插入视频）这段视频是从美国著名电影《肖申克的救赎》中截取的三个片

段。电影简介(略)。这个短片的主人公瑞德,年轻时犯了重罪,被判终身监禁。影片中有三次假释的机会。请思考:为什么前两次没有得到保释?第三次回答与前两次回答有什么区别?

前两次回答空洞,无内容,只是表达了一种观点,反复强调我改过了,我真的改过了,我不会危害社会了,上帝作证,而没有事实支撑这个观点。第三次回答有事实、有细节,真挚感人。事实:我后悔,没有一天不后悔,并不是因为受到了惩罚才后悔(应得的惩罚),而是刚犯罪就后悔了(冲动)。细节:回首往事,那个犯下重罪的小笨蛋,我想跟他沟通,跟他讲道理,让他明了,他是多么糊涂、冲动。但是,无论如何,我跟他讲得再明白,也没用了,事实是我的一生都毁掉了,现在只剩下我这衰老之躯。所以假释委员会的官员被打动了,或许也想到,如果老人出去,他会以他的经历,告诫其他莽撞、冲动的年轻人,他不但不会再危害社会,而且还会对这个社会有价值。

在"中泰事件"中,当地政府也是让群众亲自去看,用事实说话。三个月时间,共组织82批、4000多人次赴外地考察,项目周边4个核心村,80%的农户都有人参加。

2.学会蹲下来看世界

为父母者大都有带孩子逛商场的经历。曾经有个妈妈带孩子去逛商场,她觉得孩子一定会喜欢这个热闹非凡的场所,可是和她想的完全相反,孩子在商场里一点也不高兴,甚至有点害怕,吵着要出去。妈妈不明白,一向喜欢玩热闹的孩子怎么会排斥又漂亮又热闹的商场?但是当她蹲下来询问孩子原因的时候,她马上被眼前的景象吓住了,她看到了一个有很多胳膊和腿在眼前晃动的世界,以及一些高高的柜子,非但不赏心悦目,反而恐怖压抑。

蹲下来看世界告诉我们一个道理:将心比心,换位思考,站在对方角度看待问题。

习近平同志说过:做群众工作要注意换位思考,设身处地地为群众着想。只有将心比心,才能换取真心,才能找到解决问题、推动工作的良策。当我们与群众沟通时,能真正站在他们的角度,换位思考,才能真正了解他们的想法、顾虑,沟通才会更顺畅,或许许多冲突也可以避免。

在"中泰事件"中,当地政府也是充分站在了当地群众的角度,理解了他们对环境、对健康、对子孙后代以及资产价值等的担忧,才拿出了切实可行的方法打消了群众的顾虑,并充分考虑到当地群众的利益,才成功化解了矛盾,使项目得以顺利进行。

3.情理交融

白居易说:"感人心者,莫先乎情。"真情实感最动人。某地有一个很顽固的上访户，接访干部耐心做其工作，接到家里包水饺，去威海家里给其父母过生日等，当事人最终被感动，坚决不再上访。

“中泰事件”的处理也是情理交融的典范。党员姚文德感慨地告诉记者：“其实，只要工作做到位了，老百姓最通情达理。”

4.着眼于利益而非立场

做沟通与协调工作会遇到各种矛盾，最好的解决办法是探究立场背后的利益，从利益出发来化解矛盾。比如：两个人在图书馆看书，一个开窗户，一个关窗户。图书管理员走进来，问其中一位为什么要开窗？回答：“让空气流通。”又问另一位为什么要关窗？回答：“避免噪音。”那位图书管理员想了一下，然后打开了旁边房间的窗户。这样，既可以让空气流通，又可以避免噪音。由此可见，不能只注意双方陈述的立场——“开窗”和“关窗”，而应该从“空气流通”和“避免噪音”这两个双方潜在的利益出发，达成解决问题的协议。一种利益，可以有多种满足形式。如果再深入探究，会发现在对立立场背后，双方之间存在着共同利益：静下心来好好看书。在维护实现利益的前提下，解决冲突的方法则灵活多了。在沟通与协调工作中应该着眼于利益，而不是立场，在灵活变通的原则下，寻找增进共同利益和协调利益冲突的解决办法。

浙江余杭垃圾焚烧厂项目，当地政府抛开群众立场，探寻其顾虑，最终通过多种灵活的方式、方法彻底打消群众顾虑，同时给予相关的政策和利益保障，实现了和群众的良好沟通协调，从而改变了群众立场，由坚决反对转变为积极支持。

5.原则性与灵活性相结合

人的素质参差不齐，利益多元，致使沟通协调工作非常复杂。这就需要在实际工作中既要把握好原则性，又要发挥好灵活性。原则性是大目标，是方向，面对复杂多变的事情则必须随时调整思路，改变对策，灵活应对，确保目标的实现。

邓小平同志是原则性与灵活性的典范。“中国特色社会主义”“一国两制”伟大构想的提出，都是原则性与灵活性有机结合的重要体现。当年毛泽东同志在莫斯科谈到邓小平同志时，就曾经说他既有原则的坚定性，又有高度的灵活性，是我们党内难得的一个领导人才。

在“中泰事件”中，当地政府坚持原则，依法办事，对事件中造谣生事，涉嫌聚众扰乱公共秩序、妨碍公务和寻衅滋事者依法惩处，而对于群众的合理诉求，则表示理解，并灵活地采取各种方式、方法打消群众顾虑，维护群众利益。

（三）提升语言表达能力

沟通协调离不开语言。“一言可以兴邦，一言可以丧国”说的是语言的重要作用。我们天天都在讲话，其实讲话也是个技术活。尤其和群众沟通，讲的话要让群众入耳、入脑、入心，这不是一件容易的事情。

2001年中美南海撞机事件，撞机过程存在争议，中国和美国都指责对方违反飞行常规，造成事故的发生。美国舆论不理解，声称中国实际上已将美国机组人员扣作“人质”。在美国媒体煽动下，一些美国民众，特别是美方机组人员家属情绪激烈。驻美领馆、使馆连续接到不少恐吓电话，一些人还有组织地到使官、领馆门前示威，树上系上黄丝带，拿着蜡烛守夜。

中央外事工作委员会办公室主任杨洁篪当时是驻美大使，接受了美国有线电视新闻网CNN的采访，摆事实、讲道理，阐明立场，直接做美国公众的工作。杨大使用什么方法使美国人转变了观点，化解了重大的国际外交事件呢？杨大使打了一个比方：

“就拿美国举例来说，有一个家庭，一所房子，一个前院、一个后院，家前面有条路，人们从这里走当然没问题。但有几个人总是在这家门前的路上开着车徘徊，且窥探人家的后院。这有些不正常啊，有什么事情吗？派人出去看看问问，结果派出去的人失踪了，车子也被毁了。我认为，这家人有权利了解到底发生了什么，做一些检查和调查。如果这个道理可以成立的话，我想美国人民能够作出非常公正的判断，到底该怪谁。在自家门口车也毁了，人也失踪了，至少你应该说声‘对不起’吧，可对方只是说，事情就是这么发生的。”杨大使进一步说：“这名飞行员是一位32岁的年轻人，他有父母、妻子和一个孩子，人们应该设身处地地为这个受害的家庭想想。”

民意调查显示，在杨洁篪接受CNN专访之后，赞同美国政府向中国道歉者的比例大幅度增加，由最初的不足20%猛增到后来的50%以上。这场危机最终以美国驻华大使出面道歉而获得解决。杨洁篪的语言技巧：

1.智慧地说

第一，语言坦诚，恰当得体。语言坦诚，就是说心里话，说实在话，说真心话。坦诚的语言不是客套，不是作秀，是发自内心的真情实感，这样的语言才能使人信赖，才能拉近与谈话对象的距离，才能给人留下深刻的印象，也才能唤起对方的真情实感。那些着急等待亲人回归的美国人，更应该能理解飞行员家人的心情。

恰当得体，一是符合场合，二是符合身份。严谨，入情入理，但不激化情绪。普通中国人：你们急什么急，你们的人都好好的呢。我们的人都找不到了，该急的是我们……

第二，通俗易懂。比喻：美国家庭，房子，前院、后院……具有较高驾驭语言能力的人都不把普通的道理讲得玄而又玄，而是把深刻的道理讲得浅显易懂。

毛主席从来不说深奥的话，他讲到内因和外因的关系，这是很深奥的哲学问题，他说温度能使鸡蛋变成小鸡，而不能使石头变成小鸡。为什么？内因不同，连老百姓都能听懂。

第三，语言精练。准确说出事情的要害、本质。真正有分量的话不在多。儒、释、道三家宝典：《论语》11700 多字，《金刚经》5000 多字，《道德经》5000 字左右，字字都是精华。

第四，契合对方的价值观。生命、财产、隐私、安全是美国核心价值观的重要组成部分，美国的法律切实保障人们的这些权利。美国的价值观里，生命是第一位的。比如，带病坚持工作不被赞赏，工作和金钱也都必须给家庭让路。以家庭为比喻很容易引起美国人的共鸣。而隐私被侵犯，财产安全、人身安全受到威胁，那是美国人绝对不能容忍的。所以，杨洁篪的比喻契合了美国人的价值观，才容易被对方接受。

契合价值观，也是说讲话要看对象，不同性格、不同性别、不同年龄、不同文化背景的人，对语言的领会是不同的。中国红军主要是农民，一个队伍必须有个纲领，有个目标才有前进的方向，才有动力。毛主席用了六个字解决了这个问题："打土豪，分田地。"延安时树立新风尚、新道德运动，刷标语，负责此事的何长工把标语拿给毛主席审阅，有一条"不要虐待妇女，不要虐待儿童"，毛主席大笔一挥，改为"不许打老婆，不许打娃娃"。在实际工作中，我们与不同的人打交道，有的人说话需要委婉些，有的人可以直接指出其错误。讲好了、讲对了，是春暖花开，否则是对牛弹琴，甚至可能伤人。

第五，巧妙设计语言结构。人们平时说话往往疏于推敲，忽视语言的结构。其实，语言结构在语言的表达方面非常重要。同一句话因为结构不同，其表达的含义就会产生很大的差别。曾经有两个人就抽烟与祈祷的问题请教过一名神父，其中一位教徒说："请问神父，我可以在祈祷时抽烟吗？"他的请求遭到神父的严厉斥责。而另一位教徒则说："请问神父，我可以在吸烟时祈祷吗？"他的请求不只是得到允许，还受到教父的称赞，太虔诚了，抽烟时都忘不了祈祷。实际上两个人问的是同一个问题，只不过词语的顺序变了一下，结果就大不相同。对于刚参加工作的下属，如果领导问："小王，你对这个问题是怎么看的？"缺乏感情色彩，例行公事。换成："小王，对于这个问题，我很想听听你的看法？"这样就显得真诚、谦和、重视。

2. 用心地听

掌握"五心倾听法"：耐心、静心、诚心、虚心、同理心。沟通心理学家一针见血地指出"在说之前，先学会听"。人们都爱把倾听自己心声的人当作朋友。倾听能赢得真情和信任，是一种神奇的力量。

有一部电影叫《真水无香》，讲的是全国劳动模范宋鱼水法官依法办案，并尽最大可能保护当事人利益的先进事迹。电影中有这样一段故事，一个73岁的老太太到法院去闹，埋怨法院不给她立案，年轻的法官被她气得哭。真实情况是这个老人年轻时，爱上了本厂的一个有妇之夫，最后被厂里开除，还被打成了“右派”，去了新疆，在新疆待了20多年，差点把命都丢了。按照民法通则，诉讼时效只有两年，她的事情早就过诉讼时效了，没法立案，但宋鱼水始终耐心真诚地听老人诉说，最终赢得了老人的信任，老人把藏在心里这么多年的秘密告诉了她，精神得到解脱。

倾听是领导干部的一项重要工作。沟通是双向的，当领导的必须学会积极地倾听群众意见。在“中泰事件”中，广大干部正是认真耐心细致地听取了群众的诉求，针对性地解疑释惑，才最终赢得了群众的信任，获得了群众的支持。

3.副语言的恰当运用

广义的副语言是指人们交际时各种无声有形的现象，包含表情、手势、眼神、身体姿势、触摸等。这些可以辅助语言交际，增强语言表达能力。“眉来眼去传情意，举手投足皆语言”，我们要求领导干部以身作则、率先垂范。群众看党员、党员看干部，大家就会跟着学、照着做。这就是上行下效。行为语言说服力更强，沟通更加有效，更容易被接受。

总书记以身作则，始终把人民放在心上。十九大结束后不久，有一段“总书记让座”的视频，点击率很高。讲的是在2017年11月17日全国精神文明建设表彰大会上，总书记接见与会代表并与代表们合影，其间主动让两位年事已高的代表坐到前排。两位老人谦让再三，但在总书记的坚持下，最终坐到总书记身边。在You Tube视频网站上，这段视频已被播放数万次。这件事情在境外媒体和社交网络上引发热议，网友们纷纷表示暖心、感动。

参考文献

[1]詹姆斯·库泽斯，巴里·波斯纳.领导力[M].北京：电子工业出版社，2009.

[2]冯·诺依曼，摩根斯坦.博弈论与经济行为[M].北京：生活·读书·新知三联书店，2004.

[3]威廉·庞德斯通.囚徒的困境[M].吴鹤龄，译.北京：北京理工大学出版社，2011.

[4]刘峰.新领导力[M].北京：国家行政学院出版社，2014.

[5]逄先知.毛泽东传[M].北京：中央文献出版社，2011.

[6]祝灵君，齐大辉.新形势下做好群众工作的艺术与方法创新[M].北京：

中共中央党校出版社,2011.

[7]尼基·斯坦顿.沟通圣经[M].北京:北京联合出版社,2015.

[8]汤安中.权力的悖论[M].北京:中国经济出版社,2016.

[9]威廉·瑟勒,玛丽莎·贝尔,约瑟夫·梅泽.沟通力[M].北京:机械工业出版社,2014.

[10]刘志伟.魅力领导[M].北京:国家行政学院出版社,2012.

[11]于慎之.领导干部沟通协调能力[M].北京:红旗出版社,2011.

[12]张延生.领导干部如何正确处理新形势下人民内部矛盾[M].北京:中共中央党校出版社,2015.

(王丽,政治学教研部副教授)

服务乡村振兴战略
做"懂农业、爱农村、爱农民"的乡镇长

李　华

［教学目的］

改革开放以来，我国社会经济发展取得重大成就，但城乡二元结构没有根本改变，城乡发展不平衡、乡村发展滞后等问题日渐突出，农村依然是全面建成小康社会的短板。在习近平总书记所作的十九大报告中，首度提出"实施乡村振兴战略"，这一战略为今后农村发展指明了方向，是从根本上促进农业发展、农民增收、农村繁荣的重大创新。实现农村"产业兴旺、生态宜居、乡风文明、治理有效、生活富裕"的综合多维目标，需要培养造就三农工作体系队伍，即"一懂两爱"，懂农业，爱农村，爱农民的干部。其中，以乡镇长同志为代表的广大乡镇干部，是联系群众、服务群众的桥梁和纽带，理应成为"信念坚定、为民服务、勤政务实、敢于担当、清正廉洁"的乡村振兴战略的实践者和先行者

［教学重点］

随着中国特色社会主义进入新时代，乡村振兴战略与乡镇政府服务能力建设有着高度契合性。乡村振兴战略为乡镇政府服务能力建设提供新的导向，主要体现在领导谋划和路径选择上。结合到乡镇政府服务能力建设方面，需要更加重视乡村基本公共服务体系完善，从提供适应乡村发展需求的视角来为设计乡村服务提供体制机制和政策：第一，在强化乡镇政府服务功能方面，重点任务是加强乡镇政府对于农业农村经济发展、农民基本权益保护、扶贫开发与救济等方面公共服务项目的支持和服务，做到科学决策。第二，健全乡村治理体系，建立乡镇公共服务的多元供给机制，实现乡镇政府服务供给与村民需求的协调一致。

［教学形式］

讲授式（结合罗楼村乡村产业发展以及地宝圈村乡村生态、文明、治理建设两个案例）。

［教学内容］

（一）乡村振兴战略的基本内涵与重大意义

在十九大新修订的党章中指出，以经济建设为中心，要实施科教兴国战略、人才强国战略、创新驱动发展战略、乡村振兴战略、区域协调发展战略、可持续发展战略、军民融合发展战略。其中，乡村振兴战略位列第四。实施乡村振兴战略写进了党章，就是我们党要遵循的、要做到的。农业、农村、农民问题是关系国计民生的根本性问题，必须始终把解决好“三农”问题作为全党工作重中之重，实施乡村振兴战略。

2018 年 2 月 4 日，2018 年中央一号文件公布，即《中共中央、国务院关于实施乡村振兴战略的意见》（2018 年的中央一号文件是根据党的十九大和新修订的党章的要求出台的）。2018 年 3 月 5 日，国务院总理李克强在作政府工作报告时说，大力实施乡村振兴战略。

1. 乡村振兴战略的基本内涵

2017 年 10 月 18 日，习近平总书记十九大报告对乡村振兴论述（视频：2 分钟 8 秒），概括了 6 个方面：

一是坚持农业、农村优先发展的战略，强调在“两个一百年”奋斗目标的历史交汇期，必须始终把解决好“三农”问题作为全党工作的重中之重。

二是按照产业兴旺、生态宜居、乡风文明、治理有效、生活富裕的总要求，实施好“乡村振兴战略”，统筹推进农村经济、政治、文化、社会和生态“五位一体”建设。

三是把深化城乡综合配套改革、建立健全城乡融合的体制机制和政策体系，作为推进“乡村振兴战略”的新动能。

四是致力于巩固和完善农村基本经营制度，深化农村土地制度改革，完善农村土地“三权”分置制度，给农民吃上“定心丸”，构建现代农业产业体系、生产体系、经营体系，完善农业支持保护制度，探索小农户和现代农业发展有机衔接的中国特色农业现代化道路。

五是致力于农村一、二、三产业融合发展，进一步优化农村大众创业、万众创新的环境，支持和鼓励农民创业就业，拓宽农村经济发展和农民增收渠道，努力实现农民生活富裕。

六是致力于加强农村基层工作，建立和健全自治、法治和德治相结合的乡村治理体系，努力实现乡村治理体系和治理能力现代化，培养造就一支懂农业、爱农民、爱农村的“三农”工作队伍，为实施“乡村振兴战略”提供强大的政治、组织和人才保障。

2.乡村振兴战略的指导思想及含义

乡村振兴战略以习近平新时代中国特色社会主义思想为指导。其含义就是在“乡村振兴”战略过程中，我们要以“八个坚持”为行动指南。

坚持加强和改善党对农村工作的领导，为“三农”发展提供坚强的政治保障。

坚持把推进农业供给侧结构性改革作为主线，加快推进农业农村现代化。

坚持不断深化农村改革，激发农村发展新活力。

坚持保障和改善民生，让广大农民有更多的获得感。

坚持重中之重战略地位，切实把农业、农村优先发展落到实处。

坚持立足国内保障自给的方针，牢牢把握国家粮食安全的主动权。

坚持绿色生态导向，推动农业、农村可持续发展。

坚持遵循乡村发展规律，扎实推进美丽宜居乡村建设。

3.乡村振兴战略意义

乡村振兴战略何以如此重要？何以一经提出就被写入党章？根本原因在于乡村振兴战略是顺应新时代中国特色社会主义社会的主要矛盾变化而提出的。现在的“人民日益增长的美好生活需要和不平衡、不充分的发展之间的矛盾”取代原来的“人民日益增长的物质文化需要同落后的社会生产之间的矛盾”

这就意味着：在全面建成小康社会和全面建设社会主义现代化国家的征程中，我们必须顺应社会主要矛盾转化，认清农业、农村发展的新形势、新任务、新要求，全力破解“三农”领域中的改革发展难题。

时代背景：为什么这个时候要提出乡村振兴战略？大家知道，十九大提出新时代的主要矛盾已经转化为人民日益增长的美好生活需要和不平衡、不充分发展之间的矛盾，这个矛盾转化，对我国的农业、农村、农民发展提出了新的要求。

不平衡、不充分的发展是新时代社会主要矛盾的聚焦点，加快发展的主攻方向是解决发展的不平衡、不充分问题。从不平衡来看有三个问题：

第一个不平衡：城乡的经济发展和收入差距不平衡。

第二个不平衡：城乡的基础设施建设和公共服务不平衡。

第三个不平衡，农村区域发展不平衡。

从不充分来看有三个表现：

第一个不充分:农业发展的基础依然薄弱。

第二个不充分:资源利用不充分,土地、劳动、资源利用不充分。

第三个不充分:农民增收不充分,现在主要靠家庭经营性收入和工资性收入、财产性收入、转移性收入比重还很低。

这样看来新时代主要矛盾转化,一方面,对我国的农业、农村发展提出了新的要求;另一方面,又从不平衡、不充分方面凸显了我国农业、农村发展的突出矛盾。

历史方位:我们怎么看待这个战略?这个战略是在什么时候提出来的呢?社会主要矛盾转化下的乡村振兴战略是在决胜全面小康社会,开启现代化建设新征程这样一个历史交汇期提出来的。我们就从这两个角度去解读。

一是从全面建成小康社会这个决胜期来看,可以说“乡村振兴”是新农村建设的升级版。党的一系列方针政策都有继承和发展的关系。2005 年我们提出新农村建设,讲了五句话 20 个字,这次提出乡村振兴战略也讲了五句话 20 个字,这五句话我们对比一下,从生产发展到产业兴旺,从村容整洁到生态宜居,从管理民主到治理有效,从生活宽裕到生活富裕,在内容、内涵上都有提升,都有转变。同时,乡村文明的内涵要求也不一样。也就是说,通过对比我们会发现,乡村振兴战略在一定程度上,在决胜全面小康的时期它是新农村建设的升级版。

二是从开启全面建设现代化新征程这个角度来看,现代化建设新征程我们提出了新的战略部署“乡村振兴”。这个战略部署实际上是在我们开启新征程的时候新时期的“三农”工作的总抓手。它不仅是一场经济社会的变革,而且是一次文化、生态的复兴。它在一定程度上是为了促进农业全面升级、农村全面进步、农民全面发展。它的目标导向就是按照现代化的要求,让农业成为有希望的产业,让农民成为有希望的职业,让农村成为美丽的家园,也就是乡村振兴战略是面向现代化的战略部署。

(二)乡村振兴战略的历史演变

1. 民国时期乡村建设运动

最早创办乡村本地化综合发展试验区的是清末状元、中国第一个社会企业家张謇,被称为“状元实业家”,中国棉纺织领域早期的开拓者,被毛泽东称为“中国人民不能忘记的三个企业家”之一。他祖籍常熟,生于南通海门市长乐镇。主张“村落主义”和“实业救国”。他以家乡为基地推行农村基本建设,首建棉纺织原料供应基地,进行棉花改良和推广种植工作;创办了 20 多个企业,370 多所学校,其中有中国第一所纺织专业学校,开中国纺织高等教育之先河。他把企业收益用于创办敬老院、幼儿园、收容所,图书馆、博物馆、公园等社会事业,形成了南通本地社会经济的可持续发展。就在张謇去世的 1926 年,晏阳初、梁漱溟等下乡开展中国乡村建设与平民教育试验……

1926 年，晏阳初带领一批专家学者到河北定县进行乡村建设实验，提出“以文艺教育治愚，以生计教育治穷，以卫生教育治弱，以公民教育治私”，以此进行乡村的政治、经济、文化、自卫、卫生和礼俗“六大建设”。

梁漱溟 1927 年考察晏阳初定县试验，1928 年到山东邹平实践他的“乡治”主张，即在农村建设一个新的社会组织构造，以此复兴农村，实现中国的“自救”。“乡村建设实践活动”引发了中国 20 世纪 30 年代对农村问题的空前关注。1931 年得到山东地方政府韩复榘支持，授权邹平；后扩展为鲁西豫东地区乡村实验。在民国初年军阀混战的混乱中，形成最低制度成本的有效的乡村自治。

卢作孚是乡村建设的最早提出者，与晏阳初和梁漱溟等倡导的“文化教育—乡村社会改造”模式不同，他主张以经济建设为中心，其“实业民生—乡村现代化”北碚试验持续时间更长(1929～1949 年)。卢作孚重视组织建设，将社会企业与学生教学实践相结合，提出了“乡村现代化”以及“建设以经济为中心的思想”，强调从经济入手的卢作孚和主张从教育入手的晏阳初、梁漱溟成为民国乡村建设运动中两大基本模式的代表人物。

其他比较有影响的实验模式还有陶行知的晓庄学校模式，彭禹庭的宛西自治，黄炎培、江恒源等人与中华职业教育社在昆山等地开展的徐公桥模式，高践四等人的无锡模式，梅思平的江宁模式，阎锡山的山西村治等。主要内容包括兴办教育、改良农业、流通金融、提倡合作、建立公共卫生保健制度以及移风易俗等。乡村建设运动的理论、方法与内容无不呈现出当前乡村振兴战略的端倪，因此，著名“三农”学者温铁军认为“现在要做的事情，和 30 年代的事情是相似的”。

2.新中国成立后农村建设实践

1956 年 1 月，《一九五六年到一九六七年全国农业发展纲要》是以毛泽东为核心的党的第一代领导集体探索振兴中国农村的重要方略，也是新中国成立后第一个有关乡村振兴的战略规划方案。

[1981]13 号文件：建设一个农、林、牧、副、渔全面发展，环境优美，生活富裕，文化发达的新农村。

1985 年，中央 1 号文件《关于进一步活跃农村经济的十项政策》，以农业生产为主体，发展农村二、三产业被提上议事日程。

1998 年的十五届三中全会：建设中国特色社会主义新农村，涉及经济、政治、文化三个方面。

2005 年的十六届五中全会：“生产发展、生活宽裕、乡风文明、村容整洁、管理民主”。

十七大：“三化同步”：在工业化、城镇化推进农业现代化。

十八大：推动城乡一体化，促进工业化、信息化、城镇化、农业现代化同步发展。

十九大：“产业兴旺、生态宜居、乡风文明、治理有效、生活富裕。”

（三）乡村振兴战略任务解读

乡村振兴战略中，产业兴旺是根本，生态宜居是基础，乡风文明是关键，治理有效是保障，生活富裕是目标。农业不仅是一个提供物质产品的产业，而且还是一个提供非物质产品的产业。生态宜居就是要把农村建设成宜居、宜业、生产、生活、生态一体的综合体。乡风文明与早年提到的精神文明道理一脉相承，让农村的每个角落都是祥和的。从管理民主到直接提出要治理有效，从更宽的角度讲治理机制和整个乡村治理问题，实际上是新农村建设的升级和完善。

1.产业兴旺是根本。必须坚持质量兴农、绿色兴农，加快实现由农业大国向农业强国转变——提升农业发展质量，培育农村发展新动能。

（1）夯实农业生产能力基础。

（2）实施质量兴农战略。

（3）构建农村一、二、三产业融合发展体系。

（4）构建农业对外开放新格局。

（5）促进小农户和现代农业发展有机衔接。

2.生态宜居是基础。良好的生态环境是农村最大的优势和宝贵财富。必须尊重自然、顺应自然、保护自然，推动乡村自然资本加快增值，实现百姓富、生态美的统一——推进乡村绿色发展，打造人与自然和谐共生发展新格局。

（1）加强农村突出环境问题综合治理。

（2）建立市场化、多元化生态补偿机制。

（3）统筹山、水、林、田、湖、草系统治理。

（4）增加农业生态产品和服务供给。

3.乡风文明是关键。必须坚持物质文明和精神文明一起抓，提升农民精神风貌，培育文明乡风、良好家风、淳朴民风，不断提高乡村社会文明程度——繁荣兴盛农村文化，焕发乡风文明新气象。

（1）加强农村思想道德建设。

（2）传承发展提升农村优秀传统文化。

（3）加强农村公共文化建设。

（4）开展移风易俗行动。

4.治理有效是保障。必须把夯实基层基础作为固本之策，建立健全党委领导、政府负责、社会协同、公众参与、法治保障的现代乡村社会治理体制，坚持自治、法治、德治相结合，确保乡村社会充满活力、和谐有序——加强农村基层基础工作，构建乡村治理新体系。

(1)加强农村基层党组织建设。

(2)深化村民自治实践。

(3)建设法治乡村。

(4)提升乡村德治水平。

(5)建设平安乡村。

5.生活富裕是目标。按照抓重点、补短板、强弱项的要求，办好农民群众最关心、最直接、最现实的利益问题，把乡村建设成为幸福美丽新家园——提高农村民生保障水平，塑造美丽乡村新风貌。

(1)优先发展农村教育事业。

(2)促进农村劳动力转移就业和农民增收。

(3)推动农村基础设施提档升级。

(4)加强农村社会保障体系建设。

(5)推进健康乡村建设。

(6)持续改善农村人居环境。

(四)能力建设

乡村振兴的实质是经济建设、政治建设、社会建设、文化建设、生态文明建设"五位一体"，必须以经济建设为中心。乡镇是我国最基层的政权组织，是群众家门口的"政府"，是联系群众、服务群众的桥梁和纽带，承担着落实政策、发展经济、管理社会、服务群众、保障民生等诸多重要职能；乡镇层级不高，但地位重要；乡镇长同志职务不高，但责任重大。乡镇政府应该自觉加强落实乡村振兴战略的服务能力建设，服务乡村振兴。

1.乡镇在实现乡村产业兴旺的服务能力建设

产业既是农村各项事业可持续发展的基础，也是协调快速发展的生长点，实施乡村振兴必须发展和壮大乡村产业。乡村的基础设施、经济状况、产业发展存在较大差异，因此发展乡村产业必须坚持因地制宜的原则，根据不同区域特点选择优势产业和特色产业。如何做到因地制宜，协助乡村作出产业项目的设计和选择，并实施？

下面结合一个河南省信阳市罗楼村的产业发展项目问题对乡镇干部在产业兴旺建设中的服务进行介绍。案例背景材料如图所示(略)。

(1)了解情况，明确问题，深入调研，群众参与，寻找对策

所谓问题，就是现实的情形与理想目标之间的差距(传统农业与现代农业的差距)。而差距是建立在调查研究基础之上的，毛主席说，没有调查就没有发言

权。就产业发展问题的调研，我们的乡镇干部已经做过，正在做。各位学员都在长期的领导工作中形成了自己的调研风格做法，就不再赘述了。我们的理想目标：经济、社会文化、生态全方位脱贫与振兴，如何实现，需要对其中的内在因素和客观条件进行归因，然后寻找路径和对策，形成以项目为中心的产业振兴路径。

(2)态势分析：内部环境(内因)优势，弱势；外部环境(外因)机会，挑战

(3)方案设计：方案1——旅游度假村；方案2——绿色矿山；方案3——生态农庄

(4)选择方案

第一，确定合理的评选标准。村庄全面振兴，固然要求能给村庄和农户带来收入，但是绝不能以牺牲环境生态为代价。我们绝不能吃子孙饭、断子孙路，同时振兴的关键在于增强内生动力，以培养和提高村庄与农户的自我发展能力为核心。全面振兴要求我们必须综合考虑方案的选择标准，即经济、生态、政治、社会、文化缺一不可。同时，实施的方案所付出的代价相对比较小，所承担的风险相对比较小，所产生的副作用相对比较小。

第二，方案评估内容：效益评估与可行性评估。第一个方案投资较大，收益风险也较大(天景区游客有限)；项目建设中一些人工景观包括拓展项目、人工瀑布等对生态有破坏，旅游度假村的村民参与有限，主要在低层次的职位参与，例如保洁、保安等，度假村的经营管理一时半会村民无法融入，与目标契合不够。第二个方案对生态破坏大，所创造的就业机会主要是蓝领的体力工作，村民致富技术与管理能力等提高有限，矿产开发与发展旅游业的周边规划和形势不协调、不适应。第三个方案代价、风险、副作用较小，村民容易参与进来，可行性效益均较好。

第三，综合考虑和评价后，选择方案3。

方案建设内容：种植区：蔬菜、粗粮谷物、蘑菇木耳；养殖区：渔乐、家禽；服务区：停车场、服务站。

投入：①建设资金投入；②项目组织管理机构投入；③培训营销投入。

产出：①蔬菜、谷物、食用菌、渔禽肉产品；②农家乐：采摘、垂钓、抓家禽、烹饪、宿营等。

效果：农庄经营收入稳定，年人均增收5000元左右，村民经营、劳动技能提升，村容村貌、文化面貌焕然一新，通过项目带动实现村庄的经济收入、社会文化、生态环境全方位的乡村振兴目标，促进本地区经济社会的协调发展。

在投入—产出—效果的过程中，需要对投入、产出、目标目的三个层次的实现指标、指标的验证方法和实现该目标的必要外部条件(假设和风险)进行控制和纠偏，来安排方案实施所需要的人力、物力、财力，同时纳入潜在问题的防范

分析，制订出有关的预防措施和应急措施，将这些措施落实到方案的实施计划中去。这就形成了对产业项目实施的服务框架。

2.乡镇在实现乡村生态宜居的服务能力建设

(1)农业生态环境——"三废"污染

生活垃圾到处堆弃；

生活污水随意排放；

畜禽粪便污染突出；

化肥农药过量施用；

作物秸秆浪费严重；

农膜污染问题凸显。

(2)农业循环经济

提高资源利用率，减少资源消耗量；

提高能源利用率，采用可再生能源，减少温室气体排放；

改善产品设计、工艺过程和设备，加强生产管理，减少废物排放量；

尽可能回收利用各类废弃物，把废物变成资源。

(3)建设生态家园

推广生态农业技术：常用技术、有害生物防治技术、生物能源及再生能源的开发利用技术、生产自净技术。

乡村环境综合整治：三清：清垃圾、清污水、清杂物；四化：硬化、绿化、亮化、美化。

3.乡镇在实现乡风文明的服务能力建设

乡风文明就是要求政风端正、民风淳朴、家风和谐。乡风文明建设的实质是繁荣农村文化，核心是培育新型农民，关键是塑造具有农村特点、时代特征和区域特色的农村新风尚。乡镇在乡风文明建设中服务包括以下几个方面：

(1)对农民进行思想道德教育，提高农民文明素质。

引导广大农民确立正确的道德信仰，强化农民政治文明意识，进一步落实农民的选举权、知情权、决策权、参与权、监督权和受益权，保障农民依法行使民主权利，应成为乡风文明建设的一项重要内容。(建立健全村规民约等形式)

(2)加强农村文化建设，构建比较完备的乡村公共文化服务体系。

通过文化知识教育来破除迷信，铲除封建思想意识，摒弃不良习俗，倡导文明科学的生活方式。在农村形成崇学重教的风气，既重视子女培养教育，又重视自我学习、自我完善、自我发展，建设终身学习的农村学习型社会。

(3)倡导乡风文明新风尚。

①红白喜事理事会

旧——大操大办；新——反对不顾财力的大操大办。

②资源环境自我保护

旧——自然资源没有得到合理利用;农村居住环境差。

新——合理利用自然资源;改善农村的居住环境。

转变消费方式和生活方式,大力倡导绿色消费意识和行为,大力普及节能炉、炕、灶和生活器具;抓好改水、改路、改电、改舍、改厨、改厕、改圈,通电话、通广播电视、通互联网,治污染、治垃圾、治柴垛等工作。

4. 乡镇在实现治理有效方面的能力建设

我国乡村治理机制表现为:纵向治理强,横向治理弱;外部性治理强,内源性治理弱。

纵向治理是指自上而下的行政性治理。从中央到省、市、县、乡、村、组,纵向治理一直可以到底,进村入户。这有利于形成国家与乡村的直接联系。横向治理是指通过乡村社会内部的组织将乡民联结起来,进行自我管理。除了行政治理外,村民在日常生活中缺乏各种组织和规范,表现为孤立的个体化状态,横向组织不能到边,不能将所有人联结起来,呈现出“一盘流沙”状态。

外部性治理是指来自乡村社会外部和农民日常生活之外的治理,主要是行政化治理,是一种外部性推力。外部性治理有利于国家对农村社会的改造和发展。自20世纪50年代,我国就不断向乡村派出各种工作队,如当前精准扶贫的干部驻村帮扶、“第一书记”等。内源性治理是指源于乡村社会内部的力量进行自我管理和自我发展,是一种内部性动力。

案例:山东省威海市地宝圈村通过成立“村民信用管理议事会”组织,探索形成了以村民信用体系为核心,自治为基础、法治为保障、德治为引领的“三治”融合乡村治理模式。

乡镇政府的作用在于:

(1)保障制度供给:保障村(居)民权利,激发基层群众的内生动力,引导和规范社区治理的制度创新。解决三大矛盾:

——基层政府与基层自治组织的体制性冲突:一方面推进村居自治,一方面强化基层政府对村居自治的直接控制。

——官员管理的体制性冲突:一方面强调民主选举,一方面又要求选举结果保证“组织意图的落实”。

——政府问责的体制性冲突:一方面对基层政府的考核规制不断加强,一方面考核和规制行为本身却正在衍生出新的问题。

始终把“治理”的理念和要求作为基本方向,努力通过体制机制创新,进一步激发社会各方参与的活力,拓宽社会组织等社会力量有序参与基层社会治理的渠道,提升基层自治共治能力,实现政府治理与社会自我调节、居民自治的良好互动。建立健全以村(居)党组织为领导核心,村(居)委会为主导,村(居)民为主体,村(居)信用管理议事会、村集体经济组织、群众团体、社会组织等共同参与的村(居)治理架构。发挥村(居)党组织推动发展、服务群众、凝聚人心、促进和谐的作用,强化村民信用管理议事会评议功能。重视和加强村民小组建设。

(2)提供公共服务,营造良好环境

——社区发展规划:制定落实社区发展的重大决策和规划;统筹辖区公共服务设施,做好辖区产业经济发展相关信息数据的采集和维护工作。

——社区社会保障:做好就业、劳动保障、医疗保障、低保救助、住房救助、生活服务等基本民生保障服务工作。

——社区环境卫生:做好绿化美化、环境卫生、环境保护、抗旱防汛等工作;推进网格化综合管理;配合做好整治违章建筑工作;开展各类爱国卫生活动及整治和检查。

——社区治安秩序:维护政治稳定和社会秩序,做好平安建设、社会治安综合治理、信访稳定、禁毒、反邪教等工作。

——社区自治发展:对社区各类组织进行指导和服务,动员社区组织和社区居民等社会力量参与社区建设和管理;监督指导社区代表会议和社区委员会相关工作。

5.建设生活富裕的新乡村

创造更多物质财富和精神财富以满足人民日益增长的美好生活需要,提供更多优质生态产品以满足人民日益增长的优美生态环境需要。

参考文献

[1]习近平.决胜全面建成小康社会　夺取新时代中国特色社会主义伟大胜利——在中国共产党第十九次全国代表大会上的报告.新华网,http://www.xinhuanet.com/2017-10/27/c_1121867529.htm.

[2]中共中央国务院关于实施乡村振兴战略的意见[N].人民日报,2018-02-05(001).

[3]中共中央国务院关于加强和完善城乡社区治理的意见[N].中国社会报,2017-06-13(002).

[4]国务院印发《社会信用体系建设规划纲要(2014-2020年)》.中国政府网,http://www.gov.cn/xinwen/2014-06/27/content_2708964.htm.

[5]山东省发展和改革委员会.省委、省政府印发《山东省乡村振兴战略规划(2018-2022年)》和5个工作方案.http://www.sdfgw.gov.cn/art/2018/5/

11/art_5080_836758. html.

[6] Scott, W. R. Institutions and organizations[M]. London: Sage Publications. 1995:35-52.

[7]杭承政,胡鞍钢."精神贫困"现象的实质是个体失灵——来自行为科学的视角[J].国家行政学院学报,2017(4):3-4.

[8]叶敬忠,李春艳.行动者为导向的发展社会学研究方法——解读《行动者视角的发展社会学》[J].贵州社会科学,2009(10):78.

[9]王锡锌.公众参与和中国法制变革的动力模式[J].法学家,2008:90-100.

[10]何建华,于建嵘.近二十年来民国乡村建设运动研究综述[J].当代世界社会主义问题,2005(3):32.

[11]韩长赋.在博鳌亚洲论坛2018年年会上的讲话[F].2018-4-9.

[12]Liu Y, Li Y. Revitalize the world's countryside[J]. Nature, 2017, 548(7667):275-277.

[13]苏聪聪.国外新型农村社区规划建设的经验及启示[J].边疆经济与文化,2015(6):166-167.

[14]熊吕茂.梁漱溟的文化思想与中国现代化[M].长沙:湖南教育出版社,2000.

[15]郭蒸晨.梁漱溟在山东[M].北京:人民日报出版社,2002.

[16]王先明.中国乡村建设思想的百年演进(论纲)[J].南开学报(哲学社会科学版),2016(1):8.

[17]俞可平,徐秀丽.中国农村治理的历史与现状(续)——以定县、邹平和江宁为例的比较分析[J].经济社会体制比较,2004(2):19.

[18]尹胜.毛泽东基于"组织起来"的乡村振兴战略布局——以《一九五六年到一九六七年全国农业发展纲要》为中心的考察[J].现代哲学,2018(1):57.

[19]厉以宁.论城乡二元体制改革[J].北京大学学报(哲学社会科学版),2008.45(3):92.

[20]廖小东.1949年以来中国国家与乡村社会关系之逻辑演变[J].贵州师范大学学报(社会科学版),2013(5):63-67.

[21]虞云耀.建设社会主义新农村的若干理论思考[J].理论动态,2006(7):1.

[22]胡晓玲,李勇军.国外农村法制建设的经验及其对我国的启示[J].经济法论坛,2008(1):557-594.

(李华,政治学教研部讲师)

乡镇长公务礼仪与形象塑造

杨 涛

［教学目的］

公务员代表着国家行使公共权力，其礼仪即代表政府的行为，其形象即代表着政府形象。因此，作为我国连接国家与群众纽带的最基层政权的乡镇公务员，其礼仪和形象十分重要。可以说他们的形象是什么样，政府在老百姓心目中的形象就是什么样的。通过本课的讲授，使乡镇公务员能够按照十九大提出的推动中华优秀传统文化创新性发展的要求，把握好礼仪的本质和内涵，进一步提升乡镇长知礼明仪、立德修身的人文素养，进一步规范好自身的举止行为，进一步树立好勤政爱民的良好形象，以更好地履行好为民服务职能，提高工作效率，改变“官僚主义、形式主义、享乐主义和奢靡之风”等与文明社会不协调的作风，净化社会风气，更好地密切干群关系，更好地促进基层社会的稳定与发展。

［教学重点］

我国自古以来就是礼仪之邦，习礼仪和塑形象是每个人从小就耳闻目染、伴随着出生就开始学习的。可以说礼仪没有谁不知道，也没有谁都知道，没有谁做不到，也没有谁都能做到。“十里不同风，百里不同俗”，上至高级领导，下至乡镇官员不可能将所有的礼节、仪式都掌握，因此必须抓住礼仪的本质和核心才能以不变应万变。而相当长的一段时间以来，我们对礼仪的培训只是注重礼节、礼貌的培训，其实这只是“仪”而不是“礼”，是缘木求鱼、舍本逐末之举。这些礼节、礼貌固然是礼的体现，但终究是礼的表皮，犹如那些华丽的衣物，可以脱卸和伪饰。长此以往，如果没有礼的精神，这样的培训再多，也只会导致《中国纪检监察》杂志所言的“两面人”现象蔓延。所以，如果仅仅是简单地从各种公务礼节的角度进行相关知识的宣讲，就会导致教学讲授的形式化，而难以真正使领导干部内化于心，外化于行。本课的重点在于通过学习礼仪，培养起乡镇长"礼"的精神，只有具备了"礼"的精神，才能行好礼仪，塑造好形象，履行好职责，更好地为人民服务。

［教学形式］

讲授法、例证法、多媒体教学法。

［教学内容］

对于个人而言，礼仪是文明与教养的表现，每个人都希望自己的交往对象能够知书达理，而不是蛮不讲礼，因为适当的礼仪可以增进人与人之间的了解和沟通，使人的交往成本大为降低。礼仪也是塑造自身形象的重要手段。在公务活动中，交谈讲究礼仪，可以变得文明；举止讲究礼仪，可以变得高雅；穿着讲究礼仪，可以变得大方；仪容讲究礼仪，可以变得美好……只要讲究礼仪，事情都会做得恰到好处；只要讲究礼仪，形象就会变得充满魅力。

另一方面讲，中国素称礼仪之邦，这是世界对中国的一种赞誉。实际上，有些西方国家的礼仪也很完善，例如法国、英国等也是非常注重礼仪传统的国家，它们的礼节也非常繁杂，在18～19世纪的时候，欧洲的贵族通常都以学习法国、英国等国的礼仪为荣，但是为什么这些国家没有被称为"礼仪之邦"，而单单只有中国获此殊荣呢？这是因为中国的礼仪，自西周以来就是作为一种官方行为准则出现的。礼在中国古代开始就被赋予了政治功能，叫作"礼法"。礼是在法之上的，而西方人则通常只是将礼仪当作一种人际交往的润滑剂，一种人与人之间沟通的艺术。从这个角度来说，礼仪对中国官员在一定程度上具有强制性，是种必需的行为规范，也就是习总书记所说的规矩。我们每个人都渴望成功，渴望进步，所以一定要讲礼仪塑形象。

首先我们先来看一下礼仪的内涵和实质。

一、礼仪的缘起及内涵

1. 礼仪的缘起

"礼"源出于祭祀，繁体作禮，古作"豊"。甲骨文这个"礼"字，上半部分是一个祭祀的器皿，里面盛着两串玉石，下半部分是一个有脚架的"豆"。玉是中国古代的珍宝，也是古代祭天的重要礼器。"豆"字在古代不是代表如今的豆类植物，它是一件盛东西的器皿。合起来的意思很明显：用豆献玉，敬神祈福。

《说文解字》解释："礼，履也，所以事神致福也。"从"示"从"豊"。这就是礼的第一种含义，即一种实践，一种行为，实践约定的行为准则。第二种含义根据东汉时刘熙的《释名·释言语》说："礼，体也，得事体也。"体的繁体字就是"體"。

因此，从词源上讲礼和体有着密切的关系，就是一种内心的体验，就是得体。进退周旋得其体，乃是正人身之法也。尊卑长幼有序，处事有规，淫乱不犯，不败人伦，以正为本，发为恭敬之心，端庄中正之态，礼也。

所以礼仪是人们约定俗成的，对人、对己、对大自然，表示尊重、敬畏和祈求等思想意识的，各种惯用形式和行为规范。公务礼仪就是国家公务人员在从事公务活动过程中，约定俗成并共同遵守的程序、方式来表现的律己敬人的各种行为规范。其惯用形式包括礼节和仪式，礼节一般是个人性的，并且不需要借助其他物品就可以完成的形式，如鞠躬、握手、问候等；而仪式大多是集体性的，并且一般需要借助其他物品来完成，譬如奠基仪式、下水仪式、迎宾仪式、结婚仪式、公祭大典等。而公务礼仪是礼仪的一个重要组成部分，有特定的含义。它是国家公务人员在从事公务活动、执行国家公务的过程中所必须遵守的礼仪规范。

2.礼仪的实质

礼仪是人类内心情感的外在表现。什么情感呢？就是"敬"字。《礼记》认为"治礼，敬为大"。孟子也说："尊敬之心，礼也。""礼"的本意无非就是"示敬"，在人际交往中表达对交往对象的尊敬，因此礼物、礼貌、礼节都必须是出于敬意的，"不敬则礼不行"。敬者，诚也。无论是一声询问、一次拜访、一次探望都要发自内心，体现真诚的爱心和善良的道德情感，而决不能口是心非。即使是一次直诚的注视、一席倾心的聆听，也都是致敬之礼。正因为对意诚情笃的推崇，我们的先人往往很看重"礼"的由来和方式，甚至以"敬"的成分之多少分辨礼物之贵重与否。所谓"千里送鹅毛，礼轻情意重"就是这个意思。反之，再贵重的礼没有诚意，甚至虚情假意都是与礼相差十万八千里的。现代公务礼仪的核心是：核心价值观和八荣八耻。实际上也是先要做到"敬诚"，然后做到"克己"，具体表现在平等待人、尊重别人、言行得体、表里一致等。简言之，公务礼仪的本质就是"约束自己，尊重他人"，礼不仅仅是礼貌，而是敬畏、尊敬之举。仪也不仅仅是仪表，而是自身的克制与警醒。

二、乡镇长礼仪和形象塑造提升路径

作为领导者讲的礼仪和形象与我们平常普通人的礼仪形象有所不同，普通的礼仪主要强调的是一种内在修养，普通的形象包装就是做到时尚俊美。领导者的礼仪和形象塑造的第一出发点就在于有助于提升我们的领导力。下面我从理念、艺术、规则三个层面来进行阐述。

(一)"理念"的层面

1.新时代领导者的礼仪主要应体现敬畏。

什么是"敬畏"？从字面上理解，"敬畏"同时包括两种情感，一是尊敬，二是畏惧，因敬生畏，因畏致敬。“凡善怕者，必身有所正，言有所规，行有所止，偶有逾矩，亦不出大格。”孔子说：“君子有三畏：畏天命，畏大人，畏圣人之言。”德国哲学家康德说过：“这个世界上唯有两样东西能让我们的心灵感到深深的震撼：一是我们头上灿烂的星空，一是我们内心崇高的道德法则。”习近平在十八大后反复强调“领导干部要心存敬畏”。

要敬畏人民。“水能载舟，亦能覆舟。”领导干部的权力是从哪里来的？有些人可能会认为：“是上级给的”“是政府给的”“是党给的”。这些回答没有弄清楚权力的真正来源。现代民主政治的基本原则是“人民主权”。人民是国家的主人，各级领导干部都是人民的公仆，是受人民委托，为人民办事的，他们的权力是人民赋予的。人民和干部的这种关系是由社会主义国家性质所决定的，是不容颠倒的。同时，领导干部，无论职务多高、权位多重，归根结底，都来自普通人民大众，自己也是普通大众一员，这种不忘根本的初心，任何时候都不能丢弃。

要敬畏权力。权力是把“双刃剑”。权力与责任是对等的，掌握权力就要担当责任。没有无权力的责任，更没有无责任的权力，领导干部职位越高，权力越大，责任也就越重，行使权力时更要慎之又慎，需要知道，你的权力只是暂时的，有些权力是你不能任性的，“非礼勿视，非礼勿听，非礼勿言，非礼勿动”，出来混迟早要还的，到时恐怕还会连累更多的人。但许多时候，影响人生命运的，不在于某些重要关头重大事件，一个巴掌、一起车祸都曾葬送过一批人。

要敬畏法纪。敬畏法纪是社会主义法治社会里每个成员都必须树立的观念和意识。而作为领导干部，更要带头敬畏法纪，始终在法纪约束下履行职责、开展工作，无论任何时候都不能触碰“红线”。当前，社会上的诱惑很多，领导干部更要把对法纪的敬畏作为做人为官的准则。否则，就会轻视法纪，心存侥幸，放纵自我，最终受到法纪的惩罚。

要敬畏历史。使自己的工作能经得起实践和历史的检验，将来回首往事的时候不会感到后悔。所谓“前人种树，后人乘凉”，我们在公务活动中作任何决定时都要先好好想想是否能够做到无愧于历史，无愧于后人，我们的子孙还要在这片土地上繁衍下去，我们不能像路易十五一样，“我死之后，哪管洪水滔天”。

2.新时代领导者形象，主要应表现在三个方面。

形象是人的精神面貌、学识素养、性格特征等的具体表现，并以此引起他人的思想或感情活动。我们知道与人打交道首因效应是非常重要的，第一印象将永远被人记住，往往是终生印象。基层领导者主要要塑造三种形象：

(1)道德高尚的好人形象。好人不一定是个好官，但好官必须是个好人。

在社会生活中，下属和广大人民群众衷心爱戴并真诚拥护的领导者，往往并非因为他们的本事有多大、能力有多强，而是取决于他们的为人。一般而言，群众对一个人是好是坏的评价，主要是以其道德状态为标准的。所谓“好人”，就是要私德要好、公德要好、官德也好。

(2)无私奉献的公仆形象。社会主义制度下领导的本质是为人民服务，领导干部的本质则是人民的仆人。即便是党和国家的领导人也无非是仆人的领班而已，这是由社会主义制度决定的。因此无私奉献的公仆形象，是良好的领导形象最突出、最本质的特征。每一位领导干部都要体现出俯首甘为孺子牛的公仆形象。

(3)是非分明的正气形象。古人曾讲：“政者正也”“其身正，不令而行；其身不正，虽令不从”。领导干部的领导目标实际上是通过他的影响来实现的，正是从这个意义上来说，“领导就是影响”，领导干部能否有效实施领导，很大程度上取决于其影响力的大小。实践证明，正气形象是领导者影响力的重要因素。要杜绝戾气、匪气、邪气等不良形象。

(二)“艺术”的层面

领导干部形象的时间维度是无限的，是可以与生命不相等的，著名诗人臧克家写过《有的人》：“有的人活着，他已经死了；有的人死了，他还活着。有的人他活着别人就不能活；有的人他活着为了多数人更好地活。骑在人民头上的，人民把他摔倒；给人民做牛马的，人民永远记住他！”反映的就是这种现象。今天我们提起优秀基层领导者的形象都会想到谁呢？海瑞、于成龙、焦裕禄、杨善洲等，他们虽然早已离我们远去，但是他们的崇高形象却长久地印在我们心中。今天从“艺术”的维度谈谈怎样提高我们领导者的良好形象。第一是外在形象，第二是语言魅力，第三是能力本领。这三个部分，是遵循着一个由外到内的过程。

1.塑造外在形象

第一，表情上。每个人都有自己的个性，但是今天的你既然是一个官，就把你的个性化表情放在其次，领导干部的标准表情就是正气、镇定、温和和从容。表情的第一个环节就是“目”。

目光专注。眼睛是心灵的窗户，目光是否运用得当，直接会影响沟通的效果。领导者在公共场合与人打交道，目光、眼神一定要正、直、平、稳。在与人谈话时，大部分时间应看着对方，否则是不礼貌或不真诚。正确的目光是自然地注视对方眉与鼻梁三角区，不能左顾右盼，也不能紧盯对方，这样第一表示对对方的尊重，第二体现出自己的镇定从容。

面容舒展。有些时候看电视新闻报道某某地方开会、调研等，许多领导皱着眉，阴着脸，这样老百姓怎么能够信任你呢？面容舒展也是心头的释放，要给人展示一种阳光、积极进取的积极形象。

微笑待人。微笑体现着自信和平易近人。领导者的微笑并不是要像一些服务行业一般，需要露7颗牙或8颗牙，也不是要像杨达才一样什么场合都笑颜如花，当然更不能冷笑、苦笑或皮笑肉不笑，而是要做到面色温和亲切。

第二，举止上。举止在我们的信息沟通中占60%以上，而面部表情仅不到30%。因此，我们的举止传递着我们的形象，传递给对象构成我们的印象。那么举止占这么大的比例我们一定要注意：

要诚恳、有善意。对周围的人怀有善意的态度和良好的愿望是每个人的基本修养。真正的礼仪不是让别人看出来的，也不是让人听出来的，而是让别人感觉出来的。怎样才能做到这一点？必须养成习惯。各位领导在公务活动中，不管遇到什么人，都要养成一个习惯，即使是比你级别低的人，也一定要率先垂范，见面是"您好"，到别人单位办事说一句"给您添麻烦了"，本单位接待客人说一句"欢迎"，别人给你做了任何一件好事，哪怕是拉了一把椅子，开了一次门，倒了一杯水也要习惯地说一声"谢谢!"，给别人造成任何一点不便一定要说一声"对不起"。这就是我们作为领导者的自信和高贵的体现，并不是对人傲然不理才是高贵。

注重行为内涵。领导者举止的重要性还在于他所包含的内在含义。所以大家一定要会运用象征意义，也要会理解领导行为的象征意义，比如说2013年，习总书记一行在北京市考察工作，午餐时间到庆丰包子铺简单就餐，他亲自排队买包子，还自己买单、端盘子、取包子，一共只消费了21元。实际上这就是以实际行为向各级干部发出杜绝大吃大喝、反对铺张浪费的一个明确的信号。

符合公序良俗。领导干部的举止是直接和形象相联系的。我们来看一组照片，2005年重庆市大渡口区九宫庙街道主办了一场"关爱女孩"活动，9个四五岁的小女孩在大雨中为观众表演舞蹈《金葵花》。坐在第一排观看的区委、政府和教委等有关部门领导或撑着伞或者由别人撑着伞在雨中观看。活动在雨中持续了大约10分钟，在众多围观市民发出了"孩子们真遭罪"的责备后，整场演出活动才被迫停止。据悉"在活动上表演舞蹈是街道安排的"，表演之前就已经下雨了，但是没有任何人表示暂停该演出，有人为领导们撑着雨伞，但在雨中的孩子们却被冻得发抖。领导打伞赏"花"，祖国花朵们却被迫在冷雨中献歌献舞挨淋受冻。这种让人万分尴尬的场景竟出现在"关爱女孩"活动现场，如此关爱实在让人心寒。真不知那些前来观赏节目以及主办活动的官员是否也有孩子。"老吾老而难以及人之老，幼吾幼而难以及人之幼"，对一个有良知的人来说是可怕的。"老吾老"，却"欺"人之老，"幼吾幼"，却"坑"人之幼是万万要不得的！如果这样的现象不加以注意，就会造成我们干部一身冷血，一点悲天悯人的人性、人道都没有的形象，眼里看不见百姓的苦，心中又怎能装得住人民的情？又怎能形成好官的形象呢？

第三，服饰上。服饰不论是中式还是西式，不论是漂亮还是不漂亮，其标准就是以得体来确定，就是一定要考虑你是干什么的，以及你要干什么去。

要符合职业。领导干部的着装，并没有统一具体的规范要求，只要整体上做到整洁、端庄、合体，与官员身份相符合。我们一定要记住自己是一名干部，而不是商人、演员等。对于商人、演员追求的是个性，而对于我们干部就必须从群众中来还要到群众中去，而且我们本身也是百姓，我们追求的是共性，不能太张扬。我们要记住时髦前卫与我们领导干部没有关系，在家里无所谓，但是在公务中绝对要注意。

要符合场合。所谓的"场合的适当性"，是如何让自己的着装与当时的场合、环境统一起来，不让人感觉到"鹤立鸡群"。比如，在一个庄重严肃的场合，应当着相对正式的着装，如果一身休闲，与当时环境格格不入，会显得极不谐调；而在一个与农村群众接触的场合，西装革履、光彩照人，与老百姓形象差异过大，也就人为地设置了障碍，缺少了可接近性。南非现任总统雅各布·祖马也是一位"会穿衣服的人"，在贫民区，他会披上豹皮，拿上盾牌，和支持者跳一段传统舞蹈，用富有激情的语言感染底层民众；在正式场合，他衣冠楚楚，语言有礼而得体，穿梭于上层人士中，表现得游刃有余。即便是他的竞争对手，都认为他是一个"讨人喜欢的家伙"。因此，穿什么样的衣服，要看在什么样的场合，有什么样的任务，要达到什么样的目的。根据场合环境选择合适的着装，自然与当时环境谐调一致，容易融入其中。

在之前的群众路线教育实践活动中，某单位的民主生活会上，在领导班子成员互相开展批评的时候，一位男性领导干部批评另一位女性班子成员："你有享乐主义思想，怕吃苦，连下乡都穿着高跟鞋，穿漂漂亮亮的衣服，这样子如何走山路？如何让老百姓接近？"这位被批评的女性领导顿时眼中"大雨滂沱"。事实上，这位领导干部下乡所穿服装，是平时工作场合的"正装"，并非花枝招展的服装。但是，在到山区与老百姓交往的过程中，穿着这样的"正装"，与老百姓的距离就会被拉开。试想，到山区去和基层老百姓打交道，山区小路泥泞而坑坑洼洼，穿着高跟鞋，自然意味着车来车去，脚不落地，鞋不沾泥，怎么能够接地气，自然很不恰当。

2.提升语言魅力

第一，说得体的话。

现在媒体上经常爆出一些官员的"雷语"，非常不得体。例如河北省兴隆县孤山子镇原党委书记梁文勇:“老百姓就是这副德行!不能给脸,给脸不要脸。”承德市牛圈子沟镇原党委书记史国忠:“这我还管不了,一楼二楼别去啊,要去就去(跳)五楼。”四川省达州市达川区罐子乡党委书记罗颂在接待群众来访时,语出惊人:“威胁我就是威胁党。”再如“你们算个屁”“狗日的”“放屁”……所谓“良言一句三冬暖,恶语伤人六月寒”,领导干部讲话前,一定要先过一下脑子。要做到“请”字不离口、“谢”字随身走,必须学会“请、您、您好、对不起、谢谢、再见”这些软垫式言辞。

第二,说群众的话。

领导干部不要离开文稿就不会讲话了,要善于将普通话变为地方话,善于讲有个性特点的话,善于将文本材料上的话变为自己的话。领导干部无论知识水平多高,面对群众要“说”话而不要“讲”话,一定要把话说得通俗易懂、深入浅出,依理说事、就事明理,让群众一听就明白。

井冈山时期,毛泽东非常重视根据地建设。他形象地比喻说:“革命要有根据地,好像人要有屁股。人假若没有屁股,便不能坐下来。要是老走着、老站着,定然不会持久。腿走酸了、站软了,就会倒下去。革命有了根据地,才能够有地方休整,恢复气力,补充力量,再继续战斗,扩大发展,走向最后胜利。”毛泽东接地气的话,澄清了部分同志的错误思想,提高了大家对建立革命根据地的认识。

第三,说幽默的话。

领导干部在形象上更加重要的是要幽默风趣,在管理中,难免会有尴尬意外的情形出现,领导者如果言辞激烈,结果可能会弄巧成拙,使自己变得被动;反之,领导者若能在适当的时机幽默一下,不但能尽快地解决问题,掌握主动权,还能融洽人际关系。幽默风趣能够有效化解危机和矛盾。这方面毛主席也是高人。1958年11月,毛主席前往湖北视察民情。专列途经孝感火车站时,他提出短暂停留,就近到县里了解农业情况。因为是随机停车,孝感县没有做足准备,临时选派的妇女代表晏桃香不巧正患感冒。由于心情激动,身体又不舒服,紧张兮兮的晏桃香见到主席时憋住的话没说上来,一个大喷嚏已轰然而出,唾沫星子满满地喷到了对面的主席脸上……顿时,现场所有人都被这“突发事件”惊得目瞪口呆,晏桃香更是尴尬万分加害怕,手足无措。对此,毛主席若无其事地幽默了一句:“雷声大,雨点小。”然后尴尬的场面顿时一扫而光。

3.提高能力本领

能力本领不等于魅力,但魅力离不开能力本领。领导者如果没有突出的才能和过硬的本领,在下属和群众中也不可能具有较强的人格魅力和良好的领导形象。怎么样才能做到这些?主要在于以下几点:

第一，学习知识。知识就是力量，这是我们都熟悉的，“腹有诗书气自华”。习总书记就是爱读书的人，他说过：“我爱好挺多，最大的爱好是读书。”习近平爱读书至少可推溯到1969年。时值16岁的他在黄土高坡上开始知青生涯，“爱看书”“好学”是他留给陕北梁家河村老乡们的印象之一。他们记得，习近平“带一箱子书下乡”，在煤油灯下看“砖头一样厚的书”，“有时吃饭也拿着书”。40余年后，2013年青年节，已是国家主席的习近平同各界优秀青年代表座谈：“我到农村插队后，给自己定了一个座右铭，先从修身开始。一物不知，深以为耻，便求知若渴。上山放羊，我揣着书，把羊圈在山坡上，就开始看书。锄地到田头，开始休息一会儿时，我就拿出新华字典记一个字的多种含义，一点一滴积累。”正是这种一点一滴的学习积累，才为今天的治国理政打下深厚的基础。

第二，身体力行。领导干部不仅要学习书面知识，而且要撸起袖子加油干，喊破嗓子不如甩开膀子。要做到知行合一，以知促行，以行促知。美国管理学学者安东尼提出一个理论，称为安东尼结构(Anthony Structure)：(1)战略规划层考虑的是组织的全局性、方向性以及涉及与目标有关的大政方针问题，这些都是一个组织的最基本的决策问题；(2)战术计划层主要考虑的是在既定方针下怎样组织和安排；(3)运行管理层则关心的是怎样干好工作，即具体实行计划、组织生产是他们的主要任务。

战争年代，我们共产党军队和国民党军队胜败分野有许多原因，但是基层指挥员的跟我冲和给我冲是一个重要的原因。领导干部要下属做到的自己首先要以身作则。

第三，有自控力。所谓自控力，就是自己能够掌控自身言行、自身情绪、自身习惯、自身欲望的本事。“猝然临之而不惊，无故加之而不怒”，就是一种生动的诠释。

1954年，陈毅同志在参加党的七届四中全会之后写了《七古·手莫伸》一诗。诗中有这样几句话：“岂不爱权位，权位高高耸山岳。岂不爱粉黛，爱河饮尽犹饥渴。岂不爱推戴，颂歌盈耳神仙乐。”从这几句话中我们可以看出，陈毅并不否认权力、美色、颂歌对人的诱惑，关键是面对诱惑怎么办。陈毅给出了四个办法，“第一想到不忘本，来自人民莫作恶。第二想到党培养，无党岂能有所作？第三想到衣食住，若无人民岂能活？第四想到虽有功，岂无过失应惭怍。”这四个“想到”，其本质就是自控力。通过四个“想到”来控制自身的欲望，避免受“权力、美色、颂歌”的诱惑，从而走上犯罪的道路。领导干部有了自控力，才能守住底线，领导干部要防止欲望变贪欲，必须具有自控力。目欲视，也不是什么都能看；耳欲听，也不是什么都能听；脚欲走，也不是什么地方都能走；嘴欲吃，也不是什么饭都能吃，否则，就会“摊上大事”了。

（三）规则的层面

政府形象塑造从"我"做起，"我"的形象设计从"礼仪"约定俗成的规则开始。

1.个人礼仪

（1）仪容礼仪

五勤：勤洗澡、勤理发、勤刮胡须（男）、勤刷牙、勤剪指甲。

头发：干净简明、长度适当；

面部：清洁、无体毛、无异味；

眼部：无血丝、公务活动不带太阳镜；

指甲：清洁，定期修剪；

胡子：每日一理，刮干净；

鼻毛：照镜子时要注意鼻毛是否露出鼻孔；

口齿：牙齿要刷洁白，口中不可残留异味；

女士化妆：自然得体，清新淡雅。

（2）仪态礼仪

在工作和正式场合不掏耳朵、不剔牙，不抓头皮、不打哈欠、不掏鼻孔。

①男士站姿：面带微笑、双目平视前方；头正、颈直、胸展、臂垂、腹收；重心垂直在两脚之间，两脚分开与肩齐宽或呈立正姿势；两手自然垂于体侧，或左手握住右手手腕，自然放于小腹前。

注意：挺拔、不含胸、不驼背、不松散。

②女士站姿：面带微笑、双目平视前方；头正、颈直、胸展臂垂、腹收；重心在脚弓前端，双脚呈"V"字形或"丁"字形站立；右手握住左手手指，自然放于小腹前。

注意：亭亭玉立、不含胸、不驼背、不开腿、优雅。

③男士坐姿：头部端正、双目平视；坐在座椅 2/3 处，腰背部直立；背、大腿、小腿、地面成三个 90 度；双膝分开，不超过肩宽；双脚平踏在地面上。

注意：不松散、不抖腿、不跷腿、不后仰。

④女士坐姿：双膝并紧，双脚向左或向右侧斜放；腿部与地面成侧倾角；两腿之间不要有缝隙；坐在座椅 2/3 处。

注意：入座前用手背抚裙后再落座，落座后双膝并拢，双脚向一侧斜放，脚尖朝前，坐椅子的 2/3，两手交叠自然放在双腿中间，右手搭在左手上。

（3）服饰礼仪

着装的原则：着装要与时间、地点、目的相宜。出席重大公务活动，男性公务员可选择黑色和深蓝色的中山装或西装，白衬衣，黑色硬底皮鞋；女性公务员以穿着西服套裙为佳。

①男士西装的选择、穿着与搭配

西装以无图案和竖条纹为好，颜色以藏蓝色、灰色、棕色为佳，黑色西装适于庄严肃穆的礼仪性活动。

第一，拆除商标。

第二，系好纽扣。根据西装的着装惯例，单排扣式西装的最下面那粒纽扣应当不系，而双排扣式西装的纽扣应当都系上。

第三，保持平整。应使西装平整挺括，线条笔直，不可把西装披在肩上，不可卷起西装上衣衣袖或裤腿，也不可把两手随意插在口袋里。

第四，西服口袋里尽量不放物品，物品放在公文包里。

第五，衬衫的搭配。与西装搭配必须是正装衬衫。正装衬衫必须为单一色彩，以无任何图案为佳，衣袖必须为长袖。

第六，领带的搭配。公务活动中，穿西装一定要打领带，领带的颜色以蓝、红、灰等色调为主，在吊唁和慰问的场合，则必须配黑色领带。

第七，腰带的搭配。腰带的颜色应与皮鞋的颜色相配，首选黑色，腰带上不能悬挂任何物件。

第八，鞋袜的搭配。穿着西装的时候一定要穿皮鞋，袜子应与裤子、皮鞋同类颜色或较深颜色，而不能是浅色或者白色。

②女士西服套裙的选择、穿着与搭配

西服套裙的色彩选择是以冷色调为主，总体色彩至多不超过两种。

第一，大小适度。套裙的上衣最短可以齐腰，其裙长应不短于膝盖以上15 厘米，不长于小腿肚子以下，裙子的下摆恰好抵达着装者小腿肚子上最为丰满处是最为标准的裙长。

第二，穿着到位。女性公务员穿套裙时，上衣的衣扣一律全部系上，绝不可当着别人的面把上衣随便脱下来，或者搭在身上。

第三，兼顾举止。穿着裙装时，女性公务员应注意举止，站立时要稳且直。

第四，衬衫色彩上以单色为最佳之选。具体穿着上，应注意衬衫在公众场合不宜直接外穿；衬衫的下摆必须掖进裤腰内；纽扣要系好。

第五，穿套裙时一定要穿衬裙，色彩为单色无图案。

第六，一定要穿内衣，内衣不准外露、不准外透。

第七，女性公务员穿套裙时宜穿皮鞋，根据套裙颜色配肉色或深色长筒袜或连裤袜，尤其注意的是袜口不可暴露于外。

第八，正式场合下不穿凉鞋、凉拖等前露脚趾后露脚跟的鞋；非正式场合下穿凉鞋、凉拖应不穿袜子；不穿补过和破过的袜子。

男士的正装有三件皮具应当同色：腰带、皮包和皮鞋。女士应当皮包和皮鞋同色。

2.接待礼仪

(1)电话礼仪

有电话来,三声内接听,因故未及时接听说抱歉;先问候,然后自报家门:"您好,××部门!"避免"喂,喂"或者"你是谁呀";声音适中、愉快、亲切;接听电话的同时做好记录。

注意:除非涉密永远不要对打来的电话说:"我不知道!"这是一种不负责任、很不职业化的表现。

(2)会面礼仪

①自我介绍

有许多人都遇到过这样的情境,就是在开座谈会等有其他单位的人员参与的场合,即使你的桌上摆着桌签,参会人员也未必都能知道你是谁。还有的人到上级机关办事,明明不认识对方却不先介绍自己,而是先问别人。在公务场合,面对陌生人最有礼貌的做法就是先做一个自我介绍。公务员自我介绍所用的时间以半分钟左右为佳。正式的自我介绍通常包括本人的姓名、单位和职务三要素。需注意的是,姓名要用全称,比如:"领导您好! 我姓杨,来自行政学院。"这个自我介绍就不好,一定要大大方方将自己的姓名全称都说出来。关于自报职务,有的人可能不一定认可,认为是不是有自我炫耀之嫌,其实这不是自我炫耀,而是规矩,否则别人不知道如何称呼你。

和别人说话一定要先叫一下称呼再说,这叫不带称呼不开口,切忌上去就说正文。

②中介介绍

尊者具有优先知情权。主客平级,以客为尊。

第一,介绍女士与男士相识时,先介绍男士,后介绍女士。

第二,介绍长辈与晚辈相识时,先介绍晚辈,后介绍长辈。

第三,介绍外人与家人相识时,先介绍家人,后介绍外人。

第四,介绍客人与主人相识时,先介绍主人,后介绍客人。

第五,介绍上级与下级相识时,先介绍下级,后介绍上级。

③握手寒暄

伸手的顺序也是尊者有优先选择权。

第一,女士与男士握手时,由女士首先伸手。

第二,长辈同晚辈握手时,由长辈首先伸手。

第三,上级同下级握手时,由上级首先伸手。

第四,宾主之间的握手较为特殊。客人抵达时,应由主人首先伸手(表欢迎),客人告辞时,由客人首先伸手(表感谢)。

握手力度要适度,不要太用力;不要交叉;不戴手套。男士之间握手虎口相对;与女士握手只握手指部分。时间持续2～3秒。

(3)告别礼仪

告别时,面带微笑将人送出门外,加敬语如:“请慢走”或“一路平安”;挥手示意目送离去。

3.位次礼仪

(1)行走

多人单行行走时,以前排为上,应自觉随行于来宾之后。

(2)并排行走

当两人并排行走时,右侧为尊。在户外行走,以靠道路内侧,靠墙的位置为尊贵。当三人或三人以上并排行走时,以中间位置为尊贵。

(3)出入房间

出入房间时,应在来宾和他人之后进入房间,在来宾和他人之后走出房间。

(4)上下楼梯

上下楼梯时,单行行进,居右而行。主动走在来宾的左前方引领。

(5)进出电梯

陪同来宾乘坐无人管理的电梯时,要先进后出。陪同来宾乘坐有人管理的电梯时,要后进后出。

(6)乘坐汽车

主人驾车,座次尊卑自高而低为:前排右座,后排右座,后排左座,后排中座(见图1)。

专职司机驾车,座次自高而低为:后排右座,后排左座,后排中座,前排右座(见图2)。

专业讲法:客人坐到哪里,哪里就是上座(在客人自己已坐好的情况下)。

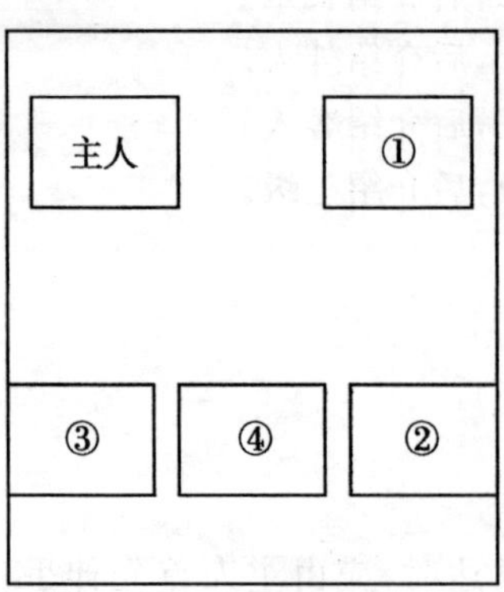

图1　主人驾车时的座次

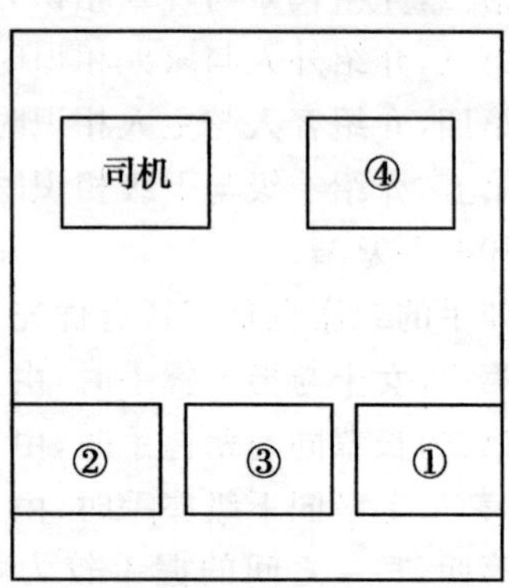

图2　专职司机驾车时的座次

(7)座次的排列

座次通常遵循以右为上、面门为上、居中为上、前排为上、离门远为上的原则。但国内会议主席台座次通常以左为上。

①相对式

具体坐法为宾主双方面对面坐着,适用于公务性会客。

第一,双方就座时,由客人就座于面对正门之位,主人就座于背对正门之位(见图3)。

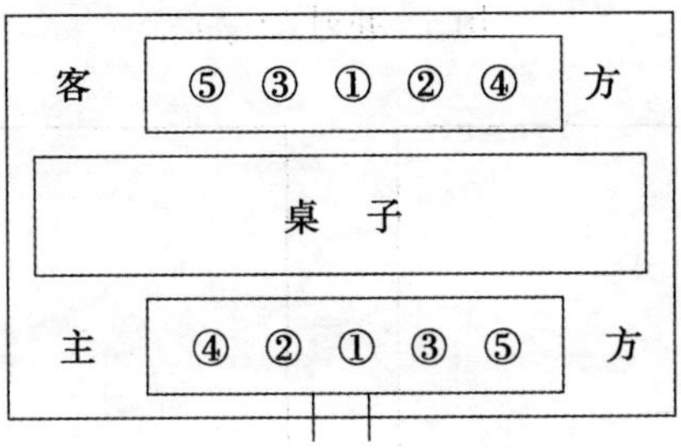

图3 相对式(一)

第二,双方就座于室内两侧,面对面就座时,应请客人就座于进门后右侧的座位,主人就座于进门后左侧的座位。当宾主双方不止一人时,亦如此(见图4)。

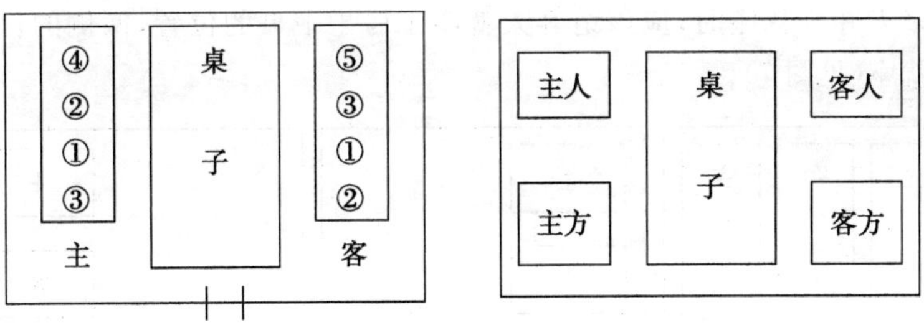

图4 相对式(二)

②并列式

基本坐法是宾主双方并排就座。

第一,双方一同面门而坐,主人应请客人就座于自己的右侧。若双方不止一人,双方的其他人员分别在主人或主宾的一侧按具体身份的高低依次就座(见图5)。

第二,双方一同在室内的右侧或左侧就座,主人应当就座于离门较近的座位,客人应当就座于离门较远的座位(见图6)。

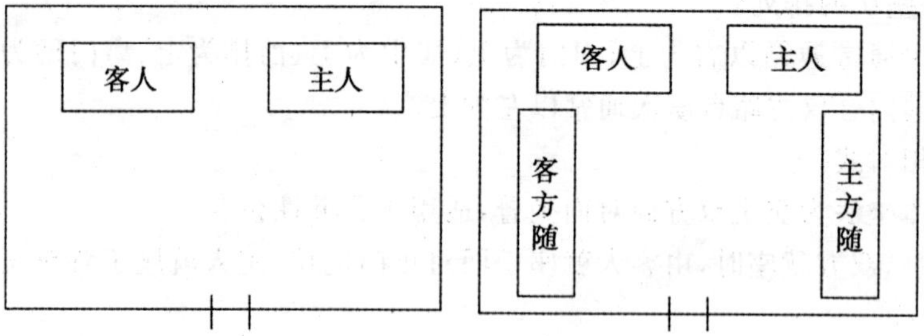

图 5　并列式(一)

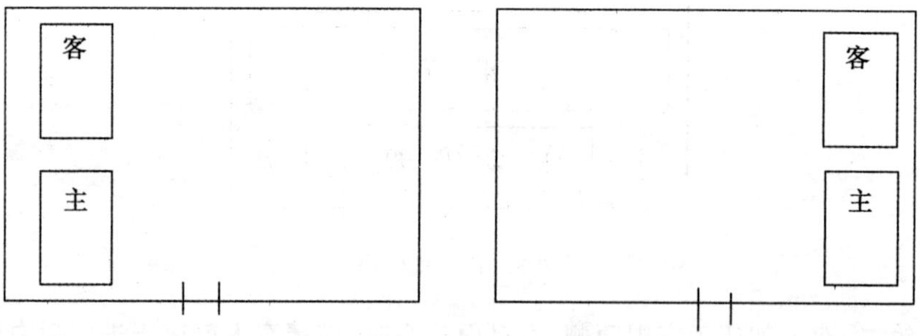

图 6　并列式(二)

③居中式

当多人并排就座时，应该请客人就座于居于中央的位置，两侧的位置由主方人员就座(见图 7)。

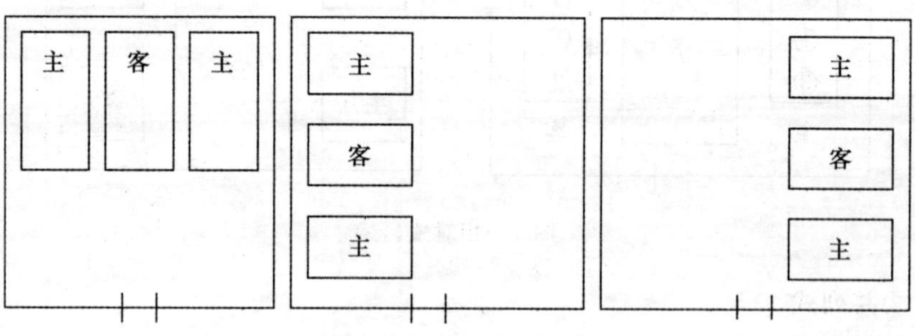

图 7　居中式

④主席式

当主人一方同时会见两方或两方以上客人时，一般应由主人面对正门而坐，其他来宾在其对面背门而坐。主人也可以坐在长桌或椭圆桌的尽头，其他各方客人在两侧就座。

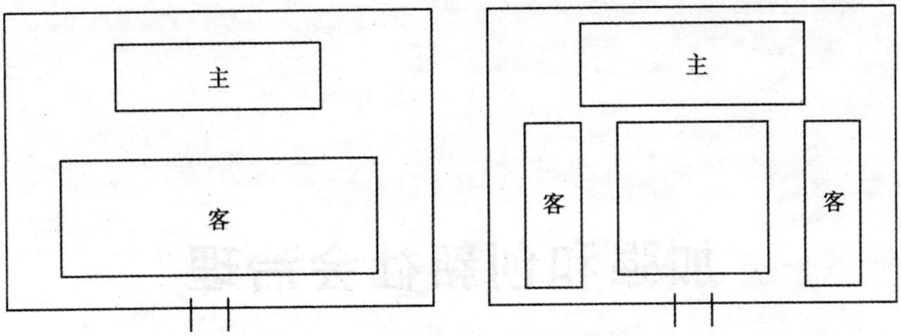

图 8 主席式

参考文献

[1]刘志伟.领导魅力[M].北京:国家行政学院出版社,2012.

[2]杨金波.政务礼仪[M].长春:吉林音像出版社,2011.

[3]李兴国.公务礼仪知识手册[M].北京:中国人事出版社,2015.

(杨涛,政治学教研部副教授)

加强和创新社会治理

陈明珠

［教学目的］

1.理论提升

党的十九大提出，要构建党委领导、政府负责、社会协同、公众参与、法治保障的社会治理格局。通过此课程，进一步提升领导干部对社会治理的理论认知，增强做好社会领域工作的自觉性、主动性。

2.实践引导

通过对现有社会治理领域创新工作方式的总结提炼，引导领导干部尤其是社会治理领域有突出想法的领导干部，进一步创新工作思路和方法，为构建新型社会治理格局提供鲜活案例。

［教学重点］

重点分析在当前我国社会主要矛盾发生变化，社会利益格局不断调整的背景下，我国尤其是基层在社会治理领域存在的问题及其成因。最重要的是分析在十九大报告精神的指引下，进一步加强和创新社会治理的新理念和新举措。

［教学形式］

主要采取课堂讲授的方式，并结合案例、互动式教学，强化知识的解读效果。

［教学内容］

广义上看，社会治理的主体主要有三个：政府、市场和社会，这三者的有机互动形成治理的合力，保证国家、社会的活力与秩序并存。其中作为主体之一的社会是狭义上的社会，即包括社会组织、社区以及居民自身在内的社会力量。

当前我国处于多个历史时期交汇的节点，社会利益格局不断调整，社会主要矛盾转变为人民日益增长的美好生活需要和不平衡不充分的发展之间的矛盾，这些都需要进行社会治理体制机制的创新，推动建立共建共治共享的社会治理格局，提升我国社会治理的社会化、法治化、智能化和专业化水平。

（一）社会主要矛盾变化与社会转型

近年来，尤其是十八大召开后的几年，我国经济、社会等各领域发展变化的最直接表现可以用一个词来概括：深刻转型。改革开放之后，我国社会就开始了由计划经济体制到社会主义市场经济体制的转型、由农业社会到工业社会的转型、由一个相对封闭的社会向开放的社会的转型，现在中央对我们所处的这个时间点的定位也很明确：我们处于全面建成小康社会决胜期，全面深化改革的攻坚期，是“两个一百年”奋斗目标的历史交汇期，是我们实现从富起来到强起来的飞跃期。处于这多个历史时期节点的交汇期，社会利益格局也在不断调整，注定了社会发展领域的机遇和挑战并存。仔细来看，这种转型归纳有以下几个主要方面：

1. 市场化转型中“单位人”变成“社会人”

“单位”这个词是计划经济体制的产物。新中国成立初期，中国共产党刚刚夺取政权，工作重心从农村转移到了城市，新的社会秩序没有完全建立起来，旧的秩序又被破坏殆尽，中国共产党迫切需要强有力的动员机制和资源配置机制，将全国庞大的人口和有限的资源集中起来。但是，由于没有管理社会的理论和实践，于是就借鉴过去战争年代的组织制度——“公家人”制度在城市建立起来了“单位制”。就是党群团体、军队、政治机构和公营企事业中的成员，划分成为一个又一个的组织单位，对社会福利资源一律实行供给制，范围包括衣、食、住、行、生、老、病、死、伤残等各方面。而对于“单位制”以外的人群，为了能够把他们也组织起来，国家采取了不同的措施。比如对于农民，建立了城乡二元户籍制度，严格限制农民进城工作、定居。就这样形成了计划经济体制下的行政性、单一、封闭的社会管控模式。但是，这种体制的弊端有目共睹，“单位人”对“单位”的过度依赖，窒息了社会活力，造成了一定的社会资源分配不公。

十一届三中全会开启了改革开放的历史进程，非公有制经济开始大量出现并增强了社会效率和活力，社会流动变得频繁，社会阶层分化的速度也在加快，大量的新经济组织、新社会组织在各个领域不断涌现，“单位制”开始松动。原来由单位提供的社会福利开始交托给市场和社会力量，政企分开、政社分开，“单位人”开始向“社会人”转变。在这个转型的过程中，伴随着市场经济的不断完善，一方面人们的市场、社会主人翁意识明显增强，开放、竞争、效益、平等观念深入人心；另一个方面也出现了一味追求物质利益，甚至为了物质利益不择手段进行竞争的现象。比如，毒奶粉、地沟油、假羊肉、瘦肉精、黑导游、豆腐渣工程等。而在非公经济组织内，也存在着忽视员工的合法权益和人文关怀等问题，农民工的讨薪难问题经常见诸新闻媒体。这些为社会治理带来了一定的挑战。

2.工业化持续推进带来公共需求的变化

随着我国工业化进程的逐渐推进，中国的整体经济实力显著增强，2010 年我国的综合国力首次超过日本成为世界第二大经济体。截至 2016 年年底，我国的人均国民收入达到了 8260 美元，是典型的中等收入国家。

按照国际经验和我国发展实际来看，处于中等收入时期，不仅仅是一个“十字路口”，它还往往是从温饱到发展的过程中，社会利益诉求和公共需求变化最深刻的时期，所以未来这一段时间对中国来说，我们一方面面临着前所未有的向高收入国家行列跃升的机遇，另一个方面也面临着风险。首先，中国经济进入了新常态，推动经济高速增长的传统动力机制在衰弱，经济增速从高速切换到了中高速。其次，人口红利在消失，老龄化社会来临，劳动力成本上升。2012 年开始，中国适龄劳动人口绝对数量减少了 345 万，此后一直在减少。研究发现，劳动力供给、人口老龄化加剧以及劳动生产率增速下降，都是造成经济增速下滑的原因。原来东亚那些成功跨越“陷阱”的国家都是在它们人口老龄化加速前完成的，所以中国需要在人口红利消失之前加快完成这个转型。再次，资源环境对发展的约束趋紧。众所周知，过去我们的快速发展一定程度上是建立在牺牲环境的基础上的，粗放型经济发展方式带来的弊端在不断显现，发展带来的环境污染治理同样也需要付出巨大的代价。最后，在社会利益诉求和公共需求变化最深刻的时期，往往也是社会矛盾多发的时期，需要我们格外重视社会领域的“爆点”，这些都是我们度过“中等收入陷阱”要解决的问题。

3.城镇化率提升带来的城乡间融合问题

改革开放之后到现在，我国的城镇化率以年均 1.2 个百分点的速度持续增加，截至 2016 年年底，中国的城镇化率达到 57.35%，是典型的进入城镇化中后期发展阶段的国家。但是与我国城镇化持续推进相伴随的各种社会问题也很多。

首先，城市的扩张是建立在土地使用增加的基础上，征地拆迁带来了城市面貌翻天覆地的变化，农民能够进城住楼房，基础设施也能得到改善。但是，失地农民和城市被拆迁居民补偿机制引起的矛盾仍然不少，偶有群体性事件和个体过激行为，这种现象在城郊村镇尤为突出。

其次，据统计，2016 年我国农民工总量达到 28171 万人，其中外出超过六个月以上时间的农民工为 16934 万人，占农民工总数的 60%。目前，针对这些流动人口，尽管我们不断出台一系列的民生政策，但是这些流动人口特别是农民工在城市就业、收入、住房、子女教育、社会保障、城市融入等方面还存在不同程度的困难，急需实现对他们的基本公共服务公平化。再者，城乡之间流动人口留给农村和乡镇还有大量的留守妇女、留守儿童、留守老人，这些群体的照料、监护也是一个难题。

最后，伴随着城市规模的扩大和城镇新型社区的增多，在"陌生人"社会体系下的新型城市社区治理的问题也在不断涌现。农民上楼之后，新的治理问题也会出现，这都迫切地要求我们加强城镇化推进过程中的社会治理体系建设。

4. 信息化发展扩大了虚拟社会的影响力

截至2016年12月，我国网民达7.31亿，互联网普及率达到53.2%，这个网民规模已经相当于欧洲人口的总量。在手机使用领域，截至2016年年底，中国手机网民达6.95亿，微信月活跃账号数达8.46亿，直逼9亿大关，微信公众号数量达到1777万，2017年已经突破2000万。现在，互联网、智能手机成为人民生活中必不可少的工具，中国的新四大发明：共享单车、移动支付、外卖、快递，都是以互联网、智能手机为依托的。这些都还是信息化对我们生活影响的浅层次的、可预见的内容，因为信息技术的发展效应是叠加的，未来人工智能AI时代对社会治理的影响更加不容小觑。信息化技术给我们社会带来的转型力度最大，甚至是转型的直接动力。这是信息化给我们带来的好处。

但是，与互联网、智能化带来的便利相伴而来的是网络衍生的虚拟社会治理问题，比如网络语言暴力、网络色情、网络电信诈骗、网络安全，还有日益严重的网瘾、手机瘾等问题。在虚拟社会，网络民意表达呈现前所未有的高涨，网络通信技术的便捷化让信息传播的速度前所未有的快，网络可以让你一夜成名，成为"网红"，也可以让你一夜之间成为众矢之的，正能量、负能量交错叠加，真假信息交错。毫不夸张地说，网络是绝对的双刃剑，而我们对互联网的了解远远少于我们不了解的，"互联网威力爆炸起来破坏力是大于原子弹的"。所以习近平总书记也说过，我们中国共产党如果过不了互联网这一关，我们就过不了长期执政这一关。这需要我们在信息化、智能化的时代，加强和完善对网络信息化的管理，提高对虚拟社会的治理水平。

5. 全球化带来社会从封闭到开放的转型

随着我国对外开放水平、层次往纵深扩展，中国越来越多地参与国际分工，并日益接近世界舞台的中央。与此同时，全球化带来的对外互通交流也影响了我国社会各个领域。比如，在社会思想领域，多种文化交流交融现象很明显，人们的思想意识空前活跃，参政意识、民主意识、法治意识、维权意识、监督意识明显增强。

与这种开放相伴随的，以个人主义、拜金主义为代表的资产阶级腐朽思想也投射进社会的各个领域，带来社会风气的浮躁、浮夸、标新立异，社会公德意识弱化，出现了盲目崇洋媚外、追求西化和普世价值的思想，很多人高唱着“国外的月亮比中国圆”。另外，西方价值观对基层和农村的渗透也很明显。华中科技大学有两位学者对当前西方宗教在中国农村的传播现状进行了调研研究，研究报告中指出：由于基层政权从社会治理和私人领域中的相对撤退，以基督教为主体的西方宗教在经过近 30 年的发展之后，已经完全取代其他宗教和民间信仰形式，成为我国农村主导性的宗教并且具有唯一的合法性，并且这个过程还在加速进行。

所以，总体来看，我国社会领域正处于大转型大变革的时代，社会利益格局在深刻地调整且整体向好，但是社会领域的问题也在涌现，所有这些都需要我们不断地审视社会治理格局，加强和创新社会治理的方式，凝聚社会共识，维护社会稳定。

（二）现有的社会治理体制机制需要创新

新中国成立之后，我国的社会治理可以大致划分为三个阶段：第一阶段是新中国成立后建立起来的计划管理体制，这种统管统分的体制主要是为了“组织起来”，实现社会秩序稳定。第二阶段是改革开放之后，鉴于计划体制对社会领域管得过死过严，通过对市场的放权，增加了社会活力，让社会资源——人、财、物充分地涌动。第三阶段，十八届三中全会又是一个转折点，会上提出“治理”，是国家要对社会领域放权的尝试。所以，从改革开放之后，我们就开始了对社会治理的探索，尤其是 2010 年之后，就如何加强和创新社会治理工作，中央也做了一定的探索，标志就是在十六届六中全会上，党中央提出建设和谐社会的构想，将“和谐”作为现代化国家建设目标写入了党的基本路线。还有就是从 2010 年开始，中央就加强和创新社会治理多次召开会议，并敦促各级领导干部进行集中学习。但是，时移势易，在社会治理领域我们仍有需要改进的地方，具体体现在：

1. 政府职能转变不到位

这种职能转变不到位，主要体现在以下三个方面：

首先，政府的“错位”，即“该管的不会管”。对于自己该管的事情，却没有能力去管好，乱用权力、乱管一通。

其次，政府的“缺位”，即“该管的没有管”。近几年，在公共治理领域的热词是“善治”，这个词语引申到政府的领域就是政府要实行“善政”，强调政府是制度安排、社会服务平台搭建的主要组织者。政府不是一个只有权利没有义务，也不是一个只有义务没有权利的机构，它是一个权利和义务都有的组织。近几年来，在与群众生活密切相关的社会公共服务供给领域出现的上学难、看病难、住房难等背后都有政府缺位或者政府还没来得及就位的现象。

最后，政府的“越位”，即“管了不该管的”。“越位”应该是当前政府转型不到位中体现得最为明显的一“位”。计划经济时代政府管控一切的惯性还在，导致政府还是做“大管家”。比如，政府直接招商引资，往往忽略了资源配置这是市场应该干的事情。

所以，无论是“错位”“缺位”还是“越位”，都表明了一个事情：我们一直说要建设服务型政府、法治政府、小政府，但是政府社会治理的理念、方式方法、制度权限、依据等都还比较单一、被动、滞后，还是重政府、轻社会协同，重视行政命令，还没有彻底地适应以人为本、以人民为中心的治理理念，所以有时候就会出现干群、党群矛盾被激化，社会矛盾凸显。

2.社会组织发育不健全

社会组织以其非营利性、民间性、公益性、自愿性与组织性为特征，在社会治理和社会服务方面与政府相比有独特的优势，比如，在利益主体和社会结构多元化的现实情况下，不同的社会组织能够客观地反映和解决不同群体的利益要求，因为有组织的理性比非组织的个人行为要更好把控；社会组织也可以在社会矛盾尚未转化为政治矛盾的前提下，通过利益表达和协调来化解矛盾；面对全面增长和深刻变化的公共需求，社会组织可以提供相关的公共服务，满足一些特殊群体的服务需求。

而从实现政府和社会协同的角度来看，我国的社会组织发育并不成熟，力量还不够强大到承接政府职能的转移。首先，我们对社会组织功能的认识不足，还没有真正完全地把它们有效地纳入经济社会发展总体布局，群众的观念上也对这些功能认识不足，一旦出了问题，老百姓想到的第一个求助对象不是社会组织，而是政府。其次，尽管这几年社会组织从数量、规模、形式上等发展得相对快一些了，但是从满足基本公共服务需求的角度来看，还差一段距离。表现为社会组织绝对数量少，且多是一些协会、行会类组织，行政色彩浓，规模效应不大，没有在社会治理中发挥出应有的作用，难以满足社会发展的需要。再次，从社会组织发展的制度环境来看，我国关于社会组织的法规体系尚不健全，立法层次较低，政策环境不完备。目前仅有《社会团体登记管理条例》《基金会管理条例》和《民办非企业单位登记管理暂行条例》，还没有一部规范的《社会组织法》来保护和规范社会组织的活动。最后，从社会组织自身的体制机制来看，也跟社会组织发展不适应。当前对于社会组织的管理还是实行业务主管部门和民政部门双重管理的体制，全国有登记在册的，有业务主管部门的社会组织有 70 万个，这也就意味着还有大量的没有主管部门而且没有在民政部门登记的社会组织游离在外，这个群体的数量上百万个都有可能，这些组织都由什么人构成，都在干什么事情，我们没有办法监控，这种游离于监控范围外的组织就容易成为国外反华、反党势力利用的对象。

3.社区服务体系不成熟

社区是“聚居在一定地域范围内的人们所组成的社会生活共同体”。一个健全的社区服务体系，应该由政府的服务体系、市场的便民服务和社区公益服务体系构成来全面地满足社区多元化、多层次的社会性和文化性需求。近年来，在党、政府和社会各界的共同努力下，我们无论是城市社区还是农村社区都呈现出了非常好的发展态势。但是，我们在看到成就的同时也应当认识到，我们的社区建设仍然存在一些不足之处，社区发展的规模、水平和质量，还难以满足新时期社会治理的要求。

首先，社区行政化、机关化现象仍然存在。中国的社区建设是由政府推动的，在这个过程中，行政力量在社区建设初期无疑具有主导作用，但是一旦社区的基本框架搭建好了之后，社区建设的主导力量就应该是各种民间力量。从我国的实际来看，受到计划经济体制的影响，在政府职能尚未彻底转变之前，我国的社区运行过程中，行政部门依然会自觉或者不自觉地把社区自治组织当作自己的基层行政部门，把本属于自己的职能压力押给社区自治组织——居委会或者村委会，这样社区自治组织大量的时间用于处理行政交代的事务，自己的职能却很难得到发挥。其次，社区建设体制机制亟待完善。目前，大多数社区居委会少有其他的经济来源，居委会工作人员的工资、日常工作和活动经费大部分还是财政拨款，靠政府下拨办公经费、各种活动创建经费、评比奖金等维持，这意味着居委会自身缺少经营社区的能力，建设资金缺少与需求缺口大的问题进一步凸显。另外，也正是由于资金限制，居委会工作人员收入低不具有就业竞争力，我国从事社区建设的社区工作者严重缺乏。社会建设跟经济、政治建设一样，都需要专业的管理人才，目前我国从事社工职业的人少，由于待遇、社会重视度等限制，很多社工专业的学生毕业之后往往是换了专业考研或者从事其他的行业了，留在社区队伍里的很少，这一点也需要理念、制度上的转变。

4.居民自身参与不积极

社区的共同体特征，意味着社区居民对于所在社区的普遍认同和主动参与。但是当前，无论在城市社区还是农村社区，我们社区的主要参与力量，主要是社区积极分子、低保居民、离退休党员和老年人等群体，参与的形式多是一些文体性的活动，政治性的很少，参与也多是因为人际关系而不是基于公共参与精神。大量的青年中坚力量因为时间原因很少花大量的时间投入社区工作。所以，这样的低参与度很难产生社区意识，形成社区凝聚力，成为共同体意义上的社区，也缺乏一定的自我管理、自我教育的能力。所以一些外国学者考察了中国的社区之后说，中国还没有真正意义上的社区，这是我们当下社区发展需要重点关注的问题。

（三）加强和创新社会治理的思路和对策

十九大报告提出要打造共建共治共享的社会治理格局，实现社会治理社会化、法治化、智能化、专业化水平，完善党委领导、政府负责、社会协同、公众参与、法治保障的社会治理体制，同时指出加强社区治理体系建设，推动社会治理重心向基层下移，发挥社会组织作用，实现政府治理和社会调节、居民自治的良性互动。这是政策领域提出的宏观要求，具体来看：

1. 继续建设让人民满意的服务型政府

加强和创新社会治理，实现政府和社会的良性互动，还是需要进一步深化行政体制改革，深化简政放权，形成行为规范、运转协调、公正透明、廉洁高效的行政管理体制，增强政府的公信力和执行力，让人民满意。

第一，要切实实现政府职能的转变。主要来看就是推进政府从“全能型”政府向有限型政府转变，从经济主体型和投资型政府向公共服务型政府转变，在我们的社会矛盾已经不是落后的社会生产与人民的日益增长的物质文化需要的时候，政府执政理念也应该从 GDP“经济建设”至上切换到人民满意至上。要明确理解政府和社会组织都是社会治理和服务的主体，只是各自承担着不同的职能，发挥不同的作用而已，要落实政府对经济的“调节和监管作用”，调动更多的社会力量参与公共服务供给，而不是把主要精力放在参与或干预微观经济活动上。要更多地提供就业服务和基本社会保障等基本民生性服务，例如，提供教育、医疗、公共文化等公共事业性服务；提供环境保护、基础设施建设等公益性基础服务；提供公共安全、消费安全、社会安全等公共安全事务。此外，从经济调节、监管和鼓励社会主体提供服务来看，政府也要对他们提供的公共服务产品进行有效的管理和监督，比如对事关人民群众生命财产安全的生产安全、食品和药品安全等领域的监管就要责无旁贷。

第二，政府要树立服务的理念。随着信息化、现代化的推进，社会意识也在发生剧烈的改变，“服从的时代结束了”，谈到治理、哪怕是谈到管理，管控的绝对话语权在逐渐弱化，取而代之的是合作交流和服务。对于政府的社会治理职能也是如此，习近平总书记早就说过，一切社会管理部门都是为群众服务的部门，说得更直接一些，以后政府的工作要体现的是寓管理于服务之中，先考虑满足人民群众各种合理的需要，施政目标要先征得人民的同意，让人民参与各种决策的过程中来，贯彻以人民为中心的发展理念，民众和政府有良性的互动，让老百姓满意了，让老百姓舒心了，社会稳定了，也就实现了社会治理的目标。

第三，建立健全公共财政体制，加大对公共服务的投入。公共财政是公共体系运行的血液，是政府提供有效公共服务的基础，公共财政配置的目标是全体社会成员基本公共服务的均等化。当前，我们的财政格局中存在着“建设财政”的特点，也就是经济建设方面的支出占财政支出的总量太高。要发挥政府在公共服务供给中的主体作用，就要深化财政体制改革，减少财政支持面过宽的现象，加大财政中用于教育、卫生、就业、社会保障、环境保护、基础设施建设等社会公共服务项目的比重。

第四，政府要积极推进公共服务供给方式的创新。首先，从投资的角度来看，政府需要更加妥善有效地利用手中的资源，拓宽服务资金来源渠道。其次，创新公共服务供给方式。比如，政府通过招投标、合同承包、特许经营等市场机制来购买公共服务，调节公共服务供给和需求，来达到降低成本和提高效率的作用。最后，拓宽公共服务供给渠道。公共服务供给方式的创新还表现为调动社会力量来改善公共服务，鼓励各种社会组织各显神通、发挥各自的优势提供公益和社会服务，实现社会服务供给主体的多元化，从而满足社会成员多元化的需求。

2.加强和创新社会治理要以基层为先

十九大报告指出：“要推动社会治理重心向基层下移。”十八大报告中还指出：从基层做好社会服务管理，实现基层的社会和谐稳定，是实现全社会稳定的基础。具体来看：

第一，要加强和完善社区建设。新时代，社区作为人民社会生活的主要空间，成为主要的社会资源整合组织载体，无论城市和农村，人民群众多元化的诉求以后都要在社区中得到满足。那么怎么把社区做好呢？首先，要做好社区建设发展的总体规划。社区建设是一个长期任务，也是一个综合的、系统工程，要满足社区居民的经济、政治、教育、文化、环境、卫生、治安等要求，社区建设就要纳入地方经济社会发展的总体规划之中，在哪里建社区？建多大的社区？建设多少个社区？社区内服务资源如何配置？都要考虑进去，避免社区建设一窝蜂，盲目化和无序化。其次，完善社区的组织建设。社区组织的建设是社区建设的载体和保证，党组织、自治组织和中介组织搞好了，社区工作的运行才有保证。社区党组织是社区建设的领导核心，搞好社区的党建工作就是要让党建围着社区居民转，发挥基层党组织和共产党员凝聚人心、服务群众的作用，巩固党的基层政权。居委会、村委会是居民、村民自治组织，主要是做好社区居民的自我管理、自我服务、自我教育、自我监督。当务之急是加大对社区居委会的还权归位力度，让其回归居民自治职能。对于社区中介组织，首先对其发展是要解放思想，充分认识到社会组织在我国当前经济社会发展中的作用，对于合法合规的社会组织，有用的该引进的可以引进，该培育的培育，无论是学术性的、公益性的，还是行业性、专业性的组织，要进行分类指导和管理，更好地为社区居民提供公共产品和公共服务，整合社区资源，协调社区关系。第三，社区服务质量要高。社区服务是政府公共服务、市场服务、社会保障、社会互助和慈善事业的交织延伸，政府公共服务、商业服务和社区的慈善公益服务，共同构成了社区的服务网络体系。现在在社区的公共服务、市场服务的基础上，更需要做的工作是如何增加社区的高质量公益服务，为提供满足多元化需求的服务奠定基础。第四，重视社区文化建设。社区的文化建设是为了满足社区居民精神文化方面的需求，让社区成员确立共同的价值目标，使全体社区成员发扬参与精神和互助精神，增进社区的认同感和归属感，共同建设新家园。下一步的社区文化建设不仅要包括闲暇娱乐活动，而且还要包括培养新农民、新市民，提高全社会居民综合素质的更多的内容，比如图书馆、游艺室，甚至是与现代技术接轨的硬件设施等。

3.要重视社会治理的制度体系建设

十九大对社会治理的要求首先是制度建设，以从制度领域完善社会治理：

首先，要注重法治建设。法治在国家和社会治理中的作用，既是一个老话题，也是一个现实话题。用法律来治理国家，用法律来推动经济社会发展，用法律来保障人民的权益，用法律来调节社会关系和利益纷争，维护社会秩序，是各个国家治理国家和社会的普遍规则和行为底线，它与社会治理是正相关的关系，在全面建成小康社会的今天，只能加强不能削弱。当前要想真正实现社会治理的法治化，需要深入推进法治政府建设，带头形成整体、全面、合理的制度安排，使社会成员依法享有权利、行使权利、维护权利、履行义务、承担责任，促使行政权力依法运行、受到监督。另外要加强社会领域的立法工作，先实现有法可依，增强司法的权威性，规范执法行为，坚持执法的公平性，切实维护群众的公共利益。同时更要加强全民的法治教育，提高全民遵纪守法意识。

其次，要畅通和规范群众诉求表达、利益协调、权益保障机制。人民群众的工作，是一块高地，政府做不好，其他组织就可能乘虚而入。所以现阶段要特别注意化解人民内部矛盾的方式、方法、态度，注意畅通和规范群众诉求表达、利益协调和权益保障机制的建设，有效地预防和化解矛盾。做群众工作，要思想上尊重群众，感情上贴近群众、工作上依靠群众、生活上关心群众，把群众工作和民生工作融为一体。此外，从依法行政，解决不作为、慢作为、乱作为问题上看，有必要建立重大决策终身责任追求制度和责任倒查机制，尤其要注意解决在征地、拆迁、社保、民政、环保等一些与民生有关的关键领域的与民争利现象，坚决纠正损害群众利益的各种行为。

最后,要有专业化的社会治理人才队伍。宏大的社会治理人才队伍是现代社会治理与公共服务的重要保障。适应当前创新社会治理的现实需求,就要按照人才强国的战略部署,以社会治理人才队伍培养为基础,以人才的合理使用为根本,以人才队伍的评价激励体制完善为重点,以相关政策和制度建设为保障,努力建设一支高素质的社会治理人才队伍。

4.鼓励公众积极参与社会治理

进一步提高社会治理水平,应注重提高公众参与度。除了从制度上要保障公民参与的权利之外,还应着力构建公众参与的平台和载体。比如推动项目式参与,在政府购买公共服务项目的过程中,引入“项目带动”和“体验激发”等新流程,在项目确定的初始阶段就可引入公众参与,让群众了解、评估和吸收公众对项目的合理化建议,在项目招标阶段,利用公益创投方式,选择“接地气”的项目;在项目落实阶段,应进一步创新公众参与的方式与渠道,吸纳群众参与更多的具体环节,增强公众参与体验,激发公众参与热情。此外,提升公众参与社会治理,需要整合社区、社会组织、群团组织、企业等多方面力量,应该树立社区和个人、组织典型对社区居民参与公共活动和社区治理起到示范和引领作用,通过社区讲堂、公益宣传、普法宣传、参与程度和技巧的宣传、社区历史与文化展示等多种方式,培养和提升居民的公共意识和社会责任感。

参考文献

[1]詹姆斯·罗西瑙.没有政府的治理——世界政治中的秩序与变革[M].张胜军,译.南昌:江西人民出版社,2011.

[2]罗伯特·罗兹.新的治理[M].北京:社会科学文献出版社,2015.

[3]俞可平.治理与善治[M].北京:社会科学文献出版社,2005.

[4]俞可平.全球治理引论[J].马克思主义与现实,2002(1):20-32.

[5]俞可平.敬畏民意:中国的民主治理与政治改革[M].北京:中央编译出版社,2012.

[6]杨雪东,王浩.全球治理[M],北京:中央编译出版社,2015.

[7]向春玲.加强和创新社会管理学习读本[M].北京:中国人事出版社,2011.

[8]张国清.社会治理研究[M].杭州:浙江教育出版社,2013.

[9]何增科.我国社会管理体制的现状分析[J].甘肃行政学院学报,2009(4):101-107.

[10]陈志成.从“单位人”转向“社会人”——论我国城市社区发展的必然性趋势[J].温州大学学报,2001(3):70-74.

[11]吕方.从街居制到社区制:变革过程及其深层意涵[J].福建论坛(人文社会科学版),2010(11):185-188.

[12]李聪.新时期我国基层治理体制创新研究[D].电子科技大学,2012.

[13]何海兵.我国城市基层社会管理体制的变迁:从单位制、街居制到社区制[J].管理世界,2003(6):52-62.

[14]深圳市委党校课题组.从三种模式看社区治理的现状与未来[N].深圳特区报,2008-3-17.

[15]李建勇.完善基层社会管理体制[N].解放日报,2008-6-5.

[16]张雨晗.成都市曹家巷自治改造模式的研究及建议[J].四川建筑,2014(6):4-7.

[17]本刊评论员.必须坚持依法治国和以德治国相结合[J].求是,2014(24):17-18.

[18]李慧凤,郁建兴.基层政府治理改革与发展逻辑[J].马克思主义与现实,2014(1):174-179。

[19]乌日古牡拉."德治"与"法治"两种治理模式整合的考察研究[D].内蒙古农业大学,2012.

(陈明珠,政治学教研部讲师)

加快推进基层法治政府建设

李坤轩

[教学目的]

坚持问题导向,注重理论与实践紧密联系,通过实施课堂教学,结合典型案例分析,充分调动学员学习、研讨的能动性,增强学员对基层法治政府建设的重要性和紧迫性的认识,进一步加强法治修养,提升依法行政能力。

[教学重点]

1.法治政府的提出与发展

通过梳理法治政府建设的历史进程,帮助学员熟悉和掌握我国法治政府建设的发展背景、基本内涵、基本要求。

2.法治政府建设的现实状况

分析近年来我国法治政府建设取得的成就和当前基层法治政府建设中存在的主要问题。

3.如何推动法治政府建设

联系实际,以解决问题为出发点,提出推动法治政府建设的 7 项具体措施。

[教学形式]

1.教学方式方法

以教师讲授为主,以案例分析、学员研讨、教师和学员互动交流为辅。

2.课程逻辑结构

围绕什么是法治政府,为什么要建设法治政府,怎么推进法治政府建设的逻辑结构逐步展开。

四、教学内容

课程导入：

1. 对法治的理解

法治应包含两重意义：已成立的法律获得普遍的服从，而大家所服从的法律又应该是本身制定得良好的法律。

——[古希腊]亚里士多德

现代法治：形式法治与实质法治的有机结合。

以人民民主为前提的众人之治，是以人权保障、公权力制约、公平正义为内容的法律制度，是以严格依法办事为要求的治理机制。

形式法治：建立法律制度并依法律制度办事。是指有法律制度形式的“法治”。

实质法治：强调在法律制度中要贯彻、体现“人民主权”“法律至上”“权力制约”“保障人权自由、公平正义”等价值、原则和精神。

2. 如何看待法治的发展

从法制到法治的飞跃。

从以法治国到依法治国再到全面推进依法治国。

全面推进依法治国，是深刻总结我国社会主义法治建设成功经验和深刻教训作出的重大抉择。

——习近平总书记在中共十八届四中全会第二次全体会议上的讲话（2014年10月23日）

我们党对依法治国问题的认识经历了一个不断深化的过程。

新中国成立初期，我们党在废除旧法制的同时，积极运用新民主主义革命时期根据地法制建设的成功经验，抓紧建设社会主义法治，初步奠定了社会主义法治的基础。

后来，党在指导思想上发生“左”的错误，逐渐对法制不那么重视了，特别是“文化大革命”十年内乱使法制遭到严重破坏，付出了沉重代价，教训十分惨痛！

党的十一届三中全会以来，我们党把依法治国确定为党领导人民治理国家的基本方略，把依法执政确定为党治国理政的基本方式，始终把法治放在党和国家工作大局中来考虑、来谋划、来推进，依法治国取得重大成就。

——习近平总书记在中共十八届四中全会第二次全体会议上的讲话（2014年10月23日）

历史是最好的老师，经验和教训使我们党深刻认识到，法治是治国理政不可或缺的重要手段。

法治兴则国家兴，法治衰则国家乱。什么时候重视法治、法治昌明，什么时候就国泰民安；什么时候忽视法治、法治松弛，什么时候就国乱民怨。

——习近平总书记在中共十八届四中全会第二次全体会议上的讲话

（2014年10月23日）

党的十九大报告对依法治国高度重视，报告13个部分中有8个部分阐述了党的法治理论、法治理念和法治思想。

习近平新时代中国特色社会主义思想包含了习近平新时代中国特色社会主义法治思想。

全面依法治国是习近平新时代中国特色社会主义思想的重要内容，是新时代坚持和发展中国特色社会主义的基本方略。

3.法治政府的内涵

法治政府，是依法治理和运行的政府，是有限政府、责任政府、透明政府、高效政府、诚信政府，是相对于人治政府的一种政府形态。

法治政府的核心要义：一切行政活动只能在法律的规范和制约下进行。

法治政府的根本目的：实现和保障公民、法人和其他组织的合法权益。

主讲内容（分为三个部分）：

（一）法治政府的提出与发展

2004年3月，国务院颁布的《全面推进依法行政实施纲要》，首次提出“法治政府”。经过十年左右坚持不懈的努力，基本实现建设法治政府的目标。

推进依法行政，做到严格、规范、公正、文明执法。

确保到2020年全面建成小康社会的时候，依法治国基本方略全面落实，法治政府基本建成。

——党的十八大报告

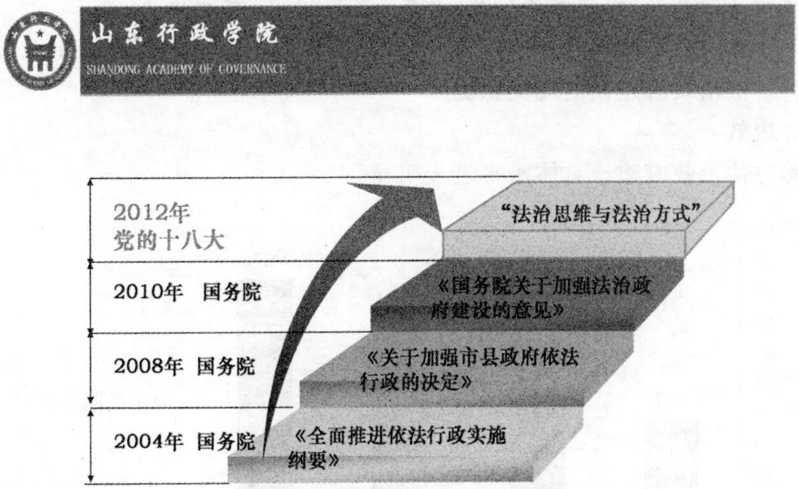

图 1 法治政府推进的重要节点(一)

各级政府必须坚持在党的领导下、在法治轨道上开展工作,创新执法体制,完善执法程序,推进综合执法,严格执法责任,建立权责统一、权威高效的依法行政体制,加快建设职能科学、权责法定、执法严明、公开公正、廉洁高效、守法诚信的法治政府。

——2014 年 10 月 23 日十八届四中全会《中共中央关于全面推进依法治国若干重大问题的决定》

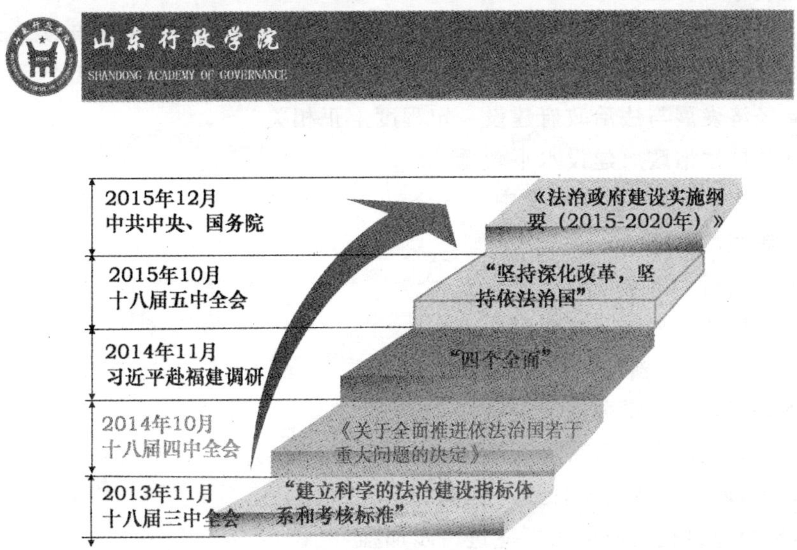

图 2 法治政府推进的重要节点(二)

建设法治政府，推进依法行政，严格、规范、公正、文明执法。

——党的十九大报告

（二）法治政府建设的现实状况

1. 成效

地方法治政府建设总体水平进步明显。

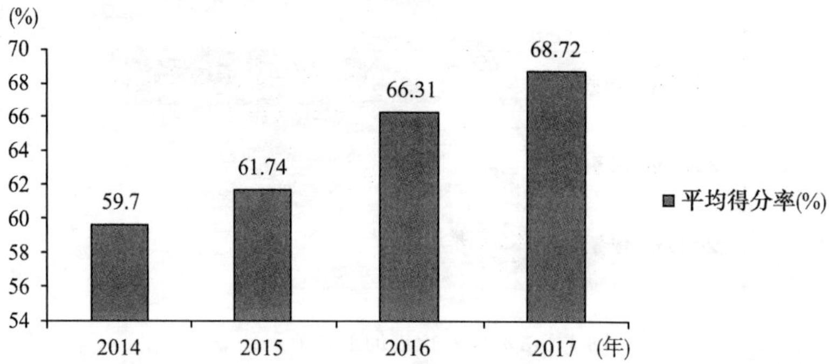

图 3　被评估城市法治政府平均得分率

2. 问题

（1）机构职能配置还不够科学

党和国家机构设置和职能配置同统筹推进"五位一体"总体布局、协调推进"四个全面"战略布局的要求还不完全适应；同实现国家治理体系和治理能力现代化的要求还不完全适应。

——十九届三中全会《深化党和国家机构改革方案》

（2）区域、层级分化现象比较明显

● 经济发展与法治政府建设一定程度上正相关。

● 基层法治政府建设水平较低。

（3）依法行政问题相对集中

● 履职尽责不当。

● 行政行为事实证据不充分。

● 违反法定程序问题突出。

（4）行政执法领域问题仍然较多

● 基层执法力量薄弱。

● 行政执法水平有待进一步提高。

（5）行政决策的科学性还需提高

（6）打造诚信政府的力度应进一步加强

(三)如何推动法治政府建设

1.牢固树立法治思维

自觉以现代法治精神、原则和规则来分析、判断和处理事务。

法律要发挥作用,需要全社会信仰法律。

卢梭说,一切法律之中最重要的法律,既不是刻在大理石上,也不是刻在铜表上,而是铭刻在公民的内心里。

——习近平《严格执法,公正司法》(2014年1月7日)

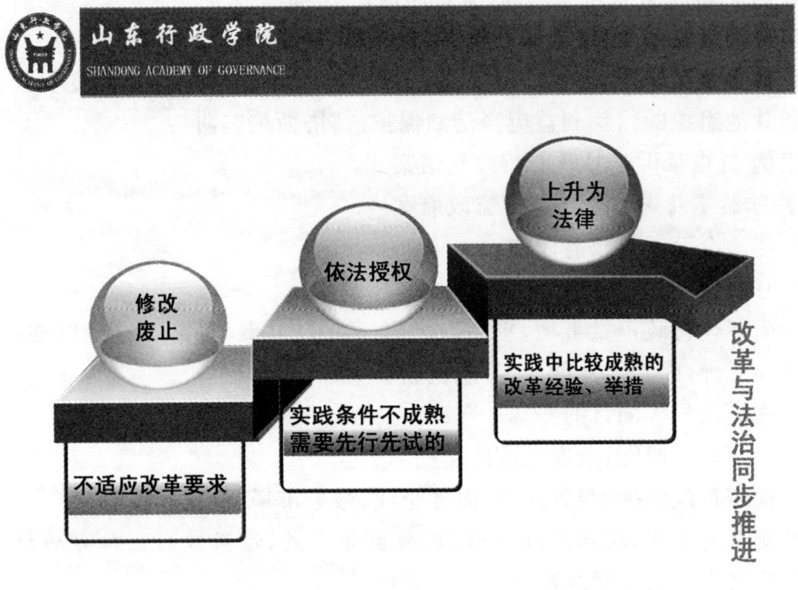

图4　妥善处理好改革与法治的关系

● 如何理解何耘韬式难题,避免工作中陷入两难境地?

(教师和学员互动交流环节)

2.深入推进依法行政

(1)遵循行政合法性原则

"法无授权不可为"。

行政机关行使行政权力,必须依法取得,依法行使,不得超越职权、滥用职权。

案例:某镇村民小组诉县国土局土地确权案

(2)注重行政合理性

行政行为的内容要客观、适度、合乎理性。

比例原则:妥当性、必要性、均衡性。

案例 1:哈尔滨汇丰公司案

案例 2:某橡胶公司诉县建设局行政处罚案

(3)确保行政行为程序正当

行政机关实施行政管理,必须遵循正当程序要求,坚持信息公开和阳光行政,注意听取公民、法人和其他组织的意见,保障公民、法人和其他组织的知情权、参与权、申辩权。

案例 1:刘某诉学校不批准授予博士学位案

案例 2:陈某诉某市规划局、城管局拆违案

(4)坚守信赖利益保护原则

行政机关应当信守诺言,行政行为一旦作出,不得随意撤销和变更。公民、法人和其他组织的信赖利益应当受到保护。“塔西佗陷阱”。

案例 1:崔某诉某县政府行政允诺案

案例 2:烟花爆竹企业诉某省政府案

3.依法全面履行政府职能

(1)深化简政放权改革

全面清理行政审批事项,提高取消和下放许可事项的“含金量”,规范行政许可事项办理,鼓励大众创业、万众创新。

推进简政放权的目的:

①转变政府职能,激发经济内生动力。

②提高行政效率,服务民众、服务企业、服务市场。

转变政府职能,深化简政放权,创新监管方式,增强政府公信力和执行力,建设人民满意的服务型政府。

——党的十九大报告

简政放权中的问题:

变相保留、借口不放、机械下放、下放不配套不同步、层层下放下级难接。

有关对策建议:

①推动法治建设,破解立法滞后难题。

②加强统筹协调,力促改革纵深发展。

关联事项同步下放。积极开展联合审批、集中审批。县(市、区)试点设立行政审批局,相对集中行政许可权(平度、任城、寿光、莒县、荣成)。

③完善基层和群众“点菜”机制,倒逼改革。

④优化行政审批流程,进行流程再造。

⑤多渠道提升基层承接能力,打通“最后一公里”。权力下放与技术装备落实同步,与配套经费落实同步,与监管责任落实同步。

图 5　推行"三张清单"

(2)加强市场监管

存在的问题：

认识不足、力量不够、机制不顺、手段不多。

有关建议：

①构建大监管格局。打造省市县乡横向互联、纵向互通的信息化监管平台，实现政府部门间联网监管。

②健全协同监管机制。涉及多部门的，杜绝监管盲区。

③形成多元化监管体系。加强行业协会自律，公众、媒体监督，社会组织协同共治。

④创新市场监管方式。"双随机一公开"、责任追溯、公示公开、"黑名单"制度。提高监管智能化水平。推进以信用为核心的新型市场监管。

(3)优化公共服务。加快形成政府主导、覆盖城乡、可持续的基本公共服务体系，推进公共服务提供主体和提供方式多元化，实现基本公共服务标准化、均等化、法定化。

(4)强化生态环境保护

深刻理解习近平生态文明思想。

祁连山国家级自然保护区生态环境问题问责引发的思考。

（学员研讨，教师点评分析环节）

(5)创新社会治理

打造共建共治共享的社会治理格局。加强社会治理制度建设，完善党委领导、政府负责、社会协同、公众参与、法治保障的社会治理体制，提高社会治理社会化、法治化、智能化、专业化水平。

——党的十九大报告

构筑“自治＋法治＋德治”的治理体系。

4.完善依法行政制度体系

法律是治国之重器，良法是善治之前提。

——十八届四中全会决议

以良法促进发展、保障善治。

——党的十九大报告

行政制度体系建设存在的问题：

①法律冲突问题。

②法律制度缺失。

③规范性文件失范。

主要完善措施：

①完善政府立法体制机制。

②加强重点领域政府立法。

③科学、民主、依法立法。

④加强规范性文件监督管理。

5.推进行政决策科学、民主、合法

把握好三道关口：

(1)“合法关”。

(2)“程序关”。

(3)“责任关”。

“合法关”：坚持做到依法决策。

建立行政机关内部重大决策合法性审查机制，为依法决策、依法行政加一道“安全围栏”。

未经合法性审查或者经审查不合法的，重大行政决策方案不得提交本级政府全体会议或者常务会议讨论决策。

——《关于进一步做好重大行政决策合法性审查工作的通知》

“程序关”：遵守重大行政决策法定程序。

①公众参与。

②专家论证。

③风险评估。

④合法性审查。

⑤集体讨论决定。

“责任关”:建立重大决策终身责任追究制度及责任倒查机制。

健全并严格实施重大决策终身责任追究制度及责任倒查机制,对决策严重失误或者依法应该及时作出决策但久拖不决造成重大损失、恶劣影响的,严格追究行政首长、负有责任的其他领导人员和相关责任人员的党纪政纪和法律责任。

——《法治政府建设实施纲要》

6.坚持严格规范公正文明执法

实施五项举措:

①深化行政执法体制改革

统筹配置行政处罚职能和执法资源,相对集中行政处罚权。大幅减少执法队伍种类,合理配置执法力量。

推动整合同一领域或相近领域执法队伍,实行综合设置。

a.整合组建市场监管综合执法队伍。

b.整合组建生态环境保护综合执法队伍。

c.整合组建文化市场综合执法队伍。

d.整合组建交通运输综合执法队伍。

e.整合组建农业综合执法队伍。

继续探索实行跨领域跨部门综合执法。

②加强行政执法规范化建设

③创新行政执法方式

④强化行政执法监督

⑤抓好执法人员管理

7.强化对行政权力的制约和监督

没有监督的权力,必然导致腐败,这是一条铁律。

——习近平总书记系列重要讲话读本(2016年版)

要加强党内监督、人大监督、民主监督、行政监督、司法监督、审计监督、社会监督、舆论监督,努力形成科学有效的权力运行和监督体系,增强监督合力和实效。

——《加快建设社会主义法治国家》(2014年10月23日)

一次不公正的审判,其恶果甚至超过十次犯罪。因为犯罪虽是无视法律——好比污染了水流,而不公正的审判则毁坏法律——好比污染了水源。

——弗兰西斯·培根

全面推进依法治国，必须坚持公正司法。公正司法是维护社会公平正义的最后一道防线。如果人民群众通过司法程序不能保证自己的合法权利，那司法就没有公信力，人民群众也不会相信司法。

——习近平总书记在首都各界纪念现行宪法公布施行三十周年大会上的讲话（2012 年 12 月 4 日）

全面推进政务公开，强化对行政权力的制约和监督，建立权责统一、权威高效的依法行政体制。要严格执法资质、完善执法程序，建立健全行政裁量权基准制度，确保法律公正、有效实施。

——习近平总书记在十八届中央政治局第四次集体学习时的讲话（2013 年 2 月 23 日）

《政府信息公开条例》第九条：

行政机关对符合下列基本要求之一的政府信息，应当主动公开：

(1)涉及公民、法人或者其他组织切身利益的；

(2)需要社会公众广泛知晓或者参与的；

(3)反映本机构设置、职能、办事程序等情况的；

(4)其他依照法律法规和有关规定应当主动公开的。

信息公开的例外情形：

(1)国家秘密、商业秘密、个人隐私。

经权利人同意公开或者行政机关认为不公开可能对公共利益造成重大影响的涉及商业秘密、个人隐私的政府信息，可以予以公开。

(2)不得危及国家安全、公共安全、经济安全和社会稳定。

重点推进乡村振兴、财政预决算、公共资源配置、重大建设项目批准和实施、社会公益事业建设等领域的政府信息公开。

课程结语（略）。

参考文献

[1]应松年，宋功德. 依法行政的理论与实践[M]. 北京：国家行政学院出版社，2011.

[2]胡建淼. 政府法治建设[M]. 北京：国家行政学院出版社，2014.

[3]王敬波. 法治政府要论[M]. 北京：中国政法大学出版社，2013.

[4]李坤轩. 法治政府建设[M]. 济南：山东人民出版社，2018.

（李坤轩，法学教研部主任、教授）

加强新时代中国特色社会主义法治文化建设

陈俊霞

[教学目的]

通过对法治文化建设这一主题的探讨，使参加学习的学员对法治文化建设的内涵、作用、意义都有一个清楚的认识，辨析我国当前在法治文化建设中面临的困难和问题，按照法治中国建设的目标及战略部署，积极探索和实践新时代中国特色社会主义法治文化建设。

[教学重点]

在明确认识法治文化建设的任务、面临的困难和问题的基础上，重点探讨我国法治文化建设的实现途径。

[教学形式]

讲授式＋案例研讨互动。

[教学内容]

引言：从一个案例来开始我们对法治文化建设这个话题的讨论。

案例："中国式私了"遭遇美国司法

2012 年 3 月 29 日，一名在美国留学的 21 岁中国学生唐某涉嫌绑架并强奸女房东，被美国警方逮捕。4 月 5 日，唐某的父母从中国赶到美国。到达之后，唐某的父母就找到受害人，试图贿赂她并让她改变口供。受害人报警，这对父母因涉嫌"贿赂证人，妨碍司法公正"遭美国警方逮捕。随后，他们被美国检方指控"干扰证人"。按照美国法律规定，行贿证人或陪审团成员，将加重对犯罪嫌疑人的罪行指控。一个月之后，美国检方又以"对美国法律存在认识有误"为由撤销了对唐某父母的犯罪指控。美国检方的声明说:“撤销针对唐某父母干扰证人的指控,因为‘文化差异’可能导致这对父母并非有意触犯美国法律,他们只是想在庭外与受害人解决这件事。”

唐某被控犯有一级绑架罪和强奸罪。唐某被捕后,曾经通过朋友捎信给受害人,劝说她改口:“如果她不放弃指控的话,自己有可能在监狱里待一辈子”,而他可以提供“她要的任何东西”。受害人报警,美国检方指控唐某干扰证人。由于这一新增的指控,美国监狱方面将唐某的保释金提高了5万美元,从开始的75万美元增加到了80万美元。

这个事件被国内媒体报道后,引起大众舆论哗然。大家纷纷质疑:“美国人眼里的中国文化难道就是‘贿赂文化’吗?违法行为都成了中国文化?”

也有不少人士表示,这一事件给中国民众上了一堂生动的司法公正课。嫌疑人父母在这起涉外案件中缺乏法治意识的举动成为典型的反面教材,实际生活中频频出现的“人情案”“关系案”“权力案”“金钱案”等以钱、权私下交易干扰正常司法的观念和现实困扰更值得我们深刻反思。

(一)对法治文化建设的认识

1. 文化、法治文化的概念

文化,是“指一个社会中的价值观、态度、信念以及人们普遍持有的见解”。文化是人类在繁衍进化、劳动实践中创造并积淀形成的产物,包括了物质文化、精神文化、制度文化等各种类型。由于文化的形成与种族、劳动生活方式、地理环境等紧密相关,因此文化呈现出丰富的多样性,例如地域文化、宗教文化、饮食文化、音乐舞蹈、书法绘画艺术等。中国有句俗语“百里不同风,千里不同俗”,非常生动地概括了这一文化现象。

法治文化是在人类文明发展过程中形成的产物,是良好的法律制度规范,完善的法律设施,严格的执法、司法程序等外在文明成果以及法治意识、法治精神、法治信仰等内在的精神文明成果的综合。社会主义法治文化是以社会主义法治理念为导引、以社会主义法律制度为主干、以依法办事和自觉守法为基础、以构建社会主义法治秩序为目标的法治文明状态。

《能言善辩的农民》是古代埃及保存下来的反映古埃及政治、经济、宗教及社会状况的一篇十分重要的文献。该故事是古代埃及的一桩诉讼案,围绕着农民的九次申诉展开,在故事中我们可以看到古埃及的审判场所(法庭)、司法官员、司法程序及法律文书等。在农民对长官廉西的九次申诉中,用生动的语言辩述了法官的作用和重要性、法官失职行为所带来的严重后果等,充分表达了民众对公平正义、良法善治的渴望和诉求。我们国家数千年历史发展中经历的从“刑不上大夫”到“王子犯法与庶民同罪”的法治理念的进步,从“包青天”的正义象征，到今天所追求的全面依法治国，都能让我们形象生动地看到法治文化的历史进展。

2.法治文化建设的意义与作用

法治文化是国家法律制度规范的直接表达，反映了一个国家的文明程度，是国家法治现代化的重要标识。当我们观看《十二怒汉》《辛普森：美国制造》等影片时，可以窥到美国司法制度及司法文化的形态及社会影响，而我们从《秋菊打官司》中普通民众对法律的迷茫到如今“昆山砍人案”之关注焦点“正当防卫”结论的尘埃落定，可以看到我国公民法治意识的进步和法治文化的积极影响作用。

法治文化要以法化人，全面依法治国需要法治文化提供基本的价值导向和行为指引。法治文化的以法化人作用体现在两个方面：一是法治观念的养成和价值观培育，二是法治行为准则的养成和依法办事的行为自觉。法治文化不仅是一种国家理想，而且还是一种以某些行动策略为特征的具体生活方式、思维习惯等。只有实实在在地依照法治精神、法治思维和法治方式自觉守法用法，才能加快建设法治中国。

推动法治文化建设，就是引导人民从观念上维护宪法法律权威，让法治成为全体人民的共同信仰。要想让人民内心真正地拥护与信仰法律，除了法律科学合理、有效实施等原因，更需要法治文化的保障。只有在全社会打下坚实的法治思想基础，通过全体人民的共同努力，才能实现国家各项工作的法治化。

（二）我国法治文化建设面临的困难和问题

经过几十年的发展，我国的法治文化建设取得了一定的成效。但不可否认的是，长期受“人治”观念的影响，我国的法治文化建设仍然存在许多问题，主要表现在：认识不足、创新不够、方法不活、内容单一、形式单调、法治的权威没有形成等方面。

1.我国法治体系尚不够健全和完善

一是立法层面上，我国目前的法律体系不够完善，法治建设在某些方面还存在滞后的问题。二是执法、司法层面上，滥用权力、执法不力、裁判不公等阻碍法治发展的问题仍然存在，导致法律的权威性受到损害。三是法律监督上，监督范围较小、监督强度不足、惩罚手段不够严厉等，都直接影响民众对法律的态度，影响我国法治文化建设的进程。

2.法治文化建设的组织、人才、内容形式、传播方式存在较大不足

第一，有些政府部门、单位不够重视，组织开展普法活动常常是应付检查性质的，缺乏系统性与专业性。

第二，从事法治文化建设的队伍缺乏有效的组织管理，人员缺乏对法律知

识的系统学习、能力有待提高，相关的专业人才较少。

第三，当前法治文化建设内容不够丰富，主要是注重法律法规条文的宣传。法治文化内容涉及一个法治国家的法律制度、法律组织、法律设施所具有的文化内涵，是人们在日常生活、工作中涉及法治的行为方式，这些都需要充分挖掘和弘扬。公民法治教育的关联性不强、缺乏系统设计，教育内容不能有针对性地、系统地指导群众依法维权的具体实践。组织形式通常局限于举行法律讲座、法律咨询、宣传张贴资料、文艺演出等，而且质量水平和影响力都有待提高。

第四，法治文化的传播范围窄、受众单一。公民法治教育从早期依靠传统媒体进行单向宣传，到如今运用新媒体的快速融合互动，这一过程体现了我国法治文化传播的与时俱进。但同时由于部分弱势群体对新媒体接触和应用不足，导致新媒体法治教育存在宣传盲区。

3.公民权利意识淡薄，法律信仰尚未树立

法治文化强调的是民主、自由、权利等法治理念，需要民众积极参与。但目前我国许多民众的法律意识淡薄，没有维护权利与制约权力的概念。在现实中不仅是许多民众不懂法不相信法律，缺少新时代的法治精神和理念，认为法律纠纷与自己生活较远，不会涉及依法维权的问题，对普法工作的配合度不够。在利益被侵害时，首先想到的并不是及时拿起法律的武器，而是通过托关系或者聚众闹事等有违法治的方式为自己争取利益。甚至有部分公民缺乏道德意识，漠视国家法律的权威性，为获取不当利益，而违背个人道德诚信，甚至不惜铤而走险触碰法律的红线，追求非法暴利。有些党政干部、司法人员在遇到本应通过法律途径解决问题的时候，也习惯于请示领导、找党政部门解决。崇尚权力的官本位文化、注重情理的社会习俗，致使一些民众信权不信法、信官不信法、信钱不信法、信闹不信法，这些理念与现代法治格格不入。一些领导干部以言代法、以权代法，认为领导批示比红头文件有效，红头文件又比法律有效，领导权威高于法律权威。这种法治信仰的缺失，极大地消解了法治的权威。

公民综合文化素养参差不齐，也加大了公民法治教育的难度。由于受教育水平存在较大差异，因此不同文化基础的公民对法治教育的内化吸收程度也十分不同。特别是对农民工等弱势群体的法治教育针对性不足，在指导农民工等弱势群体依法维权的过程中，法治教育的内容不能及时转化为司法实践。

4.历史上人治文化的遗毒及“人情”社会的影响仍然存在

中国几千年的封建社会，实行的是皇权至上的专制统治，是典型的“人治社会”。传统人治文化的影响，使部分民众对法律的认识仍然停留在“法律是统治阶级的暴力工具”，从而产生恐惧、排斥的心理，阻碍了民众对法治的正确认识。

不论是在传统中国还是现代中国，重关系、讲人情几乎渗透于社会的方方面面。人情的确是社会交往中不可缺少的元素,但无处不在的人情也阻碍了法治文化的建设,导致司法实践中出现以情乱法的现象。人们普遍不是百分百地相信法律和规则,而是相信通过“关系”能够绕过法律和规则。这也导致了“潜规则”盛行、司法不公、权力寻租等,从而违背了法律的公平正义原则,损害了法律的权威。

我们应该清醒地认识到这种“潜规则”、权力寻租等是我们要坚决反对的,一个社会、一个国家如果权力高于法律,人民就会向权力求助,运用“关系”等非法手段解决;如果法律高于权力,人民就会向法律和制度求助,通过合法的规则解决。

(三)我国法治文化建设的实现途径

法治文化建设是推进依法治国、建设法治国家的题中应有之义。近年来党和国家以及法学理论界都对法治文化建设进行了积极的探索和实践,有的是从观念、制度、行为三个层面展开,有的是从执政党、立法机关、行政机关以及司法机关等几个主体出发。无论从哪个侧面出发,大家普遍的认识是:法治文化建设既要注重法律制度、规范、设施等外在法治文化的建设,也要重视公民法治观念、法治精神、法治信仰的内在法治文化的塑造和提高。最终通过外在与内在的共同作用,使良法善治得以实现。

1.党和国家关于法治文化建设的战略决策

中国特色社会主义法治文化具有强烈的社会主义属性。坚持中国共产党的领导,这是由党的先进性和社会主义法治文化建设的本质要求共同决定的,只有坚持党的领导,才能保证社会主义法治文化建设的正确方向;坚持以社会主义核心价值体系为统领,这是社会主义意识形态的本质体现,表现为坚持人民当家作主,维护和保障人民群众的合法权益。

党的十八大以来,在以习近平同志为核心的党中央坚强领导下,民主法治建设迈出重大步伐,科学立法、严格执法、公正司法、全民守法不断推进,全社会法治观念明显增强。这不但是法律法规落实在纸面的过程,而且还是公平正义刻印在人心的过程。

党的十八届四中全会首次将“建设社会主义法治文化”写入全会决定,充分体现了党在新形势下对中国特色社会主义法治文化建设的重要性、现实性、紧迫性的深刻认识和科学把握。新形势下,坚持大力发展和弘扬中国法治文化建设,具有重大的现实意义和长远的历史意义。

党的十九大报告指出,加大全民普法力度,建设社会主义法治文化,树立宪法法律至上、法律面前人人平等的法治理念。推动法治文化建设,是实现全面依法治国总目标的基本要求,是开展全民普法工作的重要支撑。

十九大报告提出成立中央全面依法治国领导小组，是坚持法治强国的一大重要举措。成立中央全面依法治国领导小组，加强对法治中国建设的统一领导。

习近平总书记在谈到向第二个百年奋斗目标进军分两个阶段走的目标时，特别强调："到2035年，我国法治国家、法治政府、法治社会基本建成，各方面制度更加完善，国家治理体系和治理能力现代化基本实现。"

新时代中国特色社会主义法治文化是法治中国建设实践的内在反映，表现为以法治理念和法治精神为内核的法治文化观念、法治文化氛围、公民法治素养等多方面，它反映并影响着我国的法治实践。建设社会主义法治文化对于法治中国建设具有基础性作用和持久性功效。要在全社会营造尊法、学法、守法、用法的浓厚氛围，自觉抵制和反对以言代法、以权压法、逐利违法、徇私枉法，不断夯实法治中国建设的社会文化基础。

2.健全完善依法治国制度体系

良好的制度影响和规范着人们的观念体系，因此，我国的法治文化建设离不开法律制度体系的健全和完善。在健全法律制度体系的进程中，要坚持以社会主义法治理念为指导，要符合我国当前的基本国情。法治制度文化首先应该是良法、善法，完善法律体系，构建良法体系。

深化依法治国实践，全面依法治国是国家治理的一场深刻革命，必须坚持厉行法治，推进科学立法、严格执法、公正司法、全民守法。

加强宪法实施和监督，推进合宪性审查工作，维护宪法权威。推进科学立法、民主立法、依法立法，以良法促进发展、保障善治。建设法治政府，推进依法行政，严格规范公正文明执法。

深化司法体制综合配套改革，全面落实司法责任制，努力让人民群众在每一个司法案件中感受到公平正义。加大全民普法力度，建设社会主义法治文化，树立宪法法律至上、法律面前人人平等的法治理念。

3.构建法治文化价值体系

法律的生命力在于实施，法治文化建设不仅要有法律制度的存在，而且更为重要的是通过公平正义的执法和司法活动，使得法律真正发挥其应有的作用，实现法治文化的认同，从而使民众了解、信任法律并最终信仰法律。

应注重在日常生活中培养法治思维，纠正不合乎法治理念的错误认识，在法治文化的熏陶之下提高公民的法治素养，形成正确的价值观。只有公民合法权利受法律保障，合理诉求得到法律重视，人们才能形成对法律本身的依赖与信任。法治不是政治精英的创造，也不是单个地方的实现，而是在整个国家中得到大多数民众的认可，在普遍意义上形成法治思维。

通过法治文化建设，强化人们对法治的信任感、对法律的敬畏感、对法治的责任感。坚持把学习宣传以宪法为核心的中国特色社会主义法律体系作为法治宣传教育的基本任务，弘扬宪法精神，树立宪法权威，宣传民法商法、行政法、经济法、社会法、刑法、诉讼与非诉讼程序法等多个法律法规。在传播法律知识的同时，更加注重弘扬法治精神、培育法治理念、树立法治意识，大力宣传宪法法律至上、法律面前人人平等、权由法定、权依法使等基本法治理念，引导全民自觉守法、遇事找法、解决问题靠法。

4. 增强法治文化建设人才队伍培育

强化高素质的专职法治文化人才队伍的培育是加强法治文化建设的重要内容。要建立健全法治文化人才培养和激励机制，培育一支法治文化领军人物和专家队伍，为法治文化建设提供强有力的人才和智力保障。要充分利用好高校法学院学生的专业特长，将其充实到法律服务志愿者队伍中去。同时，有针对性地提高普法工作人员的法律知识水平、沟通能力，提升普法队伍的工作水平。特别是按照“七五”普法规划的要求，要在中小学、高等学校中加强法治课教师、分管法治教育领导、学生辅导员的普法培训力度。

5. 政府部门牵头，党员领导干部带头，多方参与，加强宣传教育，营造崇尚法治的社会氛围

法治文化建设不仅在于健全和完善法律体系及其运行环节，更为关键的是通过普法宣传教育，营造崇尚法治的良好社会氛围，从而塑造和提升公民的法治意识、法治精神和法律信仰。

深入开展全民法治教育、营造公平的法治社会环境，政府部门要牵头，在社会领域广泛弘扬依法治国理念，发挥出政府的舆情引导功能，努力培育法治教育的主流话语体系。各级政府要加强对新时代公民法治教育的重视，努力培育全社会关注法治教育、深化法治教育的良好风气。通过新媒体平台，加大对新时代中国特色社会主义法律体系的宣传，将法治教育与民生建设关联起来。同时要加强对“关键少数”的法治监督与管理。铁腕治腐、防腐是一张法治教育的无形名片，使全体公民从各种类型的案例中深刻认识到，中国特色社会主义新时代是一个没有“特权”，没有“例外”的法治时代。

各级党组织、党员领导干部、全体党员带头学法、遵法、守法、用法是实现科学决策、民主决策、依法决策常态化的根本保障。只有牢固树立法治理念，恪守法治精神，才能确保公权力在行使时不偏离法治轨道、所作出的政策举措符合群众意愿。尤其是善于运用法治思维和法治方式，应该成为各级领导干部的一个必备的能力和素质。任何组织和个人都不得有超越宪法法律的特权，绝不允许以言代法、以权压法、逐利违法、徇私枉法。社会主义法治的真谛，在于每个人，特别是党员干部的真诚信仰和忠实践行。牢固树立法治信仰和法治观念，

是依法治国的内在动力，更是法治中国的精神支撑。

从公民角度而言，要结合生活实际深刻认识法治教育的价值和意义，积极主动学习法律知识，接受法治教育，增强对法律的信任感。针对当前公民受教育程度参差不齐的问题，要分别不同群体有针对性地开展法治教育：一是在学校教育中全面融入法治教育内容，发挥出学校教育的系统性和专业性优势，将法治教育工作贯穿于公民从小学到大学的全程教育环节。二是对那些受教育水平较低的群众，要重点培养这部分公民树立遵守法律、敬畏国家宪法、尊崇法律权威、相信法律效力的思维。加强对农民工等弱势群体的法治宣传教育、法律援助，引导、帮助他们依法维权，自觉运用法律手段解决矛盾纠纷，使他们感受到法律的温度。三是依靠街道社区、农村群众自治组织的力量，开展好宣传教育，互帮互助，在公民群体中形成法治教育的口碑，依靠舆论引领来壮大队伍，捍卫国家法律的权威。四是要加强对企业经营管理人员的法治宣传教育，引导他们树立诚信守法、爱国敬业意识，提高依法经营、依法管理能力。

6. 创新法治教育方式方法，将普法工作做足做细

首先要在内容上下功夫，制作易于理解、便于传播、有感染力的法治教育内容、艺术作品，利用微博、微信等平台加强法治教育精神与内容的宣传推广，扩大法治教育的新媒体影响力。其次要发挥“关键少数”的带头作用，各级党政干部要身体力行地开展法治榜样教育，带头学习法律，将自己塑造成为模范守法公民，在群众中形成积极的反响。再次要积极做好法治教育人才培养工作，成立大学生法治教育志愿者团队，与专业法治教育人员一道，深入我国广大农村地区，重点针对农民群体开展实用型法治教育。最后要做好法治文化阵地建设，把法治文化纳入现代公共文化服务体系，推动法治文化与地方文化、行业文化、企业文化融合发展。以“法律六进”（进机关、进乡村、进社区、进学校、进企业、进单位）为依托，发展生活化的基层法治教育，以基层公民文艺演出、竞赛比拼等形式，大力开展群众性法治文化活动。开展“法治文化建设示范基地”和“法治宣传教育示范基地”评选，起到引领示范作用，弘扬新时代社会主义法治理念和法治精神，促进公民法治教育真正入脑入心。

7. 充分用好典型案例的社会影响作用

各级司法机关通过借助新媒体增强与人民群众之间的联系，让人民群众通过网络立体直观地感受法治场景，让人民群众能身临其境感受法治进步，创造出更加有效的普及法律知识、传播法治精神、培育法治信仰的新载体。

通过一些社会影响巨大的典型案件的公开审理，普及宣传相关法律知识。社会各界对典型案件的司法解释与司法实践的高度关注，自然就成为一堂全民共享的法治“公开课”，新闻媒体、专家学者和广大民众参与其中，见仁见智，各

抒已见，精彩纷呈，最终必将产生巨大的社会影响。社会各界关注司法机关的个案裁判，关心司法公正，这是法治发展的必然结果，也是法治建设取得明显成效的一种体现。涉及案件讨论的关注焦点多元，涉及情、理、法的方方面面，事关司法的公平正义与民众的司法认同。

8.扩大公民的有效参与

法治包含着普遍、客观、公开、公正、自由价值，体现了对于人尊严和自由的尊重。民众得以有效地参与国家法治建设过程中，有利于实现法治建设，也体现了人民当家作主的国家性质与为人民服务的政党理念。我国法治发展中的公民参与，就是公民以法治建设主体的身份，依法以各种方式参与国家法律事务的讨论与决定，从而影响法治建设的进程。公民法治参与水平的高低、程度的深浅直接决定了现代法治发展前进的步伐。公民的参与有利于增强法律的权威、提高公民的主体意识、发挥政府和公民的力量共同推进地方法治建设。公民的有效参与在当前的法治建设中是缺乏的，各级政府在法治建设中需要加强与公民的互动，尊重和体现民意。

推进多层次多领域依法治理。坚持法治宣传教育与法治实践相结合，深化基层组织和部门、行业依法治理，深化法治镇(区)、法治单位、法治学校等法治创建活动，提高社会治理法治化水平。深入开展“民主法治示范村(社区)”创建，教育引导基层群众自我约束、自我管理。发挥市民公约、村规民约、行业规章、团体章程等社会规范在社会治理中的积极作用，支持行业协会商会类社会组织发挥行业自律和专业服务功能，发挥社会组织对其成员的行为导引、规则约束、权益维护作用。

9.发挥人情社会的正面优势

中国的法治建设离不开中国的社会现实。人情社会也是一种文化现象，在人情依然受到推崇和重视的当代，法治建设不是打破和消灭人情社会，而是要引导与构建符合法治的人情文化。“人情”在中国的当前阶段，我们难以将其割舍，而且也不应当将其舍弃。“人情”是中国的文化现实，在长远的历史进程中形成的人情文化已经在中国扎根，在社会的各项事务之中都能看到其存在的影子。其中不乏正面的人情文化影响的事例，例如，尊老爱幼、乐于助人、甘于奉献等就是人情社会中的突出体现；再例如形成了具有鲜明时代特色的“党政动手，依靠群众，预防纠纷，化解矛盾，维护稳定，促进发展”的枫桥经验，北京的“朝阳大妈”、浙江的“老娘舅”、安徽的“六尺巷”等，这些都可以认为是人情在社会发展中发挥的积极作用。

在大力建设法治文化的背景之下，必然会涉及对人情的改造和规范。应将那些不利于法治文化的人情加以遏制和消解，进而将那些有违于公平正义与和谐稳定的人情视为落后的内容加以打击，以便将其影响限制在最低的范围内。法治拥有自身调整范围，属于法治规制的范围不能够受到人情干涉，应当保持法治的尊严和权威。对于那些在历史上和现实中都发挥着积极促进作用的人情，则要在法治文化构建过程中加以有效的提倡和培养。人情在法治文化的建设中不仅会更好地发挥其本身的作用，而且还会有助于实现人情本身的净化与发展，在法治文化的引导和改进中实现人情的良善，最终实现中国社会良法善治的目的。

10.推进法治教育与道德教育相结合

坚持依法治国和以德治国相结合的基本原则，以法治体现道德理念，以道德滋养法治精神。大力弘扬社会主义核心价值观，弘扬中华传统美德，培育社会公德、职业道德、家庭美德、个人品德，提高全社会思想道德水平，为全面依法治国创造良好的人文环境。强化规则意识，倡导契约精神，弘扬公序良俗，引导人们自觉履行法定义务、社会责任、家庭责任。

11.积极培育法治文化产业

近年来，文化产业在社会经济生活中已经获得高度发展，在国民经济中所占的比重越来越大，在新经济发展中的带动作用十分巨大，在具有鲜明中国特色的法治文化建设过程当中，必然会孕育和孵化出具有中国本土特色的法治文化产业。各级法治主管部门应具有培育法治文化产业的意识，积极推进法治文化产业发展。

目前法治文化产业在影视剧生产、节目制作、新闻出版发行方面表现出了可喜的发展势头。法治影视剧例如热播的《人民检察官》《人民的名义》《我不是药神》等，法治栏目例如央视的《今日说法》《法治在线》及十二频道(法治频道)、山东的《有话好好说》等栏目，这些影剧、栏目不仅在弘扬法治精神、传播法律知识上成效显著，而且还为相关制作单位带来了可观的经济收益。法治出版物如法治图书、音像制品、电子出版物的出版发行也是法治文化产业的重要组成部分。自我国实施了七个“五年”普法规划以来，不仅推动了全民尊法、学法、守法、用法，而且还极大地促进了法治出版业的发展。在传播介质不断更新、不断发展的今天，要进一步扩大法治出版业的生长点。目前新兴的法治文化产业例如法律专业信息服务、法治文艺创作演出、法治文化产品版权交易、法治网站及在线服务、法院微博庭审直播、法治微信公众号等不断涌现，相关主管部门应重视培育法治文化产业新业态和新模式，可以出台政策鼓励社会资本对法治文化建设公益事业进行投入，或在落实“谁执法谁普法”普法责任制过程当中通过政府购买服务的方式委托社会组织和个人开展相关法治宣传教育工作，以契约方式让营利或非营利组织拓展其功能领域，为国家机关分担具体普法事务，促进法治文化产业的发展。

12.注意吸纳世界优秀法治文化

培育和建设中国法治文化应当充分吸收人类一切优秀法治文明成果。对待世界各国法治文明,要做到不排斥、有鉴别、善利用、勇创新。对西方优秀的法治传统,要结合中国的国情、民情,有选择、有针对性地吸收学习,不断丰富我国法治实践。

法治兴则国家兴、民族兴。当前,中国特色社会主义进入了新时代,社会主要矛盾已经转化为人民日益增长的美好生活需要和不平衡不充分的发展之间的矛盾,中国也迈入了全面建设社会主义现代化国家新征程。在新的历史起点上,法治发展和建设呈现出一系列新的阶段、新的任务和新的特征,通过深入学习贯彻党的十九大精神,准确把握习近平新时代中国特色社会主义思想的精髓,将为推进全面依法治国,加强法治中国建设,助力中华民族伟大复兴汇聚起磅礴力量。

参考文献

[1]塞缪尔·亨廷顿,劳伦斯·哈理森.文化的重要作用[M].程克雄,译.北京:新华出版社,2011.

[2]黄丽云.当前法治文化社会化的进程与策略研究[J].现代法治研究,2017(3):88-96.

[3]李传华.对创新法治文化建设的思考[J].中国司法,2018(3):59-63.

[4]陈子盼."人情"社会的现实与"法治文化"的出路[J].石家庄学院学报,2017(1):120-123.

[5]黄珍,李冬凤.近年来国内学界关于法治文化建设研究综述[J].法制博览,2017(6):77-78.

[6]王海利,刘文鹏.古埃及文献《能言善辩的农民》的多视角研究[J].史学理论研究,2003(2):145-156.

(陈俊霞,法学教研部教授)

行政执法纠纷事件预防与处置

王义国

[教学目的]

党的十九大报告中指出当前工作不足有三个方面，其中之一是社会矛盾和问题交织叠加。针对社会矛盾的转变十九大报告又提出了新时代社会主要矛盾是人民日益增长的美好生活需要和不平衡不充分的发展之间的矛盾。其中人民日益增长的美好生活需要是指民主、法治、公平、正义、安全、环境的需要。如何预防和化解新时代的社会矛盾成为领导干部面临的重要工作，新时代需要提高运用法治思维和法治方式化解社会矛盾的能力。在各类社会矛盾中有一种矛盾是在执法工作中必然会遇到也必须正确处理的矛盾，即行政执法纠纷矛盾，该矛盾也极易引发冲突事件，预防与处置行政执法纠纷引发的事件成为领导干部的工作重点。

本课程主要讲授如何预防和处置行政执法纠纷引发的冲突事件，通过本课程的讲授使学员树立正确的执法纠纷事件预防与处置的价值观，通过案例分析学会归纳总结的工作方法，掌握执法纠纷事件预防与处置的措施，切实提高运用法治思维和法治方式化解执法矛盾、维护社会稳定的能力。

[教学重点]

1.行政执法纠纷事件发展新趋向

通过三个案例归纳总结当前纠纷事件的三个新特点和发展趋向，即行政执法纠纷事件由线下转移到线上、行政执法纠纷事件呈现蝴蝶效应、非直接利益者变成纠纷事件的参与者。

2.行政执法纠纷事件预防与处置理论模型

提供危机成因模型、危机生命周期模型、问题树模型、PESTEL 分析模型、三圈理论模型，构建预防与处置的理论基础。让学员掌握理论模型，当面对执法纠纷事件时，可以做到从容不迫，科学、合理、合法地处置事件，化解执法冲突矛盾。

3.行政执法纠纷事件的预防措施

主要包括：重点防控从源头上化解社会矛盾；提升执法人员法治素养；厘清执法工作中难点重点问题的历史、根源及解决方案；执法的合作性思维；强化纠纷事件的预案编制和演练基础工作，确保关键时刻用得上。

4.行政执法纠纷事件的处置

坚持党的领导，准确把握和贯彻中央精神，严格按照法律法规规定进行处置；善于判断，果断决策，确保控制局面；严格人员数量控制，确保事件不扩大；把化解矛盾与稳定情绪贯穿始终，确保事件不升级；用法治思维切实解决引发事件的问题。

［教学形式］

以讲授为主，采用互动式教学，运用真实发生的案例作为教学材料，组织学员针对案例反映的问题展开讨论，探寻案例中的预防与处置的经验与教训，提升对预见行政执法过程中发生群体性事件的洞察力，增强日常工作中做好预防工作措施的意识，训练现场依法处置解决问题的能力。

［教学内容］

(一)行政执法纠纷事件发展新趋向

1.行政执法纠纷事件由线下转移到线上

近几年，行政执法纠纷事件呈现由事件发生地的线下往互联网线上转移的态势，线下事件影响仅仅局限于事件发生地，但是线上事件很可能迅速成为全国性甚至世界性的热点问题。

(1)互联网新兴媒体对行政纠纷事件产生放大和扩散作用。

(2)手机和微信、微博、QQ 等互联网自媒体成为事件动员的重要载体，成为抗争者的重要抗争资源，对地方政府的不当行为起到了相当程度的曝光和社会舆论监督作用。

(3)由于互联网本身的异点特点，通过互联网进行动员和传播形成谣言和事实混合扩散，非事件当事人很难判断哪些是谣言，哪些是事实。

(4)新媒体带来的极化现象：一个话题争论得不可开交，但网民关注的是立场态度，而非讨论话题的本身。

网上出现的问题是社会矛盾的反映，但互联网传播不是根本原因，互联网只是起了一个放大、点火、辐射、扩散作用。所以领导干部应对时应当避免两种错误观点:一是对互联网存在对立情绪,认为网上的言论是瞎议论、乱炒作,应对迟缓,导致小问题拖大,大问题拖炸。二是封杀,就目前发生的事件来看,封杀已经不可能了。

案例:惠民医闹事件。

2.行政执法纠纷事件呈现蝴蝶效应

什么是蝴蝶效应?美国气象学家爱德华·罗伦兹分析了这个效应:一只南美洲亚马孙河流域热带雨林中的蝴蝶,偶尔扇动几下翅膀,可以在两周以后引起美国得克萨斯州的一场龙卷风。其原因就是蝴蝶扇动翅膀的运动,导致其身边的空气系统发生变化,并产生微弱的气流,而微弱的气流的产生又会引起四周空气或其他系统产生相应的变化,由此引起一个连锁反应,最终导致其他系统的极大变化。蝴蝶效应在社会学界用来说明:一个坏的微小机制,如果不加以及时的引导、调节,可能会给社会带来非常大的危害,戏称为"龙卷风"或"风暴";一个好的微小机制,只要正确指引,经过一段时间的努力,将有可能会产生轰动效应,或称为"革命"。

行政执法纠纷事件的发生往往就是一个微小的火星与其他因素互相感染、发酵,在短时间内酿成重大事件的。其诱因简单,预防难度大、往往由一些交通事故、刑事案件、治安案件、医患纠纷、人身伤亡、邻里纠纷等矛盾冲突引发。其传播迅速,人数众多,群龙无首,无共同诉求,行为激烈,破坏力强。我们可以从浙江湖州织里抗税事件中总结经验和教训。

案例:浙江湖州织里抗税事件。

3.非直接利益者变成纠纷事件的参与者

非直接利益者是指行政执法纠纷事件与其没有利益关系,但其也参与事件。我们需要探究非直接利益者为什么要成为纠纷事件的参与者,只有找出原因,研究其参与的心理特征,我们才能有针对性地去做预防与处置工作。

原因如下:

(1)征地拆迁和企业破产造成部分群众和阶层的合法利益受到侵害。每一次的改革可能会触及部分人员的利益,改革时我们没有充分考虑利益受损者的利益平衡和心理疏导。

(2)各个阶层的利益分配出现严重分化、失衡,收入差距较大。我们追求的是共同富裕,但是现实生活中的贫富两极分化非常严重。十九大报告中对当前社会矛盾的表述已经非常清晰地显示,党和政府已经高度重视不平衡、不充分发展对老百姓幸福生活的制约作用。我们实行精准扶贫,打赢脱贫攻坚战的理论根源也在于此。

(3)官员贪腐、执法不公、司法腐败等现象,使群众产生强烈的不公平感、不满足感,也会造成心理严重失衡。有些人员感到没有享受社会发展的成果,强烈感觉到自己应得到的部分被富人、特权阶级占有,因而多半责备政府而不是归之于命运或自己个人的失误或其他的外界因素,被剥夺感造成内心焦虑和矛盾,产生心理失衡。

鉴于以上原因,非直接利益者因为对社会的公平公正的价值观念产生了怀疑和不满,所以一个看似不大的矛盾,随时可能成为爆炸的火药桶,一旦成为火药桶他们就会毫无顾忌地参与其中。

非直接利益者参与纠纷事件的心理表现:

(1)借机发泄心理。

(2)逆反心理。

(3)表现欲和英雄情结。孤立的他可能是个有教养的个人,但在群体中他却变成了野蛮人——即一个行为受本能支配的动物。他表现得身不由己,残暴而狂热,也表现出原始人的热情和英雄主义。

(4)盲目从众。看到其他人行动而积极模仿。

(5)法不责众心理。认为诸多人都在干违法的事情,法律不会予以处罚。

(二)执法纠纷事件预防与处置理论模型

1.危机成因模型

执法纠纷事件之所以能成为一个危机事件,是因为诱发因子在特定的时空环境(孕灾环境)中与承灾体(人或物)相互影响相互作用,从而孕育成为危机事件。

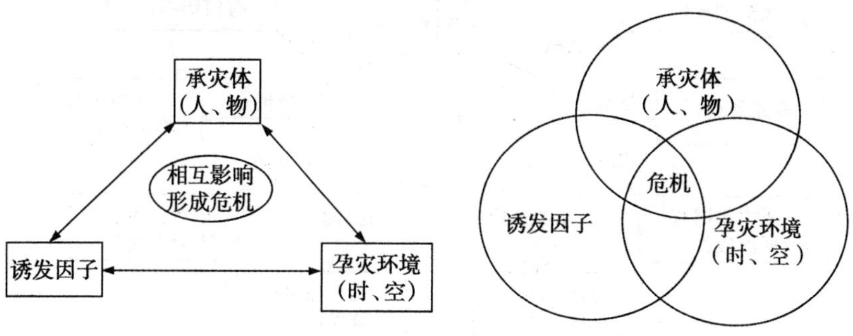

图1 危机成因模型

2.危机生命周期模型

一个危机事件都有危机前、危机中和危机后三个阶段。领导干部遇到执法纠纷危机事件应迅速判断事件处在哪一阶段,针对不同的阶段采取不同的措施。

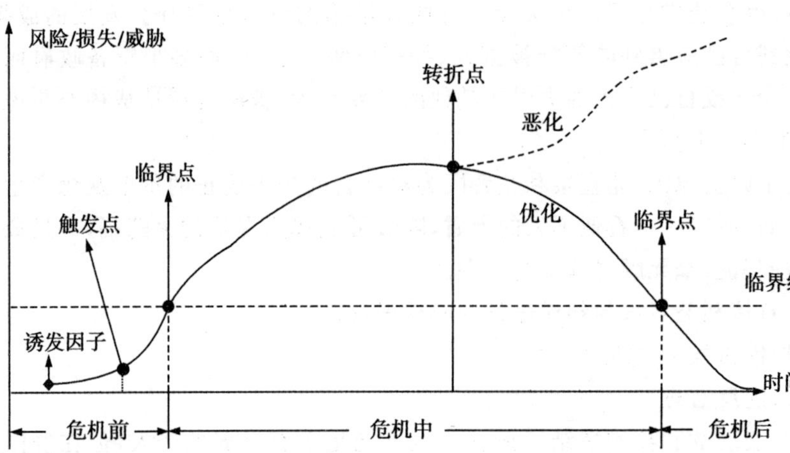

图 2　危机生命周期与关键点的一般模型

(1)危机前的预防措施

在危机爆发临界点前的黄金治理：尽可能隔绝诱发因子，排除隐患，防止破坏性扩散；增强承灾体的抗风险能力；隔绝潜在的孕灾环境；撤离孕灾环境中的脆弱承灾体。

其中首先要识别诱发因子。在此提供问题树的思维模型帮助大家遇到问题时如何识别诱发因子。

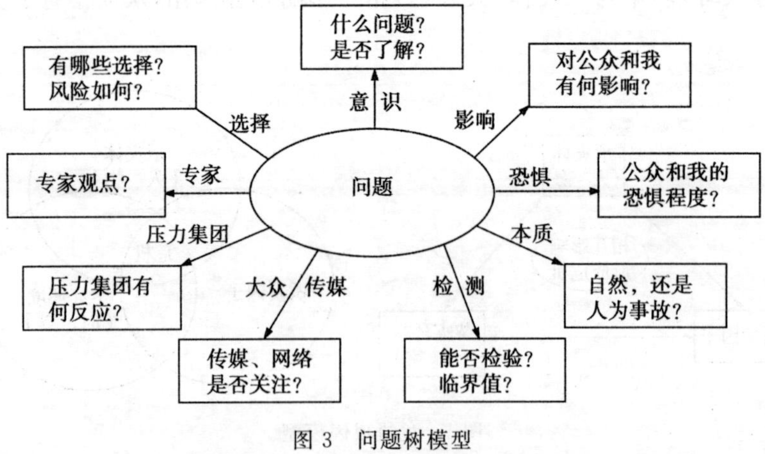

图 3　问题树模型

识别出诱发因子后，我们还要将该问题纳入 PESTEL 分析模型中进行大环境分析。PESTEL 分析模型又称“大环境分析”，是分析宏观环境的有效工具，不仅能够分析外部环境，而且能够识别一切对组织有冲击作用的力量。其包括六种因素：

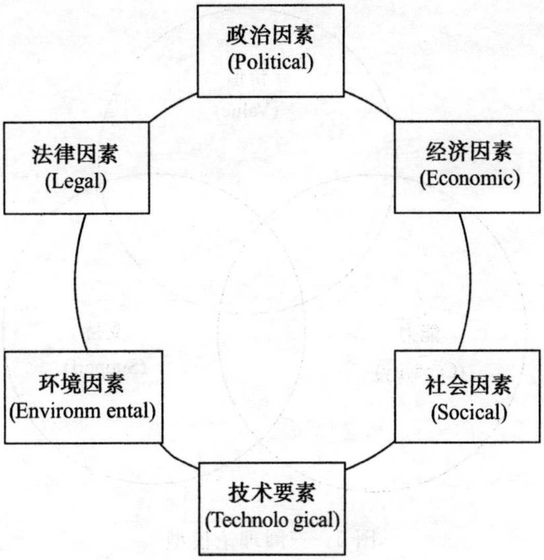

图 4　PESTEL 分析模型

P:政治因素

E:经济因素

S:社会因素

T:技术因素

E:环境因素

L:法律因素

通过问题树和 PESTEL 分析,我们将能够清晰正确地识别诱发因子,针对诱发因子采取危机发生前的有效治理,防止其进一步恶化。

(2)危机中的主要任务

在临界点之前没有防止危机爆发,就进入危机之中,成为行政执法纠纷事件。在事件发生过程中,处置工作应当明确目标,快速反应,以人为本,救人第一,人的生命最宝贵,并且要尽快恢复社会秩序。

其中的转折点是控制危机蔓延的关键,第一时间,快速决策快速反应目的就是要实现对转折点的有效控制,防止进一步的恶化。

危机之中需要快速决策,为实现快速科学决策,现提供决策的三圈理论模型供大家参考。

VCS 三圈理论模型——领导者战略管理分析工具。

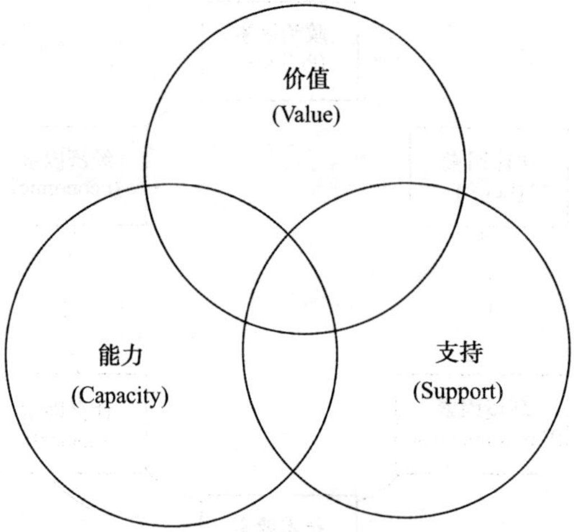

图 5　三圈理论模型

三圈理论模型是哈佛肯尼迪政府学院 Moore 教授(1995 年)创设的,该模型能够迅速检验、评估策略是否可行。

①第一个圈,管理目标是创造公共价值(V)

②第二个圈,管理与操作上能力条件、资源条件是否具备(C)人、财、物。

③第三个圈,支持条件,要得到作用对象的认可与执行人员的支持配合,这涉及方案合法性、决策者沟通能力、政治上与适法性是否支持(S)。

V+C+S=放心去做

V=梦想区

V+C=梦想实现区

V+S=风险项目区

S=别人的梦想区

C+S=噩梦区

首先,必须考虑该政策方案的目标能否体现公共价值,是不是以公共利益作为政策方案的最重要诉求,即价值问题,是不是符合党和政府的执政理念,是不是符合法律的核心价值。

其次,必须考虑政策方案的实施与执行中的约束条件,达到政策目标的人、财、物条件是否具备,即能力问题。

再次,必须考虑政策方案所涉及的利益关系者的态度与意见,他们的价值取向与政策目标的距离,即支持问题。其中包括决策执行者的态度和行政相对人的态度,这需要决策者要提高领导力和群众工作能力。

最后,成功的决策和政策制定是决策者在这三方面寻求某种平衡的结果。

(3)危机之后的工作

主要工作内容包括:防止危机事件死灰复燃;危机善后处理;委托第三方进行独立调查和评估;责任追究、奖惩和损失补偿;一案三制(体制、机制、法制)的修订与变革等。

(三)执法纠纷事件的预防

1.重点防控,从源头上化解社会矛盾

(1)正确把握社会群体关系

容易引发行政执法纠纷事件的关系包括两类:一是强势群体与弱势群体关系,例如其中的干群关系、劳资关系、贫富关系等;二是强强关系,要防止官商不分,商学一家,权钱交易,因为没有防火墙他们就会垄断社会资源,堵塞社会机会,堵塞老百姓上行空间,堵塞老百姓下情上达的渠道。

要正确把握社会群体关系,需要领导干部学会制约权力、驾驭资本、平衡利益。制约权力也是当前我们正在进行的权力清单制度,行政权力应当自我谦抑,不能为所欲为,要谨守法不授权不可为的法治信条。驾驭资本不是控制资本,不是回到原来的计划经济体制,而是通过管理通过制度设计,让企业承担自己的社会责任,例如生产合格产品的责任、及时发放工资的责任、环保的责任等,不能让企业出了问题政府来担责。平衡利益是指政府要学会平衡各方的利益。

除了掌握容易引发事件纠纷的社会关系外,我们还要熟悉七种冲突现象:

产权冲突,征地、拆迁,商户,投资者利益受损等。

邻避冲突,NMBY(Not in My Back Yard),意思是“别在我家后院”建设包括垃圾焚烧处理厂、化工厂、殡仪馆等项目,以免对身体健康、环境质量等带来诸多负面影响。

劳资冲突,欠薪、降薪、裁员、社保待遇等造成的劳方与资方之间的冲突。

服务冲突,例如业主与物业公司、医患纠纷等。

执法冲突,对政府工作人员执法行为不满引发的冲突。

族际冲突,宗教、民族关系引发的冲突。

权利冲突,教育权利、女性权利、同性恋者权利、社会保障权利、失独者、保路运动等。

(2)分析了解民情,掌握重点领域、行业、地区和人员

一是要加强流动人口和特殊人群管理,目前流动人口为2.6亿,流动农民工为1.6亿,新生代农民工为1亿。

二是对不良行为人员及服刑人员子女,数量在5000万～6000万人,要关心

关爱关注他们，否则他们很容易对社会产生不满，成为事件的骨干力量。

(3)对不能排除的不安定因素及时报告上级机关，并制定措施和提出建议

对待问题不能采用鸵鸟战略，拖延问题，丧失解决问题的战机。

(4)领导同志要带头接访、回访、下访，耐心听取群众意见，努力从源头上化解矛盾纠纷

有时一杯热茶、一份热心、一张笑脸、一句问候就可能瞬间化解一切矛盾。

2.从事件发生原因看，人民群众法治意识增强，对严格公平公正执法以及执法人员的法治素养提出巨大挑战

行政执法人员的法治素养决定了执法的质量和效率，提升他们的法治素养可以大大减少纠纷事件的数量。提升执法者的法治素养可以从以下三个方面下功夫：

(1)执法者要认识到法治形态从形式法治走向实质法治

形式法治是指严格按照规则本身的要求去做具有法律效力的行为。形式法治就是只要符合规则表面的规定、表面的要求的法治状态。最典型的形式法治观就是原来提倡的老的法制“十六字方针”，即有法可依，有法必依，执法必严，违法必究。

实质法治。进入新时代以来，党和政府提倡法律是治国之重器，良法是善治的前提。法治不光追求秩序、稳定的法律状态，有法可依并不是将来法治建设的目标，因为法律本身应当是良法。如果法律只提供秩序，在秩序下每个人都怨声载道，有规则，但规则带来的不公平，是被剥夺感、屈辱感，是严重的与正义的目标相背离，显然不是我们所追求的法治，将来的法治一定要有实质法治观引导，法律一定要符合特定的价值观，要符合特定时代正义。

每一位行政执法者只有从理念上认识到法治从形式法治到实质法治的变化，才能在具体执法工作中正确有效地执行法律，法律应有的价值才能应用到社会生活中去。

案例：一字值30万元，执法公平价值何在？

(2)从命令型法治走向共识型法治

命令型法治是靠着战争年代军事纪律建立起来的规则，留下惯性，夺取政权后的思维是什么？延续战争旗帜下军事化的命令手段。

但是改革开放带来利益高度分化，价值观高度分化，每一个人所处的社会阶层高度分化。任何事情、任何观点，只要到新媒体舆论场，就严重撕裂，不可能观点统一，不可能有绝对权威观点。靠命令型、压制型的自上而下型的绝对意志去为推行法治是不可能的。

所以，十八届四中全会后法治进入共识型法治新阶段，通过特定的途径把

不同的分散的利益进行凝聚，把不同的分散的价值观通过特定的法律渠道充分表达，形成最底线的共识，成为新的行为规则。社会的法律治理将由一种纵向的结构，逐渐走向横向结构，由自上而下的结构，变成左右水平的互动横向结构。正如图6所示：

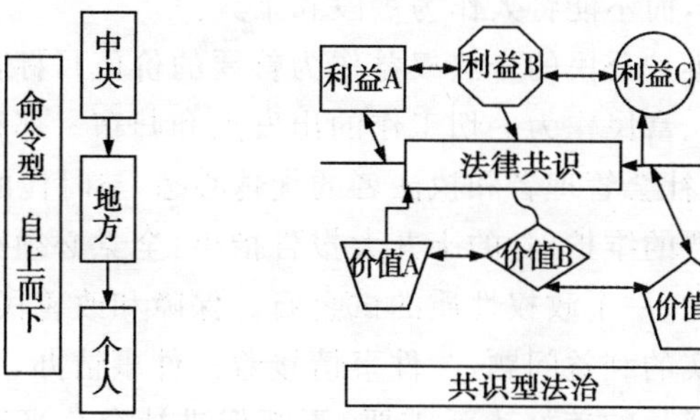

图6 共识型法治社会结构

共识型法治强调共治共享，强调公民参与，强调公平公正文明执法。

(3)培育和践行法治的核心价值

良知、人性尊严、理性、自由和公平正义是法治的核心价值，每一位行政执法人员不仅仅需要学会掌握所执行的法律法规条文，而且还需要掌握每一条文内的法治的核心价值，用法治的核心价值去检验执法行为的效果。

良知。良知是天赋人类生命中不学而知的、不学而能的、先天具有的判断是非与善恶的能力，是人人不需要学习思考就享有的共同的知性。《孟子·尽心》曰："所不虑而知者，良知也。"如人皆有之的恻隐之心、羞恶之心、恭敬之心、是非之心，即"仁、义、礼、智"等。朱熹曰："盖天理者，此心之本然，循之则其心公而且正。"老百姓在一代又一代之间口口相传的所谓的天理也就是良知。良知可以转换成法治思维：一是不得损人利己，任何人不得因自己的过错而获利；二是不得以德报怨，任何人不得以自己无害的行为而受罚；三是怜悯心，任何人的困境都值得同情；四是是非心，有过错就必须纠正；五是公正心，有侵害就必有补偿；六是公德心，任何人都应承担一定的公共责任。

我们不能因为要提高社会发展的效率、要增加GDP、要完成上级任务、要提升自己的职位而去泯灭自己的良知。

人性尊严。人之所以为人，区别于动物是具有尊严和价值，它使个人自律、自主和自治，以最终达到自我。尊严是人作为高级动物存在的最低标准，在法律体系中享有最高效力。人性尊严要求人本身即作为目的，以人为本，不得侵犯个人尊严、生存权和不得对身体造成伤害。

人性尊严要求执法人员具有人文情怀，将人的解放、尊严、幸福作为追求的目标，将民主、自由、公平、正义、宽容、诚信作为自觉意识和行动。社会需要怀有历史感、生命意识以及对人生基本问题深切关怀、角色定位于社会服务者的公务员。没有人文精神，就会无视人的尊严，缺乏对生命的尊重，漠视人的尊严和生命价值，必然造成公务员人权观念的淡薄。工作必须以人为出发点，以人为中心，以人为目的，而不能将人作为手段和工具。

执法人员要将维护公民的合法权益作为首要的价值目标，把维权、服务、亲民、爱民、安民、乐民、富民作为一切工作的出发点和归宿。那种高高在上，俯视芸芸众生，视自己是社会管理者和执法者的优越心态，与时代的发展格格不入。

基于对人性尊严的维护，党的十九大报告指出：全党必须牢记，为什么人的问题是检验一个政党、一个政权性质的试金石。保障和改善民生要抓住人民最关心、最直接、最现实的利益问题，一件事情接着一件事情办，一年接着一年干，不断满足人民日益增长的美好生活需要，不断促进社会公平正义，形成有效的社会治理、良好的社会秩序，使人民获得感、幸福感、安全感更加充实、更有保障、更可持续。党的一切工作必须以最广大人民根本利益为最高标准。我们要坚持把人民群众的小事当作自己的大事，从人民群众关心的事情做起，从让人民群众满意的事情做起，带领人民不断创造美好生活。

理性。理性是人类在某一时期所具有的，与该时期的自然状态、社会状态和人文环境相适应的正常的心智水平。理性要求：任何法律适用不得违背自然规律；任何法律适用不得违背基本常识；任何法律适用不得推导出荒谬的结论；法律不得要求公民履行客观不可能实现的义务。

自由。公民个人免于其他人或组织主观意志强制的自由，是所有人类制度所追求的终极目标。孟德斯鸠说：在一个法律的社会里，自由仅仅是一个人能够做他应该做的事情，而不被强迫去做不应该做的事情。自由意味着不受干涉，法律下的自由，自己是自己的主人。自由意味着宽容，以宽容的精神进行价值平衡，这是文明执法的法理依据。我们进行行政执法追求的是社会秩序井然，符合执政党和人民的意志，但是对待违反规定者不能粗暴无理，甚至动用武力驱赶、殴打、压制行政相对人。

公平正义。必须坚持维护社会的公平正义，使全体人民能够在经济社会发展中更多更好地平等参与、平等竞争、平等发展、平等享有。现在的社会矛盾、社会问题主要就是由社会不公造成的。公平正义最低的标准：遇到点事情要有说理的地方。公平与正义的实现：必须基于法治的基础，需要宪法权威、司法公正、行政公平。

在新时代，公平正义将成为改革的核心价值取向，也是行政执法的价值取向。

追求公平正义还意味着要反特权。习近平总书记说:反腐倡廉建设必须反对特权思想、特权现象。在庆祝全国人民代表大会成立60周年大会上习近平总书记讲:全面落实依法治国基本方略,坚持法律面前人人平等,决不允许任何组织或个人有超越法律的特权。反特权就要求领导干部和执法人员必须遵守底线规则,底线是事物质变的分界线、做人做事的警戒线,要遵守做人的底线和做官的底线。

第一,遵守法律底线。法律体现国家意志,是全体公民的底线,更是党员干部的底线。法是党的主张和人民意愿的统一体现,党领导人民制定宪法法律,党领导人民实施宪法法律,党自身必须在宪法法律范围内活动,这就是党的领导力量的体现。2015年2月2日,习近平在省部级领导干部学习贯彻十八届四中全会精神全面推进依法治国专题研讨班开班式上的讲话指出:"领导干部要牢记法律红线不可逾越、法律底线不可触碰,带头遵守法律、执行法律,带头营造办事依法、遇事找法、解决问题用法、化解矛盾靠法的法治环境。谋划工作要运用法治思维,处理问题要运用法治方式,说话做事要先考虑一下是不是合法。"

第二,遵守纪律底线。党规党纪体现着党的理想信念宗旨,是管党治党的尺子,也是党员不可逾越的底线。党规党纪严于国家法律,要求更高,这是党的先进性的必然要求。

第三,遵守政策底线。路线、方针、政策是党的理论、意志、主张在治党治国、执政理政上的具体体现。党员干部要不折不扣地学习和贯彻执行党的路线、方针、政策。首先要学好党的路线、方针、政策,掌握做事的原则和方向。习近平指出:"学习党的路线、方针、政策和国家法律法规,这是领导干部开展工作要做的基本准备,也是很重要的政治素养。不掌握这些,你根据什么制定决策、解决问题呀?"其次要坚决贯彻执行党的路线、方针、政策,不能以局部或个人利益来决定取舍,有利的就执行,不利的就不执行或变通执行。守好政策底线,党员干部要增强党员意识、宗旨意识、大局意识、看齐意识和责任意识,从思想上、政治上、行动上坚决与党中央保持高度一致,维护政令畅通。

第四,遵守道德底线。由数千年中华文明积淀而成的一般性社会公德就是党员干部必须坚守的道德底线。习近平总书记说:"道德问题是做人的首要的基本问题。古人说:'百行以德为首',讲的就是这个道理。"大量情况表明,道德情操与生活情趣是密切联系在一起的。许多腐败分子走上犯罪道路,大多是从操守不严、品行不端、道德败坏开始的。

3.厘清执法工作中难点问题的历史、根源及解决方案

厘清执法工作中难点重点问题,逐一探寻问题的解决之道。例如停车难、

环保风暴、拆违拆临等执法难题。下面以城市道路停车管理难题为例。在有的城市，道路停车管理存在两个主体，一个是交警，另一个是城管。交警管理机动车道路停车，城管管理人行道上停车。好多市民对城管的执法权产生怀疑，甚至引发广大车主不满，执法冲突时有发生。

我们可以沿着交警执法依据和城管执法依据分别分析问题产生的根源。

先来看交警的执法依据，《道路交通安全法》《城市道路管理条例》（国务院令第198号）、《道路交通安全法实施条例》（2004国务院令第405号）、《山东省实施〈道路交通安全法〉办法》（2009年）都规定交警对在城市道路上停车具有管理和执法权力，并且交警也掌握车主的相关信息，易于收缴处罚的款项。

再看城管的执法依据，《行政处罚法》第十六条，国务院《关于进一步推进相对集中行政处罚权工作的决定》（国发[2002]17号），山东省人民政府《关于贯彻国发[2002]17号文件做好相对集中行政处罚工作的通知》，中共中央国务院《关于深入推进城市执法体制改革改进城市管理工作的指导意见》（2015年），都规定城管在交通管理方面对侵占城市道路、违法停放车辆等实施行政处罚权。但城管除了现场查看车牌号外，不掌握车主的信息，其也不具有收取罚款的职权，有的地方采用城管贴罚单然后交由交警收缴形式，有的地方采用城管局向法院提起非诉执行的方式收缴罚款。

通过分析，我们可以清晰地认识到停车管理难题历史根源，得出该问题应当交给交警来执法的结论，由交警执法可以节省行政司法社会资源，也能提高管理效率，还能方便群众。

4.执法的合作性思维

执法过程中应遵循与管理相对方合作的思维，避免采取“控制—服从”刚性关系，避免陷入“命令—反抗”的对峙局面，促进形成一种“服务—合作”和谐关系。《山东省法治政府建设实施纲要》提出：推动政府管理由刚性管理向刚柔相济管理方式转变，采取行政指导、行政规划、行政合同、行政奖励等多样化、非强制性方式管理经济社会事务，让公民、法人和其他组织广泛地参与公共事务管理。

5.强化执法纠纷事件的预案编制和演练基础工作，确保关键时刻用得上

强化预案的制订，强化行政执法专业队伍的组织演练，确保关键时刻能拿得出，打得赢。

（1）合理制订执法预案，预案制订后要进行演练。

（2）执法前要进行社会风险评估。包括合法性评估，是否符合现行法律、法规和有关政策等；合理性评估，是否体现绝大多数群众的意愿，是否引发群体性事件的可能性；可行性评估，从是否符合当地实际情况、实施时机是否成熟、风

险应对措施是否科学具体，是否具有针对性、可操作性等方面进行评估；可控性评估，项目影响社会稳定的各类问题是否在社会可控范围之内，是否有化解风险矛盾的对策措施，能否切实有效地处置可能发生的突发事件。

(3)重大执法决定法律审核

案例：美国卡特里娜飓风。

(四)行政执法纠纷事件处置

1. 坚持党的领导，准确把握和贯彻中央精神，严格按照法律法规规定进行处置

2004 年中办出台的《关于积极预防和妥善处置群体性事件的工作意见》规定了六个原则：预防为主、防患未然；属地管理、分级负责和谁主管、谁负责；依法办事、按政策办事；教育疏导、防止激化；慎用警力、慎用强制措施、慎用警械和武器；及时、果断处置。

2. 善于判断，果断决策，确保控制局面

迅速判断原因，根据起因性质和态势，根据不同类型、不同阶段、不同对象采取不同策略，及时制订处置方案。

3. 严格人员数量控制，确保事件不扩大

防范可能性群体性事件，对可能形成聚集的人逐个稳控，防止聚集串联。无论主动出击控制群体性事件还是现场处置都要坚持亦散不亦聚的原则，越聚越乱，越乱人亦越聚集。在维护现场秩序时，对参与事件的人员进行现场控制，加强对事件外围的控制，设置隔离区。

4. 把化解矛盾与稳定情绪贯穿始终，确保事件不升级

现场特征：情绪激愤、充满狂热、丧失理智、行为失控，丧失了正常的价值判断，一般的道理与劝说往往不起作用。

应对：讲群众能够听得进去、容易明白的道理，提供群众还能接受的价值标准、还愿遵守的社会规范。通过现场广播、印发通报的方式，宣传有关法律法规，指出违法性和社会危害性，维护自身利益时不得危害国家、社会和他人的合法权益，劝他们不传播谣言，不信谣言，不滞留，不围观，不煽动，不攻击，放弃将事情闹大的想法。晓之以理、动之以情、导之以规，切不可简单粗暴激化矛盾。要借助有权威的党政领导、基层组织和对方认同的人物做耐心细致的思想工作，千方百计同人群沟通协调。在现场文明执法，通过自身有说服力、感染力的言行，逐步消除对立情绪，缓解僵持对立局面。

5. 用法治思维切实解决引发事件的问题

行政执法纠纷事件可能已经平息了，但是引发该事件的背后的问题仍然存在，随时可能爆发，为此，事件过去之后，行政机关必须对引发事件的问题进行

整改。在此,提供各方面的问题供大家参考:

政府方面:

执法依据问题;

执法程序问题;

执法行为问题。

行政相对人方面:

经济利益问题;

制造影响问题;

暴力抗法问题。

体制机制方面:

制度缺失;

制度虚化;

制度不具可操作性。

参考文献

[1]约翰·罗尔斯.正义论[M].何怀宏,何包钢,廖申白,译.北京:中国社会科学出版社,2009.

[2]苏力.法治及其本土资源[M].北京:北京大学出版社,2015.

[3]章剑生.现代行政法基本理论[M].北京:法律出版社,2008.

[4]包万超.行政法与社会科学[M].北京:商务印书馆,2011.

[5]刘平.行政执法原理与技巧[M].上海:上海人民出版社,2015.

[6]戢浩飞.治理视角下行政执法方式变革研究[M].北京:中国政法大学出版社,2015.

[7]朱未易.地方治理法治化实践与路径研究[M].南京:东南大学出版社,2016.

(王义国,法学教研部副主任、副教授)

依法行政中的行政程序能力提升

姜国锋

［教学目的］

十八大报告指出，“推进依法行政，切实做到严格规范公正文明执法”，而行政程序法是规范公正文明执法的最重要的保证之一。针对现阶段公务员程序意识淡薄、程序操作能力不强这一现实，该专题的目的是：提升学员程序观点和程序意识，提高公务员的行政程序的具体操作能力，对一些当前有关行政程序的热点问题有正确的认识。

［教学重点］

教学重点包括：行政程序所体现的公正、公开、公平、人权等价值；正当法律程序的形成、含义以及对行政程序的基本要求；常见行政程序的操作；对一些社会热点问题的探讨。

［教学形式］

考虑到我国法学教育的特点，本专题主要采用讲授式授课方式，但是为了提高教学效果，同时采取以下方式：

1.采用分组式的教学模式，提高互动环节学员的参与程度。

通过分组达到以下目的：互动环节如无人提出问题，则由小组讨论提出问题；根据教师的布置对教师讲授的内容随时讨论。

2.配合互动式教学的精选案例讨论。

本环节不属于案例教学，但是借鉴案例教学的方法。本环节的操作方式是：案例介绍、学员讨论、学员代表发言、教师总结等。

3.走动式教学。

教学的过程中走下去，更利于拉近和学员的距离，更利于和学员交流，更利于观察学员的接受程度，其目的是和学员融为一体。

4.学员提问。

［教学内容］

提高公务员的行政程序意识、提升公务员的行政程序操作能力是一个亟待解决的问题，解决这一问题正是本专题的目的。

为实现这一教学目的，本专题共分为三个部分：

1.行政机关因行政程序违法败诉及行政程序立法概览。

2.行政机关程序违法的法律风险。

3.行政机关行政程序违法防范。

具体内容如下：

1.行政机关因行政程序违法败诉及行政程序立法概览

(1)因程序违法使行政诉讼中行政机关败诉比例一直居高不下。

(2)行政程序立法日益得到重视。

2.行政机关程序违法的法律风险

(1)行政行为的效力问题。

(2)因行政程序违法赔偿损失。

(3)行政处理和处分问题。

(4)刑事处罚。

3.行政机关行政程序违法防范

(1)严格树立正当程序意识。

(2)坚持公正精神，遵守回避、平等等制度。

(3)坚持公开精神，遵守说明理由、表明身份等制度。

(4)坚持公众参与精神，遵守听证等制度。

(5)坚持效率精神，遵守时效、代理、格式化等制度。

(6)遵守程序顺序、程序履行到位。

(7)严格取证程序、查明事实真相。

引言：

行政程序法按照行政法规范的性质可分为：

实体行政法——组织法、监督法等。

行政程序法——方式、步骤、顺序、时限等。

行政程序法具有价值性和工具性二重性。就我国现时阶段而言，相比之下，公务员对工具性有一定的认识，但是对其价值性往往忽视。

十九大报告第六部分“健全人民当家作主制度体系，发展社会主义民主政治”指出：“努力让人民群众在每一个司法案件中感受到公平正义。”让人民群众在司法案件中感受到公平正义，当然也应当在行政案件当中感受到公平和正义。能够让人民群众感受到公平和正义的途径很多，但是，简单的和直接的途径就是严格执行行政程序，“程序是看得见的正义”这一观点已经被全世界接受，因此，为达到这一目的，各级行政机关在各类行政案件中一定要严格执行行政程序。

（一）行政机关因行政程序违法败诉及行政程序立法概览

1.数据表明，因程序违法在行政诉讼中行政机关败诉比例一直居高不下

受忽视程序观点的影响，在行政诉讼中行政机关败诉的原因当中，程序违法一直名列前列，以下是一些省内外的统计数据：

(1)省外情况

①福建高院对2012年至2014年6月全省行政诉讼案件的统计分析和调研：……有的行政机关从告知权利到作出处罚决定的时间“不足1小时”。（忽略了陈述、申辩、听证等程序）

②据2013年江苏高院的调查，占六成以上。

③据2013年浙江高院的调查，占五成以上。

④2013年北京高院（白皮书）：受忽视正当法律程序价值的观念影响，违反法定程序的现象一直是行政执法中的“顽疾”。

⑤2014年广西高院《白皮书》：“大多数因为程序违法行政机关败诉”。

⑥2015年深圳中院《白皮书》，占55.3%。

(2)山东省情况

①据《2014年山东省高级人民法院行政审判白皮书》：山东省行政机关败诉的主要原因：a.认定事实不清、主要证据不足；b.违反法定程序；c.不作为或不依法正确作为；d.法治意识和执法监督存在不足。程序违法位列第二位。

②据2015年《白皮书》，2015年因行政程序违法败诉占第一位。

主要表现是：行政处罚中未告知相对人有陈述和申辩的权利、对于重大案件没有依法进行集体研究；房屋征收与补偿程序中，没有依法进行公告、听证或者房屋评估程序不符合《国有土地上房屋征收与补偿条例》《房屋评估办法》等法律规定程序；房屋登记管理部门对权属有争议的房屋仍予以登记或省略法定的必经程序进行登记等。

③2016年《白皮书》虽然没有对败诉的原因进行统计，但是在提出的四条司法建议当中，“严格执行行政程序”列居第二位。

2.行政程序立法日益得到重视，但是尚未统一的行政程序法

(1)法律——程序法三部曲（处罚法、许可法、强制法）

(2)《行政程序法》:2006 年被全国人大列入规划项目。现有影响的专家稿为四个。

(3)《行政执法程序条例》:2013 年被国务院列为二档规划。

(4)《山东省行政程序规定》于 2011 年 5 月 25 日公布,自 2012 年实施,且 2012 年为山东省"程序年"。(此前,2008 年有《湖南省行政程序规范》)

(5)《山东省行政执法监督条例》:2015 年 5 月 1 日实施。

《山东省行政程序规定》是省政府制定的综合性行政程序规范,适用于全省所有的行政机关,司法审判中具有参照作用,应当引起重视。

分组讨论:结合本职工作,现在制定全国统一的行政程序法的时机是非成熟。

目的:①对自己日常的执法情况进行梳理;②不同单位、地区行政程序执行情况进行交流,以利于相互启发。

(二)行政机关程序违法的法律风险

1.行政行为的效力问题

(1)行政行为无效

无效行政行为是指不具有公定力、确定力、拘束力和执行力,相对人具有一定的抵抗力。理论上该行为自始无效,无须有权机关宣告,且不受诉讼时效的限制。

行政行为程序上存在重大的明显违法或极不正当或其他严重缺陷,违反最低限度的程序规定,可能使行政行为无效。分别是:

①行政行为程序上存在重大明显违法或极不正当,违反最低限度的程序规定。例如罚款职能不分离、不表明身份等。

例如某夫妻看"黄碟"案,该案中警察的执法行为是典型的无效行政行为。实体法方面表现为超越职权,程序法方面表现为不表明身份。

此案的另一个重要意义是:公民可以行使抵抗权。该案中,虽然相对人和执法人员有肢体上的冲突,但是由于警察没有表明身份,相关部门并没有认定相对人违法。

②行政行为形式上存在重大明显缺陷(书面、公章等等)

(2)行政行为可撤销(程序一般违法)

此种行政行为的特点是:行政行为一般违法或者明显不当;在有权机关撤销以前具有法律效力;如果被撤销被视为自始不存在。撤销的形式包括行政复议、行政诉讼、行政监督。程序违法是行政行为被撤销的原因之一。

案例:赵某某诉某区交通运输局交通行政处罚案

这是一个很典型的案件,属山东省首例,应高度重视。

该案判决的要旨是:被告拟对原告处以 5000 元罚款,应当告知原告享有听证权,且应当给予原告自告知之日起 3 日内选择是否要求听证的期限。只有原告逾期不提出听证申请，才能视原告放弃该听证权。因此被告在告知原告享有听证权的当天即作出行政处罚决定属于程序违法，依法判决撤销被诉交通行政处罚决定。

该案表明，即使相对人声明放弃申请听证的权利，也不能立即作出行政处罚决定，而应当给予三天的反悔期。

这对行政机关是极大的挑战。

十八大、十九大都提出了"高效便民"的原则。

如果按照高效便民原则，相对人为了便利要求当场处罚的应当当场处罚，但如果事后相对人提起诉讼面临着败诉的风险，这就需要行政机关创新工作方式。本案程序上还有两点违法，一是违背了职权分离制度，二是未经负责人签字。该案是我省某副省级城市法院公布的典型案例，具有一定的影响力。

讨论：你认为是否需要等待三日？你单位的做法是什么？

目的：交流各单位的做法，取长补短。

(3)轻微违法或其他原因，判决违法但维持具体行政行为

轻微违法，例如，时限方面的规定、公告方面的规定等。

下述案例属于虽被判决违法但维持具体行政行为，具有典型性。

案例：朱某诉某市住房和城乡建设委员会房屋转移登记案

2011年6月，王某某向刘某借款共计470万元。同年12月，刘某要求王某某归还剩余欠款，二人协商用王某某的房产抵债。该房产系王某某、朱某某夫妇共同共有。同年12月29日，王某某与刘某夫妇共同到某市住建委房产交易中心办理过户手续，并签署了《房屋所有权转移登记申请书》等有关材料。12月30日，房产交易中心对涉案房屋办理了产权转移登记，向刘某颁发了房屋所有权证。朱某某不服提起诉讼。

二审法院认为刘某为善意取得。《最高人民法院关于审理房屋登记案件若干问题的规定》第十一条第三款："被诉房屋登记行为违法，但判决撤销将给公共利益造成重大损失或者房屋已为第三人善意取得的，判决确认被诉行为违法，不撤销登记行为。"

判决：登记行为违法，但保留登记行为的效力。如进一步诉讼，不排除赔偿损失的可能性。

思考：所有权利益保护和交易利益保护的价值选择。

2.赔偿损失

《国家赔偿法》没有排除程序违法是行政赔偿的原因，因此程序违法也是赔偿损失的原因，虽然实践中并不多见。(典型案例：交警开罚单没告知陈述申辩权行政处罚被撤销，相对人要求赔偿营运损失)

3.行政处理和处分问题

不得不承认,现实当中行政机关和公务员因为程序违法而受到行政处理和行政处分的不多,但是这并非是一种常态,特别是在十八大和十九大对追责制度重视以后。

《公务员法》第五十三条:

公务员必须遵守纪律,不得有下列行为:……(九)滥用职权,侵害公民、法人或者其他组织的合法权益。

《行政机关公务员处分条例》:

第十九条　有下列行为之一的,给予警告、记过或者记大过处分;情节较重的,给予降级或者撤职处分;情节严重的,给予开除处分:(一)负有领导责任的公务员违反议事规则,个人或者少数人决定重大事项,或者改变集体作出的重大决定的……(五)违反应当回避而不回避,影响公正执行公务,造成不良后果的……

第二十条　有下列行为之一的,给予记过、记大过处分;情节较重的,给予降级或者撤职处分;情节严重的,给予开除处分:

……(二)发生重大事故、灾害、事件或者重大刑事案件、治安案件,不按规定报告、处理的。

第二十一条　有下列行为之一的,给予警告或者记过处分;情节较重的,给予记大过或者降级处分;情节严重的,给予撤职处分:

(一)在行政许可工作中违反法定权限、条件和程序设定或者实施行政许可的;(二)违法设定或者实施行政强制措施的;(三)违法设定或者实施行政处罚的;(四)违反法律、法规规定进行行政委托的……

第一百三十四条　行政机关及其工作人员违反本规定,有下列情形之一的,应当追究责任:

……

(五)重大行政决策未经公众参与、专家论证、风险评估、合法性审查、集体讨论决定的;

(六)违反本规定制定和发布规范性文件的;

(七)不依法组织听证的;

(八)行政决定被撤销、被确认违法或者无效的;

……

(三)行政机关行政程序违法的防范

1.严格树立正当(法律)程序意识

这是本部分的重点。

应执行的行政程序＝法定行政程序＋正当程序。其中：

法定程序＝法律(广义)直接规定的行政程序

正当(法律)程序＝自然正义原则(英美不同的称谓)

正当程序包含下列三项内容：

(1)陈述、申辩等(1215《大宪章》)；

(2)不当自己案件的法官(1610医师非法行医案)；

(3)说明理由(1932)。

行政执法中法定的程序必须遵守，有时即使法律没有专门的规定，按照正当程序原则也应当履行相应的程序义务。正当法律程序在美国是一项法律原则，在我国一般认为是行政法的一项原则，有时也被认为是人们的共识，但无论怎么认识，已经被法院在行政诉讼中采用，虽然法律没有专门的规定，应当引起高度重视。

对于正当法律程序在司法实践当中应用具有巨大推动作用的是国务院2004年发布的《全面推进依法行政实施纲要》：

> 程序正当——行政机关实施行政管理，除涉及国家秘密和依法受到保护的商业秘密、个人隐私的外，应当公开，注意听取公民、法人和其他组织的意见；要严格遵循法定程序，依法保障行政管理相对人、利害关系人的知情权、参与权和救济权。行政机关工作人员履行职责，与行政管理相对人存在利害关系时，应当回避。

通常认为，《纲要》虽然没有法律上的拘束力，但是考虑到我们国家国务院的地位，《纲要》具有非常强烈的说服力。

案例1：原告陈刚与被告句容市规划局、句容市城市管理局城建行政处罚案

2010年7月4日，两被告依据《城乡规划法》和《江苏省城市市容和环境卫生管理条例》的相关规定，做出《限期拆除通知书》，责令原告在收到通知书之日起7日内自行拆除亭棚4间。

原告于2010年7月7日提起行政诉讼。法院于同月12日受理此案，11月25日公开开庭审理了此案。其间，两被告于2010年7月20日自行撤销该《限期拆除通知书》。

法院判决："……虽然《城乡规划法》未对程序作出具体的规定，但未告知原告享有陈述、申辩的权利，违反了正当程序的要求，程序违法，应予撤销。"

案例2：某市鲁信面粉有限公司诉某人民政府行政复议决定案——遗漏有利害关系的第三人

该案是某中院公告案例，故予以引用。

案情要点：(1)因原告破产，邮寄送达失败。(2)直接复议使得原告失去土地。

被告答辩要点:(1)因原告破产,邮寄送达失败。(2)制作《行政复议决定书》后,通过 EMS 向鲁信公司邮寄送达,但邮件被退回。

争议的焦点:(1)送达的方式是否合法。(2)《行政复议法》第 10 条,"同申请行政复议的具体行政行为有利害关系的其他公民、法人或者其他组织,可以作为第三人参加行政复议"。《山东省行政复议条例》第 15 条,第三人未申请参加行政复议的,行政复议机关认为有必要时,应当通知其参加行政复议的理解。

法院判决要旨:

(1)关于送达

被告在无法直接送达和邮寄送达的情况下,并未按照《民事诉讼法》关于送达的规定,进行留置送达或公告送达,应认定被告未依法送达行政复议有关文书。

(2)关于《行政复议法》第 10 条的理解

复议机关未通知利害关系人作为第三人参加行政复议,侵犯了第三人的权利,从保护公民、法人或者其他组织权利这一立法目的上讲,复议机关构成程序违法。

本案的启发:

(1)注意送达的方式。

(2)不能遗漏有利害关系的第三人(除复议外,常见类型是行政许可)。(环评案、撤销诊所案等)

(3)注意正当程序,充分保护公民、法人其他组织的合法权益。

《民事诉讼法》第八十五条规定:送达诉讼文书,应当直接送交受送达人。

其他发酵案例:

(1)张成银诉徐州市人民政府房屋登记行政复议决定案(2004 年江苏高院)

(2)彭淑华诉浙江省宁波市北仑区人民政府工伤行政复议案(宁波中院 2006 年)

两案的共同特点是:行政复议中遗漏了利害关系人及第三人。实践中应当引起高度的重视。

学员提问环节(只能针对本部分内容进行提问)。

2.坚持公正精神,遵守回避等制度

回避制度来源于英国自然正义原则的"不能做自己案件的法官"。关于回避的范围,《山东省行政程序规定》等法律已有明确的规定。

《山东省行政程序规定》第二十二条:

行政机关工作人员执行公务时,有下列情形之一的,应当自行申请回避;本人未申请回避的,行政机关应当责令回避;公民、法人和其他组织也可以以书面形式提出回避申请：

(1)与本人有利害关系的；

(2)与本人有夫妻关系、直系血亲关系、三代以内旁系血亲关系以及近姻亲关系的；

(3)可能影响公正执行公务的其他情形。

行政机关工作人员的回避由该行政机关主要负责人决定。行政机关主要负责人的回避由本级人民政府或者上一级行政机关决定。

根据最近几年的社会现实，建议以下情形的回避应制度化：

(1)本单位的回避(如雷洋案)。

(2)上级单位的回避(常被公众误解)。

(3)关联单位的回避(同样容易被误解)。

分组讨论：精选综合小案例

某局接群众举报，马某涉嫌违法经营，该局即派执法人员张某前往检查。经查违法事实确凿，拟依法对其作出吊销营业执照和罚款5000元的行政处罚。

作出处罚决定前，书面告知马某有要求举行听证的权利。马某当即要求组织听证，工商局通知其次日下午到局机关参加听证。

听证由张某主持，马某进行了申辩和质证，并在听证笔录上签字。同时马某交纳了听证费用200元。

听证结束后，该局对马某作出了吊销营业执照并罚款3000元的行政处罚，制作了行政处罚决定书，并于10日后送达给马某。

讨论问题：

(1)该案在行政程序方面存在哪些违法情形？

(2)根据该专题的内容，结合自己的知识和观点，针对上述行政程序违法情形，哪些可以使该行政行为被撤销，哪些可以被认定为违法但不必撤销？(应当被撤销的情形主要是：一般违法、有可能影响相对人的实体权利或者程序权利。严重的明显的违法应当被宣告无效)

(3)罚款数额变为3000元后是否需要重新听证？

(4)如果最终处罚所依据的证据、事实、依据、理由变化后(之一或者若干个变化)是否需要听证(仍为罚款5000元)？

3.坚持公开精神，遵守说明理由、表明身份等制度

行政公开包括的范围非常广泛，包括办事程序、行政行为的证据、事实、理由、依据、结果等公开。最近几年随着干部普法的深入开展，公开精神比较好地在公务员队伍中建立起来。但是也有薄弱环节。例如说明理由制度，相比之下，对于裁量的事实、法律的选择多数情况下未作出说明。已出现司法案例因

为说明理由行政行为被判决无效。

但是最近几年公开制度有被滥用的趋势。请看下则报道：

陆某父女因不满拆迁补偿政策，在将近一年的时间里，向南通市政府、市发改委等7个单位提起了至少94次政府信息公开申请，内容广泛。在收到这些机关答复后，父女二人又向省政府、省国土资源厅等复议机关共提出39次行政复议。之后提起行政诉讼36次。2015年2月27日，南通市港闸区人民法院裁定驳回原告陆某父女针对5个行政机关的起诉，率先在全国对政府信息公开滥诉行为进行规制。

这是一个很好的判决，但是毕竟是个案，希望将来修改相关法律时能充分考虑这一问题。

4.坚持公众参与精神，遵守听证等制度

十九大报告第六部分“健全人民当家作主制度体系，发展社会主义民主政治”指出：“巩固基层政权，完善基层民主制度，保障人民知情权、参与权、表达权、监督权。健全依法决策机制，构建决策科学、执行坚决、监督有力的权力运行机制。各级领导干部要增强民主意识，发扬民主作风，接受人民监督，当好人民公仆。”

公众参与是十八大、十九大共同的明确要求。听证是公众参与的基本要求。

听证的基本理念学员大多已经了解，这里主要讨论两个问题：

(1)“没收”是否需要听证

案例：塞内加尔人巴斯诉某市工商局行政处罚案

某局接到举报，塞内加尔人巴斯销售假冒注册商标“POLO WORLD”的旅行箱、不符合标准的彩色电视机。该局现场进行了检查，没收相关产品。经鉴定，送检的电视机不合格，作出决定：责令其停止侵权行为，依法没收该批货物并处非法经营额2倍的罚款79万多元。

本案的关键是，该局对“没收”行为没有举行听证，《行政处罚法》也没有明确规定“没收需要听证”。那到底需不需要听证呢？答案是需要听证，这可以从两个方面解释。

①根据前述“严格树立正当程序意识”部分；

②相关的答复等：

第八届全国人大法律委员会关于《中华人民共和国行政处罚法（草案）》审议结果的报告指出……

公安部向最高人民法院行政庭咨询，并请示全国人大常委会法工委，得到的答复都是……

2004年最高人民法院给新疆高级法院《关于没收财产是否应进行听证及没收经营药品行为等有关法律问题的答复》……

(2)关于“听证不加重处罚”的问题

实践当中,有的行政机关因为相对人的辩解而认为相对人的态度不好,或者出于报复的目的加重对相对人的处罚,这是违背听证的本意和法律规定的。

①《行政处罚法》第三十二条规定:“……行政机关不得因当事人申辩而加重处罚。”

②人民法院《关于执行〈中华人民共和国行政诉讼法〉若干问题的解释》第五十五条第一款规定:“人民法院审理行政案件不得加重对原告的处罚,但利害关系人同为原告的除外。”

③《行政复议法实施条例》第五十一条规定:“行政复议机关在申请人的行政复议请求范围内,不得作出对申请人更为不利的行政复议决定。”

5.坚持效率精神,遵守时效、代理、格式化等制度

(1)时效制度

效率原则是行政法的基本原则。为了提高行政机关的办事效率,保障相对人的合法利益,绝大多数法律都规定了时效。

十九大报告第三部分“新时代中国特色社会主义思想和基本方略”指出:“坚持以人民为中心”,“践行全心全意为人民服务的根本宗旨”。但是现阶段许多情况下,行政机关办事拖拉,严重违背了十九大精神。

最高院《关于执行〈中华人民共和国行政诉讼法〉若干问题的解释》:

> 第三十九条　公民、法人或其他组织申请行政机关履行法定职责,行政机关在接到申请之日起六十日内不履行的,公民、法人或其他组织有权向人民法院提起诉讼,人民法院应当受理。

《北京市2013年行政审判白皮书》:

> 逾越法定期限比较突出,比如在一起被诉行政登记案件中,法定办理登记的时限为10个工作日,行政机关受理时承诺将于5个工作日内作出决定,但其既未在承诺的时限内也未在法定时限内作出决定,而是超过法定时限一个多月后才作出不予登记决定,还将落款日期倒签到了法定时限届满之日,严重违反法定程序。

应当特别注意,行政机关自己承诺的短于法定的期限也必须遵守,否则也是违法的,行政诉讼中也将败诉。这是诚信政府的基本要求,如果政府不诚信,怎么能要求社会和公民诚信。

(2)“行政代理”制度目前尚未建立起来,应抓紧。

(3)行政文书的格式化基本实现,但是,如果需要较长的理由说明,则不必

严格地格式化。

6.遵守程序顺序、程序履行到位

(1)遵守程序顺序

行政程序法律规定了各种步骤的顺序,必须严格执行。先处罚后调查等违反程序法的做法都是错误的。各种步骤的顺序是作出正确的行政决定的保障。

案例1:南京徐宝宝案

南京儿童医院毛某卷入“偷菜门”事件被质疑不作为致5月婴儿死亡。南京市通报对“患儿死亡事件”的调查情况,并对当时的夜班值班医生毛某给予吊销医师执业证书并行政开除处分。

后南京市政府发现无权吊销其医师执业证书。省卫生厅后续调查确定吊销(卫生部行政复议,维持省卫生厅的决定,此案可商榷)。

案例2:某市国土局对房某处罚案

行政处罚决定书显示文书形成的时间是2012年9月,房某提交的行政处罚决定书的作出时间是2012年9月20日,市国土资源局提交的送达回证显示向房某送达行政处罚决定书的时间是2012年9月10日,送达时间早于行政处罚决定的作出时间(颠倒)。

(2)程序履行到位

这是一个比较常见的问题,根据不同情况法律对行政机关应当履行哪些义务作出了不同的规定,有些看似不需履行的程序步骤恰恰有法律的专门规定,实践中容易被忽视。

案例1:钟某诉某市工商行政管理局行政不作为案

2013年12月27日,某局接到钟某的举报信,称其在家乐福购买的“北大荒富硒米”不符合《预包装食品营养标签通则》的规定,要求该局责令家乐福退还其货款并进行赔偿,并依法作出行政处罚。

同年12月30日,该局作出《答复》,称不属于其职能范围。钟某不服,以该局为被告提起行政诉讼,请求确认工商局处理举报案件程序违法,责令其履行移送职责。人民法院一审认为,虽然被告无对流通环节的食品安全进行监管职责,但能确定为该案件的主管机关。《工商行政管理机关行政处罚程序规定》第15条规定,工商行政管理机关发现所查处的案件属于其他行政机关管辖的,应当依法移送其他有关机关。判决被告在15个工作日内就原告举报事项履行移送职责。二审维持原判。

该案有三方面的意义:

第一,程序违法。

“依法移送其他有关机关”是法定的步骤,不可缺失。

第二，行政不作为、懒政惰政是当前治理的重点之(司法能动主义)。

第三，常见的“不作为”还应当包括迟延履行(包括法定的期限和行政机关承诺的期限)法定义务，亦属程序违法。

案例 2：齐来发诉某省交通运输厅道路运输局不履行法定职责案

释明——对行政机关提出了更高的要求(进一步的要求)

齐来发向省道路运输局举报其他司机不按许可的线路行驶，请求运输局处理。运输局向其告知该事务不属于自己的职责。齐来发不服提起行政诉讼。

裁判结果：责令道路运输局自接到本判决之日起 60 日内对齐来发的申请作出处理。

该案强调了行政机关的释明义务，明确了在申请人依一般法规定要求行政机关履行职责时，行政机关不能因特别法有不同规定而置之不理，应该给予必要的说明和指导。法院认为，推进行政领域办事制度公开，确保权力行使公开高效便民，是十八大报告赋予法院的历史任务。该案的启发是：即使法律没有专门的规定，行政机关也应当根据高效便民和公开的原则履行义务。

[学员提问环节]

思考：

结合本职工作，谈谈你对未来行政程序法有哪些期待。

参考文献

[1]应松年．比较行政程序法[M]．北京：中国法制出版社，1999.

[2]应松年．行政程序法立法研究[M]．北京：中国法制出版社，2001.

[3]张兴祥．外国行政程序法研究[M]．北京：中国法制出版社，2010.

[4]法规应用研究中心．行政程序法一本通[M]．北京：中国法制出版社，2014.

[5]周佑勇．行政法原论[M]．3 版．北京：北京大学出版社，2018.

(姜国锋，法学教研部副教授)

乡镇公务员职务犯罪预防

陈玉忠

[教学目的]

全面从严治党是党中央确立的“四个全面”战略布局之一,廉政建设和反腐败斗争是全面从严治党的重要内容。“推动全面从严治党向基层延伸”意味着对基层廉政建设和反腐败斗争提出了进一步要求。同时,实施乡村振兴战略是党的十九大提出的战略部署,基层领导干部是贯彻落实乡村振兴战略的重要力量,因此,提高乡镇公务员职务犯罪预防意识是乡镇公务员培训的重要内容。以艰苦奋斗、廉洁奉公为主题,把党性、党风、党纪教育作为培训的必修课,用犯罪成本、风险评估的方法分析因职务犯罪而付出的沉重代价,使预防工作入脑、入心,增强学员的廉洁从政、反腐败斗争自觉性,掌握职务犯罪预防的法律风险点,切实提高乡镇公务员运用法治思维干事创业的本领。

[教学重点]

1.新时代乡镇廉政建设、反腐败斗争的必要性。
2.提高乡镇公务员职务犯罪预防意识的重要性。
3.乡镇公务员职务犯罪预防的法律风险点。
4.做好乡镇公务员职务犯罪预防工作的要求。

[教学形式]

专题采用课堂讲授式,结合刑法最新规定、实践案例提高乡镇公务员职务犯罪预防的针对性、有效性;辅以交流式教学互动环节,切实提高教学培训的学习效果。

[教学内容]

(一)新时代加强基层廉政建设的重大意义

基层组织是党和国家事业的坚强战斗堡垒,是国家战略部署贯彻落实的基础。这种落实既需要办事能力的提高，更需要自身廉政建设水平的保障。一个干部能干事、会干事，各方面水平都挺高，但是自身党性不高、生活作风有问题、牵涉经济问题，他还能保留在领导岗位上吗？肯定不能。习近平说“谁要搞腐败，就必须付出代价”，“反腐无禁区、零容忍”。曾经的省长、部长甚至中央委员、政治局委员，即使工作水平很高、能力很强，一旦涉及腐败也照样判刑、入狱。所以，新时代廉政建设对基层干部尤为重要。

1.这是中国共产党长期执政的根本要求

中国共产党历尽千辛万苦，多少烈士流血牺牲才取得了革命胜利，除了感叹胜利来之不易之外，也要反思我们当年所面对的历史、社会原因。这就需要从中国近现代史发展的角度来分析。

第一，政权腐败，官逼民反。以曾国藩平太平天国为例。曾国藩当过京官，到副部长，虽然有点清贫但也优哉游哉，平常没事也写个诗歌抒抒情，自制力非常强。母亲去世后，曾国藩回家尽孝丁忧，恰巧碰上太平军闹事，中央军——大清八旗子弟溃不成军。为了为皇上分忧，曾国藩组织地方湘勇，自己筹措银子打仗，最后平了太平天国，但惹得皇帝猜疑、同僚不满，只好自己申请裁掉了湘军。最后，曾国藩竟然开始反思自己的行为是否正当，自己原来所谓的“剿匪”事业还有无意义，因为百姓还是那么苦，造反是必然的。过了不到半个世纪，辛亥革命爆发，大清王朝覆灭。试想，慈禧太后过寿竟挪用海军费用，可见腐败到什么程度了。

第二，弱国无外交，备受列强不断欺凌。

第三，国家不统一，军阀各自为政。

中国共产党的使命：民族独立、人民解放、国家统一。中国共产党自诞生之日起就专注解决这三大问题，涌现了无数优秀分子，如江姐。许多共产党员抛头颅洒热血，到底为了什么？今天的和平日子来之不易！

改革开放后，我党集中精力搞经济建设，解决了百姓温饱问题，并提出了执政能力建设问题。我党面临“四大考验”（长期执政、改革开放、市场经济、外部环境）和“四种危险”（精神懈怠、能力不足、脱离群众、消极腐败）。如果任凭腐败问题愈演愈烈，最终必然亡党亡国。我们党把党风廉政建设和反腐败斗争提到关系党和国家生死存亡的高度来认识，是深刻总结了古今中外的历史教训的。

重点：如何走出历史的陷阱——政权周期律？历朝历代也曾反腐过，为何还是失败？（作为研讨题目）

2.这是全面从严治党向基层延伸的必然要求

习近平总书记在中纪委十九届第二次全会上强调，“重整行装再出发，以永远在路上的执着把从严治党引向深入”，“推动全面从严治党向基层延伸，严厉整治发生在群众身边的腐败问题”。当前,基层干部队伍主流是好的,但在一些地方、部门、单位,基层干部不正之风和腐败问题还易发多发。近年来,随着国家对农村发展的大力支持,城镇化水平的提高,农村各项事业得到长足发展,农村面貌得到很大改善。但涉农惠民领域职务犯罪案件频发,严重损害了人民群众的切身利益,影响了广大农村和谐稳定的大局。加强基层组织和干部队伍建设,把基层党组织建设成坚强战斗堡垒,对基层贪腐要认真纠正和严肃查处,让人民群众更多感受反腐倡廉的实际成果,是全面从严治党向基层延伸的必然要求。

3.这是实施乡村振兴战略的队伍保证

乡村兴则国家兴,党的十九大报告提出乡村振兴战略,这是民族复兴、国家昌盛的必然之路。但是,由于多年来城乡两元发展的现状,“乡村振兴”面临着诸多难题:没有人(青年壮力)、没有产业(除了近城郊征地拆迁发大财外,真正的乡村很多没有优势产业)等现象较为突出,不劳动靠救济的也大有人在。

国家加大了农村财政支持力度,大量资金补贴意味着需要及时有效地监督约束。因此,加强基层党组织和干部队伍建设,基层干部要秉公用权、廉洁用权,做遵纪守法的模范,这是实施乡村振兴战略的队伍保证。

4.这是反腐斗争走向法治轨道的要求

法治是治国理政的基本方式。这包括两条:法治是宝贵经验;反腐也要讲法治。

新时代反腐走上法治轨道的重要表现:成立监察委、监察法立法。成立监察委标志着反腐走上了法治化道路。《监察法草案》征求社会意见时,仅一个月就收到了3771人、计13268条意见,是其他法律草案的10倍甚至20倍、200倍之多,足以说明社会非常关注。内容包括:

第一,留置取代“两规”。意义:规范了留置措施的审批程序、期限、法律效果(折抵刑期);

第二,监察范围:国家公职人员以及行贿人。

第三,整合职务犯罪办案力量,与纪检委合署办公,反贪局、反渎职局转隶监察委。

第四,监察取得的证据可以移交检察机关起诉,无须证据转换。

第五,监察法的未来发展趋势:进一步明确留置阶段律师介入。纪委办案原来就没有律师介入的规定,但是《刑事诉讼法》中明确规定检察院侦查阶段在第一次讯问时,犯罪嫌疑人、被告有权聘请律师,获取法律帮助。无数事例表明,律师作为专业的法律服务队伍,在侦查阶段介入案件有利于办案部门运用法治思维提高办案质量,有利于防止冤假错案的发生,有利于人民群众提高对执政党全面推进依法治国的信任程度。

（二）乡镇公务员职务犯罪预防工作的重要性

内蒙古自治区某镇委书记陈某因扶贫工作压力大，患上抑郁症，上任半年多跳楼自杀，女儿因承受不了打击，不到一分钟也追随妈妈坠楼身亡。工作与健康、家庭之间的张力关系似乎一下子摆在人们面前：工作、事业究竟要重要到不惜身家性命、家人生活吗？这位领导干部如果看到自己唯一的未成年孩子因自己想不开而自寻短见会不会改变自己的主意呢？结果不能假设，这样的意外，应当引起我们深刻的反思。

思想问题必须有一个理性的假设前提，假设人是追求幸福、趋利避害的人，符合一般人的思维。我们从理性人角度分析预防工作的重要性：

首先，荣誉方面。犯罪与守法有天壤之别。在平时，领导干部不管在机关单位还是外出调研，都是习惯于他人的尊敬与客气中，甚至与民营企业家比较起来也是自豪骄傲得很，毕竟处于政府部门，老百姓的“官本位”思想还是蛮严重的。君不见同学聚会，回乡探亲，当上领导的人自是一番风光，时间久了便认为是自然的事情，其实很大程度上是依赖于领导职位而已。很多落马官员、判刑的领导干部在被组织处分、司法处理之后非常不适应，从人人尊崇的明星一下子跌落到地上，有的甚至因适应不了这个变化而自寻短见。所以说，领导干部要珍惜自己的荣誉，这绝不是危言耸听，而是真理格言。

其次，亲情方面。腐败犯罪是要付出惨重代价的，特别是亲情代价。国家工作人员违法犯罪，在毁掉自己的同时，也累及妻儿和父母。年迈的父母会为儿女伤心，承受孤独和牵挂，失去晚年的幸福和欢乐。夫妻之间有的长期牵挂，痛不欲生；有的家破人亡，妻离子散。还会对子女的心灵造成极大的创伤，使他们幼小的心灵承受巨大的心理和社会压力，承受失去父爱、母爱的感情痛苦，甚至要过寄人篱下、苦度光阴的生活；有的夫妻双双入狱，撇下未成年的孩子，使孩子过早地失去学业，背上沉重的生活和思想负担。我们可以想象他们失去自由后反复拷问自己灵魂的绝望心境，然而这一切都悔之晚矣。早知今日，何必当初？

再次，自由方面。通过这些代价的分析，我们得出这样一个结论：自由是最可贵的。一墙之隔，两个世界。自由和健康一样，只有失去的人才真正懂得它的珍贵。西方一位哲人说：“世间万物最美的是什么？是自由！谁能获得自由？抵制邪恶有自控力的人！”自由从来不是孤立的，而是和约束相依相存的，自由不会被无端剥夺，只能因为自己的放纵而丧失。那些沦为阶下囚的国家工作人员的下场，应该激起我们每个人对人生、对自由、对亲情、对社会美好事物的珍惜，这种珍惜是走好人生之路的心理保证和思想基础，能让人生航船乘风破浪、扬帆远航。

最后，经济方面。许多国家工作人员特别是领导干部在东窗事发前，上班坐轿车，回家有人照顾，办公条件舒适，每日有可口的三餐，几乎过着没有什么忧虑的生活。一旦因职务犯罪被判刑后，精神上的打击比其他犯罪要大得多，这主要是生活环境和心理的落差太大所致。有的在判刑前，非常注意保养、注重仪表，走出去风度翩翩，被判刑后就变得苍老许多。有的老病加重又添新病，有的难以面对现实而自寻短见，而更多的则是怀旧伤感、心力交瘁、精神恍惚。退一步讲，就算还没东窗事发，收了不该收的钱后，心理上就会受到压力，对人的精神状态也有很大的影响。南方某镇原副镇长高某就讲过："这么多年，对自己收下的钱不是没有担心过，而是每次收下钱后总要害怕一阵子，有时甚至晚上也睡不好觉，所以后来有不少次人家送钱都被我退了回去，但终究缺口已经打开，要还回清白已不可能，所以大多数时候总是心存侥幸，心想全国那么多官员，不干净的不会只我一人，难道检察院偏偏会查到我身上来？但偏偏应了一句话：自己埋下的祸根，自己去承担。"

（三）乡镇公务员刑事法律风险

1.贪污罪的法律规定及认识误区

《刑法》第 382 条规定："国家工作人员利用职务上的便利，侵吞、窃取、骗取或者以其他手段非法占有公共财物的，是贪污罪。"

第 383 条规定：

> 对犯贪污罪的，根据情节轻重，分别依照下列规定处罚：
>
> (1)贪污数额较大或者有其他较重情节的，处三年以下有期徒刑或者拘役，并处罚金。
>
> (2)贪污数额巨大或者有其他严重情节的，处三年以上十年以下有期徒刑，并处罚金或者没收财产。
>
> (3)贪污数额特别巨大或者有其他特别严重情节的，处十年以上有期徒刑或者无期徒刑，并处罚金或者没收财产；数额特别巨大，并使国家和人民利益遭受特别重大损失的，处无期徒刑或者死刑，并处没收财产。

对多次贪污未经处理的，按照累计贪污数额处罚。

2016 年最高人民法院、最高人民检察院司法解释：

> 贪污或者受贿数额在 3 万元以上不满 20 万元的，应当认定为刑法第 383 条第一款规定的"数额较大"，依法判处三年以下有期徒刑或者拘役，并处罚金；
>
> 贪污或者受贿数额在 20 万元以上不满 300 万元的，应当认定为刑法第 383 条第一款规定的"数额巨大"，依法判处三年以上十年以下有期徒刑，并处罚金或者没收财产；
>
> 贪污或者受贿数额在 300 万元以上的，应当认定为刑法第 383 条第一

款规定的“数额特别巨大”，依法判处十年以上有期徒刑、无期徒刑或者死刑，并处罚金或者没收财产。

贪污罪的行为对象是公家财务。对单位财务人员掌管的财务，大家的认识比较明确，是公家财务；但是对于小金库可能存在认识模糊。小金库存在的普遍性属性就是公家财物。例如，某县教育局收取中小学教师评职称费用，以奖金形式发放；某国企人力资源部收取业余教育培训费；某国企人员签订合同时故意压低费用，向对方索取差额，涉嫌贪污；某局李局长外地出差没有文件依据，报销差旅费认定为贪污。

现实生活中比较常见的涉嫌贪污犯罪的风险或者误区包括：

“用‘小金库’发奖金，我是为大家发福利”；

“给职工发购物卡，我自己一分钱也没贪”；

“国企改制，我只是借机多占点股份而已”；

“公款吃喝不算什么，又没入自己腰包”；

“按交往礼节接受礼物，只是未及时交公”等。

2.受贿罪的法律规定及认识误区

《刑法》第 385 条：“国家工作人员利用职务上的便利，索取他人财物的，或者非法收受他人财物，为他人谋取利益的，是受贿罪。受贿罪根据受贿所得数额及情节，依照第 383 条规定处罚。索贿的从重处罚。”

受贿罪，通俗地讲就是“钱权交易”。主体：同贪污罪，但还要注意是特定关系人受贿。利用职务便利：利用本人职务犯罪内的权力，即自己主管、负责或者承办某项公共事务的职权或便利条件。为他人谋利：分为承诺、实施、实现三个阶段。明知对方是工程老板，虽然未为他谋利，只要收了财物就是受贿。国家工作人员收受他人财物时，根据他人提出的具体请托事项，承诺为他人谋取利益的，就具备了为他人谋取利益的要件。明知他人有具体请托事项而收受其财物的，视为承诺为他人谋取利益。还应注意以下几点：

贪污行为：单位一般有账目，要说明款项的理由，比如报销差旅费一般会有会议通知、院长签字等。贿赂行为：行贿单位一般有支出的账目，比较规范的公司尤其国有公司、上市公司的账目上会有公关费用、好处费、业务提成等记录，但是小型私营企业、个体户可能什么也没有。所以查办受贿罪比贪污罪更加重视证人的作用。

“他人财物”：货币，购物卡，银行卡，名人字画，古董，金条、金块，汽车，干股、挂名领薪，还有在职为人谋利、离职后受人财物，等等。

收受请托人房屋、汽车等物品，未变更权属登记或者借用他人名义办理权属变更登记的，不影响受贿的认定。

收受财物后退还或者上交问题：及时退还或者上交的，不是受贿。《国家行政机关及其工作人员在国内公务活动中不得赠送和接受礼品的规定》中提出，“及时”应以一个月为期。没有受贿故意的情形主要有以下几种：

第一，国家工作人员明确拒绝请托人给付的财物，但请托人强行将财物留下，国家工作人员事后及时退还或者上交。例如，请托人前往国家工作人员住宅，国家工作人员一开门，请托人将财物扔进室内后立即离开。次日，国家工作人员将财物退还或者上交。

第二，由他人代为收受，国家工作人员知情后及时退回或上交。例如，请托人到国家工作人员家中行贿，国家工作人员不在家，其家属在国家工作人员不知情的情况下收受了请托人的财物，国家工作人员回家在得知该情况后及时退回或上交财物。

第三，被动收受财物行为。在当前一些不良风气影响下，一些人在办事时，如果国家工作人员不收受其财物，请托人反而心里不踏实，认为国家工作人员不会尽心为其办事。那么国家工作人员为打消这种顾虑，让请托人放心，暂时接受财物，事后及时退回或上交。例如小孩出生时，其长辈为求安心给医生红包。医生当时确实收了，后来女儿顺利出生后，医生又将红包交还。对这种行为，显然可以判定其没有受贿故意。

第四，请托人在国家工作人员不知情的情况下，暗地里将财物置于国家工作人员所在场所，国家工作人员发现后及时退还或者上交。例如，请托人进入国家工作人员住宅后，将价值10万元的购物卡放在沙发垫下，也没有告诉国家工作人员。六个月后，国家工作人员清理沙发时发现了购物卡，并立即退还或者上交。

第五，请托人将数额较大的财物伪装成价值微薄的小礼品送给国家工作人员，国家工作人员以为是小额礼品便接收。国家工作人员事后发现自己所接收的并非小额礼品，而是数额较大的财物而退还或者上交。例如国家工作人员以为收到的是普通钢笔，后来发现该笔是限量版金笔，以为是普通的领夹，后来发现是镶钻石的领夹。国家工作人员以为是小额礼品而收受时，并无受贿罪的故意。发现真相后立即退还或者上交的，进一步表明国家工作人员没有受贿故意，不应当认定为受贿罪。

赃款去向：公务支出、社会捐赠。

2016年司法解释：“国家工作人员出于贪污、受贿的故意，非法占有公共财物、收受他人财物之后，将赃款赃物用于单位公务支出或者社会捐赠的，不影响贪污罪、受贿罪的认定，但量刑时可以酌情考虑。”

近年来，受贿案件中，赤裸裸的以权换钱逐渐减少，经济问题往往集中在礼金、借款、股权、投资、特定关系人等变种的、复杂的商事、社会、人际关系中，公职人员对这类行为是否属于受贿缺乏认识，加上普法宣传常常针对的是党性修养、底线思维、警示教育等政治思想宣教，很少有对具体法律条文进行解读的。同时，不知法而犯法并不减轻公职人员的责任，许多人在无意识或模糊意识下走上了审判席，被判刑坐牢，悔之晚矣。如果知道后果这么严重，就决计不这么做了，所以，学习刑法知识对于领导干部而言还是很有必要的。

收受财物的误区：

(1)“我们是借贷关系，怎能算受贿？”

2013 年上半年，某区国土局局长甲因购买房屋，向其辖区内好友、经营房地产开发的乙借款 50 万元，未出具借条。下半年，两人聊天时谈到有其他官员因借款未写借条被认定为受贿，甲遂向乙补写了借条。后因甲资金紧张该款项没有及时偿还，乙也从未催讨。2015 年 7 月，甲单位其他人被调查，甲认为这笔钱再不还会带来不必要的麻烦，遂从他处借款 50 万元悉数偿还。2016 年 4 月，甲因其他经济问题被立案调查，检察机关同时以该 50 万元构成受贿提出指控。

吴某为区安监局局长，因为孩子在北京买房，让煤矿李老板准备 140 万元。李某想着以后还有很多事情需要安监局协调，遂多方筹措送了钱。吴局长说这是借的，并在事后半年补了欠条。案发查明，吴局名下有两套住房，卡内存款 100 多万元，李某妻子多次索要未果。最后，吴某以受贿罪判刑。

受贿罪风险梳理：

①风险主体。国家工作人员都可能构成借款型受贿的主体，对外借款时应当注意。关于“国家工作人员”的范围，参见《刑法》第九十三条及相关司法解释。

另外，监察法提出“公职人员”的概念，该等“六大类”人员显然也属于风险主体，具体见《监察法草案》第十二条。

②借款对象。公职人员向自己曾经使用职权帮助过的人、具有管理与被管理关系的人、下级等借款具有风险。特别是平时没有朋友、同学、亲属等基础关系的，风险更大。

③借款原因、资金去向。是否有正当的借款事由，如没有用款事由，单纯“借”了一笔钱放在那里，后来又用于消费，则显然不合理。

④书面合同、利息约定。没有书面借条，没有利息约定，本身反常。实践中公职人员借款对象如果是亲朋好友，往往没有借条和利息约定，存在风险。法律并不会因为是亲朋好友间的借贷而排除行、受贿成立。

⑤是否不当使用过权力。如果曾经帮助过出借人，为其谋取利益(利益范围在实践中非常宽泛)，又向其借款，则十分危险。受贿的本质是权钱交易，权和钱都出现了，受贿认定就不远了。

⑥是否与出借人有管理与被管理的关系。"感情投资"数额较大的也能构成受贿。即使公职人员尚未利用职务便利帮忙,但行贿人为保持良好关系给予"表示",以期在将来获得利益的,实践中大量被认定为受贿。

⑦关于归还。是否归还、是否表示归还、是否有能力归还、归还的原因、没归还的原因。

如果有能力归还而没有归还,又从来没有归还的表示,这种客观表现很可能被推定为主观上具有非法占有"借款"的目的,而被认定为受贿。实践中,往往借款到期及时归还不会引发风险,但是,如果还款目的是为掩饰和逃避(比如与自己相关的人被查后归还),则又有被认定为受贿的风险。

⑧非法占有的目的。这是主观心态,一般通过客观行为来判断。如果双方有合意,就是以借的名义收钱,则基本不存在争议,为受贿无疑。

防范建议:

公职人员也是普通人,也有亲朋好友、社会关系,也要衣食住行、经济往来,不是说身为公职人员就是座孤岛,与他人不能发生借贷关系,但由于其手中握有公权力,而权力之于法律责任来说是危险品,使用不当会引发刑责的严重后果,所以应当小心谨慎。

①谨慎选择借款对象。不能只要有钱、愿意出借就向他借,应当主动避开与自己的工作、职权发生关联或可能发生关联的人,如果有关联,即使是亲朋好友也最好不要去借,阻断"权"与"钱"勾连的可能。很多实际案例都是帮过亲朋好友的忙,又向亲朋好友借款,又由于关系紧密没有出具正式的借款字据,同时由于关系熟早还晚还无所谓,出借人又不好意思讨要,最后出了事。

②尽量完善借款手续,及时履行。出具书面的借条;具有明确借款事由并依照约定使用;资金通过银行转账;找借款见证人(这点很重要,受贿是一对一避人耳目的,不可能公开);可以约定利息;约定还款期间;到还款期后及时履行,如不能及时履行要及时地向出借人作出还款表示及解释原因,最好留下书面记录。如果单位借款或单位出借的,要如实进行财务记录。

(2)把财物退回,还算犯罪吗?

曹某为某小学教师,时值校长被查处,决定参加校长竞聘。为确保万无一失,拜托教育局局长刘某关照,送了3万元。9月后,刘某调离,听说司法部门找人谈话,便将钱退还曹某,说只是临时借用。此外,刘某还还了基于相同原因收受其他几人的数万财物。刘某最终以受贿罪判刑。

受贿罪常见的认识误区:

"礼尚往来,我又没有帮过他什么忙,不能算受贿";

"每次收到的财务价值都够不上立案标准,不能算犯罪";

“钱是打牌赢的，不能算是受贿”；

“委托别人理财获得收益，不能算受贿”；

“我是公司股东，获取红利是我的合法权利”；

“我是介绍他们认识，自己没有权钱交易的行为，不能算犯罪”；

“这是合法买卖获得的收益，不能算受贿”；

“这是我妻子在单位工作取得的工资，不能算受贿”。

3.渎职犯罪的法律规定

2014年10月，习近平总书记在党的群众路线教育实践活动总结大会上讲话强调：“各级党组织要旗帜鲜明肯定表彰锐意进取的干部，教育帮助‘为官不为’的干部，支持和鼓励干部一心为公、兢兢业业、敢于担当。如果失职渎职给党和人民事业造成损失的，必须严肃处理。”

《刑法》第397条：“国家机关工作人员滥用职权或者玩忽职守，致使公共财产、国家和人民利益遭受重大损失的，处三年以下有期徒刑或者拘役；情节特别严重的，处三年以上七年以下有期徒刑。”

如何认定“重大损失”？

(1)造成死亡1人以上，或者重伤3人以上的；

(2)造成经济损失30万元以上的；

(3)造成恶劣社会影响的；

(4)其他致使公共财产、国家和人民利益遭受重大损失的情形。

滥用职权行为：

(1)故意不正当行使自己职务范围的权力，对有关事项做出不符合法律、法规规定的决定或处理。

案例：宁波一民警违规查地址致发感情命案被判缓刑。

(2)故意不履行自己的职责，即表现为职务上的不作为。

构成要件：第一，有法定职责；第二，客观上表现为不履行法定职责；第三，不作为没有客观理由。

案例：鸿茅药酒事件监管部门难辞其咎。

玩忽职守行为：

是指公职人员由于严重不负责任，不履行或者不正确履行职责，致使公共财产、国家和人民利益遭受重大损失的行为。

案例：蓬莱一交警玩忽职守罪判刑。

据媒体报道，2014年11月19日，在蓬莱国际机场交叉路口，一辆由东向西行驶的接送幼儿园儿童的小型面包车(车载14名儿童)与一辆由南向北行驶的重型自卸货车相遇，货车在避让时，重心发生偏移向右侧翻，车体砸压在面包车上，所载沙子将面包车掩埋，造成12人死亡，3名儿童受伤，损失900万元。辛某某，交警大队中队长，负责该区域日常交通管理工作。辖区内查处该肇事重型自卸车加高货箱挡板、严重超载违法行为未按规定正确处理，未发现和查处肇事小型面包车严重超员违法行为，对事故发生负有直接监管责任，涉嫌玩忽职守罪，建议移交检察机关立案侦查。

（四）做好职务犯罪预防工作的要求

习近平总书记在中纪委十九届第二次全会强调："要深化标本兼治，夺取反腐败斗争的压倒性胜利。要强化不敢腐的震慑，扎牢不能腐的笼子，增强不想腐的自觉。要通过改革和制度创新切断利益输送链条，加强对权力运行的制约和监督，形成有效管用的体制机制。"

最高明的医生其高明之处不是能够治好病人的病，而是其能够有效地减少或避免疾病在其所能够顾及的范围内发生，而犯罪学在研究犯罪现象时，也是将预防犯罪的发生作为首要目标。

1.标本兼治、制度建设贯穿反腐始终

运动式治理在我国有很强的社会基础，有一套所谓的"斗争哲学"，与天斗，与地斗，与人斗，其乐无穷。但从长远来看，制度建设更为重要。从历史上看，明朝统治者对肃贪极为严厉，不仅发明了诸多酷刑，如剥皮刑、醢等，而且还实行连坐制度，官员犯事，老婆孩子也要被贬为家奴甚至杀头。但运动式治理避免不了一阵风结局。

(1)把纪律挺在前面，健全预警灵敏的防范机制

这一条对执政党形象，国家、人民财产，甚至干部本身都是极为重要的。当前查办的领导干部潜伏时间太长，他们从五年、八九年，甚至十几年前就开始第一次受贿，越犯事儿越大，而且还不断得到提拔，一方面，国家、集体的财产遭到极大的损失；另一方面，任着干部不断贪腐，对干部本身也没有好处，本来涉案金额一两万元，若纪委及时按照党纪处分，治病救人，说不准就挽救了一个干部、几个家庭。有不少落马官员在忏悔录后悔，当初组织部门、纪检部门能够及时提醒多好啊，就不用坐牢了、不用双开了！

案例：戚火贵案发线索，竟然是情人反目、妻子举报、小偷盗窃等让人哭笑不得的原因；纪委查案，一宣布就是大案、要案、窝案、塌方式腐败，涉案金额500万元都不好意思说，动辄上千万元，甚至上亿元，秦皇岛自来水公司一个科长竟然贪污上亿元。

(2)增加收入，夯实公务员精神追求的物质基础

当然不能说出现那么多贪官、腐败分子的原因就是公务员收入低。但是古今中外的规律是"薄俸"绝对养不了廉政。单说明代，史家有"明官俸最薄"之

说，朱元璋废除实行千年的“职田制度”，官员只有“俸米”，而且标准也大大降低，正一品年俸1044石，正七品90石，换成现在币值一个县官月薪千把块钱。这1000块钱不只是官员本人的，还要养活妻子、孩子、父母，一算人均工资不到200元，加上秘书、轿夫、师爷、衙役都要算到里面，所以能吃饱饭就不错了。譬如说清官海瑞，需要自己开荒种菜，一件官服穿了六年，一年到头吃不了几回肉。有次老母亲做寿，海瑞上街买了次肉，县城里的肉贩子都说，没想到这辈子还能做上海县令的生意！工资这么低，正常的有权官员自然有赚钱的招数。比如说下属拜见要给拜见钱，逢年过节要给过节钱、生日钱，管个事给常例钱、人情钱等等，所以当官还是挺滋润的。苦就苦了老实人，比如海瑞等。户部尚书（财政部部长）滕德懋被人举报贪污，朱元璋迅即把他处死，剥开他的肚子想看看这个贪官肚子里到底都有些什么东西。孰料剥开一看，发现里面全是粗粮草菜，只好悻悻地长叹一声：“原来是个大清官啊！”关键是朱元璋死后，官员腐败产生反弹，明朝也是历史上最为腐败的朝代！

当然，公务员到了一定级别会有一定的职务消费，虽说不是工资，但也减少了个人的消费。正是因为这个原因，才有了“59岁现象”，快退休了，自己再也没权力了，想想看单凭自己工资的话收入怎么能不下降呢？所以，有钱就捞点，这就是“59岁现象”。解决问题的办法一是把官员的权力降下来；二是增加公务员工资收入。物质上收入提高了，人的自身价值提到体现，自身的价值追求也就高了。

（3）推进财产申报公开，强化干部自我约束

官员财产公开制度是我们绕不开的弯，早晚要启动，因为这是国际治理腐败最有效办法。随着社会发展，条件越来越成熟。

第一，阳光是最好的防腐剂；

第二，官员财产公开符合执政党价值理念；

第三，干部财产申报制度积累了宝贵经验；

第四，公开领导人家庭信息取得良好政治效果。

在公务员财产申报的问题上不缺少基础条件和普遍共识，但需要更大的决心信心和勇气。2015年9月14日，国务院总理温家宝在大连举行的第五届夏季达沃斯论坛开幕式和企业家座谈会上，回答世界经济论坛主席施瓦布和企业家的提问，在谈到如何推进中国政治体制改革这个问题时，指出逐步推进财产申报和公开制度的落实，是政改的重要内容之一，是防止干部贪污腐败的重要措施，也是反腐倡廉最为根本的制度保障。

（4）完善规范公共权力的运行机制

权力范围不是越大越好（市场机制、权力机制）。

权力程序未实现公开透明（商务部秘书受贿）。

权力监督还存在制度漏洞(目前权力决策机制存在最大问题是好事个人说了不算,坏事集体阻拦不了)。

对策:设定权力清单、程序公开透明、健全监督体系。

2.增强法治意识、提高干部自身免疫力

(1)树立廉洁理念,做到公私分明

过好平衡关、补偿、私欲关、侥幸关(褚时健案为例)。

(2)把握规定要求,严格依法依纪履职

贯彻部署——别漏项

检查落实——听回音

解决问题——要担当

困难当道——多请助

(3)敬畏法律权威,增强法律风险意识

在法律与权力之间需要权衡,比如说领导意志与法律存在冲突,公务员如何对待?

(4)树立程序意识,增强依法办事水平

程序可以解决实体解决不了的事。以行政机关决策程序为例:

内部机构的合法性审查;

集体讨论与行政首长负责;

实在决定不了,逐级请示。

总之,按程序办事是对干部的最好保护。

参考文献

[1]张明楷.刑法学[M].4版.北京:法律出版社,2014.

[2]李怀胜.刑事典型疑难问题适用指导与参考贪污贿赂卷[M].北京:中国检察出版社,2013.

[3]何家弘.迟到的正义——影响中国司法的十大冤案[M].北京:中国法制出版社,2014.

[4]李富成,郭冰.职务犯罪案件证明规范及实例指导[M].北京:中国人民公安大学出版社,2012.

[5]陈波著.重大复杂职务犯罪案件侦破与认定实战要领[M].北京:中国检察出版社,2014.

[6]唐浩明.曾国藩[M].北京:文汇出版社,2017.

(陈玉忠,法学教研部副教授)

加强宪法实施　推进依宪治国

马玉丽

［教学目的］

党的十八届四中全会《决定》提出，把宪法法律列入党委（党组）中心组学习内容，列为党校、行政学院、干部学院、社会主义学院的必修课，对宪法相关知识的学习是当前公务员培训的一项重要内容。本专题的目的在于：

1.增强公务员对依宪治国重要性的认识。

2.增强公务员的宪法意识与信仰。

3.提升公务员对宪法实施、依宪治国的认识以及运用宪法思维解决实际问题的能力。

［教学重点］

1.深刻认识当前依宪治国存在的问题。

2.探讨思考推进依宪治国的措施。

3.监察委员会的设立及合宪性审查。

4.如何树立宪法思维。

［教学形式］

以讲授为主，采用案例式、互动式教学。结合真实案例，启发学员进行思考并展开讨论，增加针对性、互动性，提高学习效果。

四、教学内容

导语（5分钟）
(一) 依宪治国的历史背景与现实意义（30分钟）
(二) 宪法实施的问题与不足（25分钟）
(三) 加强宪法实施、推进依宪治国的措施（25分钟）
(四) 案例分组研讨（80分钟）
- 案情及研讨规则介绍（5分钟）
- 学员分组研讨（35分钟）
- 汇报交流（20分钟）
- 点评（20分钟）

(五) 课程小结（5分钟）

(一)依宪治国的历史背景与现实意义

1. 依宪治国的历史背景

(1)什么是宪法

①宪法是国家的根本法。宪法具有最高的法律效力;宪法的制定和修改与普通法律不同;宪法规定了一国最根本、最重要的制度。

②宪法是人民授予权力之法。人民是国家制定宪法的唯一主体,是国家权力的所有者。人民以宪法的形式向国家机关整体性地或概括性地授予权力,从而使得宪法具有授权总章程的特点,其他法律的授权只能是根据宪法进行并不得违反宪法的规定和精神。

③宪法是制约国家权力之法。宪法在授予权力的同时,也必须科学地设计出国家权力的运行机制,也就是通过权力的制约机制来最大限度地防止国家机关滥用职权。

④宪法是保障人权之法。《人权与公民权宣言》:"凡是权利无保障和分权未确立的社会,就没有宪法。"人权的普遍性与宪法的根本性相统一。人权与宪法的历史性相统一。

(2)宪法是怎么来的

①近代宪法的产生与发展。英国、美国、法国、苏俄宪法。

②中国宪法的产生与发展。1908年《钦定宪法大纲》《临时约法》、北洋军阀和国民党政府时期的宪法、人民革命根据地的宪法性文件、新中国宪法的历史发展。1949年共同纲领——1954年宪法——1975年宪法——1978年宪法——1982年宪法。

③现行宪法的修改

A. 宪法修改的含义

B. 宪法修改的方式(全面修改、部分修改)

C. 宪法修改的程序

D. 前四次宪法修改的主要内容

1988 年第一次修改:私营经济是社会主义公有制经济的补充,土地使用权依照法律可以转让。

1993 年第二次修改:国家实行社会主义市场经济。

1999 年第三次修改:私营经济是社会主义市场经济的重要组成部分;依法治国,建设社会主义法治国家。

2004 年第四次修改:公民的合法的私有财产不受侵犯;国家尊重和保障人权。

E. 此次宪法修正案的主要内容

a. 此次宪法修改的背景

党和国家事业又有了许多重要发展变化。制定宪法的目的是为了实施宪法。要实施宪法,宪法必须要有权威和尊严。宪法的权威和尊严主要来自两个方面:一方面是稳定性。如果宪法的内容可以随意修改,那么在民众内心就不可能对它产生神圣感,它也就不可能有尊严。另一方面是适应性。宪法规范属于上层建筑,社会实际是第一位,规范必须与社会实际保持一致才能对社会关系起到调整作用。如果规范与社会实际不一致,那么就不能反映社会实际,必然会阻碍社会发展。所以,宪法需要随着社会实际的发展而发展。

b. 此次宪法修改的原则

坚持党对宪法修改的领导。

严格依法按程序推进宪法修改。宪法第六十四条对宪法修改作出了明确规定。在党中央领导下,通过历次宪法修改实践,已经形成了符合宪法精神、行之有效的修宪工作程序和机制。

充分发扬民主,广泛凝聚共识。

坚持对宪法做部分修改、不作大改。我国现行宪法是一部好宪法。

c. 此次宪法修改的主要内容

确立科学发展观、习近平新时代中国特色社会主义思想的指导地位,调整充实总体布局和第二个百年奋斗目标的内容。

完善依法治国和宪法实施举措。

增加宣誓制度。

明确中国共产党领导是中国特色社会主义的最本质特征。

充实精神文明建设内容，在“五爱”之前增加了社会主义核心价值观。

修改国家主席、副主席任期规定。

赋予设区市地方立法权。

增加涉及监察委员会的各项规定。

d. 此次宪法修正案的意义

推进全面依法治国，推进国家治理体系和治理能力现代化的重大举措。

宪法修改是党领导人民建设中国特色社会实践发展的必然要求。

中国特色社会主义进入新时代，这是我国发展新的历史方位。

(3)宪法的作用

①宪法的主要作用

确定和巩固国家政权、规定和限制权力滥用、确认和保障基本人权、维护民主国家的存续。

②宪法是公民基本权利的保障书

A. 十九大报告“加强人权法治保障，保证人民依法享有广泛权利和自由”

人权法治化保障包含两个维度：一是对各项人权的保障法治化，二是在法治化建设中体现“国家尊重和保障人权”的宪法原则。

人权法治保障的综合性：人权法治保障体现在立法、执法、司法与守法的各个环节，使宪法中规定的“国家尊重与保障人权”成为法治发展的总体价值观，落实好宪法规定的基本权利。这种综合性也体现在人权发展的整体性思维与体系的平衡性，即在经济、政治、文化、社会、生态文明等方面全面推进人权事业，保持人权发展的平衡性与全面性，保持政治权利、经济权利、民主权利、社会文化权利以及生态权利等一体保护。

人权法治保障的实践性：以审判为中心的刑事诉讼制度改革进展、坚持非法证据排除规则以及防范和纠正冤假错案等，这种来自实践中的人权有助于体现社会的公平正义，保护公民的生命健康安全，使人权从价值与原则上进入人们的日常生活，成为一种人们感受得到的生活方式。

人权法治保障的开放性：中国政府倡导构建人类命运共同体，参与国际人权法治体系，认真履行国际人权义务，大力推进全球人权事业的发展。

B. 十九大报告“保护人民人身权、财产权、人格权”

今天站在新的历史方位上看，全面小康社会即将建成，物质文化生活水平显著提高，人民群众对维护人格尊严的需求与日俱增。尤其是进入信息时代以后，人格权案件快速增长，“人肉搜索”、信息泄露等严重损害人格权的事件时有发生，互联网对个人信息安全、隐私权保护、人格权商业化利用等提出严峻挑战。信息泄露成为一种社会公害，信息网络诈骗中涉及个人信息泄露，也侵害了公民的个人信息权利。

党的十九大报告将人格权与人身权、财产权并列，表明我国将对人格权的保护提升到了新高度，是对新时代人民群众对人格尊严等精神层面需求的积极回应，体现了执政党把人民的权利的保护放在至高地位的人文关怀，体现了我们党对人民权利的尊重和保护，彰显了以人民为中心的发展思想，体现了对实现人的全面发展的不懈追求。

③小案例

深圳市对金融高管子女实行中考加分政策、2006年福建漳州“纳税大户子女中考加分”事件、首例艾滋病教师就业歧视案。

(4)依宪治国的提出

2004年9月，胡锦涛在纪念全国人民代表大会成立50周年大会上的讲话指出：“依法治国首先要依宪治国，依法执政首先要依宪执政。”

2012年12月，习近平在纪念现行宪法公布施行30周年大会上的讲话指出：“依法治国，首先是依宪治国；依法执政，关键是依宪执政。”

2014年9月，习近平在庆祝全国人民代表大会成立60周年大会上的讲话指出：“坚持依法治国，首先要坚持依宪治国；坚持依法执政，首先要坚持依宪执政。”

十八届四中全会《决定》：“坚持依法治国，首先要坚持依宪治国；坚持依法执政，首先要坚持依宪执政。”

2.依宪治国的现实意义

(1)依宪治国是依法治国的核心和基石

法治首先是宪法之治。依法治国的“法”，指的是以宪法为核心、由各种法律规范组成的完整法律体系。其中，宪法作为国家根本大法，是所有法律中最重要的法律，是整个法律体系的核心。我国所有的法律，都是依据宪法制定的，都是对宪法精神、原则和制度的具体化。因此，依宪治国不仅是依法治国的必然要求，也是依法治国的首要之义。

(2)依宪治国是党依法执政的需要

宪法的规定为党的执政地位提供了最坚实的合法性基础。

(3)依宪治国是国家治理现代化的保障

习近平指出：所谓国家治理体系，是在中国共产党领导下治理国家的制度体系，包括经济、政治、文化、社会、生态文明和党的建设等各领域的制度安排、法律法规，涉及改革发展稳定、内政外交国防、治党治国治军等各个方面。

(4)依宪治国是凝聚共识、平衡多元利益的载体

当下，我国相对单一的社会结构正向相对多元的社会结构演进，利益主体

逐渐多元化。经历了近40年的改革开放，中国的经济、政治、意识形态、阶层结构都发生了深刻的变化，分化出了一些新的社会阶层和群体，社会的利益主体出现了多元化趋势。随着改革的深化，利益分化日益剧烈，社会结构性矛盾越发突出，社会各阶层的利益整合更加复杂和困难。

(5)依宪治国是限制公权与保障私权的有效机制

①公权力的特性：滥用、扩张

②公权力缺乏权威、私权利未被切实保障

③宪者，限也！

控制国家公权力是宪法的基本理念。

要加强对权力运行的制约和监督，把权力关进制度的笼子。

——习近平

④《宪法》第三章“国家机构”增设一节“监察委员会”

目标价值：推进国家治理体系和治理能力的现代化。

腐败治理是国家治理的基础和前提。中国共产党主导的腐败治理的两个基本点，就是党内监督与国家监察，二者在价值取向、制度安排和行动方向上的“无缝隙对接”，是两个体系的共同发力。

国家治理现代化需要治理主体的统筹协调。国家监察、党内监督、人大监督、司法监督、审计监督、民主监督、社会监督相结合。

赋予监察委员会宪法地位，充分彰显着监察委员会在国家治理体系中的重要作用。确立监察委员会法律地位有利于深化国家监察体制改革。宪法作为我国的根本法，是我们党执政和改革的依据。国家监察体制改革作为全面深化改革的重要部署，改革和试点工作取得阶段性成效，在此基础上将改革实践成果引入宪法，具有坚实的理论和实践基础。此次宪法修改建议中就监察委员会的组织机制和工作机制等作出明确规定，这为监察委员会未来履行监察职能和行使监察权力提供了根本依据，使国家监察体制进一步深化改革有法有据，实现了全面深化改革、全面依法治国和全面从严治党的有机统一。新成立的监察委员会对党的机关、人大机关、行政机关、政协机关、审判机关、检察机关、人民团体和民主党派、工商联机关工作人员、国有企事业单位管理人员以及其他履行公职的人员依法实施监察，也就是实现了对公职人员监察的全面覆盖。显然，从行政监察法到国家监察法，扩大了适用范围，是从特别法到一般法的变化。

⑤小案例：辽宁拉票贿选案

辽宁贿选案严重破坏了人大选举制度，是对我国人民代表大会制度的挑战。民主选举人大代表，是人民代表大会制度的基础。《宪法》第三条规定：“全国人民代表大会和地方各级人民代表大会都由民主选举产生，对人民负责，受人民监督。”

（二）宪法实施的问题与不足

1.宪法权威不足

（1）宪法实施

宪法在国家现实生活中的贯彻落实，是使宪法规范的内容转化为具体社会关系中的人的行为。

宪法的生命在于实施，宪法的权威也在于实施。

——习近平在2012年纪念现行宪法颁布30周年大会上的讲话

十八届三中全会：进一步健全宪法实施监督机制和程序，把实施宪法要求提高到一个新水平。

十八届四中全会：一系列贯彻宪法实施的举措

十九大：加强宪法实施和监督

（2）现行宪法实施状况

①宪法序言＋正文143条

有效实施：有关国家总体秩序纲领（序言＋第一章“总纲”部分）、国家组织规范（第三章“国家机构”部分）、公民基本义务条款。

未有效实施：基本权利保障条款、国家权力机关职权条款、司法机关职权独立性条款。

②小案例：陕西国土厅召开会议否定法院判决事件

（3）我国宪法权威面临的新挑战、新问题

①对宪法文本尊重不足

一是公然违背宪法条文；

二是以批评宪法为习惯，把改革中存在的问题简单地归结到宪法文本上；

三是不认真对待宪法文本，遇到问题撇开宪法；

四是表面上尊重宪法，而实际上远离宪法，与宪法保持一定“距离”，如宪法与法院的关系等。

②公务员，特别是一些高级干部的宪法理念脆弱，宪法意识淡薄，缺乏宪法自信。

宪法实施的最终目的是构建一种公共生活，或者说为一种群体的生活方式提供一种合理性与期待性。

③公民的基本权利救济没有得到应有的重视，社会整体信任度下降，人权保障观念还需要加强。

④宪法自身的实践性和审查机制还需要加强

宪法在社会生活中的调整功能没有得到有效发挥，宪法没有很好地约束公权力，公民基本权利受到侵犯时，还不能给予及时有效的救济。

⑤小案例：齐玉苓诉陈晓琪案

2.宪法的实施监督制度不健全

(1)我国宪法监督部门的执行力应提高

①根据宪法规定，全国人大是国家最高权力机关，享有制定宪法的权力，然而同时它又具有监督宪法实施的权力，这种监督模式相当于“自己监督自己”。

②全国人大每年的会期较短，全国人大常委会又肩负着解释宪法、审查和批准国民经济、社会发展计划等烦琐任务，不可能高效、全面地监督宪法实施。

(2)我国目前的宪法监督制度不够健全

宪法条文中在理论上和审判实务中没有作为直接援引审判案件的法律依据，宪法诉讼制度没有建立起来，监督的程序规定并不完善，宪法监督制度可操作性弱。另外，宪法的违法成本太低。

小案例：孙志刚案

(3)宪法意识与信仰缺乏

伯尔曼：“法律必须被信仰，否则它将形同虚设。”

(三)加强宪法实施、推进依宪治国的措施

1.树立宪法权威，正确理解宪法权威与党的权威的关系

(1)正确理解宪法与党的关系，落实“党必须在宪法和法律范围内活动”原则

十八届四中全会再次强调：宪法和法律权威不得挑战。

十九大报告指出：任何组织和个人都不得有超越宪法法律的特权。

改革与法律的引导作用：习近平总书记对于改革与合法性关系的论述：“重大改革于法有据。”

(2)党的权威与宪法权威的统一性

党和法之间不存在对立关系。党领导人民制定宪法和法律，党自身必须在宪法和法律范围内活动，真正做到党领导立法、保证执法、带头守法。

(3)宪法与党内法规体系的关系

中国共产党作为执政党，对内依据党内法规来管理党的组织和党员，对外通过宪法法律治国理政。党内法规和国家法律分属不同体系，但在规范事务的范围上具有重叠性。制定党内法规必须与宪法法律相一致。党章和宪法高度关联，党章和党内法规的实施状况成为观察宪法法律实施状况的重要管道，两者相互印证具有相通性。由于重视程度、党内民主等原因，党章和党内法规的制定、实施、保障水平滞后于宪法法律。

2.健全宪法的实施与监督制度

(1)完善全国人大及其常委会宪法监督制度

①十九大报告指出:“加强宪法实施和监督,推进合宪性审查工作,维护宪法权威。”

党的正式文件中首次出现。这为完善人民代表大会制度下的合宪性审查制度,推进合宪性审查工作,提供了方针政策上的指引和强有力的政治保障。

A.合宪性审查的必要性及现实意义

宪法规定了非常完善的公民的基本权利,但是在具体法律制度的建构过程中,具体的法律规则可能会对宪法所规定的公民的基本权利做出限制,那么合宪性审查工作的一个重要的内容就是要去审查这些限制公民基本权利的法律规则,是不是合宪的,是不是过度地、不当地限制了我们公民的基本权利,所以合宪性审查实际上跟我们个人的权利利益是密切相关的。如果有了这样一个制度,那么我们的公民的基本权利的保障程度会更好。

推动合宪性审查工作,建立完善的合宪性审查制度,对于加强宪法实施和监督、树立宪法权威和维护国家法制统一,具有极其重要的现实意义。首先,宪法的生命在于实施,而宪法实施是“依宪治国”“依宪执政”和“良法善治”的内在要求,也是“建设中国特色社会主义法治体系”的基本前提。推动合宪性审查工作,完善合宪性审查制度,有助于正确实施宪法;其次,合宪性审查制度是中国特色社会主义宪法监督制度的重要组成部分,也是执政能力建设的重要体现;最后,合宪性审查是加强党的领导和维护“社会主义法制统一原则”的重要制度保障。

B.合宪性审查的着力点

着力点在坚持人民代表大会制度,落脚点在维护宪法权威。这是因为,我国的根本政治制度是人民代表大会制。在人民代表大会制度的宪法架构下,全国人民代表大会是最高国家权力机关,并监督由它产生的其他国家机构。这一政体架构决定了我国的合宪性审查制度只能采取权力机关审查的基本体制。

C.合宪性审查与备案审查制度:既有联系又有区别

联系:合宪性审查是宪法监督的必然要求和必要方式,备案审查是宪法监督的基础和着力点。虽然二者在审查的主体和对象上有所不同,但目标是一致的,都是为了保证中央令行禁止,保障宪法法律正确有效实施,维护宪法法律权威、尊严,维护国家法制统一,保护人民群众合法权益。

区别:首先,从阶段上讲,备案审查都是后端的,属于事后审查,而合宪性审查可能既有前端事前审查,也有后端事后审查。其次,从范围上讲,目前备案审查主要是合法性审查,它的范围与合宪性审查相比还比较窄。比如,不针对法律本身，也不针对地方性法规、行政法规、司法解释以外的规范性文件。而合宪性审查的范围则扩大到法律，即全国人大常委会制定的法律、作出的决定都属于合宪性审查范围，党内文件也有可能被涵括进来。“可以说，合宪性审查是一种真正的全覆盖，所有规范性文件都将纳入审查范围，甚至还可能包括对一些行为进行合宪性审查。这些都要跟宪法保持一致。因此，合宪性审查针对的范围将更加广泛。”除此之外，两者在审查主体、依据、程序、方式、审查结果的效力等方面也都会有所不同。

②《宪法》第七十条规定：“全国人民代表大会设立宪法和法律委员会。”

③2018 年 3 月 21 日《深化党和国家机构改革方案》指出，全国人大宪法和法律委员会在继续承担统一审议法律草案工作的基础上，增加推动宪法实施、开展宪法解释、推进合宪性审查、加强宪法监督、配合宪法宣传等职责。

(2)加强备案审查制度和能力建设

经过多年的努力，我国各类法规、规章、司法解释和规范性文件都已纳入备案审查范围；经审查，发现有违反宪法法律的，依法依规予以撤销和纠正，实行“有件必备、有备必审、有错必究”。

(3)健全宪法解释程序机制

建立健全和实施宪法解释制度也势在必行。合宪性审查必然绕不开宪法解释的问题，宪法的模糊性、抽象性、开放性与广泛性要求宪法解释的存在。判断一个规范性文件或一个行为是不是合宪，首先就需要对宪法有关条款进行解释，这样才能准确理解从而作出正确判断，那么就需要建立相应的规范化、制度化的宪法解释程序和机制。宪法解释的常态化，是合宪性审查的应有之义。

(4)建立违宪责任制度

明确违宪责任，完善相关法律条文，明确规定有关部门在何种情况下可以启动宪法监督程序，并作出处罚，使有关部门在审查违宪行为时做到有法可依、有据可循。建立这样的法律体系后，执法机关和公民个人也能清楚地了解自己的行为是否违宪，能更好地提高公民的守法意识，维护宪法的权威。

(5)健全宪法实施的公民参与机制

全民守法既包括对宪法法律的服从和遵守，也包括运用宪法法律维护自身权益，还包括为宪法法律的发展完善建言献策。

保障公民提出合法性与合宪性审查的请求权。

保障公民的立法参与权。

(6)健全宪法道德养成体系

习近平指出：“坚持依法治国和以德治国相结合。”

3.培养公民宪法信仰、树立宪法思维

(1)必要性

习近平指出:“宪法的根基在于人民发自内心的拥护,宪法的伟力在于人民出自真诚的信仰。只有保证公民在法律面前一律平等,尊重和保障人权,保证人民依法享有广泛的权利和自由,宪法才能深入人心,走入人民群众,宪法实施才能真正成为全体人民的自觉行动。”

(2)重要意义

①宪法只有深入人心,走入人民群众,才能真正成为全体人民的自觉行动。

②要实现依宪治国必须要增强全社会忠于、遵守、维护和运用宪法的自觉意识,树立起对宪法的信仰和敬畏,为全面推进依法治国、建设社会主义法治国家提供精神动力和思想保证。

③十九大报告指出:“加大全民普法力度,建设社会主义法治文化,树立宪法法律至上、法律面前人人平等的法治理念。”

(四)案例分组研讨——河南洛阳种子案(案情略)

1.讨论本案存在的法律冲突及解决途径

由于我国立法主体的多层次性,立法数量的庞大,法律冲突不可避免,尤其是2015年《立法法》修改后,赋予设区的市地方立法权,我国的立法主体和数量急剧增长,这势必会影响到公民宪法基本权利的保障。由于法律冲突的存在,即调整同一社会关系或解决同一问题的不同位阶的法律规定内容不同,就势必会侵犯公民的基本权利。因此,只有有效地解决中国当前的法律冲突,才能有效地保障公民的基本权利,这已经成为当今中国面临的重要法律问题。

《立法法》第八十七～九十九条。

(2)本案中河南省人大常委会的行为是否有不合适的地方?

《宪法》第九十九条规定:“地方各级人民代表大会在本行政区域内,保证宪法、法律、行政法规的遵守和执行。”

《立法法》第七十三条规定:“国家尚未制定法律或者行政法规的,省、自治区、直辖市和较大的市根据本地方的具体情况和实际需要,可以先制定地方性法规。在国家制定的法律或者行政法规生效后,地方性法规同法律或者行政法规相抵触的规定无效,制定机关应当及时予以修改或者废止。”

(3)从本案中思考,中国法官的职权还存在哪些不足?

审判独立之所以成为现代法治国家普遍遵循的一项基本原则,是因为其适应政治体制运作和审判活动自身的要求。

作为一项司法审判原则,审判独立旨在确保法院公正无私地进行审判,防止法官受到来自外界的非法干涉,使法院真正成为维护社会正义的最后一道防线。

《宪法》第一百三十一条规定:“人民法院依照法律规定独立行使审判权,不受行政机关、社会团体和个人的干涉。”

《中华人民共和国法官法》第十三条规定:

法官有下列情形之一的,应当依法提请免除其职务:

(一)丧失中华人民共和国国籍的;

(二)调出本法院的;

(三)职务变动不需要保留原职务的;

(四)经考核确定为不称职的;

(五)因健康原因长期不能履行职务的;

(六)退休的;

(七)辞职或者被辞退的;

(八)因违纪、违法犯罪不能继续任职的。

(4)结合本案及实际工作,谈谈如何树立宪法思维

宪法思维:指通过宪法确定的基本体制与价值体系,按照宪法的逻辑来观察、分析和解决社会问题,也就是把合宪性当作思考问题的前提,合理地处理社会问题和矛盾纠纷,协调各方利益关系。宪法思维体现了人们共享的生活习惯和对宪法的认识与情感。

(五)课程小结

从中华人民共和国成立以来我国宪法制度60多年的发展历程表明,我国宪法是符合国情、符合实际、符合时代发展要求的好宪法,宪法与国家前途、人民命运息息相关。维护宪法权威,就是维护党和人民共同意志的权威。捍卫宪法尊严,就是捍卫党和人民共同意志的尊严。保证宪法实施,就是保证人民根本利益的实现。只要我们切实尊重和有效实施宪法,人民当家作主就有保证,党和国家事业就能顺利发展。反之,如果宪法受到漠视、削弱甚至破坏,人民权利和自由就无法保证,党和国家事业就会遭受挫折。

宪法是国家的根本法,是治国安邦的总章程,是保持国家统一、民族团结、经济发展、社会进步和长治久安的法律基础,是中国共产党执政兴国、团结带领全国各族人民建设中国特色社会主义的法制保证。各级领导干部必须把认真学习和贯彻实施宪法放在突出位置,率先尊崇宪法,学习宪法,垂范宪法,树立宪法思维,才能保证“两个一百年”奋斗目标的实现,才能保证中华民族伟大复兴的中国梦得以实现。

参考文献

[1]祁建平.依宪治国专题研究[M].北京:人民出版社,2016.

[2]韩大元，王建学. 基本权利与宪法判例[M]. 北京：中国人民大学出版社，2013.

[3]周叶中，秦前红. 宪法实施与地方立法[M]. 武汉：湖北人民出版社，2017.

[4]韩大元. 依宪治国[M]. 北京：社会科学文献出版社，2016.

[5]韩大元. 宪法思维四讲[M]. 北京：中国人民大学出版社，2017.

[6]周安平. 新中国宪法的历程[M]. 北京：人民出版社，2017.

[7]王勇. 法治政府建设[M]. 北京：国家行政学院出版社，2010.

[8]焦洪昌. 宪法制度与法治政府[M]. 北京：北京大学出版社，2008.

[9]王宝明. 法治政府——中国民主政治发展的战略选择[M]. 北京：国家行政学院出版社，2013.

（马玉丽，法学教研部副教授）

社区治理

——法治化的思维与推进路径

殷玉凡

[教学目的]

1. 了解当前基层社会治理实践中面临的系列问题及原因；
2. 理解社区治理理论的基本观点，特别是社区治理的本质；
3. 了解我国当前社区治理的主体结构、形成原因与挑战；
4. 理解推进社区治理法治化的重大意义及其路径。

[教学重点]

1. 社区治理的理论基础与基本要点；
2. 社区治理模式形成与选择的依据；
3. 基层党组织、基层政府与社区委员会之间的权责分配；
4. 推进社区治理法治化的思维方式与路径。

[教学形式]

(一)讲学方法

1. 讲授法
2. 讨论法
3. 发现法
4. 探究法

(二)教学步骤

1. 前期案例准备

以实践调研信息、自身理论知识、贴近社区治理现实需要为原则选择最有可能实现教学目标的案例；根据教学目标制作教学课程 PPT；依据教学目标及教学操作流程的需要编辑案例材料并精心设计案例研讨问题。

2.课堂教学步骤与教学策略

(1)视频短片导课,引导学员迅速聚焦教学标题与进入学习状态;(2)以问题设置引导教学流程,牢牢抓住学员求知的好奇心理;(3)以社区治理实践需要讲授社区治理的基本理论,为案例研讨做基本的知识准备;(4)案例研讨,控制好研讨与发言节奏;(5)总结学员发言,以共性问题转入专业化分析教学路径(法治化);(6)教学实施评价与分析。

[教学内容]

视频:

引入本次课程的主题——课程名称

课程结构介绍:

(一)为什么要开设这门案例教学课

习总书记提出,“坚持法治国家、法治政府、法治社会一体建设”,以推进“国家治理体系和治理能力的现代化”;“社区治理是社会治理的基础性工程”。也就是说,如果我们不能实现社区治理法治化,法治社会建设也就失去了基础。因此,分析当前基层社会治理实践中存在的诸多问题,讨论如何推进社区治理法治化,特别是十九大之后如何推进我们山东社区治理法治化,意义重大。基于上述考虑,山东行政学院决定为各位学员开设“社区治理——法治化的思维与推进路径”这门案例教学课程。

(二)PPT 展示本案例教学课程的整体结构以及时间安排

本次案例教学贯彻“问题导向”原则,即沿着“提出问题——分析问题——解决问题”思路进行设计,有三个部分。第一部分:为什么要引进“社区治理”模式?这部分由四个模块组成。第一个模块呈现我国基层社会治理实践中存在的若干突出问题;第二个模块讲授“社区治理”的基础理论知识;第三个模块呈现我国社区治理实践中的若干典型治理模式;第四个模块呈现我国社区治理的治理主体结构(社区治理实践中的核心问题)。整个第一部分为第二部分的案例研讨奠定问题意识与分析问题所必需的知识基础。第二部分为案例研讨,研讨三则典型案例,深入分析、研讨当前社区治理实践中存在的若干共性难题。第三部分:社区治理的法治化,从法治社会建设的视角回答如何推进社区治理法治化,由两个模块组成:第一个模块回答社区治理为什么要走法治化道路;第二个模块回答社区治理法治化的路径。

时间安排:(3 个小时的大体分配)

1. 为何引进“社区治理”模式

可以说“社区”这个词是个外来词，“社区治理”这一基层社会治理模式（理论）当然也是个“引进版”，而非“原创版”，不知道哪位学员可以告诉大家，当代中国在引进“社区治理”模式（理论）之前，我国基层社会采用怎样的管理体制？

我国传统的基层社会管理体制因其无法适应快速的社会变迁，无法全面提供并满足基层社会日益增长的对公共产品与服务的需求，因此，自 2000 年开始，全国范围内基层社会治理全面推行“中国版”的“社区治理”模式。

在经历传统管理体制转型以及“中国版”社区治理模式建设至当前，成就虽是喜人，但无须讳言：我国基层社会“治理”过程中诸多问题突出，有些问题甚是尖锐！

(1)基层社会“治理”中存在的系列问题

依据本人调研结合权威学者们的归纳总结，当前我国基层社会治理过程中普遍存在下列主要问题：

①城镇(5 类)

A. 物业管理冲突

广州市的统计数据：2004 年，物业管理纠纷、劳资纠纷与征地拆迁纠纷成为三种主要群体性纠纷事件。2005 年上半年，在重大群体性事件中，征地拆迁、物业管理纠纷与劳资纠纷分别占比为 12%、30%、20.8%；物业管理纠纷同比上升 3.8%。

B. 外来务工人员的社会融入问题

住房、医疗、子女教育、消防安全、公共卫生、社会治安、就业等问题突出。

C. 基层管理人员待遇与违法问题

基层社会管理干部中“老弱病残”居多；管理事务量大；福利待遇低；管理人员不作为；克扣低保金；侵占公款；乱收费；骗取拆迁款，等等。

D. 基层社会服务问题

基层养老服务、就业培训服务、心理咨询服务、医疗服务、精神病人关爱、公共文化服务等。极端案例，如空巢老人家中死亡直至化为白骨才被人发现，凸显城市繁华背后的冷漠。

E. 基层社会中的矛盾与冲突应对问题

对居委会的认同度偏低、火灾事故、居住环境污染、居民饮用水污染、居民楼电梯坠落造成人员伤亡、突发停电停暖、基层选举造假、暴力强拆、非法侵占小区绿地、爆炸案件、泄愤事件、盗窃事件、传销人员聚集闹事，等等。

②农村(6 类)

A. 乡村村民选举与自治问题

换届选举中存在贿选、在逃犯罪嫌疑人当选村干部、民企老板或富人长期占据村干部职位、村民罢免村干部遇阻、村干部腐败、乱派款乱收费，等等。

B. 村民监督权发挥的渠道及其保障问题

村部豪华办公楼现象、村民卖血筹钱状告非法卖地村干部、村干部贪占安置房、村干部不公开巨款账目、村干部偷卖集体资产，等等。

C. 城市化衍生的乡村治理问题

强制"拆村圈地"，农民"被上楼"，"空心村"导致的留守儿童、留守老人、留守妇女问题。

D. 乡村与各级政府关系问题

乡村与乡政府的关系定位、乡村中的"干群关系""空降村官""大学生村官""挂职村官"等一系列"错位越位"催生干群关系紧张。

E. 乡村治理中的经济、文化与村规民约问题

农村劳动力的持续流失、"谷贱伤农"、乡村债务、"示范村"巨资造假、传统村落破败、"村规民约"异化、"大村庄制"问题，等等。

F. 乡村的突发事件应对问题

自然灾害、事故灾害、公共卫生以及社会安全等问题。

(2)"社区治理"的基本理论

①何谓社区？

我国官方定义：2000 年 11 月 3 日《民政部关于在全国推进城市社区建设的意见》中指出：社区是指集居在一定地域范围内的人们所组成的社会生活共同体。

"社区"概念或定义虽多，但基本共性如下：

A. 社区都具有一个相对稳定的、相对独立的地域或聚集场所(地域性)；B. 社区都有以一定的社会关系为纽带组织起来的并具有相当数量的人口群体(社会性)；C. 社区都有一个能够维护该地域和人口群体公共利益与秩序的管理机构(自治性)；D. 生活与该地域的人们具有一种地缘上的归属感和心理文化上的认同感(认同感)。

②社区治理的基础理论

A. 治理理论("政府失灵"与"市场失灵")

a. 现代社会组织转型与发展的产物；b. 治理组织载体发生根本变化；c. 国家与公民社会的关系重新定位；d. 多中心治理模式；e. 公民的积极参与；f. 治理不仅是制度构建，而且还是一个发展的过程。

B. 基层民主理论

a. 主体的广泛性；b. 内容的直接性；c. 发展的主导性；d. 进程的渐进性；e. 环境的适应性。

C. 社会资本理论

社会学家认为：人们之间的各种联系和互动也能给人们的行动带来便利，具有价值增值的效应，也应该纳入资本的范畴，此即社会资本。

社会资本的基本表现形式如下：

a. 义务与期望；b. 信息网络；c. 规范和有效惩罚；d. 权威关系。

③社区治理的基本要点

A. 社区治理是指涉及社区的多元主体之间通过合作互助，共同提供公共产品和实施对社区公共事务的管理，完善社区居民自治，实现社区公共生活整体利益最大化和可持续发展的过程。B. 社区治理的本质是自治性，社区居民自治是行政权之外的自治，社区居民充分自治是社区治理的前提和保证。C. 社区行政（治理）是社区成员的自治与自主行政，具有服务行政的属性。D. 社区行政（治理）的主体包括政府机构、社区居民自治组织、业主委员会、物业管理公司与其他社会团体等。E. 社区治理的内容主要包括建立和完善具有福利性、服务性的社区生活与文化娱乐服务。F. 社区治理的方式主要是以民主协商为过程的服务性行政方式。

(3)我国社区治理的实践模式

1999 年，根据中共中央关于“加强社区建设，充分发挥街道办事处、居委会作用”的要求，民政部首先选择在北京、上海、天津、沈阳、武汉、青岛等城市设立 26 个“国家级社区建设试验区”。2001 年，社区建设在全国范围内铺开，经过历史经验、限时挑战与未来发展的三重碰撞，逐步形成政府主导型、合作型与自治型三种治理模式。

①政府主导型——上海模式

运用行政权力，将社区定位于街道，把街道和居委会一体化，强化了街道办事处的权力和职能，“街道社区”的格局从而诞生，特征如下：A. 街道办事处（主导）和城区管理委员会构成领导系统；B. 城市管理委员会、社区发展委员会、社会治安综合治理委员会、财政经济委员会构成执行系统；C. 社区内企事业单位、社会团体、居民及其自治性组织构成支持系统。

②合作型——江汉模式

以转变政府职能为主要特点，体现为行政调控机制与社区自治机制结合、行政功能与自治功能互补、行政资源与社会资源整合、政府力量与社会力量互动的社区治理模式，特征如下：A. 明确居委会与街道办事处是指导与协助、服务与监督的关系，街道负责行政管理，社区居委会负责社区自治，并有权拒绝不合理的行政摊派；B. 工作人员配置到社区，工作任务落实到社区，服务承诺到社区，考评监督到社区，工作经费划拨到社区；C. “谁办事、谁用钱、谁负责、谁有权”,从而保证社区在协助工作时或在承接社会性服务职能时,做到“有职、有权、有钱”。

③自治型——沈阳模式

以自我管理、自我教育、自我服务、自我发展为核心,沈阳所搭建的社区治理的组织结构的重心在于调动社区各方面的积极性与主动性,参与社区治理,成为社区发展的主体,特点如下:A. 社区划分上,尊重现有传统,依据地域关系、心理认同感等要素,按照有利于群众自治和管理划分社区;B. 社区组织体系上,形成以党组织为核心的领导层、以社区成员代表大会为组织形式的决策层、以社区(管理)委员会为办公机构的执行层和以社区协商议事会为智囊的议事层,形成“议行分离、相互制约”的互动机制;C. 明确社区居民与社区组织的自治性,社区治理的主体是社区自治组织和社会组织;D. 政府与社区组织合作,逐渐提高社区组织的自制能力。

(4)我国社区治理的主体结构

社区建设是指在党和政府的领导下,依靠社会力量,利用社区资源,强化社区功能,解决社区问题,促进社区政治、经济、文化、环境协调和健康发展,不断提高社区成员生活水平和生活质量的过程。

按照便于服务管理、便于开发社区资源、便于社区居民自治的原则,并考虑地域性、认同感等社区构成要素,对原有街道办事处、居民委员会所辖区域作适当调整,以调整后的居民委员会辖区作为社区地域,并冠名社区。在此基础上,建立社区居民自治组织。社区居民委员会的成员经民主选举产生,负责社区日常事务的管事。社区居民委员会的根本性质是党领导下的社区居民实行自我管理、自我教育、自我服务、自我监督的群众性自治组织。

到 2020 年,基本形成基层党组织领导、基层政府主导的多方参与、共同治理的城乡社区治理体系,城乡社区治理体制更加完善,城乡社区治理能力显著提升,城乡社区公共服务、公共管理、公共安全得到有效保障。再过 5～10 年,城乡社区治理体制更加成熟定型,城乡社区治理能力更为精准全面,为夯实党的执政根基、巩固基层政权提供有力支撑,为推进国家治理体系和治理能力现代化奠定坚实基础。

充分发挥基层党组织领导核心作用;有效发挥基层政府主导作用;注重发挥基层群众性自治组织基础作用;统筹发挥社会力量协同作用。

“一核多元”的治理结构:

“一个核心”是社区党组织,它在城市社区发挥着领导核心与政治保障作用;

“多元”主体包括:社区居委会、业主委员会、物业管理公司、社区老年组织、社区义工组织、驻区单位等。

2.案例研讨

研讨规则：

(1)时间:90 分钟

(2)要求：

①分组讨论，研讨本组已设定的议题，时间为 45 分钟；②各组民主推选组长与发言人各 1 名，组长负责主持本组研讨，发言人记录、总结并代表本组发言；③研讨时间结束后，休息 10 分钟；④各组发言人依次发言，时间为 8 分钟。

3.社区治理的法治化

(1)社区治理为什么要走法治化道路

①治国理政的要求

习近平在首都各界纪念现行宪法公布施行 30 周年大会上的讲话指出："全面依法治国是中国特色社会主义的本质要求和重要保障。必须把党的领导贯彻落实到依法治国全过程和各方面，坚定不移走中国特色社会主义法治道路。"

习近平在首都各界纪念现行宪法公布施行 30 周年大会上的讲话指出："法治是治国理政的基本方式，也是社会治理的必要手段。加强和创新社会治理，一项基础性工作是聚焦社区治理中的矛盾与问题，提升社区治理法治化水平，将社区各项事务纳入法治轨道，实现规范运行。"

②社区治理政策的要求

习近平在首都各界纪念现行宪法公布施行 30 周年大会上的讲话指出："坚持改革创新，依法治理。强化问题导向和底线思维，积极推进城乡社区治理理论创新、实践创新、制度创新。弘扬社会主义法治精神，坚持运用法治思维和法治方式推进改革，建立惩恶扬善长效机制，破解城乡社区治理难题。"

习近平在首都各界纪念现行宪法公布施行 30 周年大会上的讲话指出："扎实推进社区治理法治化建设。根据修订后的《中华人民共和国城市居民委员会组织法》……畅通群众理性合法表达利益诉求渠道。全面提高社区治安综合治理水平……深入开展法治宣传教育和法律进社区活动，增强居民群众的法治意识，提升社区依法办事能力。"

(2)社区治理法治化的路径

习近平在首都各界纪念现行宪法公布施行 30 周年大会上的讲话指出："各级领导干部要提高运用法治思维和法治方式深化改革、推动发展、化解矛盾、维护稳定的能力，努力推动形成办事依法、遇事找法、解决问题用法、化解矛盾靠法的良好法治环境，在法治轨道上推动各项工作。"

对表法律思维模式，社区治理法治化的要求如下：

①治理主体法治化——明确各治理主体的法律地位。

②治理事项法治化——明确各治理主体的权责边界。

③行为过程法治化——治理过程透明、公开、正义。

4.社区治理各主体的法律地位

为什么要明确各治理主体的法律地位?

法律地位要解决的是各治理主体的行为能力即行为资格问题。(社区治理中的核心问题)

(1)只有明确了现行法有关各治理主体的法律地位的规定,各治理主体的行为(效果)才能得到法律的支持和保障(合法则肯定,违法则否定且可能追责);(2)现行法中有关各治理主体法律地位的规定,为社区治理体制(管理型或自治型)、治理机制(命令服从或合作协商)的构建可能性(创新性)提供法律上的支撑。

基层政府(街道办、乡、镇):主导作用

县级以上各级人民政府:"管理本行政区域内的经济、教育、科学、文化、卫生、体育事业、环境和资源保护、城乡建设事业和财政、民政、公安、民族事务、司法行政、监察、计划生育等行政工作。"

乡、民族乡、镇的人民政府:"管理本行政区域内的经济、教育、科学、文化、卫生、体育事业和财政、民政、公安、司法行政、计划生育等行政工作。"

社区基层党组织:领导作用

"社会主义制度是中华人民共和国的根本制度。中国共产党领导是中国特色社会主义最本质的特征。禁止任何组织或者个人破坏社会主义制度。"

"城乡社区是社会治理的基本单元。城乡社区治理事关党和国家大政方针贯彻落实,事关居民群众切身利益,事关城乡基层和谐稳定。为实现党领导下的政府治理和社会调节、居民自治良性互动……现就加强和完善城乡社区治理提出以下意见";"充分发挥基层党组织领导核心作用"。

社区居民委员会(居民):基础作用

"居民委员会是居民自我管理、自我教育、自我服务的基层群众性自治组织。"

"村民委员会是村民自我管理、自我教育、自我服务的基层群众性自治组织,实行民主选举、民主决策、民主管理、民主监督。"

社会力量:协同作用

"同一个物业管理区域内的业主,应当在物业所在地的区、县人民政府房地产行政主管部门或者街道办事处、乡镇人民政府的指导下成立业主大会,并选举产生业主委员会。但是,只有一个业主的,或者业主人数较少且经全体业主一致同意，决定不成立业主大会的，由业主共同履行业主大会、业主委员会职责。”

“街道办事处、乡(镇)人民政府负责组织、指导本辖区业主大会成立和业主委员会换届工作，监督业主大会和业主委员会依法履行职责，调解处理物业管理纠纷。社区居民委员会负责指导、监督业主大会、业主委员会依法开展业主自治管理，协助街道办事处、乡(镇)人民政府开展社区管理、社区服务中与物业管理有关的工作。”

“一个物业管理区域由一个物业服务企业实施物业管理。”

“业主委员会应当与业主大会选聘的物业服务企业订立书面的物业服务合同。”

“物业服务合同应当对物业管理事项、服务质量、服务费用、双方的权利义务、专项维修资金的管理与使用、物业管理用房、合同期限、违约责任等内容进行约定。”

“完善社区组织发现居民需求、统筹设计服务项目、支持社会组织承接、引导专业社会工作团队参与的工作体系。鼓励和支持建立社区老年协会，搭建老年人参与社区治理的平台。增强农村集体经济组织支持农村社区建设能力。积极引导驻社区机关企事业单位、其他社会力量和市场主体参与社区治理。”

社会力量还包括：志愿者组织、慈善组织、驻社区单位、专业团体组织、老年人协会、中介组织、流动人口代表、维权组织，等等。

5.社区治理各主体的权责边界

基层党组织：(1)加强和改进街道(乡镇)、城乡社区党组织对社区各类组织和各项工作的领导，确保党的路线、方针、政策在城乡社区全面贯彻落实；(2)推动管理和服务力量下沉；(3)加强社区服务型党组织建设；(4)推进街道(乡镇)、城乡社区与驻社区单位共建互补；(5)健全社区党组织领导基层群众性自治组织开展工作的相关制度；(6)加强城乡社区党风廉政建设。

基层政府(街道办、乡、镇)：(1)区、县职能部门、街道办事处(乡镇政府)在社区治理方面的权责清单由省(自治区、直辖市)按照条块结合、以块为主的原则制定；(2)依法厘清街道办事处(乡镇政府)和基层群众性自治组织权责边界，明确基层群众性自治组织承担的社区工作事项清单以及协助政府的社区工作事项清单；(3)清单之外的工作事项，街道办事处(乡镇政府)可通过向基层群众性自治组织等购买服务方式提供；(4)加强对城乡社区治理的政策支持、财力物力保障和能力建设指导。

社区居民委员会：

(1)自治范围

①宣传宪法、法律、法规和国家的政策，教育居民遵守社会公德和居民公

约、依法履行应尽义务，开展多种形式的社会主义精神文明建设活动；②召集社区居民会议，办理本社区居民的公共事务和公益事业；③开展便民利民的社区服务活动，兴办有关服务事业，推动社区互助服务和志愿服务活动；④组织居民积极参与社会治安综合治理、开展群防群治，调解民间纠纷，及时化解社区居民群众间的矛盾，促进家庭和睦、邻里和谐；⑤管理本社区居民委员会的财产，推行居务公开；⑥及时向人民政府或者它的派出机关反映社区居民群众的意见、要求和提出建议。

(2)协助范围

协助城市基层人民政府或者它的派出机关做好与居民利益有关的社会治安、社区矫正、公共卫生、计划生育、优抚救济、社区教育、劳动就业、社会保障、社会救助、住房保障、文化体育、消费维权以及老年人、残疾人、未成年人、流动人口权益保障等工作，推动政府社会管理和公共服务覆盖到全社区。

(3)监督范围

①组织居民有序参与涉及切身利益的公共政策听证活动；②组织居民群众参与对城市基层人民政府或者它的派出机关及其工作人员的工作、驻社区单位参与社区建设的情况进行民主评议；③对供水、供电、供气、环境卫生、园林绿化等市政服务单位在社区的服务情况进行监督；④指导和监督社区内社会组织、业主委员会、业主大会、物业服务企业开展工作，维护社区居民的合法权益。

6.治理程序合法、公正

(1)选举程序公开、公正(尤其是提名程序)

(2)政府采购项目、程序公开

(3)政府资助项目、程序公开

(4)规范指导、监督、协商、合作程序

结语：

(1)法治引领方向；法治提供保障；法治守住底线。

(2)社区治理的本质：社区居民依法自治。

参考文献

[1]张永理.社区治理[M].北京：北京大学出版社，2014.

[2]邱梦华，秦丽.城市社区治理[M].北京：清华大学出版社，2013.

[3]王利明.负面清单管理模式与私法自治[J].中国法学，2014(5).

[4]张文龙.中国式邻避困局的解决之道：基于法律供给侧视角[J].法律科学，2017(2).

[5]吴晓林，郝丽娜.社区复兴运动以来国外社区治理研究的理论考察[J].

政治学研究,2015(1).

[6]中共中央、国务院关于加强和完善城乡社区治理的意见.2017-6-12.

[7]中共山东省委、山东省人民政府关于加强和完善城乡社区治理的实施意见.2018-7-1.

(殷玉凡,法学教研部讲师)

乡镇长法治素养与依法行政能力提升

陈思明

[教学目的]

1.强化乡镇长适应新时代法治建设的法治素养。立足乡镇基层法治政府建设需要,结合新时代党内法治、服务政府建设需要有效提高乡镇长法治素养。

2.提高乡镇长适应新时代法治建设的依法行政能力。结合新时代乡镇长法治素养要求,运用形式多样的教学手段,有效提高乡镇长多种依法行政能力。

3.促进新时代基层法治政府建设,加速新时代法治政府和法治社会的良性互动,从而推动法治国家建设步入新阶段、法治中国建设取得新成效。

[教学重点]

为有效贯彻落实《"十三五"行政机关公务员培训纲要》《关于加强乡镇政府服务能力建设的意见》《中共中央、国务院关于实施乡村振兴战略的意见》等文件要求,结合乡镇工作现实需要,着力于提高乡镇长综合法治素质和多方面依法行政能力。

1.乡镇法治建设中乡镇长所需的多种法治素质。

2.处理乡镇常见纠纷的依法行政能力。

3.预防乡镇纠纷的依法行政能力。

[教学形式]

以讲授式为主,辅以案例研讨、互动交流等教学方式方法。

第一部分　讲授+案例分析+访谈

第二部分　讲授+案例研讨+讲授总结

第三部分　讲授+微电影播放及研讨+讲授总结

［教学内容］

为了促进依法行政目标实现，根据《“十三五”行政机关公务员培训纲要》要求，应当对公务员加强中国特色社会主义法治道路、法治理论、法治体系等培训，提高行政机关公务员法治素养，增强在法治轨道上深化改革、推动发展、化解矛盾、维护稳定的能力。2017 年，国家出台了《关于加强乡镇政府服务能力建设的意见》，提出了着力破除体制机制障碍，坚持以法治思维推动乡镇政府服务能力建设的法治要求。在这种情况下，开设提升乡镇长法治素养和依法行政能力的课程正当其时。本课程立足乡镇长行政工作实际需要，致力于提升乡镇长综合法治素养和多方面依法行政能力。

具体来讲，本课程由三个模块组成，第一个模块采取理论讲解＋典型案例分析＋学员访谈的形式，聚焦乡镇长在新时代法治建设中的法治素养提升问题。第二个模块采取理论讲解＋分组研讨＋总结分析的形式，聚焦近年乡镇常见行政纠纷，分析乡镇长处理行政纠纷的依法行政能力。第三个模块采取理论讲解＋微电影评论＋总结的形式，聚焦提升乡镇行政工作的法治合理化水平，分析乡镇长预防行政纠纷的依法行政能力。

（一）乡镇法治建设中乡镇长所需的多种法治素养

梳理有关重要文件中关于法治素养的要求。按照十九大报告、《法治政府建设实施纲要（2015～2020 年）》《关于加强乡镇政府服务能力建设的意见》《中共中央国务院关于实施乡村振兴战略的意见》等文件要求，探究有效提升乡镇长法治素养。

《法治政府建设实施纲要（2015～2020 年）》提出，树立重视法治素养和法治能力的用人导向。抓住领导干部这个全面依法治国的“关键少数”，把法治观念强不强、法治素养好不好作为衡量干部德才的重要标准，把能不能遵守法律、依法办事作为考察干部的重要内容，把严守党纪、恪守国法的干部用起来。在相同条件下，优先提拔使用法治素养好、依法办事能力强的干部。对特权思想严重、法治观念淡薄的干部要批评教育、督促整改，问题严重或违法违纪的，依法依纪严肃处理。根据新时代建设法治政府的要求，法治素养成为提拔干部的重要标准，这与我国《公务员法》有关公务员模范遵守宪法和法律的义务相一致。我国《公务员法》规定，对公务员的考核，按照管理权限，全面考核公务员的德、能、勤、绩、廉，重点考核工作实绩。所以，公务员应当结合工作实际需要进行法治素养提升。

十九大报告提出，坚持依法治国、依法执政、依法行政共同推进，坚持法治国家、法治政府、法治社会一体建设，坚持依法治国和以德治国相结合，依法治国和依规治党有机统一，深化司法体制改革，提高全民族法治素养和道德素质。要提高人民思想觉悟、道德水准、文明素养，提高全社会文明程度。十九大报告彰显了依法治国的全面化特征，将法治素养置于全民族的视角下。鉴于党员领导干部的模范带头作用，公务员法治素养对全民族法治素养具有重要榜样作用。

《关于加强乡镇政府服务能力建设的意见》提出，坚持改革创新，严格依法行政。加强顶层设计，鼓励地方探索，着力破除体制机制障碍，坚持以法治思维推动乡镇政府服务能力建设，保证行政权力规范透明运行，人民权益切实有效保障。以法治思维和法治方式推动乡镇法治政府建设，乡镇公务人员尤其是乡镇长的法治素养具有重要作用。

《中共中央国务院关于实施乡村振兴战略的意见》提出，建设法治乡村坚持法治为本，树立依法治理理念，强化法律在维护农民权益、规范市场运行、农业支持保护、生态环境治理、化解农村社会矛盾等方面的权威地位。增强基层干部法治观念、法治为民意识，将政府涉农各项工作纳入法治化轨道。这在乡镇服务政府建设基础上，进一步明确了法治为民的服务思路，为乡镇法治政府建设提供了切入点。

根据以上文件精神，与新时代法治政府、法治社会、法治国家建设需要相适应，新时代法治中国建设中，乡镇长应当具有的法治素养包括以下三个维度，即法律知识整体化、法治意识更新化、法治信仰坚定化，这与法律知识—法律意识—法律信仰的法治素养培育方法具有内在契合性。

首先，法律知识整体化。与新时代法治建设的全面化特征相适应，乡镇法治建设应当具有一定的全局意识，在法治素养方面，乡镇长的法律知识应呈现整体化发展态势。我国宪法和组织法等对乡镇机构等均规定了各种权限定位，这些权限定位为乡镇法治政府建设描绘了大致法治框架。鉴于我国乡镇行政法治的压力型体制特征，为适应新时代全面依法治国建设需要，在乡镇有关法律规定较为缺乏的情况下，应当通过强化党内法治的途径对行政合理问题予以关注。

其次，法治意识更新化。与法治、德治、自治的农村治理体系相适应，乡镇依法行政应当秉承行政程序法治和行政实质法治相统一的原则。从法治应用的角度讲，应当通过发展乡镇服务行政进行相应法治素养培育。一方面，信息共享、数据开放等为服务行政的信息沟通提供保障；另一方面，政府购买服务的形式，利于培育农村市民社会的组织性，在主体和行为方式层面促进实质行政法治实现。通过新时代乡镇服务行政的程序与实质兼容的动态化发展，促进法治意识不断更新发展。

最后，法治信仰坚定化。结合乡镇行政实践以执法权为主的特征，济南商河“6＋1”执法模式经验值得借鉴。在介绍济南商河“6＋1”执法模式经验基础上，提出应当兼顾权力监督和基本权利保障。一方面，权力清单、责任清单和负面清单等的发展促进了行政权力监督内容的明确化；另一方面，基本权利作为各种权利的底线和根本，应当得到有效保障。立足中国特色法治体系发展特点，权力监督和基本权利保障应当呈现刚柔并济的法治发展形势，从而实现以富有成效的法治实践为基础的法治信仰坚定化的法治目标。

在明确乡镇长需要具有的多种法治素养基础上，分析乡镇长多种法治素养协调运用的关键问题。

从法治政府角度讲，在压力型体制下，乡镇政府在多项具体工作中，应当具有一定的法治整合思维，合理协调匹配各项行政工作内容。列举法治合作的真实事例，具体阐释乡镇行政工作中多种法治素养的协调运用。

从法治社会角度讲，乡镇政府应当注重各种行为方式的科学协调，坚持自治、法治、德治相结合，以基层法治政府力量推进实施乡村振兴战略。引入“城管撤梯”真实案例，具体阐释乡镇行政工作中法治、德治与促进自治的关系。

引导学员结合工作实际发言，提炼升华多种法治素质的实质要求。

(二)处理乡镇常见纠纷的依法行政能力。

立春时节，新华社在这特殊的日子全文公布了 2018 年中央 1 号文件，即《中共中央国务院关于实施乡村振兴战略的意见》。党的十九大提出实施乡村振兴战略，并写入党章，在我国“三农”发展进程中具有划时代的里程碑意义。由于乡镇政府处于“三农”问题解决的第一线，这对其依法行政能力提出了现实需要。

十九大报告提出，农业、农村、农民问题是关系国计民生的根本性问题，“三农”问题是全党工作重中之重。“三农”问题的解决与农村土地存在着千丝万缕的联系。十九大报告明确要求，加强农村基层基础工作，健全自治、法治、德治相结合的乡村治理体系。适应新时代基层行政法治的需要，应当对与“三农”相关的行政行为特点有所了解。结合 2017 年 2 月中共中央办公厅、国务院办公厅印发的《关于加强乡镇政府服务能力建设的意见》要求，对近三年以乡镇政府为被告的涉诉行政案件裁判情况进行了分析。与三农相关的常见行政纠纷，大致分为两类，第一类是以林地、土地权属、土地承包经营权纠纷处理为代表的乡镇行政权应为行为，第二类是以农村土地征收、宅基地确权与违法建设查处为代表的乡镇行政权慎为行为。下面我们从两个真实案例进行分析。

1.案例一

导语：根据前期收集法院判决文书显示，以乡镇政府为被告的案件中，林地、土地权属、土地承包经营权纠纷占有一定比重。分析问题之前，我们需要对相关制度有一定了解。首先对《森林法》第十七条、《土地管理法》第十六条、《农村土地承包法》第五十一条规定进行简要介绍，从中能够归纳出一个共同特点，那就是在乡镇层级，行政权在解决土地纠纷中具有一定权限，而且在一定程度上处于农村基层重要土地纠纷处理的第一个环节。具体来讲，这是与行政立法权、行政执法权并列的行政司法权的行使问题。

根据《关于加强乡镇政府服务能力建设的意见》，矛盾纠纷化解属于公共服务的重要内容。新时代加强乡镇政府公共服务职能，我们不仅要关注社会治安为代表的传统行政管理行为、以扶贫济困为代表的传统行政服务行为，而且还应以更为开阔的视野深化对乡镇政府现代服务行政能力的认识。尤其在行政诉讼案件不断增加、基层群体事件时有发生的情况下，乡镇政府应当及时提高矛盾纠纷化解能力，将矛盾纠纷化解作为乡镇服务行政工作的重要内容，降低农村纠纷解决成本，切实提高乡镇政府服务效能。

案例内容：

邱某与王某因农村土地承包经营权纠纷请求调解。2014 年 8 月 19 日，某市土地确权办、镇土地确权办、村组干部、村监委会以及三社确权代表进行了实地查看，各自发表意见。镇政府于 2014 年 8 月 20 日作出《土地确权纠纷的处理意见》，其内容为："……经深入调整，根据矛盾纠纷双方实际，镇政府同意村委集体研究，对邱某与王某双方的纠纷调解处理如下：(1)根据市农村土地承包经营权确权登记的相关政策，对双方的土地确权登记以 1999 年二轮土地承包相关原始资料为基础进行确权登记。(2)1996 年 3 月双方定的土地互换协议有效。(3)双方对村上的调解无异议，愿意土地确权登记。"2015 年 11 月 9 日，镇政府以"因该处理意见实际内容为双方纠纷的调解意见，文书标题与实际内容不符"为由，撤销了《土地确权纠纷的处理意见》，并送达给邱某。邱某不服镇政府的撤销行为，向法院提起诉讼。

问题：应以怎样的法治方式对待被告作出的《土地确权纠纷的处理意见》，此案对我们乡镇政府工作有怎样的法治启示？

解析：根据《中华人民共和国农村土地承包法》第五十一条规定，本案中，原告与第三人之间是因农村土地承包经营权发生纠纷，在原告与第三人协商解决达不成一致意见、村民委员会调解不成的情况下，镇政府是应当事人请求进行调解。从该处理意见的内容看，系镇政府在同意村委的集体研究基础上，对原告、第三人之间的纠纷进行调解处理，虽然标题为《土地确权纠纷的处理意见》，但该处理意见实质上是对当事人之间因为承包经营权产生争议的调解，是行政调解行为。调解不成，原告、第三人可以向农村土地承包仲裁机构申请仲裁，也可以直接向人民法院提起诉讼。该处理意见以及撤销决定，均未对原告、第三人的实体权利、义务产生影响。原告对该调解行为不服向人民法院提起行政诉讼，不属于人民法院行政诉讼的受案范围。故起诉的理由不能成立，法院不予支持。

本案启示：

第一，为有效开展乡镇矛盾处理行政工作，对于乡镇行政权处理纠纷的行为性质，我们应当有清晰的法律认识。案例中乡镇政府对土地承包经营中发生纠纷进行的处理行为，属于行政调解行为，根据我国行政诉讼的相关法律规定，行政调解不属于人民法院受案范围。但是如果属于是个人之间、个人与单位之间发生的林木所有权和林地使用权争议，或者是个人之间、个人与单位之间发生的土地所有权和使用权争议，根据我们前面学习的《森林法》第十七条、《土地管理法》第十六条等相关内容，这里的处理行为是行政裁决，不属于行政调解行为，如果涉诉，则属于行政诉讼受案范围。所以，为了减少乡镇在解决基层纠纷中被诉，应当进一步规范乡镇政府解决纠纷的相关行为。

第二，乡镇行政权在解决基层纠纷中，应当将纠纷解决和纠纷预防有效结合在一起，更好地促进基层服务政府建设。根据《行政诉讼法》第六十一条规定，在涉及行政许可、登记、征收、征用和行政机关对民事争议所作的裁决的行政诉讼中，当事人申请一并解决相关民事争议的，人民法院可以一并审理。但在本案中，邱某对镇政府的撤销行为提起诉讼，从彻底解决纠纷角度讲，其选择的救济渠道并不适当。根据我国行政诉讼相关法律规定，对于行政调解，并不能通过行政诉讼对相关民事纠纷进行一并解决。之所以当事人选择了这样一个不恰当的纠纷解决渠道，其中可能有多种原因。从乡镇政府建设角度讲，为了彻底地解决基层纠纷，提高服务行政效率，应当在纠纷解决中努力挖掘纠纷发生的现实原因，从而有针对性地开展纠纷解决处理工作，更为重要的是，在今后的乡镇行政工作中应该从纠纷预防角度进行相关方面的必要调整。

2.案例二

导语：结合近年乡镇土地行政纠纷热点问题，分析近年以乡镇政府为被告的行政案件法院裁判结果，对农村土地征收、宅基地确权与违法建设查处有关法律问题应当给予一定关注。相关土地行政纠纷分析问题之前，我们首先需要厘清一下乡镇政府在农村土地征收、宅基地确权中的行政职权范围。对《土地管理法》第四十五条、《土地管理法》第四十六条、《土地管理法实施条例》第二十五条规定进行简要介绍，从中能够归纳出，在国家征收土地行为的过程中，审批、公告、组织实施等环节均为县级以上政府，但是按照事件属地管辖原则，土地征收相关多发纠纷处理与乡镇政府存在一定的现实关系。乡镇政府应对在乡镇地域内发生的土地纠纷等问题，应当注意以法律关系为线索厘清相关事实和法律问题，从而为从法律层面分清责任提供基本前提。

与以上问题类似，宅基地作为农民重要的生活资料，也是易发生纠纷的问题。但是需要注意的是，与农村土地征收问题不同，在宅基地问题处理上，乡镇政府并不是完全没有法定权限。根据《土地管理法》第六十二条、《国土资源部、中央农村工作领导小组办公室、财政部、农业部关于农村集体土地确权登记发证的若干意见》，乡镇政府具有一定的程序中审核权限，这与实践中发生争议的行政证明相关案件有一定的内在关系。所以，在乡镇行政工作，在明确行政权限的基础上，要对行政过程中的具体环节进行规范化。

在介绍以上有关权限情况之余，结合时下拆违热点，引出本部分案例。

案例内容：

2015 年 4 月 23 日，姜某以挂号信的形式向镇政府递交了申请书，申请事项为：(1)请求镇政府对某村的违法建筑进行依法查处；(2)拆除违法建筑，恢复地貌，还土地于民，追究责任人的刑事责任；(3)将查处结果书面告知申请人。因镇政府一直未予答复，姜某遂以镇政府为被告诉至法院，要求镇政府履行法定职责，拆除某村的违法建筑，恢复地貌，还地于民。

市国土资源局于 2015 年 4 月 20 日对该非法占用村集体土地建设房屋项目立案调查。经核查，该项目未办理用地审批手续，属未经批准非法占用土地的行为。市国土资源局分别于 2015 年 5 月 25 日、2015 年 6 月 2 日，依法下达了《国土资源行政处罚告知书》和《国土资源行政处罚听证告知书》，有关单位未在规定时限进行陈述、申辩，也未在规定时限内提出听证申请。故市国土资源局依法作出《国土资源行政处罚决定书》。

根据《某市禁止违法建设若干规定》第四条规定，区县人民政府负责本行政区域内禁止违法建设工作，组织、协调有关行政机关制止和查处违法建设。乡镇人民政府负责本行政区域内禁止违法建设工作，制止和查处乡村违法建设。街道办事处负责本行政区域内禁止违法建设相关工作。规划行政主管部门、城市管理综合行政执法机关按照各自职责制止和查处违法建设。公安、国土、水务、农村工作、市政市容、文物保护、园林绿化、住房城乡建设以及监察等部门按照各自职责，做好禁止违法建设相关工作。

问题：此案会有怎样的处理结果？该案发展过程、处理结果等对规范新时代乡镇政府行政行为有怎样的启示？

解析：依据《某市禁止违法建设若干规定》第四条之规定，被告镇政府负责本行政区域内禁止违法建设工作，制止和查处乡村违法建设。故被告镇政府在接到原告姜某的申请后，应当对该申请在法定期限内进行处理。被告镇政府以各种理由否认收到过该申请，缺乏有效证据证明，法院应不予认可。本案中，对于违法建设相关部门并不是没有进行过处理，但是从镇政府角度讲，由于各种原因其存在不作为问题。为减少这种多方面执法不协调问题，应当进行必要的综合执法体制改革，其中涉及执法信息沟通、执法力量协调等问题。中共中央印发的《深化党和国家机构改革方案》提出，深化行政执法体制改革，统筹配置行政处罚职能和执法资源，相对集中行政处罚权，是深化机构改革的重要任务。根据不同层级政府的事权和职能，按照减少层次、整合队伍、提高效率的原则，大幅减少执法队伍种类，合理配置执法力量。一个部门设有多支执法队伍的，原则上整合为一支队伍。推动整合同一领域或相近领域执法队伍，实行综合设置。完善执法程序，严格执法责任，做到严格、规范、公正、文明执法。继续探索实行跨领域、跨部门综合执法，建立健全综合执法主管部门、相关行业管理部门、综合执法队伍间协调配合、信息共享机制和跨部门、跨区域执法协作联动机制。对涉及的相关法律法规及时进行清理修订。

本案启示：

1. 应结合乡镇政府行政法治特点，对乡镇层级的执法问题进行必要的法治实践创新。因为行政规范性文件在三大行政法治领域中没有设定权限，乡镇政府在行政处罚、行政许可、行政强制这行政法治三大领域中没有法定的设定权，其职权主要属于执行权。但是，乡镇执法存在一些亟待解决的现实突出问题，比如执法权分散、执法权限小等问题。这就需要在现有法治框架内，进行必要的乡镇执法层面的实践创新，有效回应《关于加强乡镇政府服务能力建设的意见》提出的推进乡镇行政执法改革的要求。一方面，应当推动行政执法重心下移，探索乡镇综合执法有效形式，开展综合执法工作；另一方面，应当落实行政执法责任制，建立健全乡镇政府与县级执法部门的协作机制，强化乡镇政府在执法事项上和日常管理等方面的作用。

2. 从乡镇政府建设实际出发，合理利用现代科学技术，更新乡镇行政工作的法治方式，以提高乡镇政府行为科学化、合理化程度的技术路径，深化乡镇依法行政行为的可接受程度。相关政府数据开放为乡镇政府服务行政发展提供了必要的现代信息支持，促进了新时代乡镇法治问题通过有效的技术化方式解决。比如，2018 年 1 月，正式运行的济南市政府数据开放平台首次开放 53 个部门的 1010 个数据集。济南成为全国一次性开放单位最多、数据集最大的城市，超过原定计划的 3 倍以上。该数据开放平台作为新型智慧城市建设的重要内容，为新时代法治建设，尤其是乡镇法治建设提供了现代科技思路，为相关政府执法信息、服务信息沟通提供了更加广阔的平台。作为基层政府，乡镇政府是法治国家建设中法治政府和法治社会的重要连接点，根据《关于加强乡镇政府服务能力建设的意见》要求，应当利用现代科技做好服务政府，加强乡镇政府公共服务职能，推动县乡（镇）之间、县级职能部门之间信息共享、互联互通和业务协同，构建面向公众的一体化在线公共服务体系，提高公共服务信息化水平。这既是提高新时代乡镇政府服务行政的服务水平，也是通过深化乡镇依法行政行为的可接受程度，强化乡镇政府行为的规范化程度。

（三）预防乡镇纠纷的依法行政能力

在合法行政基础上，以增强行政工作的合理性为着眼点，通过观赏法治微电影的形式，探究乡镇工作中预防纠纷应注意问题。

1.法治视角下提高乡镇行政合理性的方式方法

根据《法治政府建设实施纲要（2015～2020年）》的明确要求，注重通过法治实践提高政府工作人员法治思维和依法行政能力。落实“谁执法谁普法”的普法责任制，建立行政执法人员以案释法制度，使执法人员在执法、普法的同时不断提高自身法治素养和依法行政能力。根据《中共中央 国务院关于实施乡村振兴战略的意见》要求，加大农村普法力度，提高农民法治素养，引导广大农民增强尊法、学法、守法、用法意识。为有效预防纠纷，应将刚性执法与柔性普法有效结合，通过“谁执法谁普法”的法治途径和方式，在法治实践的法治沟通中进一步增进乡镇行政行为的合理性程度。

结合第一模块阐释的新时代乡镇长应当具有的法治素养，以电影《秋菊打官司》《我不是潘金莲》有关内容为例，生动阐释乡镇行政工作中法治沟通应当注意的问题。在此基础上，进行新时代乡镇长法治沟通能力的综合诠释。《我不是潘金莲》和《秋菊打官司》说明了我国法治建设不同时期公务员与行政相对人沟通的方式的区别。电影《我不是潘金莲》讲述了一个叫李雪莲的农村妇女，因为与丈夫假离婚的事情和因为纠正一句话的原因从县到市、再到省、再到首都的多次多年上访过程。对于李雪莲来讲，法院工作人员就事说事的普法效果则显得很苍白，诉讼程序以外的各级行政首长“灭火式”法治沟通活动更是显得滑稽可笑。问题症结在于，这是以非法治方式处理应当通过理性化、法治化普法路径解决的问题。那么在普法对象已经由原来不懂法转变为规避法律的情况下，公务员与行政相对人的法治沟通方式方法应当有哪些变化呢？从秋菊到雪莲，体现了由法制宣传向法治宣传的转型。法制宣传的重点是对不懂法行为进行普及教育，但是随着法律规范的增多，普法必然发生由量变到质变的转变，法治宣传的重点在于普及法治理念、培育法治文化，重要着力点是行政法治问题。言传不如身教，所以在法治宣传阶段，公务员普及法律的最有效方式应当是严格规范自己的行为，真正杜绝行政不作为，从而在官民互信的条件下进行法治观念、法律理念的普及。这从另一个角度也说明，与法治体系建设相适应的普法，在关注普法内容的同时，普法的形式或者说法治沟通交流的方式方法更为重要。因为在互联网条件下，随着政府信息公开、政务公开、党务公开等的推进，法律、法规、规章乃至于党内法规的内容可以通过网络轻松获取，这种情况下以怎样的方式引导行政相对人理解法律规定显得非常重要。

2.播放法治微电影，引导学员分析其中存在的问题

播放最高人民法院和山东即墨人民法院联合制作的微电影《一场雾霾引发的官司》。这部影片片长20多分钟，有机融入了立案登记制、行政领导出庭、院庭长办案、环境公益诉讼、诉讼服务等多项法院重点、亮点工作和法律知识点，在普及法律知识的同时，让学员思考遇到类似的情况我们应当如何预防和处理。

3.总结提高预防乡镇纠纷的依法行政能力要求

总结学员发言，提炼新时代预防乡镇纠纷的依法行政能力要求。一方面，强化新时代法治理论学习，以技术、政治、法律等多种方式理性对待行政工作。另一方面，理解行政相对人视角下的“为人民服务”。

参考文献

[1]易凤兰，姚锐敏.和谐社会视角下乡镇政府行政法治化问题研究[M].北京：中国社会科学出版社，2014.

[2]何跃军.基层政府社会稳定治理的法治反思与制度构建[M].北京：法律出版社，2017.

[3]陈光中，唐玲.法治工作素养及养成[M].北京：清华大学出版社，2016.

[4]莫纪宏.总体法治宣传教育观的理论与实践[M].北京：中国社会科学出版社，2016.

[5]王振民，施新州.中国共产党党内法规研究[M].北京：人民出版社，2016.

[6]肖金明.论党内法治体系的基本构成[J].中共中央党校学报，2016(6).

[7]吴纪树.乡镇法治政府建设的价值取向、重点关系与实施路径[J].领导科学，2017(16).

[8]郭苏建.中国国家治理现代化视角下的社会治理模式转型[J].学海，2016(4).

[9]胡萧力.乡镇治理的结构、功能及法治化研究[J].东方法学，2015(4)

[10]杨伟东.落实“谁执法谁普法”，推动普法转型升级[J].人民论坛，2017(17).

（陈思明，法学教研部副教授）

为党健康快乐工作五十年
情绪管理与压力调适

张明亮

[教学目的]

1. 提高学员对情绪管理和压力调适能力重要性的认识。

2. 初步掌握长期负性情绪和压力过大对身体健康和工作所造成危害的相关知识。

3. 学会在不同情境下调整情绪状态、舒缓压力的适合公务员职业特点的途径和方法。

4. 提高学员的情绪管理与压力调适能力。

[教学重点]

1. 重点:有效情绪调节及压力调适方法的掌握;

2. 难点:情绪调节及压力调适方法学习后的长期坚持。

[教学形式]

围绕教学目的,与教学内容相对应,与授课时间进程相匹配,综合采用多种不同的教学方式、方法、技术手段、仪器设备等以实现教学效果的最优化。

1. "课程导入"部分采用的方式方法

导入的目的是迅速将学员的注意力集中到课堂上,为课程的顺利实施奠定基础。基于此,首先采用科学小故事(美国格兰特基金会历时50年得出的权威研究发现)的形式迅速抓住学员的注意力,提高学员对情绪和压力重要性的认识;其次,采用体验式的"大脑丰氧操"。

2. "认识你自己"部分采用的方式方法

采用心理测量的方式测试学员本人属于A型人格还是B型人格。A型人格与心血管疾病密切相关,但A型人格的人是成功指数特别高的人,乡镇长多属于A型人格;B型人格的人是长寿指数特别高的人。

3.“认识情绪和压力”部分采用的方式方法

主要采用以一系列科学小故事为载体的讲授式,目的是提高学员对长期负性情绪和压力过大所造成危害的重视。

4.“心理调适的途径和方法”部分采用的方式方法

综合运用图片、音乐、专业仪器设备等手段,根据学员学习反馈实时调整授课内容,按照培训时间进程和学员学习的疲劳程度合理安排授课内容。

具体来讲,就是采用学院统一采购的四套“生理相干与自主平衡系统专业版(SPCS)”、意识通路下的调试方法、脑波音乐放松、潜意识通路下的调试方法、内部微笑技术以及催眠体验等技术,让学员在体验中学习并掌握心理调适的途径和有效方法,进而提高其情绪管理能力。

四、课程设计思路

1.课程的总体设计

根据成年人的学习特点,综合运用A型人格测试、大脑丰氧减压操、α波音乐放松、图片、科学小故事等多种手段,按照能用直观图片呈现的尽量少用文字呈现的原则,始终将学员的注意力牢牢抓在课堂上。

2.课程内容的选择

依照科学性和专业性选择课程讲授内容,课程上讲的每一个知识点都来自学术期刊的研究成果,确保课程的科学性。整个课程建立在积极心理学和进化心理学的基础之上。

3.课程内容的呈现顺序

按照David Kolb的“学习圈”理论进行呈现,也就是,先从怎么做开始,先做再讲述理论。因为该理论认为任何学习过程都应遵循“学习圈”,学习的起点或知识的获取首先是来自人们的经验。所以,我们在课程的开始就与学员开展互动,如大脑丰氧减压操。

五、教学内容

(一)教学内容简介

根据组织需求、岗位需求和学员个人需求的“三结合”模型,本课程主要从“课程导入”“认识你自己”“认识情绪和压力”和“心理调适的途径和方法”四个方面依次展开。

第一部分“课程导入”。首先选用科学小故事迅速提高学员对情绪和压力的重视程度，然后通过“大脑丰氧操”进行破冰，暖场。

第二部分“认识你自己”，是一个A型人格测试，测一下学员到底是A型人格还是B型人格，其中A型人格的人是成功指数特别高的人，B型人格的人则是长寿指数特别高的人，我们的领导干部多数是A型人格，但A型人格在进入中年之后得高血压的概率会更大。

第三部分是“认识情绪和压力”。这部分主要从进化心理学的视角出发，告诉我们的学员，情绪和压力都是进化的结果，负性情绪也具有积极的意义，很多时候负性情绪甚至比积极情绪更重要，因为负性情绪确保人类的生存。压力也是如此，压力也是我们人类进化的结果。

第四部分“心理调适的途径和方法”则是本课程的重点。我们分别从压力和情绪的传导通路入手，介绍了多种行之有效的调试方法，从而帮助学员实现为党健康快乐工作50年的目标。

(二)具体教学内容

1.课程导入

在课程正式开始之前，先给学员报告一个研究发现：20世纪30年代，美国的格兰特基金会历时50年的时间，耗费了几千万美元，做了一项研究，他们从哈佛大学招募了200名大学生，每年对这些大学生进行全面的体检，而且填写各种问卷。他们发现：25岁时的乐观程度可以预测60岁时的身体健康状况，这里，有两个非常关键的时间点，一个是25岁，一个是60岁，25岁差不多是大学毕业参加工作的年龄，而60岁则是光荣退休的年龄，也就是说，刚参加工作那年的乐观程度可以预测退休时的身体健康状况。我们的参训学员都是关键岗位上的领导干部，“5＋2”“白加黑”是工作常态，很多学员都存在这样一种错误性思维，即使工作再忙再累，强度再大，等忙过这一段时间，休息一下也就没事了。实际上，真的没事了吗？根本不可能，负性情绪和压力过大有一个特点就是秋后算账，25岁时的乐观程度可以蛰伏35年预测60岁的身体健康状况。

第二个发现就是：45岁之前，男人保持跟25岁时一样的健康，但45岁之后，身体健康就开始走下坡路，这个坡下得有多快、有多陡，可以从25岁时的悲观程度来预测。这个45岁，具体到每个人可能有所不同，有的是42岁，有的甚至是37岁，实际上，就是我们所说的人到中年，人到中年之后，身体生理机能达到顶峰，随后则逐年下降，然而，人到中年又恰恰是我们在工作上处于重要岗位、担负重要职责的年龄，在家庭上又是典型的上有老、下有小，工作和家庭双方面压力的叠加在这个时间节点上，很容易出现问题，如果不掌握有效的情绪和压力的调适技巧，则很可能出大问题，从而无法实现为党健康快乐工作50年的目标。

接下来，进行一个互动的小环节，先由教师做示范，具体做法是：高高举起双手，掌心相对，快速地握拳，快速地松开，握拳松开重复五至八次后，快速地将手收回至双侧锁骨附近，然后再快速地举起双手，再快速握拳、快速松开，手举起收回五至八次即可。这一步的关键点是“快”。做之前有一个小问题，用几秒钟时间体验一下现在是什么感觉，一会儿做完之后，您再体验一下是什么感觉，有没有变化？如果有变化，是哪些变化？

该方法可以短时间内迅速为大脑进行补氧，大脑的重量仅占体重的2%～3%，耗氧量却占整个身体的20%～30%，所以大脑很容易缺氧，尤其是长期处于密闭工作空间中的领导者更容易缺氧，然而大脑轻度缺氧我们一般感受不到。如果经常打哈欠（打哈欠可以为大脑进行补氧）、莫名不舒服、年轻却健忘，那么可能是大脑缺氧了，使用上述方法，双手高举过头顶，快速握拳、快速松开，拳头就像一个水泵一样，将血液迅速泵高到拳头的位置，拳头的高度又高过头顶，自然实现了对大脑进行补氧。

2.认识你自己

通过量表调查学员到底是A型人格还是B型人格。

哪个数字适合你？

1、不在意约会时间 12345678 从不迟到
2、无争强好胜心 12345678 争强好胜
3、从不感觉仓促 12345678 总是匆匆忙忙
4、一时只做一事12345678同时要做好多事
5、做事节奏平缓 12345678 节奏很快
6、表达情感 12345678 压抑情感
7、有许多爱好 12345678 工作除外没有什么爱好

图1　人格量表测试

我们以第一题为例，一边是“不在意约会时间”，中间有1、2、3、4、5、6、7、8共8个数字，另一边则是“从不迟到”，看完这个题目之后，你就应该明白中间的1、2、3、4、5、6、7、8这8个数字就代表您在“时间观念”上的程度，如果您时间观念特别强、从不迟到，那么您选8，如果您时间观念特别差、一点儿也不在意约会时间，那么您就选1，中间的其他数字，也都代表您在时间观念上的程度。

一共有7个题目，大家用2分钟左右的时间，快速地将每个题目选出一个数字。有两个要求，一是尽量不要相互商量，自己选自己的数字就可以；二是要快，第一感觉选那个数字就选那个数字，不需要仔细斟酌。

[测试结束后]

这是一个A型人格测试。请将选出的7个数字相加,然后再乘以3,会得到一个100分左右的分数。如果您得分在120分以上,那么您是典型的A型人格,A型人格是成功指数特别高的人;如果您的得分低于89分,那么您是典型的B型人格,B型人格是长寿指数特别高的人。如果得分在106～119分是A型人格,100～105分时弱A型,90～99分是B型人格。

我们这里的A型、B型,跟我们的血型不一样,血型是终生不变的。然而,我们这里的A型人格、B型人格则是会变的。我们有一个统计数据:1983年,上海A型与B型比例是1∶1.4,也就是说B型人格比A型人格的人更多;然而,到了1999年,这个比例就变成了1∶0.6,A型人格的人数已经远远地高于B型人格。现在又过了将近20年,我们推测,现在社会,A型人格的比例非常高,在4个人中,有3个人是A型人格,只有一个是B型人格。

刚才我们介绍了,A型人格是成功指数特别高的人,然而,A型人格的人也有一些不好的方面。美国西北大学的预防医学院,从1985年开始选取了3300名志愿者,连续追踪研究了15年,最后他们发现具有A型人格的人在步入中年后,得高血压的概率更大。

所以,我们今天课程的目的就是努力将大家的A型向B型倾斜一下。

3.认识情绪和压力

在本部分中,分两方面进行报告,分别是,情绪和压力是如何产生的?长期负性情绪和压力过大对工作和健康的影响。

我们首先来认识一下情绪。

现代社会,我们更加关注到的是一些消极情绪,如焦虑、抑郁等。现在,我们换个思路,问个问题:积极情绪有哪些?幸福,满足,骄傲,淡定,平静,自豪,腼腆。淡定、平静和腼腆都属于积极情绪状态,尤其是腼腆,因为现实生活中,很大比例的人属于偏内秀型的,甚至有些人认为腼腆不好,实际上,腼腆属于典型的积极情绪状态,当然,我们这里说的腼腆,应该是有个度的,轻度的腼腆属于积极情绪,重度的腼腆则不属于积极情绪。

人类处在积极情绪状态的时候,思路更加开阔,行动的欲望更强,从而可以帮助我们人类的发展。

还有一个小问题,积极情绪可以帮助我们人类的发展,那么消极情绪又有什么功能?它有没有哪怕是一丁点的好处呢?要想回答这个问题,需要首先了解一下我们人类祖先在远古时代的生存状况,那时候我们人类的祖先所处的生存环境是非常非常恶劣的,我们的祖先为了不被饿死,为了能够活下来,就需要付出你死我活的代价。在这种状况之下,要想活下来,就必须进化出一种机制:

及早地预知风险、逃离危险、战胜危险。这种机制就是负性情绪。所以说，情绪具有古老的功能，这个古老功能就是“助力我们人类的生存和发展”，其中积极情绪的功能是助力我们人类的发展，而消极情绪的功能则确保我们人类的生存。因而，积极情绪和消极情绪两者的关系是，一阴一阳，和谐共存，互相转化。

消极情绪的功能是什么？

■ **必须进化出一种机制：及早地预知风险、逃离危险、战胜危险。这种机制就是负性情绪**

消极情绪	行为倾向	进化意义
恐惧	导致你逃跑	逃离危险；安全
愤怒	导致攻击或示威行为	提醒你受到侵犯；保护自己
伤心	导致你关注失去	提醒你可能失去很重要的东西
厌恶	导致你远离	远离有害、恶劣的事物
焦虑	导致你高度集中注意力，应对危险	警告你危险就在身边或不远的未来

图 2　消极情绪的功能

下面测试一下你的情绪识别能力。在下面的两张图片中，你觉得哪一张是真笑？

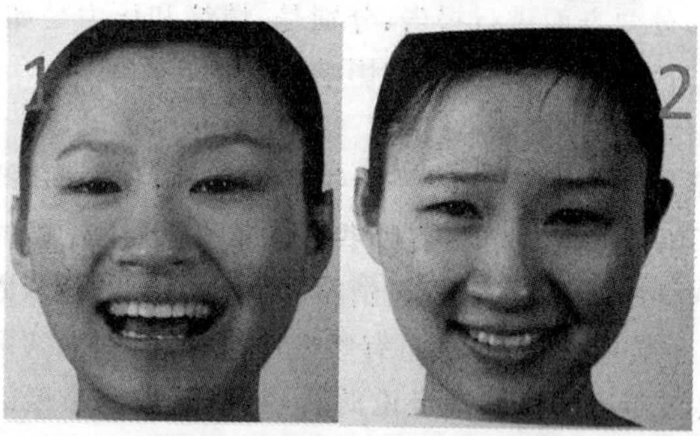

图 3　情绪识别能力测试

2 号图片是真笑。如何识别真笑和假笑呢？为什么 1 号图片是假笑？在真笑上，有一个“一大一小”的原则，如果嘴巴张得越大，则眼睛就眯得越小。1 号图片如果是真笑，在嘴巴张得如此大的情况下，眼睛早就眯成一条缝了。

还有一个问题，2 号图片是真笑，可是你能从 2 号图片真笑中看出还有什么其他的情绪状态吗，是惊讶、焦虑、恐惧还是愤怒？

实际上，在 2 号图片的真笑背后还蕴含着恐惧类的微表情。这种表情多出现在谄媚的情景之下，为了讨好有权势的他人。

介绍完了情绪是怎么产生的之后，我们再来了解一下压力是如何产生的。这还得回到远古时代，我们人类祖先所处的恶劣生存状态。在那种恶劣的生存状态之下，人类要想活下来，就必须进化出一种机制，那就是，在极短的时间之内，可以聚集全身所有的力量，与野兽进行搏斗，目的是活下来。与野兽进行搏斗的时候，存在“战”或“逃”两种可能，如果自我判断一下能够战胜野兽，则就需要倾尽全力战胜它，如果感觉到我们所面对的野兽非常厉害，超过了我们的最大能力，就只能选择逃跑。所以，压力的功能就是，最大限度地实现在与野兽进行搏斗的时候“战之必胜，逃则能生”的目的，归根结底，一句话，活下来。所以说，压力是人类生存的必然要求，与情绪一样，压力也是进化的结果。

何谓压力？

当我们感到某个事情是危险的、困难的、令人痛苦的，并且我们没有能力来解决的时候，我们所体验到的那种内心的不安和紧张感就是压力。在压力的定义里边，有一个关键点就是“并且我们没有能力来解决的时候”，所以咱们这个培训专题的目标就是“提高应对负性情绪和长期压力的能力”，从而使我们再次遇到那种危险的、困难的、令人痛苦的事情的时候，能够有能力来解决。

压力有这么几个特点：

一是“人人有”。《红楼梦》上讲，大有大的压力，小有小的压力，没有人没有压力。再说了，压力是进化的结果，没有进化出压力机制的人早就被淘汰在历史的长河中了。

二是“不时有”。一段时间之内，总有那么几天感觉到压力特别大。

三是“悄悄有”。很多时候即使我们自己身处压力状态之下，如果不静下心来好好感受一下，我们自己都不知道。

四是“必须有”。做多大的事情，就该承受多大的压力。有一种提法，虽然不是很贴切，但也反映了某些问题，如，好干部都是逼出来的。

接下来，我们来了解一下“长期负性情绪和压力过大对工作和健康的影响”。

首先了解一下，长期压力对健康有哪些影响？

我们都知道，面对压力的时候，我们全身都处于一种应激状态之下，我们的肌肉、肝脏、血液、肺、心脏、大脑、消化系统、性器官、免疫系统、皮肤，都会有一些变化，并导致一系列的后遗症，比如，消化不良、心脑血管疾病、高血压、激素分泌失调、脂肪堆积，等等。

下面给大家讲一个科学小故事。

1996 年 7 月，英国的科学家干了一件开天辟地的大事，克隆了一头羊，名字叫多利。

多利出生之后，全世界都非常关注：这头克隆出来的羊，跟传统意义上出生的羊，到底有何不同？转眼到了2003年2月，多利已经6岁多了，由于多利身患多种老年病，生活得很痛苦，英国人对多利实行了安乐死。

大家知道，一头羊的寿命是15～20年，那么为什么多利只活了6岁半就因为老年病缠身死掉了呢？也正是这个问题，问出了2009年诺贝尔生理学或医学奖。

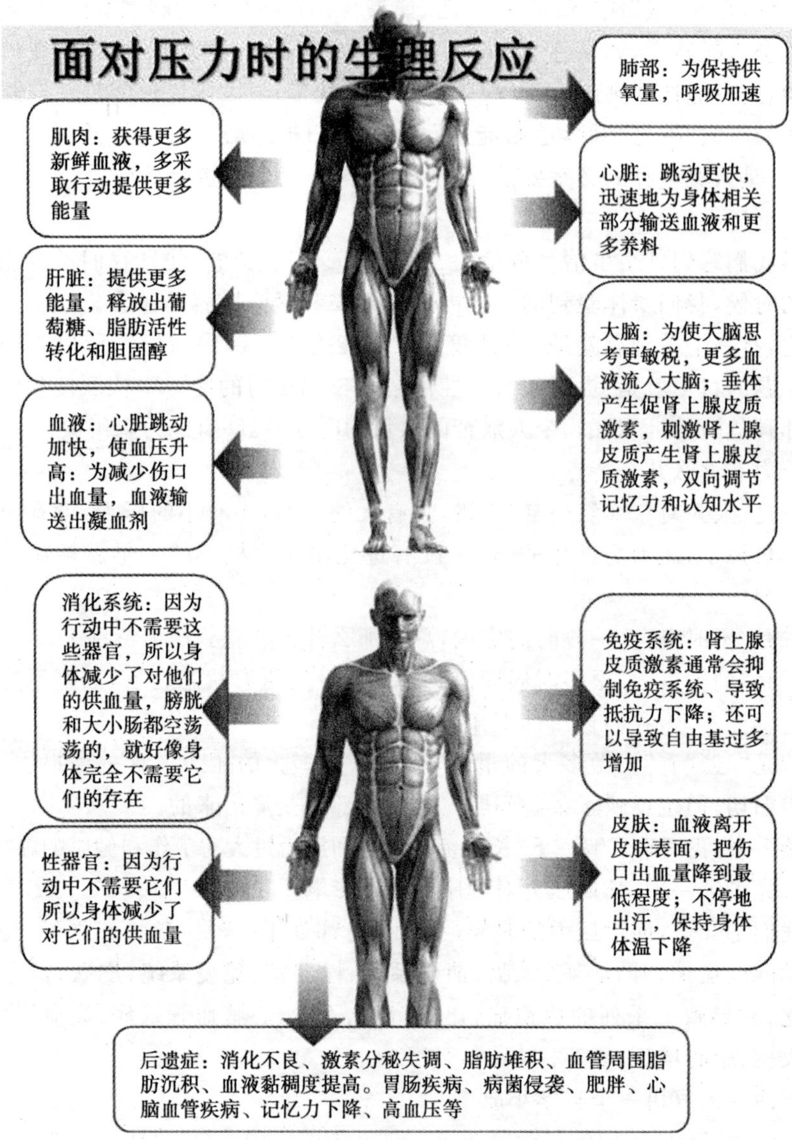

图4　面对压力时的生理反应

2009 年度的诺贝尔生理学或医学奖授予了伊丽莎白·布莱克本等三位杰出的科学家，以表彰他们发现了端粒和端粒酶保护染色体的机理，这对于癌症和衰老的研究具有重要意义。

我们人类染色体的两端叫端粒，端粒的长度跟我们的寿命密切相关，它会随着我们年龄的增加而逐渐缩短。我们假设出生时端粒是 8000 个长度单位的话，那么到了 35 岁时，端粒的长度已经快速缩短到 3000 个长度单位，到了65 岁时，端粒的长度已经缩短到 1500 个长度单位。

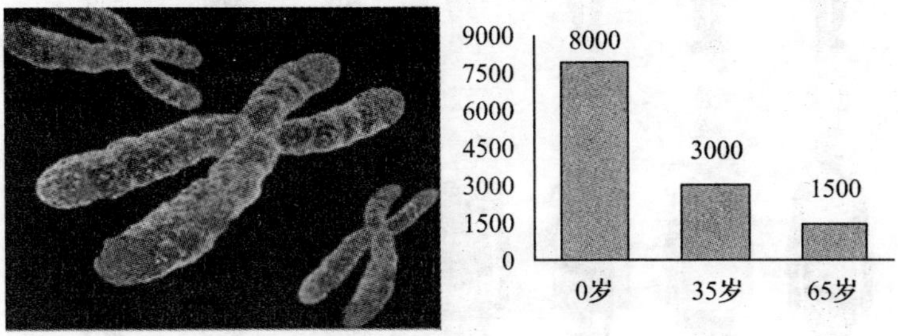

图 5　端粒及其与年龄的关系

2009 年度诺贝尔生理学奖或医学奖的获得者之一伊丽莎白·布莱克本在《美国科学院院刊》(*PNAS*)上发表了一篇学术论文，论文的题目就是《生活压力加速端粒的缩短》。如果生活压力过大，端粒会缩短多少呢？这篇论文告诉我们，会加速缩短 10 年。也就是说，如果长期压力过大，而不会有效调适的话，将少活 10 年。

所以说，如果不能掌握有效的调适压力的途径或方法的话，实现“为党健康快乐工作 50 年”的目标将比较困难，甚至难以实现。

接下来，我们再一起了解一下负性情绪对健康又有哪些影响。我们首先来看一张图片。

芬兰 Aalto 大学研究者对来自芬兰、瑞典、中国台湾的 700 名志愿者进行了“情绪对生理变化影响实验”，将人体在不同情绪下各个部位的温度用热成像图展示出来。你会发现，人处在不同情绪状态的时候，用热成像拍出来的照片是截然不同的。如果你处于积极的情绪状态，表现出的更多的是暖色调；如果你处于负性情绪状态，更多地表现出的则是冷色调。这张图很直观地告诉我们不同的情绪状态对我们身体生理的影响是不一样的。但具体哪些地方不一样，通过这张图我们看不出来。

我们身体的免疫系统里有一个非常关键的环节，就是 NK(Natural Killer Cell)细胞，也叫“自然杀伤细胞”。单看细胞的名字我们就知道这个细胞不简单，很霸气！因为 NK 细胞的作用非比寻常。

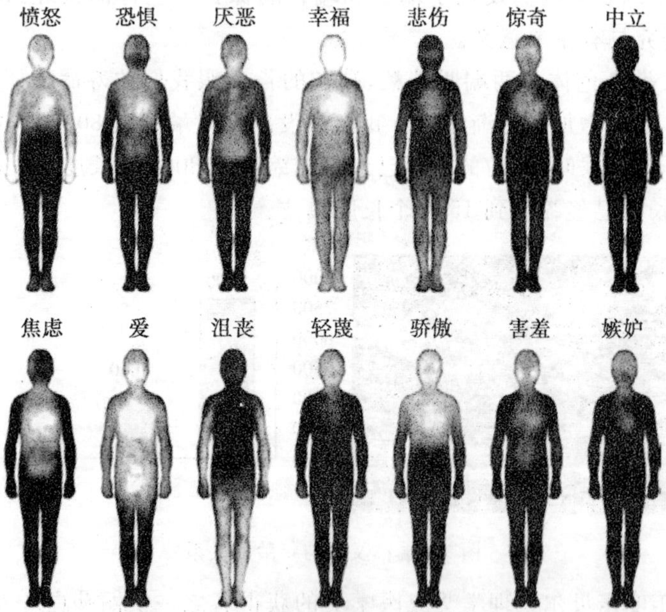

图 6　不同情绪下各部位的热成像图

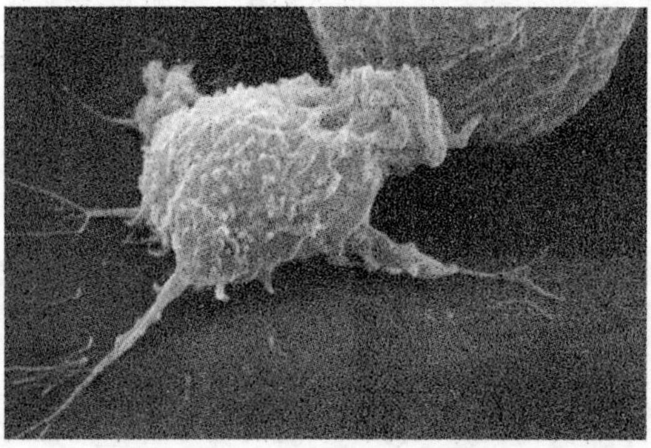

图 7　自然杀伤细胞

我们正常人，即使没有得癌症的人，每天也会产生 3000 个左右的癌细胞，但是为什么今天这个教室里的所有人这一辈子都不会得癌症呢？其中一个原因就是 NK 细胞在发挥作用。5～10 个 NK 细胞在 5 分钟之内就可以把一个癌细胞消灭掉。

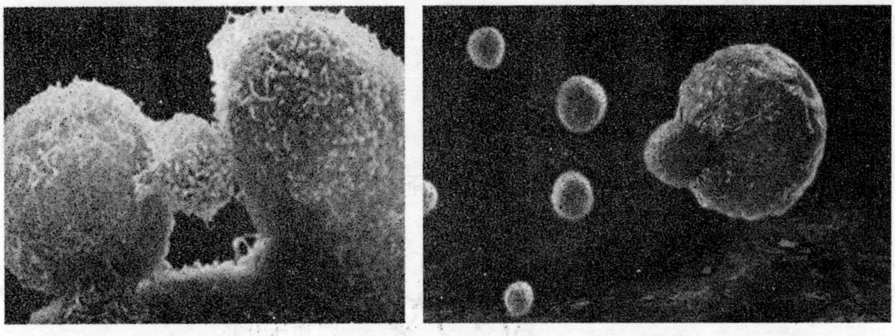

图8　NK细胞

有学者统计过，一个NK细胞在其一生中可以消灭27个癌细胞，可谓功勋卓著。

然而，NK细胞有一个特点：很任性。精神神经免疫学研究发现一个规律：抗癌勇士（NK细胞）的战斗力与情绪高度相关。乐观、自信等良好情绪会激发NK细胞的战斗力；孤独、忧虑、经常心情不好等负性情绪则会抑制NK细胞的战斗力。

中国工程院院士钟南山测试发现，情绪低落时，NK细胞的战斗力下降20%以上，抵御肿瘤细胞的能力大大降低。

4. 心理调适的途径和方法

接下来，我们进入今天课程的中心环节，一起来学习、体验心理调适的途径和方法。首先来看第一部分“压力调适方法：阻断压力传导通路”。

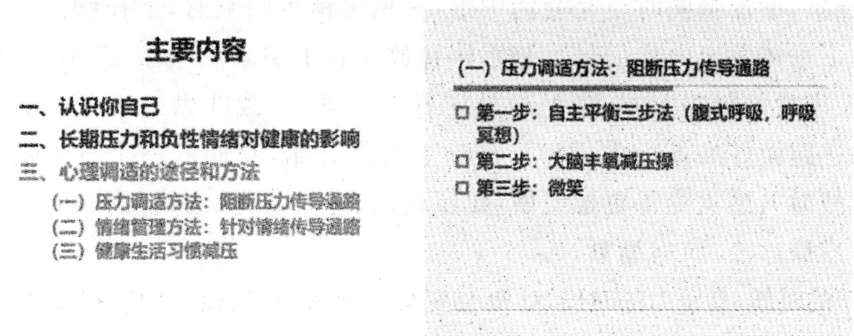

图9　压力调适方法

我们来了解一下压力的传导通路（促肾上腺皮质激素轴线HPA），看一下压力到底是如何传导的。

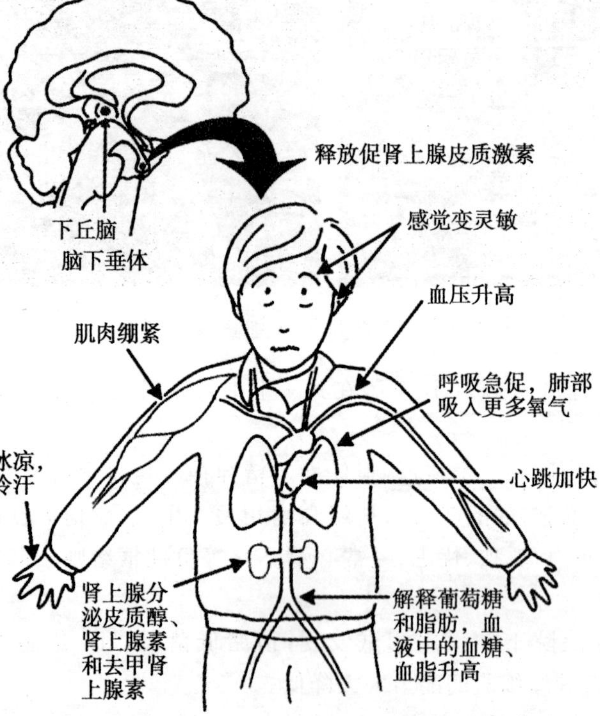

图 10　压力的传导通路

人类感受到危险的时候，就会自动激活压力的传导机制。首先感受到危险的是下丘脑，下丘脑同时也是爱情中枢，一见钟情也归它管，下丘脑感受到危险后，向脑下垂体发出电化信号。脑垂体释放促肾上腺素皮质激素，激活肾上腺，肾上腺位于我们肾的上方，肾上腺分泌肾上腺素（为战斗做好准备）、去甲肾上腺素（为逃跑做好准备）、皮质醇。从这个时候开始，我们的整个身体由“平时”调整为“战时”，感觉变得更加灵敏、血压升高、呼吸急促、心跳加快、释放葡萄糖和脂肪、皮肤冰冷、肌肉绷紧。

紧张的时候，有压力的时候，呼吸会变得急速短促，从而为四肢提供更多氧气，以便逃跑和战斗。这时，呼吸主要是由肩部肌肉和胸部肌肉完成——胸式呼吸。

胸式呼吸的特点是：急速、短促，从而可以呼入更多的氧气，使我们更加有力量，更利于我们在与野兽进行搏斗的时候能够活下来。

腹式呼吸的特点是：慢、均匀。

所以由压力状态之下的胸式呼吸调整为腹式呼吸，就可以迅速阻断压力的传导机制，从而实现生理层面上的、釜底抽薪式的快速减压。

那么问题来了，运用何种有效的方式才能实现由胸式呼吸调整为腹式呼吸呢？我们今天跟各位报告一个方法：自主平衡三步法。这个方法在2008年北京奥运会开幕前夕，温家宝总理曾经试用过。

我对自主平衡三步法进行了改进，增加了冥想的一些内容，使用起来效果会更好，那么接下来就跟各位报告一下这个方法到底该如何做。

自主平衡三步法（呼吸冥想）有三个步骤：

步骤一：闭上眼睛，注意力集中在心脏。想象心脏是一个指挥中心，向大脑和身体其他器官发布各种命令。

步骤二：用心脏均匀深呼吸（重点）。

将注意力集中在心脏，用心去引领呼吸。

把腹部想象成一个皮球，压缩小腹慢慢将气从口中吐出（想象将所有不高兴的事情统统呼出体外），直到感觉腹部已经快贴到后腰为止；憋住气，停顿一两秒；慢慢地用鼻孔吸气（试图将所有的正能量都吸进自己体内），吸气过程中，舌尖抵着上颚，胸廓上提，腹部鼓起，一直吸到不能再吸为止。

注意控制呼与吸之间的节奏，保持均匀、深长的呼吸。

步骤三：体验积极的情感。

保持前两步的良好状态，将注意力集中在心脏，用心脏均匀深呼吸。

现在用心去体验积极的情感，体验关怀、感激、爱、欣赏这些美好感觉带来的愉悦。

经常运用这个方法来调适压力，将起到很好的积极作用，将会提高我们的生理和心理健康水平。具体来说，主要有以下几个方面：

- 将改善人体血压状况。
- 将改善人体免疫系统——能大大增加IgA（免疫球蛋白）水平。
- 人体荷尔蒙系统——4星期的练习，抗衰老荷尔蒙平均增加100%，而皮质醇（压力荷尔蒙）降低了23%。
- 降低身体压力指征——因压力产生的身体症状，练习后，疲劳降低40%，失眠降低39%，消化不良降低47%，身体疼痛降低41%，改善心理健康水平。
- 经练习，愤怒、苦恼降低50%，焦虑降低47%，担忧降低46%，沮丧降低47%。

接下来，我们再介绍压力调适方法的第二步——大脑丰氧减压操。

这个方法，就是上课刚刚开始的时候，我们介绍的那个互动小环节：举起双手，掌心相对，迅速地握拳，迅速地松开，快速地将手臂收起来，再举起来，唯一的要求就是要快，越快越好。

在课程开始的时候，我们主要介绍了这个方法的“丰氧”功能，接下来，我再介绍一下这个方法的"减压"功能。

刚才介绍了压力是怎么来的。压力是进化的结果，是为了让我们在极短时间之内能够快速地聚集全身所有的力量，以便在跟野兽的战斗或逃跑中能够活下来。所以，在此背景之下，在压力状态下，我们身体的血液流向是有固定规律的，血液将流向主要的肌肉群，流向肌肉群的目的就是为了增加力量。那我们通过大脑丰氧操，就可以阻断压力状态之下血液循环的套路，从而快速地从生理层面上减压。因为我们通过大脑丰氧操，举起双手，快速地握拳、松开、握拳、松开，把本该在压力状态下流向我们身体主要肌肉群的血液泵到我们的拳头，拳头又高过头顶，大量血液也到达了头部，从而打乱了压力状态之下血液循环的规律。

接下来，我们再介绍压力调适方法的第三步——微笑。

看到下面的几张图片，你会有什么感觉？

图 11　微笑图片

只要看到这种微笑，我们内心的幸福感就会有明显的提升。因为笑的时候，我们的身体会分泌一种物质——多巴胺，多巴胺是"男人的加油站""女人的美容院"。

笑又是人类独有的，虽然我们也经常看到很多宠物的笑，但是真正意义上的笑只有人类才有。

大家想一下，你自己上次这种笑是什么时候？

很多学员都觉得这种笑已经很久没有发生在自己身上了，甚至都记不起上次这种笑到底是什么时间发生的了。所以笑需要训练，是一种能力！建议每天有意识地笑几次。

给大家介绍一个内部微笑技术，建议大家在散步的时候，在压力大的时候，在心烦的时候，运用这种方式笑几次。

内部微笑技术：你可以先使自己的身体处于一个舒适的姿态，慢慢闭上眼睛，然后想像微笑进入了你的面部肌肉，放松、温暖着你的整个面部。让这种微笑滑进你的嘴里，轻轻扬起嘴角，让微笑下行，进入左侧心脏、肺部、肝脏、肾脏、背部和腿，感觉到微笑的、温暖的力量放松了你全身所有的肌肉，感觉到你的整个身体都体验到爱和感激。在你情绪有所改变时，慢慢睁开双眼。

以上就是我们介绍的压力调适方法的三步。你可以三步共同运用，也可以只用其中任何一种或两种。但最好是同时运用三种，因为 20 世纪 90 年代，香港大学的陈丽云教授提出了一个“身心灵”的分析框架，她认为我们的情绪和压力调适，要想取得好的效果，最好是多个层面的方法同时运用。我总结的这三个压力调适方法，第一个和第二个是从生理层面上进行减压，第三个则是从行为层面上进行快速减压。

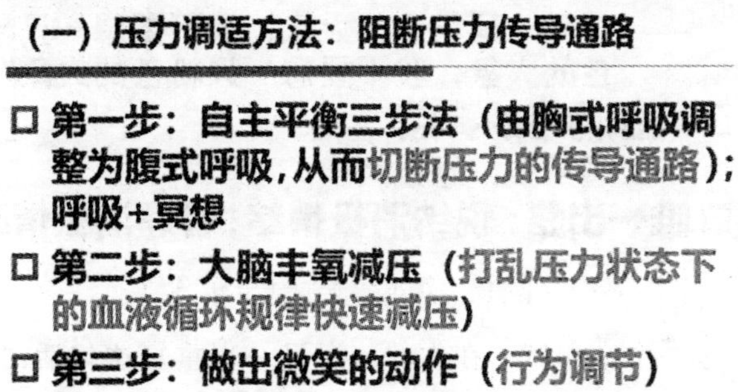

图 12　多个层面调适压力

介绍完了压力的调适方法之后，再来介绍一下情绪管理的方法。情绪调适的方法，也是按照情绪的两条传导通路(一条是意识通路，另一条是潜意识通路)来分别介绍的。

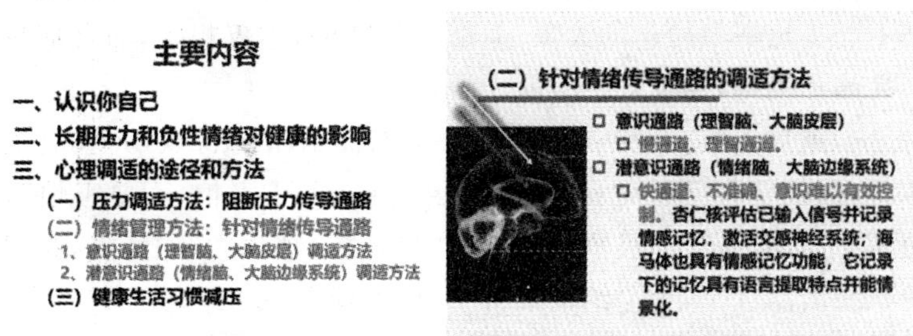

图 13　情绪管理方法

● 意识通路：外界刺激进入我们的大脑皮层。有一个特点：传导速度比较慢，但很理智，经过了大脑一个权衡利弊的过程。

● 潜意识通路，外界刺激绕过大脑皮层直接进入边缘系统，边缘系统有时候也称为“情绪脑”，这条通路的特点是快速，但是不准确，愤怒、恐惧等情绪就是走的这条通路。

我们根据这两条截然不同的通路，设计了不同的情绪调适方法。我们首先来看意识通路的调适方法。

意识通路的第一个方法，“悦纳消极情绪，塑造良好心态”。

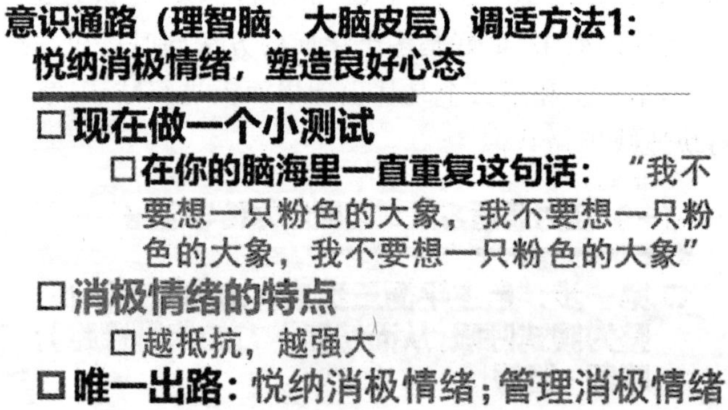

图 14　意识通路调适方法

现在，我们做一个小测试。在你的脑海里一直重复这句话：“我不要想一只粉色的大象，我不要想一只粉色的大象，我不要想一只粉色的大象。”

重复完这句话之后，我想请问大家，你到底想没想过这只粉色的大象？

我相信所有的人不仅想了这只粉色的大象，而且这只大象特别生动，感觉就在我们的眼前，仿佛立刻就要从我们的眼前跳出来了。

这只粉色的大象有一个特点，就是“越抵抗，越强大”，你内心里边努力地去告诫自己不要去想那只粉色的大象，但都是徒劳的，不仅想了，而且那只粉色的大象特别具体和生动，感觉就在眼前。

“越抵抗，越强大”这个特点实际上也是消极情绪的特点，大家应该都有这样一种体验，那就是自己越对自己说“不要害怕、不要害怕、不要害怕”，自己反而越害怕了。所以，基于消极情绪的这个“越抵抗，越强大”的特点，我们在情绪调适上的唯一出路就是：先悦纳消极情绪，再管理消极情绪。

既然消极情绪“越抵抗，越强大”，那么我们就不要抗拒它，反而要很高兴地接纳它，只有这个心态理顺了，我们才能很好地驾驭它，才能有效地管理消极情绪。管理消极情绪有三步。先来看第一步：分析 ABC。

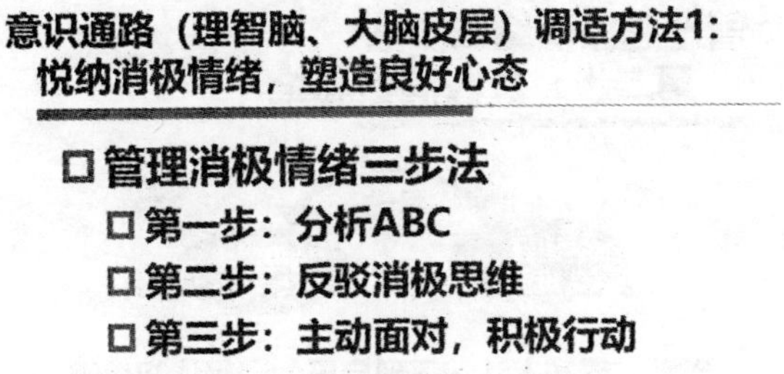

图 15　管理消极情绪三步法

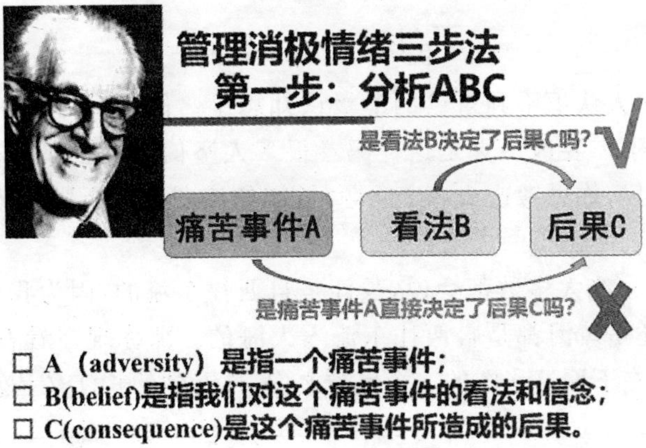

图 16　分析 ABC

这个 ABC 是美国著名心理学家艾利斯提出来的，也是一种被全球高度认可的一种方法。美国著名心理学家艾利斯借助古希腊哲学名言表达自己的观点："人不是为事物本身所困扰，而是被对事物的看法所困扰。"这句话虽然有点拗口，但是需要大家用几十秒钟的时间多读几遍，慢慢领会这句话的意思。

在现实生活中，我们很多人都有这么一种习惯性思维，那就是，之所以我最近很烦躁、低落、不高兴，是因为最近发生了一些不好的事情。也就是，大家在潜意识里边，都认为是痛苦事件 A 直接决定了后果 C，我现在不好的情绪状态这个 C 是因为 A 导致的。但是，按照 A-B-C 理论，不是痛苦事件 A 直接导致 C，而是你对痛苦事件 A 的看法 B 导致了 C。也就是，看法或观念的非理性或扭曲(B)，导致了我们的情绪困扰(C)。

明白了 ABC 之间的这种关系之后，我们明白了在 ABC 里边，最关键的就是 B，所以我们的第二步就是"反驳消极思维"，以改变我们的 B。

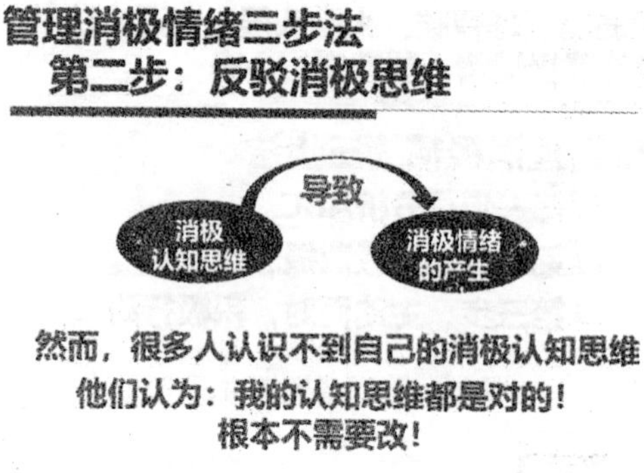

图 17　反驳消极思维

然而，很多人认识不到自己的消极认知思维。他们认为：我的认知思维都是对的！根本不需要改！真是这样吗？很多人坚信不疑。那么在大家不看下面这张图的时候，你思考这么一个问题“长江的流向是怎么样的？”，长江是怎么流的？

我相信大家绝大多数都会说，长江是自西往东流的，因为我国地势西高东低，无论长江还是黄河都是自西往东流入大海的。那你现在看看下面这张图，如果你家就住在下面这张图的三个黑框之内，你看到的长江又是怎么流的？

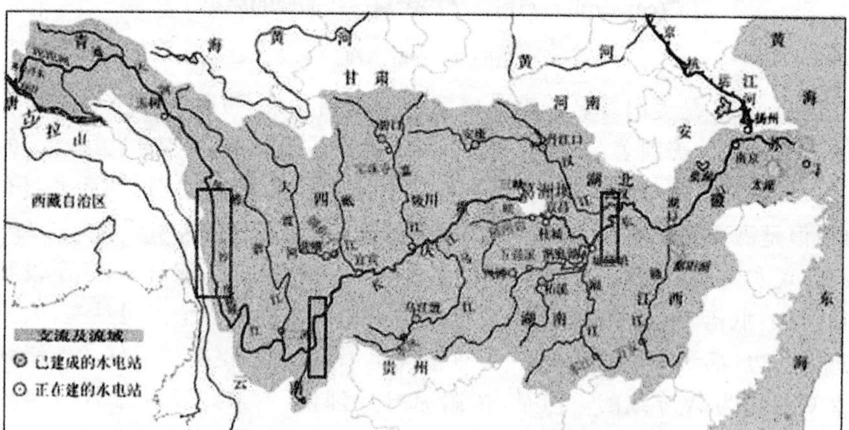

图 18　长江流域水系图

有时候长江自北往南流，有时候又是自南往北流，有时候又是“S”形。那么，难道我们的回答，长江自西往东流，是错的吗？大家的回答当然不是错的，因为我们的大脑思维有一个重要特征就是：概括性。因为我们每天看到的、听到的信息是海量的，我们的大脑容量有限，不可能对接触到的信息都进行分析加工，我们的思维通过概括性的特征，把这些感受到的信息的主要特点、主要矛盾进行快速的总结和归纳，抓重点、抓特点。也正是因为思维的这个概括性的特征，也带来一个不太好的方面，就是对于一些事物的具体细节就忽略掉了。然而，在我们的具体工作中，有时候细节可能非常重要，甚至比主要矛盾和重点更重要。比如，习近平总书记提出的"六大思维方法"中的底线思维，就更加注重工作中的一些具体细节，而不是抓主流。

我们再看一下下面这两张图片，你看到了什么？

图 19　是马还是青蛙

很多人可能会说，左边这张图片是青蛙，右边这张图片是马。实际上这两张图片本是同一张图片，只不过旋转了 90 度而已。古诗有云："横看成岭侧成峰，远近高低各不同"，同样一个事物，看问题的角度不同，我们看到的结果也截然不同，这样看是青蛙，换个角度看就是马。在我们领导干部的具体工作中，也是如此，从我们政府的角度看，这项政策是利于改善民生的，老百姓肯定会举双手赞成，然而，从老百姓的角度看，可能又不完全相同。

我们再看一下下面这张图片，你看到了几根火柴？

图 20　有几根火柴

上边这张图片从左边看是4根，从右边看则是3根，表明即使是同一张图片，关注点不同也会有截然不同的结果。我们今天在座各位都是重要岗位上的领导干部，都是政府的“一把手”，我们的工作方方面面、千头万绪，我们的关注点、兴奋点不同，可能也会得到不同的效果。所以，在具体工作中，我们要以习近平总书记的“六大思维方法”，也就是，辩证思维、系统思维、战略思维、法治思维、底线思维、精准思维来统领我们的工作。

我们再看一下下面这张图片，你看到了什么？

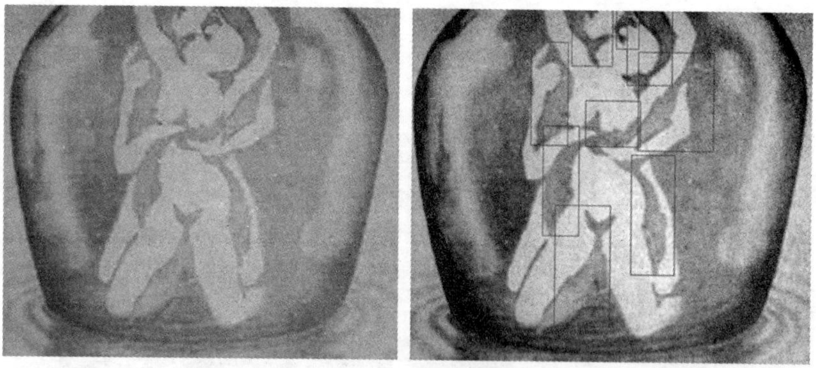

图21　是人还是海豚

很多同志看到的是一对正在舞蹈的男女，然而，经常去海洋馆游玩的对海豚特别熟悉的小朋友，看到的则是9只海豚，这张图就是非常有名的九豚图。你可以看一下上图右侧的图，每个框里边都有一只海豚。这张图表明，即使是同一个事情，大家各自的生活经历不同，得出的结论也截然不同。改革开放40年，尤其是进入新时代，我们的社会发生了翻天覆地的变化，在社会急速进步、日新月异的今天，不同年龄段、不同受教育背景、不同行业的人，对同样一个事情可能就会有不同的看法。

通过以上几张图，表明我们的B未必就是完全正确的，有时候可能需要我们“反驳消极思维——改变态度”。如果我们改变不了事情的本身(A)，就尝试着去改变对待这个事情的态度(B)。态度(B)改变了，事情的结果(C)也就改变了。态度(B)在很大程度会上决定一个人的命运。

《红楼梦》跛足道人的《好了歌》说得也特别好：

世人都晓神仙好，惟有功名忘不了！

古今将相今何在？荒冢一堆草没了。

世人都晓神仙好，只有金银忘不了！

终朝只恨聚无多，及到多时眼闭了。

世人都晓神仙好，只有娇妻忘不了！

君生日日说恩情，君死又随人去了。

世人都晓神仙好，只有儿孙忘不了！

痴心父母古来多，孝顺儿孙谁见了？

这首《好了歌》将绝大多数人的欲望归纳出来了，现阶段很多落马的领导干部，有的为了升官，有的为了金钱，有的没有抵得住美色诱惑，有的没有管好子女家人，即使身居高位又如何？古今将相今何在？荒冢一堆草没了。

接下来，我们介绍管理消极情绪的第三步——“主动面对，积极行动”。

接下来这几句话，可以让我们“主动面对，积极行动”。

- 你不能决定生命的长度，但你可以控制它的宽度。
- 你不能左右天气，但你可以改变心情。
- 你不能改变容貌，但你可以展现笑容。
- 你不能控制他人，但你可以掌控自己。
- 你不能预知明天，但你可以利用今天。
- 你不能样样顺利，但你可以事事尽心。

接下来，我们介绍意识通路（理智脑、大脑皮层）的第二个调适方法，我给这个方法起了个名字，就叫“无条件快乐，活出最乐观的自己”。

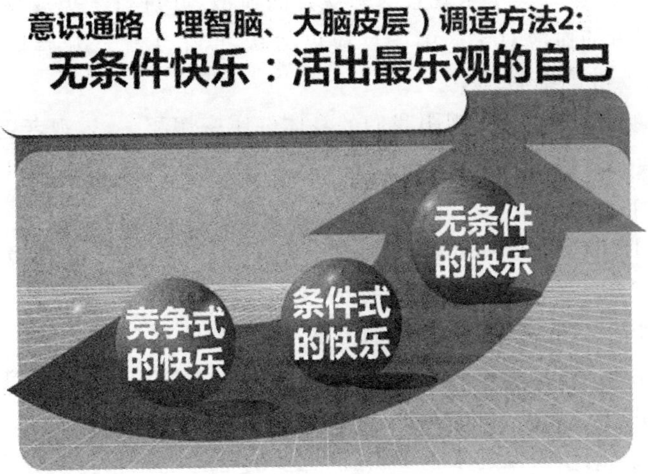

图 22　意识通路调适方法 2

快乐是分层次的，最低层次的快乐就是“竞争式的快乐”，这种快乐的典型特点就是：只要你过得比我好，我就受不了，我的快乐要建立在别人的痛苦之上。现实生活中，这种快乐类型的人比较少见。

绝大多数人都是“条件式的快乐”，也就是，我们的快乐是需要条件的，它有一个关键词“只要”，比如，只要这次换届，我能够调整到更重要的岗位上，我就快乐。

这种“条件式的快乐”有两个特点：

一是很难满足我们的条件，因为有句话叫“人生不如意十之八九”，所以让我们快乐的那个条件十之八九都实现不了。

二是即使这个条件满足了，我们的胃口也会越来越大，存在边际递减效应，也就是我们希望的条件第一次实现的时候会特别快乐，第二次实现的时候也快乐，但快乐程度已经大不如前了，到了第三次实现的时候已经习以为常，感觉不到快乐了。所以，条件式的快乐很难让我们变得快乐。

我们追求的则是“无条件的快乐”，快乐无需条件。我们先报告维辛坦娜的一项伟大的研究，发表在 1982 年《科学》杂志上。研究者向老鼠身上移植了适量的癌细胞，正常情况下 50%的老鼠会患上癌症，50%老鼠的免疫系统会杀死这些癌细胞从而不会患上癌症。老鼠分为三种类型：有控制感（乐观）的老鼠、习得性无助感（悲观）的老鼠、正常的老鼠。他们研究发现，有控制感（乐观）的老鼠 70%战胜了癌症，无助感（悲观）的老鼠只有 27%战胜了癌症。

还有另一项研究，1991 年，朱迪·罗丁、莱斯利·卡门、查尔斯·德怀尔、马丁·塞利格曼四位采集了乐观者与悲观者的血液，并进行了免疫反应测试。他们发现，乐观者的血液对于病菌的反应更活跃，产生了比悲观者更多的抗感染的白细胞和 T 淋巴细胞。

上述两项研究表明，乐观跟我们的身体健康密切相关，乐观者更健康。

现在，我们大家思考一下：为什么“人生不如意十之八九”？到底是什么原因导致了这个不如意十之八九呢？

要回答上面这个问题，还得回到我们人类祖先所处的生存环境。在远古时代，我们祖先的生存环境是非常恶劣的，即使是好、坏各占 50%概率的一个事情，我们的祖先也还是倾向于往坏的方面想，因为生存（消极情绪）永远重于发展（积极情绪）。所以，在进化之初，我们人类的祖先是一半的乐天派，一半的悲观派，然而，由于进化的原因，那些天生的乐天派多半都被淘汰了，一直延续到今天，那种天生的乐天派越来越少，我们更多的是悲观派，人类基因深处存在天生的负面情绪偏好。所以，这就是人生不如意十之八九的重要原因。

那么问题来了，如何才能做到“无条件快乐，活出最乐观的自己”呢？积极心理学之父——马丁·塞利格曼最核心的贡献“三件好事练习”，为我们提供了一个特别有效的方法，这个方法值得所有的人坚持练习。

“三件好事练习”的方法：每天在睡觉之前都花 10 分钟写下今天的三件好

事以及它们发生的原因，写下生活中好事的原因在一开始也许会让你觉得有点儿别扭，但坚持一周后，就会逐渐变得容易。可以手写，也可以在电脑上写。重要的是，要有这些好事的记录。三件好事可以是普通的，也可以是重要的。

很多学员会有这种顾虑，自己本来工作就够忙的，哪还有时间在睡觉之前再拿出10分钟做这个练习啊！我来解释下这个方法的必要性。我们常说，日有所思，夜有所梦，如果你在睡前十分钟仍然沉浸在那种焦虑的工作状态之中，那么你必将带着焦虑的心态入眠，你可能在梦中也是焦虑的；反过来，如果你在睡前10分钟思考一下今天让你快乐的三件好事，那么你将带着积极的情绪、快乐的状态入眠，你可能在梦中也是快乐的。还有，每天三件好事，坚持下来，一个月就是将近100件好事，半年就是500多件好事，在你没事的时候经常随手翻一翻你睡前写的这些好事，你不知不觉间已经被好事围绕了，你会越来越觉得生活的美好、工作的乐趣、家庭的美满，你悄悄地就已经从一个悲观者变成乐观者了。

这是一个特别有效的、值得所有人练习并长期坚持的方法，只要你坚持运用这个方法，那么“为党健康快乐工作50年”的目标就变得容易实现。

接下来，我们介绍意识通路（理智脑、大脑皮层）的第三个调适方法：正念应对。

大家想一想，你已经多长时间没有体验到那种单纯的、无条件的、没事偷着乐的快乐了？

很多人可能已经很久没有体验到那种快乐了。

还有一个问题，从年龄来看，哪一个年龄阶段的人最容易快乐？是儿童、成年人还是老年人更容易快乐？

大家基本上都认为儿童更容易快乐。那么，为什么儿童更容易快乐？

很多学员认为儿童更容易快乐的原因是儿童更单纯。实际上，儿童更快乐的原因是，儿童比成年人更关注“现在”，我们成年人的关注点更多的是未来和过去，而不是现在，我们对未来还没有发生的事情很焦虑，对过去已经发生的对自己不太公平的事情则念念不忘，经常犯嘀咕。当然，关注未来是对的，因为“人无远虑必有近忧”，然而关注未来再重要，也得有个度，我们成年人对未来的关注就超过了那个度，我们过于关注未来了，反而忽略了现在生活的美好。

实际上，我们现在正在经历的每一个瞬间都是快乐的、美好的，都是你最年轻的时刻，只不过我们没有感受到现在生活的美好而已。

那么，如何把握好现在，享受“永恒现在”的美好呢？正念就可以，正念使我们全身心融入这些美好瞬间，把精力集中在现在，让我们时刻去感受现在生活的美好。

再问一个小问题：汽车多长时间(公里)保养一次？

有的说5000公里，有的说3000公里，但无论多少公里，大家在内心都有这么一个概念，那就是汽车过了一段时间之后，是需要保养的。然而，再问一个很残酷的问题，你自己又多长时间保养一次呢？

很多人可能根本就没有这个概念，既从未想过，更从未做过。所以，正念这个方法可以让我们每天拿出一小段时间，静下来，停下来，什么都不干，什么都不想，只关注“现在”生活的美好，为身体做个“检修”。

正念的做法：

首先，停下来。把有关过去和未来的思绪统统关掉，按下暂停键，做一个微笑的动作。

其次，观察。留心眼下正发生什么。不必分析它、理解它、判断它，更不需要思索它，只需要停下来观察它、感受它，全神贯注地观察此时、此刻、此地的情境。思维就会是这样的：我现在看到了什么？我现在听到了什么？我现在感觉到了什么？我现在品尝到了什么？我现在有什么想法？归根结底，就是我现在正在经历什么事情？

接下来，我们再介绍意识通路(理智脑、大脑皮层)的第四个调适方法：亚历山大法。

我们都有这种感受，情绪可以通过脸色、表情、眼睛、走路姿势等表现出来。匈牙利的一个临床医生——亚历山大，突发奇想，通过扭转身体姿势来改变我们的情绪状态，这条路是否可行呢？亚历山大做了各种实验，发现自己的想法是对的，通过扭转身体姿势来改变我们的情绪状态是完全可以的。基于此，一个新的心理调适的方法出现了。

做法：后脑勺、屁股、脚后跟，三点一线，全身绷紧，紧贴在墙边上，做深呼吸，刚开始的时候每天可以站三四分钟，慢慢坚持到每天站10分钟，至少坚持2个月。有一个注意事项，就是练习亚历山大法的时候，在手边触手可及的地方一定要放一把椅子，因为这个方法做完之后，膝盖是不打弯的，做完后需要用手扶着一会，否则会很容易摔倒。

这个方法一举三得：首先，可以调整情绪状态；其次，可以解决颈椎的问题；最后，可以减肥，因为刚开始练习的时候，做了几分钟之后，自己的整个腰部以下都是颤抖的，很容易减肥。

刚才，我们分别介绍了意识通路的四个调适方法。接下来，我们介绍潜意识通路(情绪脑、大脑边缘系统)调适方法。

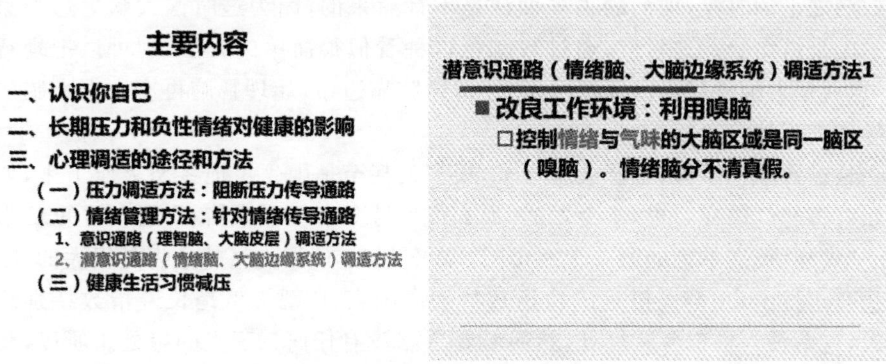

图 23　潜意识通路调适方法 1

首先介绍潜意识通路的第一个方法:改良工作环境,利用嗅脑。

大脑里边有一个区域叫嗅脑,嗅脑管两个事情,一个是控制情绪,另一个是闻气味,但嗅脑又有一个特点:“傻傻地”分不清真假,嗅脑分不清到底是好事情发生了让自己情绪更好,还是闻到好气味而让自己情绪更好。所以利用嗅脑这个特点,建议大家,买一点淡淡花香的干花,要真花不是假花,要有淡淡花香的那种,或者用一点淡雅的香水,也是很淡雅的那种,不是很浓郁的那种香水,如果香味很浓郁会适得其反。

单纯在抑郁这个情绪上,是存在性别差异的。通过对初中生的研究,发现女生患抑郁症的概率是男生的 47.85 倍,所以女同志更需要注意抑郁这种负性情绪。

接下来,我们再介绍潜意识通路(情绪脑、大脑边缘系统)的第二个调适方法,“数颜色法(拉回理智脑,平怒气)+合理化(改变 C 型人格)”。数颜色法的目的是将怒气平息下来,平息下来了很可能就是强忍着,强忍着时间久了会容易出大问题,所以在数颜色平息怒气的基础上,还要合理化,通过合理化将心中的怒气理顺,最终彻底地将愤怒情绪消灭掉。

首先介绍一下数颜色法的具体做法:

环顾四周的景物,然后自言自语,需要二三十秒,看到什么东西就辨认这个东西的颜色,比如,这个桌子是白色的,他的领带是红色的,墙上的钟是蓝色的,这支钢笔是金色的……,一直数到 12,也可以辨认七八种物体的颜色。在数颜色的同时,舌头在嘴巴里转 30 个圈。

现在给各位解释一下数颜色的科学道理。这个方法是由美国心理学家费尔德提出来的,这是一个非常天才的调试方法,尤其适用于愤怒等情绪。因为人处于愤怒状态的时候,占据我们大脑中心地位、支配地位的是边缘系统,也称为“情绪脑”。情绪脑有个特点就是不受意识控制,所以很多人如果处在情绪脑的控制之下的时候,他们的很多做法是不计后果的,因为这时候大脑里边当家作主的是情绪脑。这时候,通过数颜色这种看似很简单的方法,则可以把理智脑,也就是大脑皮层再重新拉回来,让情绪脑靠边站,让理智脑再次占据大脑的主导和支配地位。

通过数颜色,可以把怒火压下来,很多人甚至是硬生生地将怒火压下来,如果始终将怒气憋在心里,不会发泄,那么很容易变成C型人格,C型人格的C来源于"癌症"英文单词的第一个字母C。顾名思义,C型人格的危害是很大的,刚才我介绍过了,A型人格是成功指数特别高的人,B型人格是长寿指数特别高的人,这两种人格都各有好处,然而C型人格没有任何一丁点的好处。所以,我们必须改变C型,通过"合理化"的方式改变C型人格。

先讲一个小故事:当年,孔子的一个学生正在孔子的门前扫地,这时候从外边进来了一个陌生人,陌生人就问孔子的学生是谁,孔子的学生很有礼貌地告诉来人,自己是孔子的学生,来的陌生人一听是孔子的学生,就说:"你既然是孔子的学生,那你一定很有学问了,那好,我问你一个问题,一年到底有几个季节啊?"孔子的学生回答:"一年有四个季节。"来的那个陌生人说:"不对,一年有三个季节。"两个人都认为自己是对的,就争执不下了,最后两个人约定,找一个学识更广的人请教一下,说错了的那个人要向说对的人磕三个响头。这时候孔子恰好从屋里出来,两个人就问孔子一年到底有几个季节。这时候,孔子看了一下陌生人,就说:"一年有三个季节。"来的陌生人非常高兴,孔子的弟子没办法就磕了三个响头。等陌生人走后,孔子的弟子就问孔子:"您明明知道一年有四个季节,可您为什么说是三个季节?"孔子对自己的弟子说:"你有没有发现来的这个陌生人浑身上下都是绿色,它根本就不是人,他是蚱蜢,也就是蝗虫的一种,蝗虫是春天生、秋天死,它根本就没见过冬天,所以他说一年有三个季节是对的。"

三季人的故事使我们明白了一个道理:以后碰到不讲道理的人、小人,不要生气、与其争论,悄悄说:"你就是个三季人,你就是个蚱蜢,不跟你个蚱蜢一般见识。"

面对不讲道理的人、小人,不要用他们的过错、他们的不文明来惩罚我们自己。

接下来,我们再体验潜意识通路(情绪脑、大脑边缘系统)的第三个调适方法:α波音乐放松。

早在原始社会,巫、乐、医三位一体,巫医使用音乐疗法治疗疾病。汉字的乐、药、疗同源。《左传》认为,音乐像药物一样有味道,可以使人百病不生,健康长寿。所以,通过音乐的方法进行治疗古已有之。

我们的大脑存在α波、β波、θ波、δ波四种波段,压力很大的时候,大脑处于β波状态,轻松放松的时候,大脑处于α波状态。当我们听这首α波音乐的时候,身体会很自然地进入放松的状态。

在开始练习 α 波音乐放松之前，先闭上眼睛，做几次腹式呼吸，然后开始这段音乐放松。

[α 波音乐开始]需要 3 分 46 秒钟。播放音乐的时候，我会说一些正能量的话，让你更放松。

接下来，我们进入最后一部分“健康生活习惯减压”。

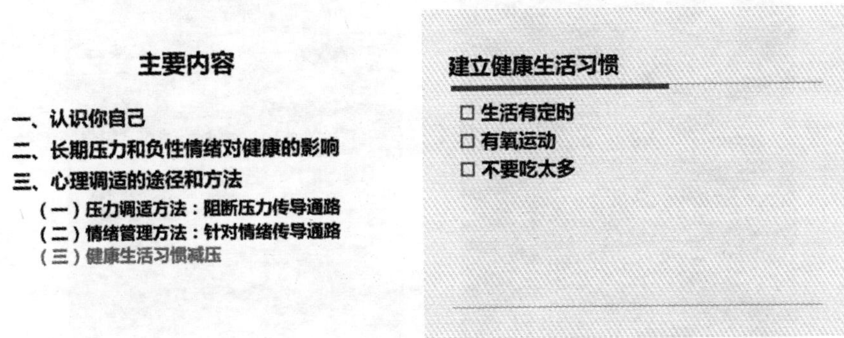

图 24　健康生活习惯减压

首先，来看第一部分“生活有定时”。2017 年诺贝尔医学奖颁给了“生物钟”，归结起来，就是，日出而作，日落而息，不加班，不熬夜，早睡早起。如果没有特别重要的事情，一定要遵照子丑寅卯作息，也就是，子时（11 到 1 点）11 点时就要睡觉了。2015 年 1 月 12 日，习近平与 200 余名县委书记座谈时，劝“年轻人不要总熬夜”。总书记说：“那个时候我年轻想办好事，差不多一个月大病一场。为什么呢？老熬夜。经常是通宵达旦干。后来最后感觉到不行，这么干也长不了。先把自己的心态摆顺了，内在有激情，外在还是要从容不迫。”

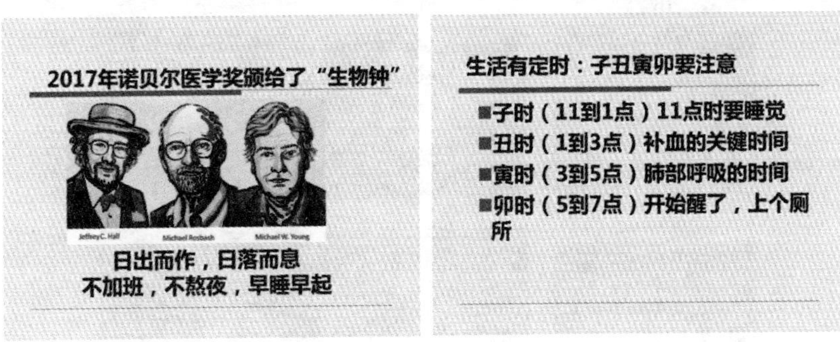

图 25　生活有定时

“健康生活习惯减压”的第二个方法就是“有氧运动——消除压力毒素”。2016 年顶级科学杂志《细胞》(*Cell*)和《自然》(*Nature*)推介的重要学术成果：设计了肝癌、肺癌、黑色素瘤的研究模型。他们发现，坚持运动的小鼠的肝癌发生率为 31%，不运动的小鼠的肝癌发生率高达 75%。与不运动的小鼠相比，坚持运动的小鼠的肺肿瘤体积缩小了 58%，肿瘤重量减轻了 56%。坚持运动的小鼠的皮肤癌的发病率降低了 61%。

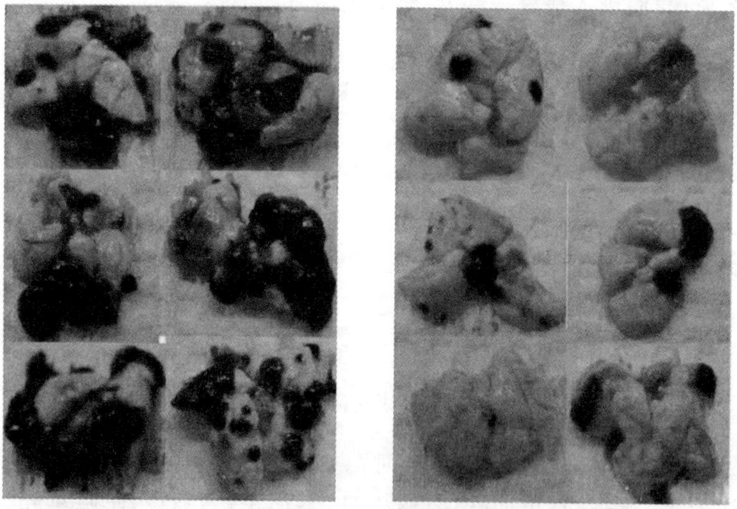

图 26　黑色素瘤肺转移模型

图 26 是黑色素瘤肺转移模型。左边是不运动组的肺，右边是坚持在仓鼠球中跑步的小鼠的肺，对照组小鼠肺部肿瘤无论是体积还是数量都远大于右侧坚持运动的小鼠的肺。

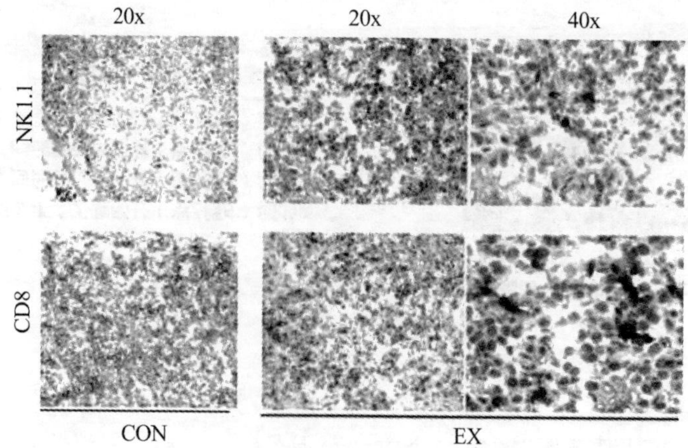

图 27　肿瘤组织染色切片

图 27 是肿瘤组织染色切片，左图为不运动组的，右图为运动组的，红色染色细胞为 NK 细胞。我们发现，不运动组的小鼠已经看不到 NK 细胞了，但运动组的小鼠还有很多的 NK 细胞。

上边这个研究证明运动非常重要，那么我们成年人需要多大的运动量呢？

积极心理学之父马丁 · 塞利格曼引自《美国卫生局 2008 年报告》：成人每天需要相当于 1 万步的运动量。如果少于 5000 步的运动量，将使你面临不必要的死亡危险。已有充分证据支持这一观点。

有氧运动的形式：快走、慢跑、健身操、游泳、骑自行车、跳绳等。长期坚持有氧运动能增加体内血红蛋白的数量，提高机体抵抗力，抗衰老，增强大脑皮层的工作效率和心肺功能，增加脂肪消耗，防止动脉硬化，降低心脑血管疾病的发病率。无氧运动所需的能量由糖酵解系统供能，供能过程中不需要氧的参加，强度大，持续时间短，运动时心率一般在 170～180 次/分以上。如 100～200 米短跑等都属于无氧运动。

"健康生活习惯减压"的第三个方法就是"合理饮食，不要吃太多"。先介绍以下几个研究。

1989 年，美国人运用小鼠做了一项研究，把小鼠分为 2 组，一组想吃多少吃多少，另一组每天少吃 1/3，虽然少吃 1/3，但小鼠所需的营养物质都能确保。最后他们发现，想吃多少吃多少的小鼠，2 年内全死了，而每天少吃三分之一的小鼠，最长的活了 4 年，大家知道小鼠的寿命只有 2 年。

美国人在小鼠身上做完实验之后，效果非常明显。1995 年，他们选了 70 只猴子，分为 2 组，一组每天想吃多少吃多少，另一组每天少吃 1/3。

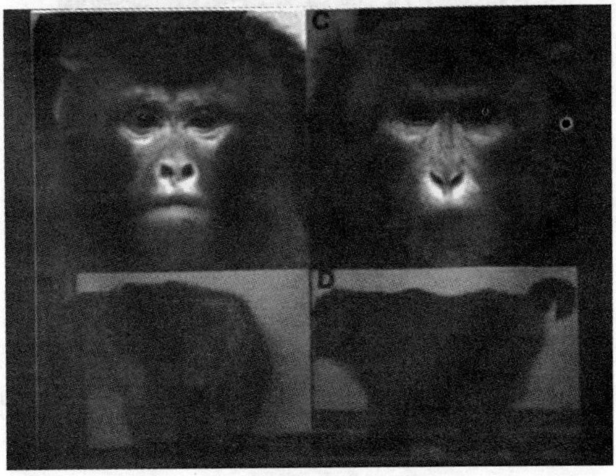

图 28　不同饮食量的猴子

图 28 是 2011 年时拍摄的，那时候猴子已经 16 岁了，猴子的寿命是 15～20 岁，图的左边是想吃多少吃多少的猴子，你会发现，它身上的毛发已经脱落了不少，尾巴也看不到了，右边则是每天少吃 1/3 的猴子，你会发现这只猴子还是比较强壮。

通过上述两个实验，我们发现，少吃 1/3 的效果还是很明显的，但是这个效果在人身上是不是仍然显著，我们还不确定。

接下来，我们通过几张图片努力使自己快乐起来！

经常保持微笑

经常运动

有几个知心朋友

凡事要量力而行

图 29　要知足常乐，我已经拥有了保时捷

最后，将今天讲述的主要内容再回顾一遍。只要我们选择其中的一两种方法，并长期坚持下来，就可以实现为党健康快乐工作 50 年的目标。

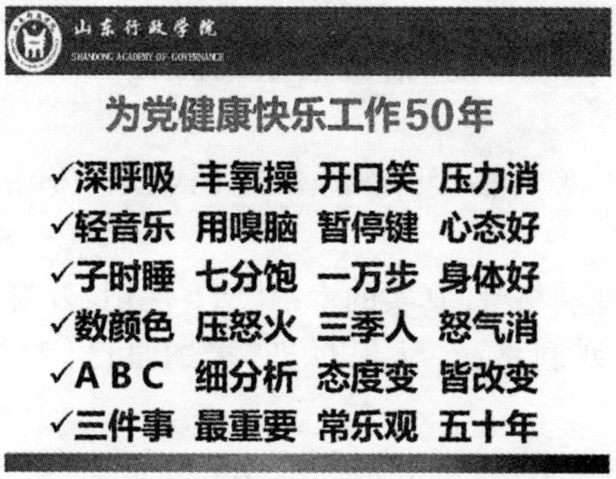

图 30　内容回顾

大家坐了三个小时也累了，咱们做一个九步健脑操放松一下。

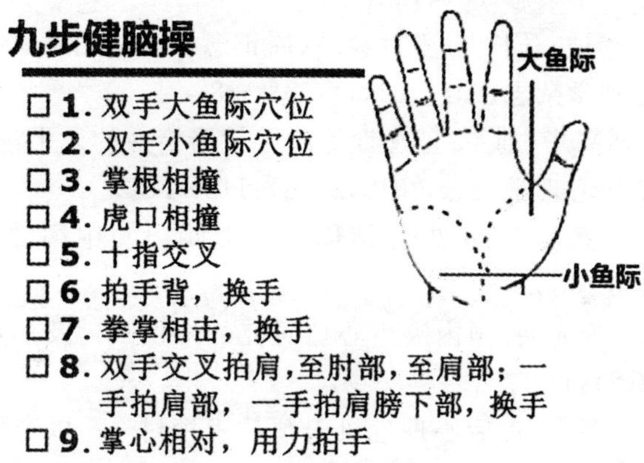

图 31　九步健脑操

课程结束。

六、教学步骤与时间分配

1. 课程导入　5 分钟
2. 认识你自己　5 分钟
3. 认识情绪和压力　15 分钟
4. 心理调适的途径和方法　155 分钟

参考文献

[1][美]马丁·塞利格曼，赵昱鲲. 持续的幸福[M]. 杭州：浙江人民出版

社，2012.

[2][美]马丁·塞利格曼. 活出最乐观的自己[M]. 沈阳：万卷出版公司，2010.

[3][美]马丁·塞利格曼. 教出乐观的孩子[M]. 沈阳：万卷出版公司，2010.

[4][美]马丁·塞利格曼. 真实的幸福[M]. 沈阳：万卷出版公司，2010.

[5][美]马丁·塞利格曼. 认识自己，接纳自己[M]. 沈阳：万卷出版公司，2010.

[6]郝宁. 积极心理学：阳光人生指南[M]. 北京：北京大学出版社，2009.

[7][美]克里斯托弗·彼得森. 积极心理学：构建快乐幸福的人生[M]. 北京：群言出版社，2010.

[8]王淑霞，郑睿敏，吴久玲，刘兴华. 正念减压疗法在医学领域中的应用[J]. 中国临床心理学杂志，2014，22(5)：947-950.

[9]徐少卿，李波，马长燕，贺兰森. 八周正念训练对无意识情绪加工的影响[J]. 中国临床心理学杂志，2014，22(4)：583-588.

[10]徐慰，刘兴华，刘荣. 正念训练改善情绪惰性的效果：正念特质的调节作用[J]. 中国临床心理学杂志，2015，23(6)：1129-1132.

[11]束晨晔，陈友庆. 冥想对抑郁症的影响[J]. 中国健康心理学杂志，2017，25(9)：1430-1436.

[12]张明亮，朱光明. 国内灾后心理研究的知识图谱及热点主题[J]. 中国应急管理，2013(2)：11-17.

[13]王今，张明亮. 灾后心理危机干预技术探讨——以音乐疗法为例[J]. 山东理工大学学报(社会科学版)，2013(4)：109-112.

[14]魏祥迁，马红宇，张明亮. 员工家庭压力与工作压力对健康的影响[J]. 心理研究，2012，5(4)：41-45.

[15]张明亮，司继伟，杨伟星，邢淑芬，李红霞，张佳佳. BDNF 基因 rs6265 多态性与父母教育卷入对小学儿童基本数学能力的交互作用[J]. 心理学报，2018，50(9)：1007-1017.

[16]王兰爽，吴艳霞，王海民，张春平. 腹式呼吸训练对心率变异性影响的研究[J]. 中国康复医学杂志，2006，21(6)：542-544.

[17]郭梅英，阎克乐，尚志恩. 放松训练和腹式呼吸对应激的影响[J]. 心理学报，34(4)：96-100.

（张明亮，公共管理教研部副主任、教授）

危险化学品事故风险管理与应急处置桌面推演

仝　鹏

[教学目的]

本课程是学院处级任职、进修班中常规应急管理教学模块的重要组成单元，旨在检验学员对风险管理以及突发事件应急处置课程掌握程度，提升学员风险管理和突发事件应急处置能力。

[教学重点]

1. 危险化学品事故风险管理；
2. 危险化学品事故应急处置组织体系、职责分工、主要措施；
3. 危险化学品事故善后处置及恢复重建。

[教学形式]

教学过程采用模拟危险化学品行业风险管理以及危险化学品事故应急处置情景，学员以小组为单位，分阶段进行角色扮演，研讨给定题目，并将研讨结果向全体学员分享的桌面推演教学形式。

[教学内容]

(一)情景一：背景介绍

1. L 市介绍

L 市是山东省地级市，成立于 1983 年 10 月，是黄河三角洲的中心城市。位于山东省东北部、黄河入海口的三角洲地带，东经 118°5′，北纬 38°15′。

2. 企业介绍

山东石科石化有限公司位于 L 市高新技术开发区，成立于 2009 年 12 月

18 日。公司经济类型为有限责任公司，是 L 市市属企业。公司注册资本 8 亿元，资产总额 46 亿元，现有职工 620 人。

经营范围：重油综合加工利用及其产品的销售，石油化工新技术、新工艺、新设备、新材料、新产品的开发研制及相关技术服务，石油化工设备设计，普通货物进出口等。

主要产品有：汽油、柴油、液化石油气、液化气、石油焦、道路沥青、石脑油、燃料油、硫黄、MTBE(甲基叔丁基醚)、苯、甲苯、丙烯、丙烷等。

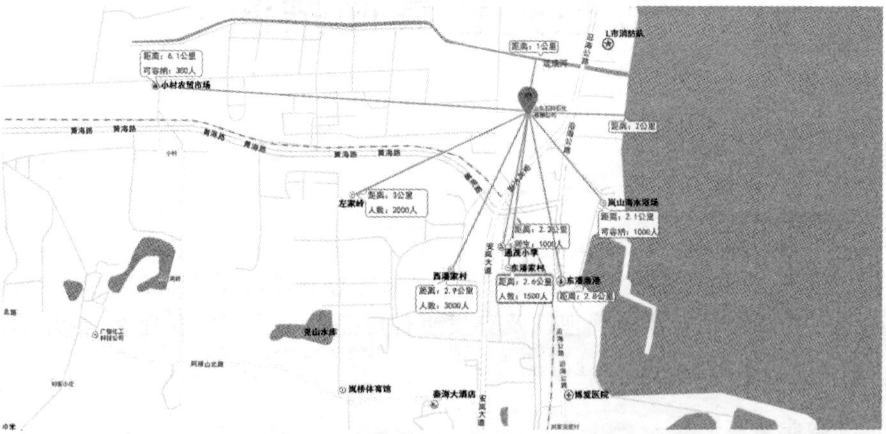

图 1　厂区地理位置及周边情况

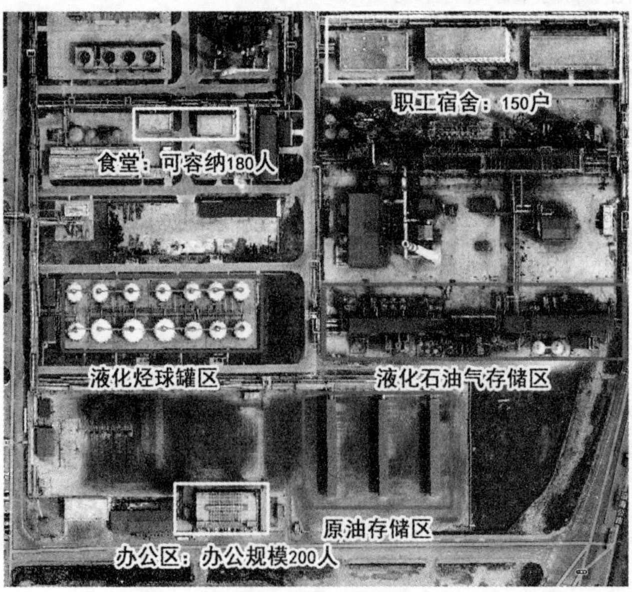

图 2　厂区内部人员规模分布

3.研讨讨论题1

讨论题1:针对已有信息,讨论确定L市政府、企业和公众可能面临的风险有哪些。

角色扮演说明:学员分为6个小组,指定2个小组扮演L市政府、2个小组扮演企业、2个小组扮演公众,分别讨论其扮演的角色所面临的风险有哪些。

梳理点评:本讨论题重点考察风险管理中的风险识别能力。

(1)风险识别所遵循的6W原则,即:

- 什么风险(What)
- 什么时间发生风险(When)
- 哪里发生风险(Where)
- 为什么发生风险(Why)
- 如何发生风险(HoW)
- 谁承受风险(Whom)

(2)政府角度

危险化学品事故造成的公共安全(人身和财产安全)、环境污染(空气、地下水、饮用水、土壤、海洋)、社会稳定(舆情、失业、信访)、经济安全(金融、税收)等。

从厂区地理位置及周边情况图中可分析:企业厂区位置西侧距离6公里处有农贸市场,分布人员数量较少,人员伤亡风险较小;南侧距离琉璃河1公里,污染风险较高;东侧距离海边2公里,污染风险较高;北侧距离2～3公里处分布人员数量较多,人员伤亡风险较高。

(3)企业角度

危险化学品事故造成的周边群众及职工人员伤亡、经济损失、社会影响、次生衍生灾害等风险。

从厂区内部人员规模分布图中可分析:厂区内部办公区、食堂、宿舍区人员分布规模较大,且人员相对集中,距离原油存储区、液化烃球罐区和液化石油气存储区较近,人员伤亡风险较高。

(4)公众角度

个人生命财产损失、恐慌心理、环境污染等次生衍生灾害的后续伤害。

4.研讨讨论题2

讨论题2:在风险识别的基础上,讨论确定L市政府、企业和公众应采取哪些风险处置措施。

角色扮演说明:继续按照讨论题1中各小组所扮演的角色,分别讨论针对识别的风险,应采取哪些风险处置措施。

梳理点评：本讨论题重点考察风险管理中的风险处置能力。

(1)风险处置遵循 4T 原则，即：

● 处理风险(Treatment)

● 终止风险(Terminate，或称“避免风险”)

● 容忍风险(Tolerate，或称“承受风险”)

● 转移风险(Transfer)

(2)政府角度

根据前期排查的风险点，合理安排危险化学品企业选址；

制订详细的安全生产事故应急预案，落实企业主体责任，安排定期和不定期应急演练；

加强日常管理，做好企业的日常安全检查等监管工作，重心下移、力量下沉，协助解决有关问题；

加强环境监测、舆情监测。

(3)企业角度

争取政府在厂区规划选址方面等的支持；优化厂区布局，合理分散风险；针对潜在风险点完善管理制度；加大应急管理投入，上齐配足安全生产监测和应急设备；完善优化应急预案，加强应急演练；定期公开相关信息；加强监测、预警。

(4)公众角度

呼吁政府加强企业监管、加强环境监测、加大应急设施投入；要求企业及时公布危险化学品种类、品性、危险性及自救互救知识；积极准备家庭应急装备。

(二)情景二：发生事故

1. 情景信息

山东石科石化有限公司液化烃球罐泄漏引发火灾爆炸，空中腾起巨大火球，并伴有黑色浓烟。起初有火苗蹿出，紧接着发生了爆炸，浓烟和火苗瞬间从罐体中蹿出，爆炸物散落到周围上千米的范围内，随后，黑烟笼罩了整个厂区。

爆炸时间：2019 年 6 月 13 日，星期四，8 时 40 分。

即时天气情况：26℃，晴，南风 2～3 级。

相关信息：发生事故的液化烃球罐区属于 100 万吨/年含硫含酸重质油综合利用装置项目的液化烃球罐区，共 14 个球罐，南北两排分布，总库容为1.7 万立方米，其中 11 个为 1000 立方米球罐，3 个为 2000 立方米球罐，储存介质为液化石油气、丙烯和丙烷。

发生事故时，罐区的储存量约为 3541 立方米，发生事故的罐储存液化石油气约 500 立方米。

经核实，事故已造成5人死亡，8人受伤。

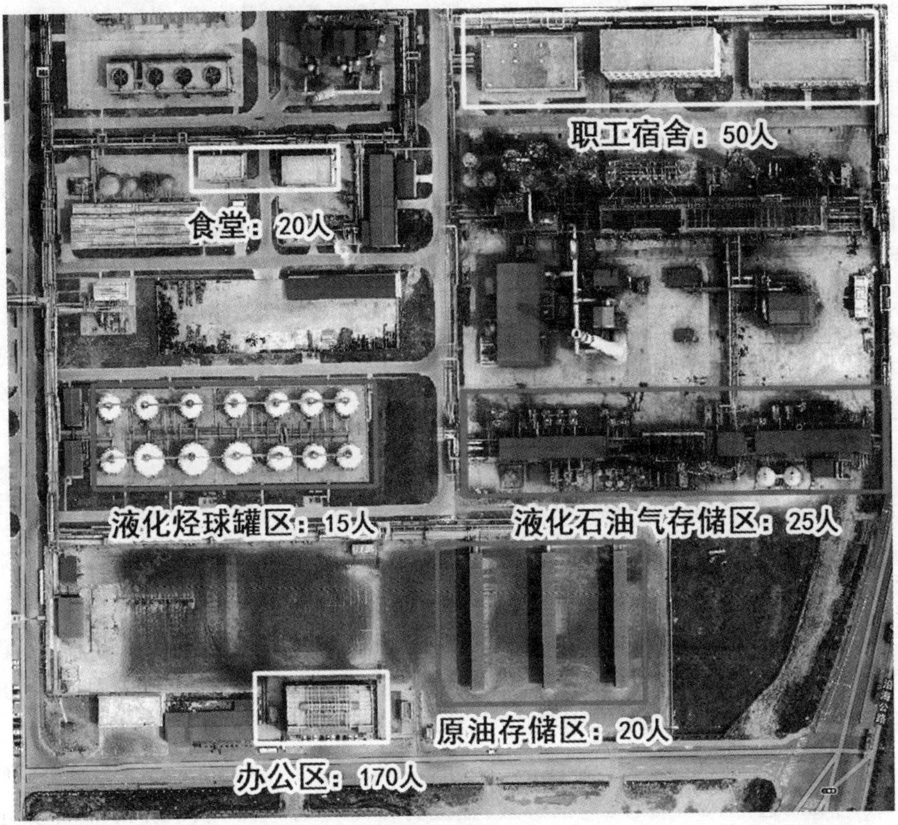

图3　爆炸时厂区内部人员分布情况

2.研讨讨论题3

讨论题3：针对提供信息，讨论确定各组应采取哪些应急处置措施。

角色扮演说明：各小组所扮演的角色由政府、企业、公众转变为突发事件应急处置的应急指挥部、综合协调组、现场处置组、医疗救治组、综合监测组、新闻宣传组，分别讨论各个小组应采取哪些应急处置措施。

梳理点评：本讨论题重点考察在发生危险化学品事故并启动应急响应之后，在应急处置工作中应急指挥部各功能小组的角色定位、职能定位和应急处置措施。

根据提供信息，应急指挥部应依据《L市危险化学品事故应急预案》启动三级应急响应，在启动应急响应之后，各工作组开展相应工作。

指挥协调：

一般危化品事故（Ⅳ级）：事发地县区政府分管负责人或其有关部门主要负

责人赶赴现场指挥协调处置。如属于敏感事故或具有次生、衍生危害，事发地县区政府主要负责人或分管负责人应赶赴现场指挥协调处置。市危化品应急指挥部副总指挥、有关成员单位主要或分管负责人应根据事发地县区政府请求，赶赴现场或到市危化品应急指挥部协调处置。

较大危化品事故（Ⅲ级）：事发地县区政府主要负责人或分管负责人、市危化品应急指挥部副总指挥、有关成员单位主要负责人或分管负责人赶赴现场指挥协调处置。如属于敏感事故或具有次生、衍生危害，或人员伤亡较多、财产损失较大等情况，事发地县区政府主要负责人，市危化品应急指挥部总指挥、有关成员单位主要负责人应赶赴现场或到市危化品应急指挥部指挥协调处置。

重大危化品事故（Ⅱ级）或特别重大危化品事故（Ⅰ级）：省或国家成立应急指挥部或派出工作组后，市危化品应急指挥部及各成员单位按照职责在其指挥下开展处置工作。

应急处置措施：

一般危化品事故（Ⅳ级）：事发地县区政府按照本级危化品专项应急预案实施应急处置。市危化品应急指挥部办公室根据实际情况，配合事发地县区政府做好应急工作。

较大危化品事故（Ⅲ级）：市有关部门接到市危化品应急指挥部办公室通知后，按照本预案要求，向本部门分管负责人及主要负责人报告，组织相关人员赶赴市危化品应急指挥部或事故现场参加相关工作组，按职责开展应急处置工作；根据救援需求，迅速调集事故处置所需人员、设备、器材；研判事故形势，在事故危及周边居民时，及时组织疏散；救援力量不足时，申请联系驻济部队参与救援；因抢救人员和防止事态扩大需移动现场物件时，有关部门应采取设置标志、拍照、摄像、记录和绘制现场图等措施保护事故现场。

重大危化品事故（Ⅱ级）和特别重大危化品事故（Ⅰ级）：市危化品应急指挥部在省（国家）指挥部或工作组指挥下开展事故应急相关工作。

(1)应急指挥部

贯彻落实法律法规，分析、研究危险化学品事故处置工作重大问题及重要决策事项；组织较大危险化学品事故应急处置，负责重大、特别重大危险化学品事故的先期处置，必要时请求省政府业务部门给予支持。对于敏感的、可能有次生或衍生危害性的危险化学品事故或预警信息，加强监测，视情组织专家会商研判，按规定作好信息报告、预警和应急响应，必要时提升响应级别；负责指挥部所属应急救援队伍建设培训、应急物资的储备管理工作；根据危险化学品事故的发生、发展趋势，决定启动、终止应急响应，负责组建现场指挥部；指导区（市）政府做好一般危险化学品事故的应对处置工作；承担上级交办的其他任务。

要求各组随时上报情况，及时组织研判，拟定处置原则和建议报指挥部决策，按照指挥部指示及时安排各组按照要求处置，控制事故企业的主要责任人和相关人员，及时掌握了解情况。

以人为本，掌握现场救援处置实施情况，安排现场抢险组科学处置，安排综合协调组对中心现场及周边区域的群众进行疏散撤离，并做好事故现场周边的交通和人员管制，根据现场情况及时安排医疗救治组入场进行伤员转移、抢救，安排综合协调组协助协调周边医疗资源，接纳伤员。

安排综合监测组及时对周边环境、空气、水质、气象等进行监测和上报，为现场抢险救援提供决策支持。

及时掌握线上线下舆论舆情，安排信息宣传组起草新闻通稿，适时召开新闻发布会，通过各种渠道及时向社会发布权威信息。

与各工作组保持信息通畅，根据事故发展态势随时调整应急响应级别，随时注意安排综合协调组进行救援力量的调配、资源配置。

(2)综合协调组

由市安全监管局牵头抽调有关部门工作人员组成。负责综合协调、会议组织、资料收集归档，抢险救援证件管理，处置信息调度、汇总、上报，与上级工作组的协调联络等工作。

(3)现场处置组

由总指挥指派的负责人任组长，市公安消防局、市安全监管局、市环保局、市城乡建设委及事发地区(市)政府主要负责人参加。现场抢险队伍以公安消防为主，其他专业队伍配合。负责召开参与部门和事故单位技术负责人会议，明确各部门的职责分工，指挥、协调现场抢险救援工作；根据事故现场情况，参照事故单位应急预案，研究制定现场的具体救援方案，在保证人员安全情况下，组织、指挥抢险队伍实施现场抢救(包括抢救伤亡人员和灭火、堵漏、排险等)；迅速确定事故涉及危险化学品的种类、数量、危害性和事故波及范围，向市专项应急指挥部提出疏散周边人员等相应建议；指挥做好现场防火防爆、防化学伤害、用电管制等安全监护工作，防止次生灾害；及时向市专项应急指挥部办公室报告事故现场情况，落实指挥部下达的有关指示和决策，协助事故调查；保护事故现场；在抢救结束，确认危险已经消除后，向市专项应急指挥部提出终止现场抢险的建议；指导事故单位进行事故现场清理、泄漏危险化学品的处置及恢复生产工作。

(4)医疗救治组

由市卫生计生委负责，事发地区(市)政府及医疗救护单位、事故单位安排有关人员参加。负责组织调配医务人员、救护车辆及药品器材，在安全区域对受伤人员实施有效的抢救治疗;及时转移事故现场伤亡人员,组织专家依据危险化学品的特性,迅速确定抢救治疗方案;出现大量危重人员时,迅速分流转送指定医院,并组织专家做出伤害程度的判断,及时采取有效措施予以治疗,做好转送接诊病人的记录,为事故调查及善后处理提供依据。

(5)综合监测组

由市环保局负责,事发地区(市)政府相关部门、事故单位参加。负责迅速对事故周边环境进行监测,针对事故影响范围及程度,出具监测报告,及时报告市专项应急指挥部及现场抢险组;在事故抢险过程中,随时监测事故周边环境的污染程度,发现可能危及人员安全的情况,立即报告现场抢险组;对事故周边环境进行监测评价,确认危险物质浓度降到规定值以下,将检测评价结果及时报现场抢险组及市专项应急指挥部;负责对应急过程中可能出现的水体、土壤污染提出处置措施并监督实施;在应急结束及现场清理恢复阶段,继续跟踪监测直至正常。

(6)新闻宣传组

由市委宣传部负责,市安全监管局、事发地区(市)政府等单位参加。负责组织撰写危险化学品事故新闻发布稿件并对外发布;负责新闻媒体人员对接;及时发布事故相关信息,防止虚假信息造成不良影响。

另外,还可以根据危险化学品事故的实际情况和事态发展趋势设置事故调查组、后勤保障组、维护稳定组以及专家组,等等。

同时,可以根据学员实际掌握应急处置重点工作情况,补充信息报告、信息发布等工作原则和程序。

信息报告责任主体:事发单位、各级政府及其有关部门是受理报告和向上级政府及其部门报告危险化学品事故的责任主体。危险化学品事故发生后,事发单位、事发地区(市)政府及其有关部门要立即将有关情况向上级政府及其有关部门报告。特殊情况下,基层单位可以越级上报,并同时报告所在地区(市)政府。

信息报告时限和程序:危险化学品事故发生后,事故单位应立即向"110""119",区(市)安全监管局报告;事发地区(市)政府有关部门应立即核实并在1小时(具体时限依据相应应急预案的规定)内先电话后书面向市专项应急指挥部办公室、市政府报告。紧急信息要边处置、边报告,最新处置进展情况要及时续报,事件处置结束后要提供书面报告。报送、报告突发事件信息,应当做到及时,不得迟报、漏报、谎报和瞒报。

信息报告包括以下内容:发生事故的单位、时间、地点;事故单位行业类型、经济类型,企业规模;事故的简要经过、伤亡人数、直接经济损失的估计;事故原因、化学品名称和数量、性质的初步判断；事故抢救处理的情况和采取的措施；请求有关部门和单位协助抢救和处理的有关具体事宜；事故的报告单位、报告时间、报告人和联系电话。

信息发布：危险化学品事故的信息发布应当遵循依法、及时、准确、客观的原则。区(市)政府、市专项应急指挥部要在突发事件发生后及时通过报纸、电视、广播、网络等向社会发布基本情况，并根据事故处置情况做好后续发布工作。危险化学品事故发生后，区(市)政府、新闻发布和报道组要组织做好宣传引导，及时回应群众关切问题。

(三)情景三：事态变化

1.情景信息

爆炸发生后，环保部门监测到琉璃河内有部分苯类物质(苯、硝基苯等)，苯含量监测值为200微克/升。

与此同时，网络上出现大量爆炸现场的视频、图片和许多人员伤亡情况的说法，还有人在网上发布爆炸地饮用水源克山水库受到严重污染的消息，导致部分市民大量购买饮用水，为停水做准备。

2.研讨讨论题4

讨论题4：针对提供信息，根据各自职责，讨论确定各组应采取哪些应急处置措施。

角色扮演说明：各小组继续扮演应急指挥部、综合协调组、现场处置组、医疗救治组、综合监测组、新闻宣传组，分别讨论各个小组应采取哪些应急处置措施。

梳理点评：本讨论题重点考察危险化学品事故应急处置工作中，在事态变化的情况下应急指挥部各功能小组的应急处置措施。

(1)应急指挥部

①安排综合监测组进一步加强监测，扩大监测区域，做好扩散趋势预报，提出防止扩散的建议。

②根据监测信息和专家意见，研判是否需要调整应急响应级别。

③安排综合协调组协调环保、防化、卫生防疫等专业部门做好污染物扩散的控制及后期治理工作。

④安排新闻宣传组做好舆情引导和控制，做好新闻发布工作，消除群众恐慌情绪，减少不良信息传播，安排综合协调组协助新闻宣传组，协调公安网监部门，调查谣言源头，控制谣言传播，及时对造谣人员依法进行处置并及时向社会公布。

⑤与各工作组保持信息通畅，及时做好信息后续上报工作。

(2)综合协调组

①协调环保、公安、宣传部门核实水污染、人员伤亡等视频、图片的信息。

②组织会议、收集情况、汇总上报。

协调宣传部门进行信息发布、澄清事实,减少负面影响。

协调相关部门保证饮用水供应。

协调公安等部门查清谣言,做好群体性事件的防控。

(3)现场处置组

①将事故现场人员伤亡和抢险救援情况及时上报市专项应急指挥部,便于政府发布权威信息,正确引导舆论。

②根据监测组向现场抢险救援组和市专项应急指挥部出具的监测报告、可能危及人员安全的情况和提出的处置措施建议,按照指挥部下达的有关指示和决策,组织现场抢险,指挥做好现场安全监护工作,防止次生、衍生灾害发生。

(4)医疗救治组

①继续做好医疗救治工作。

②按照指挥部的统一安排,配合提供伤员救治情况、伤情,针对饮用水源受污染的传言,提供有无因水污染引发的大规模治疗情况的说明。

③做好因水源、空气污染等引发大规模人员疾病的救治准备。

(5)综合监测组

①综合考虑各方面因素,对水源地、河流、空气、气象等采取多种形式、多种手段的监测,确保数据准确、可靠、可验证,根据监测结果,对指挥部提出是否停供饮用水的建议,为回应社会舆论提供科学依据。

②与其他小组配合,在河流入海口恰当设置围栏或投放相应试剂,及时清除污染物,防止河水、海水污染,根据监测结果视情况采取措施。

③建立长效机制,对一定范围内的土壤、水、大气等持续进行监测,及时报告有关情况,直至污染物浓度降至安全水平。

(6)新闻宣传组

①跟踪、收集相关信息,梳理焦点、热点和负面问题,与各组、各部门形成统一口径,及时发声,正面引导舆论。

②与各工作组积极沟通,及时形成新闻通稿。

③主动与新闻媒体单位沟通。

④适时组织召开新闻发布会。

另外,可以根据学员实际研讨情况,补充以下内容:

扩大响应:如果危险化学品事故的事态进一步扩大,或者危险化学品事故已经波及我市大部分地区,直接或间接造成巨大灾害,由市专项应急指挥部提出建议，经市主要领导同意，向驻青部队或省、国家有关方面请求支援。

应急联动：市专项应急指挥部与周边地市政府业务主管部门建立应急联动机制，明确通信联络、信息共享、应急队伍及资源调动程序等工作。区(市)政府应逐步完善与属地中央、省、市大型企业应急联动机制，明确应急值守通信联络方式、信息报送要求、应急队伍物资调动程序等，确保突发事件发生后能够快速、有序、协同应对。

社会动员：危险化学品事故发生后，市专项应急指挥部应根据处置需要，通过广播、电视、报纸、网站、户外显示屏、短信等向社会公众发布应对工作提示，动员社会力量开展自救互救，积极配合政府有关部门做好应急救援处置工作。

(四)情景四：后续处置

1.情景信息

目前，爆炸现场明火已被扑灭，伤员已被送往医院并得到有效救治。

2.研讨讨论题5

讨论题5：针对提供信息，讨论确定L市政府目前的任务。

角色扮演说明：各小组不再扮演应急处置小组角色，统一扮演L市政府角色，分别讨论L市政府应采取哪些后续处置措施。

梳理点评：本讨论题重点考察危险化学品事故终止应急响应的条件以及应急响应终止之后应采取哪些后续处置措施。

(1)响应终止条件

现场抢险处置结束，经组织会商，确认相关危害因素消除，次生、衍生灾害得到有效控制后，遵循“谁发布、谁终止”的原则，由市专项应急指挥部办公室提出建议，报市专项应急指挥部批准后，宣布现场应急结束。

现场抢险组应根据事故现场情况，留下有关人员予以监护。

(2)后续处置

善后处理。危险化学品事故现场抢险结束，区(市)政府、市政府有关部门要按规定及时调拨救助资金和物资，迅速做好环境污染消除工作；事故伤亡人员由善后处理组负责按照国家有关规定给予治疗和抚恤；对应急处置中的伤亡人员、工作人员以及紧急调集、征用有关单位和个人的物资，依法依规给予抚恤、补助或补偿。

社会救助。市民政局牵头，会同有关单位加强对社会捐赠物资的接收、登记和统计管理工作，及时向社会公布有关信息。司法部门组织法律援助机构和有关社会力量为突发事件涉及的人员依法提供法律援助，维护其合法权益。工会、共青团、妇联、红十字会等人民团体，协助市卫生计生委等有关部门开展心理咨询、抚慰等心理危机干预工作。

保险理赔。危险化学品事故发生后，保险监管机构要督促有关保险公司及时开展保险受理，按规定做好赔付工作。

总结评估。事故调查组应组织对突发事件的起因、性质、影响、责任、经验教训等进行调查分析和总结评估，按规定上报。

责任追究。对危险化学品事故应急处置工作中推诿扯皮、不作为，信息报告中迟报、漏报、谎报、瞒报，现场处置中失职、渎职，信息发布舆论引导不力，以及应急准备中对责任应尽未尽并造成严重后果等不履行法定职责的，由有关部门依法追究责任，按照“四不放过”的原则进行处理。

参考文献

[1]《突发事件应急演练指南》——国务院应急管理办公室应急办函[2009]62 号(略).

[2]山东省危险化学品重特大生产安全事故应急救援预案——2013 年发布(略).

[3]济南市总体应急预案——2016 年 5 月发布(略).

[4]济南市危险化学品生产安全事故应急预案——2017 年 3 月发布(略).

[5]危险化学品事故分级标准

危险化学品事故按照其伤亡人数及损失情况等因素，由低至高分为一般危险化学品事故(Ⅳ级)、较大危险化学品事故(Ⅲ级)、重大危险化学品事故(Ⅱ级)、特别重大危险化学品事故(Ⅰ级)4 个级别。

一般危险化学品事故(Ⅳ级)：造成 3 人以下(“以上”含本数；“以下”不包含本数)死亡，或者 10 人以下重伤，或者 1000 万元以下直接经济损失的危险化学品事故。

较大危险化学品事故(Ⅲ级)：造成 3 人以上 10 人以下死亡，或者 10 人以上 50 人以下重伤，或者 1000 万元以上 5000 万元以下直接经济损失的危险化学品事故。

重大危险化学品事故(Ⅱ级)：造成 10 人以上 30 人以下死亡，或者 50 人以上 100 人以下重伤，或 5000 万元以上 1 亿元以下直接经济损失的危险化学品事故。

特别重大危险化学品事故(Ⅰ级)：造成 30 人以上死亡，或者 100 人以上重伤，或者 1 亿元以上直接经济损失的危险化学品事故。

(全鹏，公共管理教研部副主任、副教授)

应急管理效能提升教案提纲

［教学目的］

本课程是应急管理教学模块的组成单元，教学目的旨在使学员对突发事件的应急管理能力得以整体提升。

［教学重点］

1. 应急管理机制创新；
2. 领导应急能力提升；
3. 现场处置能力提升。

［教学形式］

讲授式教学，以专题讲座的形式开展授课。

［教学内容］

近几年来，随着国际国内形势的变化，突发事件的复杂性、关联性和危害性日趋增强；党的十九大，党中央、国务院审时度势，提出加强和创新社会管理体制，国家成立应急管理部，对应急管理工作提出了新的要求。

面对新形势、新挑战，如何进一步健全应急管理体系，完善应急管理机制，不断提升应对各类突发事件能力，需要我们从全新的视角来研究和开展应急管理工作。所以，围绕党中央、国务院的重要工作部署，我们来交流探讨应急管理效能提升的内容。

效能的基本含义：指办事的效率和工作的能力。

应急管理的效能提升，就是提高应急管理工作的效率和能力。应急管理的主体是政府，所以我们从主体的角度探讨应急管理效能提升，也就是政府应急管理的工作效率和能力的提升。这是应急管理效能提升的总体框架。

我们国家应急管理的基本框架是“一案三制”，按照此框架，优化应急管理预案、完善应急管理体制、健全应急管理法制、建立和创新应急管理机制都可以提升应急管理的工作效率。

预案。是应急管理的根本，是范本，是应对突发事件所遵循的依据。但是现在，上到国家层面，下到省、市、县（市、区）的预案衔接不到位，预案的可操作性不高，实用性不强等很多问题，严重制约了应急管理工作效率的提高。所以，优化预案是提高应急管理工作效率的有效并且重要的途径。

体制。非常重要，是应急管理工作正常运行的基础。现在存在体制建设不到位，不合理，职责不清，关系不明，基层的人员编制不足，社会团体、公益组织管理不规范等问题。但完善应急管理体制，是应急管理的顶层设计，是国家层面的问题，有很多我们所不能左右的因素，在应急管理发展过程中体制的完善需要一个相对比较漫长的过程。

法制。同样非常重要，是应急管理工作所遵循的法律法规。现在在应急管理工作中，依然存在法律盲区，存在缺乏具体实施的细则、实施办法，可操作性不高的情况。而健全应急管理法制，修订、完善法律法规同样需要一个比较漫长的过程。

应急管理机制。是最贴近应急管理实际工作，与实际工作结合最紧密的。应急机制的创新，对应急管理工作效率的提升有最直接的效果。所以，探讨应急管理效能提升的第一个问题，就是通过应急管理的机制创新，来实现应急管理工作效率提升。

再来看“能”的部分，即能力提高方面。

政府的应急管理能力：指政府在应急管理中，实际能够履行职责和功能的程度，它要解决的是政府如何去做、通过什么方式去做的问题。如应急管理相关的政策、法规的实施，包括应急管理机制的落实，包括突发事件应急处置等。

但预案再怎么优化，体制再怎么合理，法制再怎么健全，机制再怎么完善，如果执行的人有问题，“一案三制”还是不能到位。所以能力的提升，归根结底，关键是人的因素。政府应急管理能力当中人的影响因素主要集中在领导层面和一线处置人员层面，就是领导的应对能力和一线人员的现场处置能力。

下面我们从效率、能力这两个大的方面，分应急管理机制创新、领导应对能力提升和现场处置能力提升三个层面探讨应急管理的效能提升。

（一）应急管理机制创新

对于应急管理机制创新，从实质内涵（工作流程）、外在形式（具体职能）和工作重点（协调过程）三个角度进行探讨。

1.从实质内涵来看，应急管理机制是一组以相关法律、法规和部门规章为基础的政府应急管理工作流程。

突发事件应急管理的工作流程结合突发事件事前、事发、事中、事后这4个阶段，主要包括9个重要环节。

● 预防准备，关口前移，避免或者减少突发事件的发生。

● 监测预警，早发现，早研判，早预警。

● 信息报告，及时、准确、规范地上报信息，共享信息。

● 决策指挥，拿方案，作决策，采取措施。

● 危机沟通，信息发布，跟媒体、跟公众打交道。

● 社会动员，群防群控，紧急征用。

● 恢复重建，包括硬件设施、身心健康、心理干预的恢复重建。

● 调查评估，总结经验，吸取教训，改进工作。

● 应急保障，人、财、物、设备、装备。

这9个重要环节是应急管理工作的主要工作流程，其中每一个环节都有相应的应急机制。每一个环节都是应急管理机制的创新点，都能通过机制创新来提高应急管理效率。下面选取有代表性的实例进行说明。

(1)预防准备的机制创新

播放山东省食药局宣传短片(2分钟)。宣传短片既宣传了我们个人要注意饮食卫生，提高个人防范意识，避免食品安全事件的发生，又宣传了食品行业从业标准，还宣传了食品行业监督电话。效果很好，这就是创新。

介绍中国地震局的国家地震紧急救援训练基地，如倾斜楼、4D模拟影院等。

(2)监测预警的机制创新

例举国家食药总局创建的舆情监测机制。食品安全事件现在是社会关注的热点和焦点。比如镉大米、毒生姜、狐狸肉、毒西瓜等，很多都是媒体先报道曝光出来。食品安全事件有一个很显著的特点：媒体曝光的速度(包括传统媒体和网络媒体以及现在的自媒体)往往要比食药系统内部信息报送的速度快很多，导致食药系统非常被动。针对食品安全事件的这个特点，国家食药总局与新闻媒体单位合作，创建舆情监测机制，建立舆情监测平台，对食品药品安全事件相关的新闻、舆情进行监测。目的是争取应对突发事件的宝贵时间，同时监督系统内部的信息报告工作。

例举国家食药总局统计的“及时报送重大信息登记表”与“未及时报送重大信息登记表”部分内容对比分析，举典型省市具有代表性和冲击力的实例进行说明，即：

● 找到了症结所在

● 抓住了问题实质

● 争取了时间优势

● 实现了监督机制

● 优化了工作流程

● 提高了工作效率

(3)恢复重建的机制创新

例举汶川地震震后恢复重建负担重与芦山地震、鲁甸地震恢复重建采取地方负责制的实例进行说明。

(4)调查评估的机制创新

例举"8·12"天津港爆炸最高检快速强势介入的实例进行说明。

2.从外在形式来看,应急管理机制体现了政府应急管理的各项具体职能。

例举广东省政府提出的跨区域联动机制实例进行说明。

广东省的跨区域联动机制提出来三个"对":1对1,1对1,1对8。即广东对香港特别行政区,广东对澳门特别行政区,广东对泛珠江三角区域四川、云南、贵州、湖南、江西、福建、广西、海南这8省的跨区域合作联动机制。从理论研究与科技开发、工作交流与专家共享、联合制订跨区域应急预案、应急平台互联互通和共同应对区域突发事件五大方面进行跨区域联动。

例举雨雪冰冻灾害的经验教训,推动了跨区域联动机制的施行。

再例举跨区域联动机制实施之后的广东支援广西抗旱实例以及广西支援广东抗击台风,以充分说明从政府职能的角度通过跨区域联动机制实现机制创新,进而提高应急管理效率,即:

● 打破了辖区限制

● 打通了平台阻碍

● 实现了资源共享

● 促成了共同应对

● 体现了具体职能

● 提高了工作效率

3.从工作重点(协调过程)来看,应急管理机制侧重在突发事件事前、事发、事中、事后的整个过程中,相关部门和人员如何更好地组织和协调各方资源,从而更好地防范与处置突发事件。

例举江苏省公安厅、交通运输厅和江苏交通控股有限公司在全国率先成立省级高速公路指挥调度联合值班室的实例,说明协调多方主体,共同维护交通运输安全。即:

● 突破了行业界限

● 实现了信息共享

● 做到了实时联动

● 优化了协调过程

● 提高了工作效率

创新总体原则,以职能职责为出发点,结合实际工作,以问题为导向,发现问题,解决问题,创新应急管理机制,提升应急管理效率。

(二)领导应对能力提升

领导应对能力就是领导应对突发事件的能力,是应急管理效能提升的重要因素。领导应对突发事件能力的强弱,关系到社会安全稳定的程度和社会发展的速度。

通过近几年比较有代表性的重特大事故的遇难人数和处理人员统计表(如表1所示)不难看出,突发事件考验领导应对能力。

表 1　　近年重特大事故处理人员统计表

事故/事件	遇难人数	司法机关采取措施人员		给予党纪、政纪处分人员			
		总人数	公职人员	总人数	公职人员	厅级	部级
吉林八宝媒业特大瓦斯爆炸事故	53	16	4	50	21	7	1
吉林宝源丰“6·3”特大火灾爆炸事故	121	19	11	23	23	3	
山东青岛“11·22”东黄输油管道泄漏爆炸特大事故	62	15	6	48	24	8	3
晋济高速隧道“3·1”特大道路交通危化品燃爆事故	40	33	20	33	24	4	
江苏昆山中荣公司“8·2”特大爆炸事故	146	18	15	35	35	6	1
上海“12·31”外滩陈毅广场拥挤踩踏事件	36			11	11	5	
合　计	458	101	56	200	138	33	5

根据中科院课题攻关组基于领导过程构建的领导力“五力”模型。结合顶层、中间层还有实施层面的划分，我们延伸出来关于突发事件的领导应对能力的几个关键词，如图1所示。

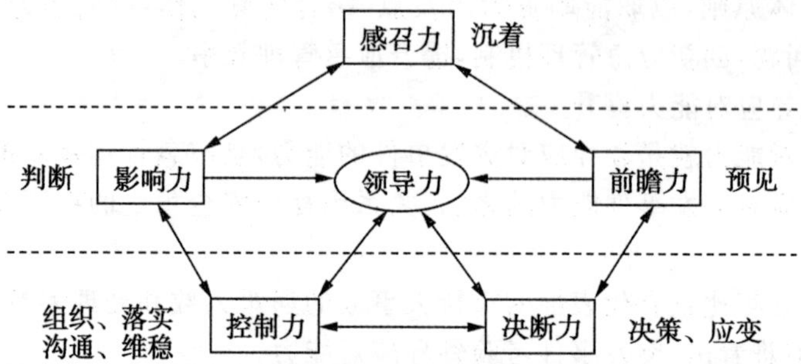

图1　领导力“五力”模型对应突发事件领导应对能力

顶层感召力——沉着（沉着冷静，处变不惊）

中间层的影响力——判断（科学、准确地判断，对应对处置突发事件起到正相关的影响作用）

中间层的前瞻力——预见（提前洞察风险，提前预防准备）

实施层面的控制力——组织、落实、沟通、维稳（组织人员，落实政策法规，维护稳定，积极沟通）

实施层面的决断力——决策、应变（果断决策，随机应变）

1.感召力——沉着（处变不惊）

优秀的领导者面对突发事件总是能够保持镇定自若、处变不惊的姿态，这种临危不乱的沉着是领导者应对突发事件必备的能力和素质。领导者必须要泰然自若、不乱方寸，掌控全局、指挥有序，措置裕如、沉着应战。担当群众的主心骨和顶梁柱，让人民群众感到有依靠、有寄托、有希望。

顽强自信——用坚强的意志和必胜的信心沉着应对。只有自己相信自己，别人才会相信你。

归零心态——始终保持平和心态，积极应对，保持良好的心理承受能力。美国成功学学者拿破仑·希尔曾说：“人与人之间只有很小的差异，但是这种很小的差异却造成了巨大的差异！很小的差异就是所具备的心态是积极的还是消极的，巨大的差异就是成功和失败。”

2.影响力——判断（准确、科学）

判断，主要表现为对各种人或事进行准确判断，是领导决策的依据和标准。

例举“11·13”吉林石化双苯厂爆炸造成松花江流域水污染事件与“8·12”天津港爆炸环保部门快速介入实时监测进行对比说明。

“11·13”吉林石化双苯厂爆炸事故中单纯的爆炸处置比较得当，但问题是爆炸引发了松花江流域水污染的次生、衍生灾害。爆炸事故的爆炸点离松花江岸边大约500米距离。爆炸发生后，吉林石化分公司、吉林市事故应急救援指挥部、吉林市环保局、吉林省环保局包括国家环保总局都没有想到会造成水污染，没有能科学准确地判断可能引发水污染事件，没有及时采取有效措施，没有防止爆炸造成的泄漏物、循环水，包括事故现场混杂了残余物料的消防废水流入松花江，造成松花江下游沿途大范围水污染，环境污染，并且造成哈尔滨市全市停水4天的后果。更严重的是，松花江流域水污染影响到了邻国俄罗斯，在国际上影响非常不好！

“8·12”天津港特别重大火灾爆炸事故虽然也造成了轻微水污染，但从开始处置突发事件，环保部门就及时介入，在天津港的爆炸事故现场周边警戒区外围，对事故区域地表水、雨污水泵站和排海口的污染物进行排查。共布设17个环境空气监测点、6个废水监测点、4个水环境监测点和4个海水监测点，持续实施24小时不间断监测。

这就是判断能力的提升，从而提高影响力！这就是应对突发事件能力的提升！

怎么科学、准确地进行判断呢？

突发事件发生时，领导者务必要保持清醒的头脑，认真分析问题的情境，善于抓住问题的关键，科学认定问题的实质，以便作出准确的判断。

● 情境：对其相关的诱因、现状、环境、趋势等因素，进行全面、准确、及时的掌握和分析。

● 关键：所有存在和发生的问题都有一个关键点，对于突发事件，这个关键点是一切问题的汇集点。

● 实质：掌握相关情况，透过现象看本质，准确认定事件性质。爱因斯坦曾经说：“将一个问题准确地界定，就等于解决了问题的一半。”

3. 前瞻力——预见（敏锐超前）

预见指的是预测和把握事物发展趋势的超前性和准确性，即超前把握事态发展趋势的能力。任何突发事件并非“空穴来风”，只不过有的预兆明显，有的预兆不明显。

例举扁鹊三兄弟行医与“12·31”外滩踩踏事件实例，说明应对突发事件，要对可能引起公共危机事件的诱因、征兆和隐患，或者发现可能导致大面积扩散趋势的个案等危机诱导因素有敏锐的识别能力。

“12·31”上海外滩踩踏，二三十万人聚集在一起，安全问题得不到重视，最终导致发生踩踏事件。事后，调查报告分析事故原因，第一点就是“黄浦区政府未对可能的人员聚集安全风险予以高度重视，没有进行评估，缺乏应有认知”导致后续的一系列应对失误。

风险识别的有效方法——风险矩阵，如图 2 所示。

可能性P等级 严重度L等级	1不可能发生	2几乎不发生	3很少发生	4偶尔发生	5可能发生	6经常发生
1（无影响）	Ⅳ	Ⅳ	Ⅳ	Ⅳ	Ⅳ	Ⅲ
2（轻微的）	Ⅳ	Ⅳ	Ⅳ	Ⅳ	Ⅳ	Ⅲ
3（较小的）	Ⅳ	Ⅲ	Ⅲ	Ⅱ	Ⅱ	Ⅱ
4（较大的）	Ⅳ	Ⅲ	Ⅱ	Ⅱ	Ⅱ	Ⅰ
5（重大的）	Ⅳ	Ⅲ	Ⅱ	Ⅱ	Ⅰ	Ⅰ
6（特大的）	Ⅲ	Ⅱ	Ⅱ	Ⅰ	Ⅰ	Ⅰ

图 2　风险矩阵

4. 控制力——组织(有效整合)

组织，即领导者按照既定目标任务和决策要求，进行统筹安排，通过构建科学合理的组织机构，整合各种有效资源，协调一致运作，确保决策正确实施的能力。要做到三个“能”：

- 能立即把人力、物力、财力等各种资源要素聚集到位
- 能有条不紊地开展工作
- 能优化调控手段，妥善处置突发事件

例举鲁甸地震具体措施进行说明。

第一个“能”，地震发生以后，能立即把人力、物力、财力等各种资源要素聚集到位。云南地震局由现场应急工作队携带相关仪器设备，紧急赶往灾区。云南省减灾委、民政厅向鲁甸县调拨帐篷、彩条布、折叠床、棉被、棉衣等救灾物资。云南电网昭通供电局立即调派 2 台发电车赶赴鲁甸。

第二个“能”，能有条不紊地开展工作。地震局开展现场震情监视、地震灾情调查、灾害损失评估、防震减灾宣传等工作，并协助当地政府开展应急救援工作。云南电网昭通供电局抢修电力设施，恢复供电。

第三个“能”，能优化调控手段，妥善处置突发事件。协调邵通军分区、陆军第 14 集团军、武警云南总队、公安、消防等部门共同抗震救灾。

这就是我们说的通过三个“能”，提升有效整合的组织能力，提高对突发事件的控制力，从而提升领导应对能力。

5.控制力——落实(高效快捷)

落实是指领导者所具备的按质按量完成自己所承担工作任务的主观条件。即把口头上讲的、纸上写的东西,如路线、方针、政策、计划、方案、意见等付诸实践,并达到预期目标的能力。

例举青岛"11·22"东黄输油管线泄漏爆炸三个"落实不力"进行反面说明。

● 第一个落实不力——企业安全生产的主体责任落实不力。中石化集团安全生产责任体系不健全,相关部门的管道保护和安全生产责任划分不清、责任不明。中石化管道分公司组织对东黄输油管道隐患排查、隐患治理工作不到位。还包括潍坊输油处、青岛站自身的安全生产工作落实不力,等等。

● 第二个落实不力——安全生产法律法规落实不力。青岛市政府、开发区管委对国家安全生产法律法规落实不力。督促指导青岛市和开发区两级管道保护工作主管部门和两级安监部门的履行管道保护职责和安全生产监管职责不到位。组织安全生产大检查不彻底。

● 第三个落实不力——行业主管部门,督促企业落实应急预案,落实不力。从省油区办,到青岛市经信委、油区办,督促企业落实应急预案不到位。

6.控制力——沟通(充分、有效)

从应急管理过程来看,领导者在应对突发事件的各个阶段都需要积极沟通。在应急管理工作中,沟通的主体,总的来说有三个:政府、公众、媒体。沟通的过程主要有两个:一个是内部沟通,就是刚才咱们探讨应急机制当中的信息报告。有政府内部自下而上的上报,有政府内部各个职能部门、各个成员单位之间的横向的通报。另一个沟通过程是外部沟通,就是政府与公众和媒体之间的沟通。

(1)内部沟通

信息报告(政府内部信息流转)

● 时效性——及时、快速

时效性对应的就是时限,根据相应应急预案的要求,符合时限上报通报信息(较大以上突发事件,事发地市级政府、省有关部门要尽快掌握情况,力争20分钟内电话报省政府,45分钟内书面报告,最迟不得超过3小时)。

● 真实性——准确、高效

"三个到位"(核实到位、分析、表述到位)

"六个清楚"(发生的事件、地点清楚;信息来源清楚;起因和性质清楚;基本过程、已造成的后果及影响范围清楚;已采取措施和发展趋势清楚;下一步工作建议清楚)

● 标准性——标准研判

《山东省突发公共事件分级标准》将突发公共事件分为自然灾害、事故灾难、公共卫生事件、社会安全事件四大类，每个大类又分为若干小类。自然灾害分为水旱、气象、地震、地质、海洋、生物灾害和森林、草原火灾 8 个小类；事故灾难分为安全事故、环境污染事故、植物疫情 3 个小类；公共卫生事件分为公共卫生事件、动物疫情 2 小类；社会安全事件分为群体性事件、金融突发事件、涉外突发事件、恐怖袭击事件、刑事案件 5 小类，每个类别的信息都有明确的研判指标。

● 灵活性——方式灵活

口头报告、电话报告、手机短信报告、书面报告……

● 连续性——连续、完整

初报（快速）、续报（准确）、结报（全面）

● 规范性——格式规范

文头格式、标题格式、正文格式、报送对象、落款格式……

决不允许迟报（违反时限）、漏报（报告不全）、谎报（故意撒谎）、瞒报（故意隐瞒）。

（2）外部沟通

信息发布（政府、媒体、公众之间的沟通）

● 态度：“愿说”

积极合作、减少冲突

● 时机：“快说”

快说事实、慎说原因

● 内容：“真说”

有一说一、实事求是

● 渠道：“善说”

信息归口、统一发布、善用渠道、统一口径

● 方法：“巧说”

有限时间内提供有效信息

7. 控制力——维稳（化解矛盾）

党中央高度重视维护稳定工作，始终把维护稳定作为关系国家长治久安、关系党的事业兴衰成败的大事来抓。

在当前社会转型、利益格局调整、社会分层加剧的形势下，影响社会稳定的矛盾和问题日益突出。从成因来看，表现为“五性”。

● 经济利益性：某些个体或群体为谋求自己的利益，提出自己的主张，当然这里面有合理的也有不合理的，当其利益得不到满足或得不到维护时，就可能引发不稳定因素。

●社会求助性:主要表现为弱势群体为寻求生存的基本条件,向政府、社会求助而没有达到目标,或者他们所赖以生存的手段不合法,与政府、法律产生冲突,极易引发不稳定因素。

●求取公道性:个别地方颁布的地方性政策措施,同中央政策有矛盾,或多或少侵犯群众利益,同时,由于工作方法不当,得不到群众的理解和谅解,可能导致群众以过激的方式求取公道。

●意外突发性:意外突发的事件,比如交通事故、安全事故、刑事案件等,都可能因经济赔偿或心态失衡产生矛盾,导致不稳定因素。

●破坏渗透性:敌对势力以多种形式进行渗透破坏,特别是针对人民内部矛盾。目前,受国际恐怖组织的影响,国内一些极端势力也呈现出与国际恐怖势力勾结的特点,恐怖威胁越来越严重。

通过"四个转变",提高化解矛盾的维稳能力来提高控制力:

●变被动应付为主动应对:针对维稳工作的各类矛盾和问题,认真研究,积极应对,寻求对策,把握主动权。

●变总体会战为分类治理:根据各类不同群体,不断增强工作方法的针对性和有效性。

●变短促突击为长期化解:静下心来、耐心细致地做好长期的疏导、化解工作,切忌浮躁,急功近利。

●变应急处置为日常处理:要牢固树立强基固本的思想,把加强基层建设作为维稳工作的重中之重,把基层部门建成维护稳定的第一道防线,在日常工作中努力把不稳定因素化解在基层的萌芽状态。

8.决断力——决策(多谋善断)

领导应对突发事件的决策能力,是指在应急评价的基础上,领导者决定进入非正常状态处置应对并且制定科学有效处置措施的能力,是领导应对突发事件能力的核心。

下面从两个角度来探讨。

第一个角度是多谋。结合专家,进行准确的研判,制订科学的方案,最终进行科学决策。

例举芦山地震、鲁甸地震领导人在现场组织专家会商研判进行说明。

第二个角度是善断。灾情就是命令,时间就是生命,时机决定成效,能力决定实力。前两句说明的是决策要快。后两句说明的是要把握时机,当断则断,要善于在合适的时机进行有效的决策。

例举瓮安事件整个过程的四个决策阶段进行说明。

9.决断力——应变(快速灵敏)

应变指一种在事物发展的偶然性面前善于随机处置的能力。

客观事物是复杂的,领导者的认识能力和预见能力再强,也不可能完全预见事物发展变化的所有可能性。偶然性总是存在,突发事件也无法避免。这就要求领导者必须具备快速灵敏的应变能力。

以"12·31"上海外滩踩踏事件为例。12月31日20时到踩踏事件发生,外滩风景区人员流量呈上升趋势,21时达到第一个人员密集顶峰,到23时35分踩踏事件发生,实际是第二个人员密集顶峰,两个人员密集顶峰之间相隔2个半小时。但是黄浦公安分局对各时段人员流量快速递增的变动情况没有及时采取有效措施,没有报请黄浦区政府发布预警,没有控制事态发展,对上海市公安局多次提醒的形势研判要求也没做出响应,最终导致严重踩踏事件发生。

如果当时根据人员密集程度以及整个事态、形势的变化,及时增加警力,及时调整警力部署,发布预警,采取妥当的应对措施,就有可能避免发生这起踩踏事件。

(三)现场处置能力提升

从客观因素和主观因素两个角度探讨现场处置能力。

1.客观因素

客观的角度我们讲要遵循三个"性":科学性、规范性和技术性。

(1)科学性(导向)

"8·12"天津港爆炸,现场应急处置救火不能用水,为什么?因为事故现场有大量电石,电石的化学成分是碳化钙(CaC_2),遇水立即发生激烈反应,生成乙炔(C_2H_2),并释放热量。而乙炔是一种无色、极易燃的气体,主要做工业用途,例如烧焊金属。所以"8·12"现场灭火需要用沙土掩埋。再比如我们在地质灾害救援的时候不惜代价地争取救援时间,为什么?是遵循的"黄金救援72小时"的原则。

(2)规范性(约束)

现场人员进行应急处置的依据是什么?我们都知道是应急预案,但实际情况是现场处置人员熟悉掌握应急预案的情况非常少。原因就是我们应急预案的可操作性不强,实用性不强。怎么办?我们可以编制预案操作手册给现场处置人员,约束清楚遇到什么情况具体应该怎么做,并且操作手册的修订工作要比应急预案的修订简单、容易、方便得多。

再就是标准化作业规范,相关单位要制定标准化作业规范,现场处置人员要遵循标准化作业规范,这样才能保证现场处置人员操作的规范性。

(3)技术性(保障)

以“2·9”中央电视台大火事件为例。央视北配楼高159米,当时北京最高的消防云梯是90米,再加高压水枪能喷个一二十米,根本就够不到火点高度,当天的情况是由于违规燃放A类礼花弹,火星掉到楼顶,从上往下燃烧,外围灭火直升机也不行,只能靠人进到楼里面用传统的喷淋设施进行灭火,当时全楼的喷淋设施还没水。最终造成1名消防战士牺牲,6名消防战士受伤。

所以我们说,技术性达不到,应急保障不到位,现场处置的能力就没有保障,最终带来的效果是应急管理的能力不够。

2.主观因素

主观的角度,现场处置人员应该从危机意识、依法行政、职业素养、专业技能和心理素质这几个方面提高现场处置能力。

(1)先导:危机意识

危机意识是提升现场处置人员处置能力的起点,应该把危机意识贯穿于常态管理实践中。面对突发事件,尤其是身处突发事件现场的关键时刻,危机意识尤为关键。青岛“11·22”爆炸,现场处置人员不管是企业的、政府的,还是相关职能部门的,都没有意识到泄露原油挥发的油气,会在密闭空间达到爆炸极限,危机意识不强。

(2)约束:依法行政

现场处置人员必须遵纪守法,依法行政,要做到有法必依、执法必严、违法必究。城建占地强拆,城管暴力执法,现在都是被推倒风口浪尖的焦点问题。做不到依法行政,甚至可能是引发突发事件的诱因。所以,提高一线工作人员、一线执法人员,包括一线的应急处置人员的依法行政能力,是提高现场处置能力的有效途径。

(3)保障:职业素养、专业技能、心理素质

加强职业素养培训。加强应急管理相关规章制度的学习,强化应急管理相关理论知识的培训。

加强专业装备配备和专业技能训练。现在专业救援队这方面做得比较好,比如武警装备的专业破拆工具,有手动破拆工具、电动破拆工具、机动破拆工具、液压破拆工具、气动破拆工具、弹能破拆工具,等等。再比如地震局建立的地震专业救援队,具备专业技能,相对有保障。结合行业特点,加强专业技能培训,加强应急演练,通过提高专业技能,来提升现场处置能力。

加强心理干预和疏导。提高现场处置人员的心理素质,可以提高突发事件现场处置能力。突发事件现场处置,特别是面对大灾大难,比如严重车祸现场、地震现场、暴恐袭击现场等,现场往往比较混乱,比较惨烈,甚至是血腥。这时

候，对现场一线处置人员的心理素质、心理承受能力要求很高。我们可以通过现场心理干预、平时心理疏导的方式提高现场一线处置人员的心理素质。

以上是我们今天探讨的主要内容：从效率、能力这两个大的方面，分应急管理机制创新、领导应对能力提升和一线人员现场处置能力提升三个层面，结合典型案例来探讨应急管理的效能提升。

参考文献

[1]闪淳昌，薛澜. 应急管理概论——理论与实践[M]. 北京：高等教育出版社，2012.

[2]闪淳昌. "12·31"上海外滩踩踏事件的调查与思考[J]. 江苏社会科学. 2015(4).

[3]闪淳昌. 应急管理的发展态势与思考[J]. 安全，2015(1).

[4]钟开斌. 应急决策：理论与案例[M]. 北京：社会科学文献出版社，2014.

[5]钟开斌. 逆向变更风险管理——"12·31"外滩陈毅广场拥挤踩踏事件案例研究[J]. 西南民族大学学报(人文社科版)，2018，39(6)：26-32.

[6]钟开斌，林炜炜. 中国救灾体制的调整与变化：基于典型案例的比较研究[J]. 理论与改革，2018(3)：25-37.

[7]钟开斌. 如何处置跨界危机——天津港"8·12"事故分析[J]. 行政管理改革，2016(4)：64-68.

[8]钟开斌. 信息与应急决策：一个解释框架[J]. 中国行政管理，2013(8)：106-111.

[9]李喜童. 应急管理领导力[M]. 兰州：兰州大学出版社，2011.

（仝鹏，公共管理教研部副主任、副教授）

政府购买养老服务

丁苹华

[教学目的]

本课程通过聚焦政府购买养老服务的理论和实践情况，引导学员关注政府购买养老服务的相关情况，更加深入地了解公共服务的相关含义，准确定位政府角色、职能及其与企业的边界，探讨如何对养老院进行有力监管及解决养老资金缺乏问题，思考如何提升政府管理能力。

1. 在比较国际上诸多国家总人口、抚养比、老龄人口占比等养老现状的前提下，让学员了解当前我国和山东养老的背景，即老龄化情况。

2. 政府购买养老服务是国际上流行的解决公共服务供给不足、缓解政府财政压力的一种方法，也是最近几年国际上较流行的做法。让学员了解当前中国政府购买养老服务的现状、方式、经验、成效。

3. 通过济南市养老服务中心这一案例的视频和文字材料，研讨其利与弊，让学员由抽象到具体、由理论到现实，深入思考中国的养老问题解决方式，尤其是政府购买养老服务方式。

[教学重点]

1. 政府购买养老服务的理论内容、理论来源以及在中国的实践。
2. 济南市养老服务中心的介绍。
3. 挖掘学员的优势，了解他们的想法并加以总结、提炼与提升。

[教学形式]

采用课堂讲授与案例分析相结合的方式，具体的教学步骤和时间安排如下：
1. 教师导入（50 分钟）。
2. 分组研讨和休息（1 小时）。

3.小组汇报、个人自由发言(1小时)。

4.教师总结(10分钟)。

［教学内容］

(一)引言

十九大报告提出,“中国特色社会主义进入新时代,我国社会主要矛盾是人民日益增长的美好生活需要和不平衡不充分的发展之间的矛盾”。“必须多谋民生之利、多解民生之忧,在发展中补齐民生短板、促进社会公平正义,在病有所医、老有所养、住有所居、弱有所扶上不断取得新进展。”“积极应对人口老龄化,构建养老、孝老、敬老政策体系和社会环境,推进医养结合,加快老龄事业和产业发展。”

政府购买,是当前国家正在大力推行的解决养老等公共服务不足的一种方法、一种手段,既属于政府转变职能的范畴,也是供给侧结构性改革的内容。

(二)政府购买养老服务的背景

1.老年人口基数大:2017年内地总人口为139008万,60周岁以上为24090万,占17.3%;65周岁以上为15831万,占11.4%(2017年国民经济和社会发展统计公报)。2016年山东省60岁以上达2056.97万,占总人口的20.68%,65岁以上老年人口为1307.98万,占总人口的13.15%(省老龄委)。

2.人口老龄化趋势加快:根据联合国规定,当一个国家或地区60岁及以上人口占总人口的比重超过10%,或65岁及以上人口占总人口的比重超过7%时,通常认为这个国家进入老龄化。

全国而言,1999年我国60岁以上老人达到1.33亿,占总人口的10.2%,65岁以上老人达到0.88亿,占总人口的6.69%,即中国在1999年就进入了老龄化社会。据测算,失能老年人将持续增长到2020年的4200万、2030年的6168万、2050年的9750万;80岁以上高龄老年人将持续增加到2020年的2900万、2030年的4300万、2050年的1.08亿;空巢和独居老年人则将持续递增到2020年的1.18亿、2030年的1.8亿、2050年的2.62亿。

山东而言,据山东省老龄办统计,到2016年底,山东省60岁以上老年人口达2056.97万,占总人口的20.68%,也就是说,5个山东人中就有一位是60岁以上的老年人。2010年以来,山东省老年人口增速非常快,每年净增80万~100万。

3.未富先老:我国未富先老、未备先老,1999年人均GDP不足1000(865)美元就进入老龄化社会。美国1950年进入老龄化时人均GDP超过1万美元。

中国自2008年开始GDP总量超过日本,从而打破自1972年开始的“美国第一，日本第二”的GDP排位格局，之后一直稳坐世界第二的宝座。中国人均GDP从2008年的第111名到2017年的第70名，但与发达国家比还是有差距的。

4.人口流动给老人赡养提出新问题：有句古语：“父母在，不远游。”然而时过境迁，城镇化进程将昔日的传统农村纳入轰轰烈烈的现代化改造中，社会环境、人口结构、思想观念都在悄无声息地发生着改变。外出打工，走进城市，农村青壮年已成为工业文明转动齿轮中的一环，“不远游”成为一份不切实际的无奈。2016年和2017年，全国进城务工的农民工约为2.8亿人，且以青、壮年劳动力为主，农村出现大量空巢家庭，老人和孩子成为留守者，因此，农村空巢老年人的生活照料与情感需求很难得到满足。2017年，农民工总量28652万人，比前一年增长1.7%；外出务工农民工17185万人，比前一年增长1.5%；本地农民工11467万人，比前一年增加2%(2017年国民经济和社会发展统计公报)。

5.农村老龄化程度高于城镇：中国有60%的老年人口在农村。山东省到2020年，城镇老年人口将上升到900万，占城镇总人口的比重达16%，年均增加38万；农村老年人口将由2015年的1115万上升到1350万，占农村总人口比重将达30%，年均增加47万。

6.计划生育给老人赡养提出新问题：2017年我国全年出生人口1723万，人口出生率为1.243‰。相比2016年全年出生人口1786万，人口出生率为1.295‰，2017年出生人口和人口出生率都有小幅下降。总生育率为2.1是理想状态。小于这个数，人口增长呈萎缩状态。2016年日本的总生育率仅为1.44，中国的是1.7。

7.高龄化明显，医护需求大：2015年，山东省失能和部分失能老年人有370万，占全省老年人总数的19%以上。据初步测算，到2020年，全省失能、部分失能老年人口将达441万。医养融合的途径：2015年，全省每千名常住人口拥有医疗机构床位5.27张，预计2020年为6.1张。2016年，全省养老服务机构达到3300余家，各类养老床位67万张，千名老人拥有床位数近34张。同时，“医养结合”型养老机构达到1200余家，养老服务信息平台达到100处，城市社区日间照料中心和农村幸福院分别达到4179个和9880个。当前，山东省3600余家住养型养老机构中，医养结合型养老机构仅有190余家，护理型床位仅有5万余张。根据我省养老服务业转型升级部署要求，到2020年，全省护理型床位要达到26.4万张，占养老床位总数的30%以上。我省“十三五”期间，将有大量的生活照料床位要升级为护理型床位，要求养老机构无论从硬件(使用医学护理床)，还是软件(护理人才)都要做好规划和准备。

(三)政府购买养老服务的起源与发展

养老服务作为一项公共产品,政府是责无旁贷的,在规划老年服务体系、提供基本养老保障、加强市场监管等诸多方面,政府都应有所为。但是政府的能力也是有限的,并不能完全依靠政府直接提供养老服务。在老年服务市场化进程推进过程中,逐步实现"公退民进"是必然的趋势。政府应该下放更多的权力,提供更多的资金到养老服务业扶持中来,利用市场的竞争性为老年人提供更多满足需求的服务产品。政府充当掌舵者,而不是划桨者。借助于社会上的既有资源和力量,通过与服务机构或企业签订合同的形式,政府出资从服务机构或企业那里购买养老服务,效果较之政府直接提供养老服务要好。这既是转变政府职能的需求,也促进了养老产业市场化发展,推进了社会养老服务业的发展。

随着我国经济的快速发展,人民生活水平的不断提高,老年人对生活、精神层面都有不同层次的需求。我国一直崇尚孝文化,家庭养老在我国一直占到主体位置,但是,随着家庭小型化、空巢老人现象的日趋严重,家庭养老的不足也日益凸显,政府提供养老服务越发重要。由于政府直接提供养老服务存在着诸多的不足,我国政府正试图在全国实施政府购买养老服务,在全社会建立居家养老为基础、社区养老为依托、机构养老为补充的养老模式。

当前政府购买养老服务的亮点:在"放"的方面,具体细分了养老服务投资项目的审批报建和养老机构的相关审批报建。投资项目审批报建的关键词是:整合审批流程、明确牵头部门、实行并联审批、探索区域评估。养老机构审批手续的关键词:简化申请材料、食品经营"先照后证"、简化环评、部分取消消防审验、服务场所确权。

在"管"的方面,关键词是:行政监管、行政执法、社会评估、畅通投诉。引入第三方评估和畅通投诉渠道,监管环节强调民政和其他有关部门各司其职,规范行政执法环节,推行"双随机、一公开"监管模式,主要对行政执法环节的程序透明、结果公开加以明确。就是要从"门槛式的管理"转向"过程式的管理"。

在"服"的方面,重点是两个:一是加强政府信息公开力度,关键词是:供需发布、许可公开、政策引导、信息共享。二是提高政府精准推动养老服务发展能力,关键词是:转变补贴方式、创新服务、加大优惠、连锁经营、养老投资基金。

政府不是万能的,不是什么都懂的,把政府不该管、不能管、管不了的公共服务事项交由社会去做,可以在政力有限的情况下,挖掘无穷的民力,调动全民,服务整个社会。

政府购买服务理念的提出,得益于民营化大师萨瓦斯,他把公共服务分为两个环节——公共生产、公共提供,传统的公共服务模式是公共生产加上公共提供。他认为其实政府没有必要进行公共生产,可以让私人来生产。私人生产加上公共提供,就是政府购买。他对传统的公共服务模式进行了理论上的革新,为市场介入公共服务提供了基础。他有两本著作,影响非常大。一本是1987年出版的《民营化是善治政府的关键》,另一本是2000年出版的《民营化与公私合作伙伴关系》。

公共服务(Public Service):政府为满足社会公共需要而提供的产品与服务的总称。根据公共经济学原理,社会物品按照其使用上的排他性和受益上的竞争性可分为私人物品、公共物品。私人物品具有完全的竞争性和排他性,即“我的杯子就是我的,我使用我受益”。

公共物品是可以供社会成员共同享用的物品,又分为纯公共物品和准公共物品。纯公共物品具有完全的使用上的非排他性和受益上的非竞争性,你也可以用,我也可以用,我用不耽误你用,我也可受益,你也可受益,在现实生活中并不多见。哈佛女孩许吉如在《我是演说家》中强调安全感,强大的国家能够赋予一个少年强大的安全感,其实只要是这个国家的国民,就可不需要任何努力而心安理得地享有;这种安全感是强大的国防带来的,国防就是纯公共服务。纯公共服务通常采用免费提供的方式。

准公共物品具有部分的排他性和竞争性。一般认为,政府购买的公共服务,应该是准公共物品。

因为对于什么是准公共物品的把握不同,各省制定政策的角度也不同。

党的十八大之前的探索阶段:2002年,全国人大通过了《中华人民共和国政府采购法》。2007年,国办发布了《关于加快推进行业协会商会改革和发展的若干意见》,提出建立政府购买行业协会服务的制度。2000年,上海率先在改革社会管理体制时提出并推行政府购买服务,卢湾等六个区的12个街道开始依托养老机构开展居家养老试点。从此,政府购买服务第一次进入我国实践领域。2003年,南京鼓楼区花15万元购买心贴心养老服务,100位老人;2004年,35万元,220位老年人;2006年120万元,1300老年人;2007年深圳社区建设、社会福利与救助、青少年教育、医疗卫生、社会矫正、残障康复、外来人口服务等。

党的十八大之后的全面推进阶段:民政部2012年中央财政首次拨款2亿元,用于购买社会组织公共服务。2013年9月30日,国务院办公厅《关于政府向社会力量购买服务的指导意见》重要性、总体方向、规范有序、扎实推进。(国办发[2013]96号);2013年十八届三中全会:推广政府购买服务,事务性;2014年8月26日,财政部、发改委、民政部、老龄委等四部门联合下发了《关于做好政府购买养老服务工作的通知》,提出到2020年,基本建立比较完善的政府购买养老服务制度;2015 年 10 月 26 党的十八届五中全会,创新公共服务提供方式。

2016 年 6 月国务院办公厅成立政府购买服务改革工作领导小组。

(四)政府购买养老服务情况

1. 谁来买? 承担养老服务的各级行政机关和参照公务员法管理、具有行政管理职能的事业单位及纳入行政编制管理经费财政负担的群团组织。

2. 向谁买? 公益二、三类或转为企业的事业单位、企业、社会组织、行业商业协会、自然人。

3. 怎么买? 政府购买养老服务的主要模式:

按经费来源划分:合同外包、公私合作、政府补助、凭单制。

按照老人生活的地方和形式等划分:(1)居家养老(助餐、助浴、助洁、助行、助医、助急、一护、一通信);(2)社区养老(日间照料、康复文体);(3)机构养老(三无、低收入、经济困难的失能半失能);(4)抱团养老(美国、中国);(5)"同居"养老(德国);(6)智慧养老。

(五)案例介绍

山东济南养老服务中心项目是适应济南市老龄事业发展需求而确定的重点工程,是济南市政府向社会公开承诺的为民办实事之一,也是省、市重点建设的民生工程项目,位于济南市市中区十六里河大涧沟西村,占地 285 亩,规划建筑面积 12.2 万平方米,设计总床位 2200 张,是一所集生活居住、医疗康复、休闲娱乐于一体的综合性、示范性养老服务机构。

中心位于南部山区风景带,东部依山而建,空气清新,风景怡人;西靠103 省道,南邻南绕城高速,交通便利,具有良好的区位优势;庭院内精细绿化,环境优雅,适宜老年人长期居住、生活。

一期:两座联体介护楼和一座介助楼、一座综合办公楼,建筑面积约 4.2 万平方米,设计床位约 800 张,主要为失智失能、半自理和不能自理老年人群服务;不能自理老人可住多人间。2012 年底,项目一期工程正式开工建设,由济南市民政局基建办负责,济南二建集团工程有限公司承建,济南监理为项目监理,历时三年时间,现一期工程的建设工作已全面完成。2016 年 3 月第一批老人入住。一期投资约 4 亿元。

2013 年,根据国务院《关于加快发展养老服务业的若干意见》,济南市民政局党委确定对养老服务中心项目进行市场化运作的整体思路;并设置了条件受托方的条件:(1)具有独立法人资格,主营业务为医疗或养老机构的服务和管理,并具有连续 5 年以上的从业经历;(2)具有一定的经济实力,准备投入该项目前期运作经费不少于 2000 万元;(3)具有专业的管理、服务团队,并具备良好的医疗、护理、康复、营养、心理专业支撑背景,拥有与先进国家和地区专业技术交流与互动的平台。

为使项目可控，合同能顺利进行，设立如下条件：(1)受托方设立一家民办非企业单位，具体负责本项目的运营；(2)养老中心委派1～2人参加运营期间受托方所设立的监事会，并对其资产使用情况及运营情况具有监督权及建议权；(3)受托方需缴纳一定的风险保证金对其履约能力进行担保。

在五家单位竞标的情况下，山东大学第二医院中标，2014年7月，两者签订委托运营合同。合同期限20年。山大二院派专门的主治医师来这里工作，也将建立医疗、康复、研讨、培训相结合的医养教研结合中心。

山大二院的医疗功能体现在：(1)成立“山东省老年病医院抽调经验丰富的专职医师、护士组成医护人员团队，为入住老人提供专业的医疗服务，并辐射带动其他养老机构，实现养老机构与医疗资源的无缝对接。(2)中心配有24小时应急呼救设备，实行医护人员24小时流动巡视制度，突发情况，可送入山大二院本部就诊；(3)中心正在积极申请纳入医保定点，让群众切实享受医保政策优惠。

山大二院获济南养老服务中心委托经营权，开辟了在济南乃至全省的新方式。设立在医院中的老年公寓作为医院的一个科室，由医院统筹管理。老年公寓属于商业房地产范畴，具有“福利性事业、市场化经营”的特点。

济南养老服务中心有监督、交流、培训、协调、服务的职能：

(1)济南善德养老院设立理事会和监事会，作为养老院最高管理和监督机构，养老中心委派人员参加，全程参与养老院的筹备及运营管理，不干涉其日常经营活动，但享有知情权、监督权、建议权等权利，确保养老功能和服务性质不发生改变。

(2)成立善德养老院老年人入住评估工作小组，养老中心派人参加，共同参与入住老人的评估分级和入住审批，确保老年人的合法权益得到保障。

(3)为每位入住老年人建立健康档案，全程记录老年人身体状况，并坚持定期巡查制度，确保服务水平，保证服务质量。

一期实施标准化养老，养老费用由济南养老服务中心和山大二院协商进行。

二期：二期工程在一期工程的东侧，全部是健康自理的老年人群居住，38栋单体公寓楼，建筑面积8万平方米，主要为健康自理老人提供一居室和二居室休养住房(一居室536套，二居室102套)，一居室为三四十平方米，二居室为50多平方米，可以满足老两口的日常家居活动。设计床位1000～1400张。2014年在政府出资困难的情况下，由济南西城投资开发集团有限公司建设、运营，西城是经济南市人民政府批准组建的国有大型企业，受济南市政府直接管理。二期投资约6亿元。济南养老服务中心与西城到现在没有签约。

在济南公共资源交易网上，山东济南养老服务中心建设项目(二期)施工招标文件由济南养老服务中心和济南西城投资开发集团共同发布，发布时间是2014年5月23日，并要求潜在投标人于2014年5月24日至2014年5月28日每日16:30前持有效证件到济南公共资源交易中心一楼报名。

引进北京鹤年堂中医养生机构，鹤年堂成立于1405年，比同仁堂早264年，是我国第一个创立并开展医养结合的养生机构，2008年鹤年堂养生文化被列入国家非物质文化遗产保护名录，是我国第一个传统中医药文化中医药养生文化国家非物质文化遗产项目。

鹤年堂开设针灸、经络疏通、中医推拿、中医拔罐等中医特色理疗项目；提供食养、经络养生、形养、神养、药护养生等中医养生方法疗养调理。

定期选票健康教育专家，开展中医健康知识大讲堂；对入住的客户建立合理的健康管理方案；建立专科门诊，设立专家门诊，开展健康诊疗和会诊活动；通过远程诊疗活动，与北京301医院、309医院等大型机构对接。

二期实行个性化养老，费用由西城投资公司在法律范围内自行决定。

(六)小结及点评

政府购买养老服务就是指市场参与到养老服务的供给中，在养老服务产业的生产环节引入竞争机制。服务机构以老年人需求为导向，利用具有专业技能的人才、技术和管理办法，提供低成本、高质量、高效率的专业化养老服务，提高了公共资源利用率、养老服务效率。

政府购买养老服务内容应突出公共性和公益性，按照量力而行、尽力而为、可持续的原则确定。在全面梳理现行由财政支出安排的各类养老服务项目的基础上，因地制宜，凡适合市场化方式提供、社会力量能够承担的，应按照转变政府职能要求，通过政府购买服务方式提供方便可及、价格合理的养老服务。同时要根据养老服务的性质、对象、特点和地方实际情况，重点选取生活照料、康复护理和养老服务人员培养等方面开展政府购买服务工作。本次课程，通过对政府养老服务的学习，交流研讨济南医养结合的案例，进而准确定位政府角色、职能及其与企业的边界，探讨如何对养老院进行有利监管及解决养老资金缺乏问题，同时引导学员思考如何提升政府管理能力。

参考文献

[1]2017年国民经济和社会发展统计公报.

[2]民政部关于加快推进养老服务业放管服改革的通知(民发[2017]25号).

[3]国务院办公厅关于政府向社会力量购买服务的指导意见(国办发[2013]96号).

[4]山东省财政厅　山东省民政厅　山东省工商行政管理局关于印发《山东省政府购买服务管理实施办法》的通知(鲁财购[2015]11号).

[5]国务院办公厅转发全国老龄委办公室和发展改革委等部门《关于加快发展养老服务业意见》的通知.

[6]山东省关于做好政府购买养老服务工作的通知.鲁民[2015]47号.

[7]民政部等10部委关于鼓励民间资本参与养老服务业发展的实施意见.民发[2015]33号.

[8]国务院办公厅关于全面放开养老服务市场提升养老服务质量的若干意见.国办发[2016]91号.

(丁萃华,公共行政教研室主任、副教授)

社区治理创新与服务能力提升

王连伟

[教学目的]

城乡社区是社会治理的基本单元。城乡社区治理事关党和国家大政方针的贯彻落实,事关居民群众的切身利益,事关城乡基层的和谐稳定。习近平总书记一直高度重视城乡社区治理工作,每到一个地方都会深入街道乡镇和城乡社区实地走访。他反复强调:"社会治理的重心必须落到城乡社区,社区服务和管理能力强了,社会治理的基础就实了。"调研发现,当前街道办事处在加强社区服务和管理方面还存在着一些问题,如组织机构职责不清、规章制度不规范、治理体系混乱、自治能力不足、财力缺乏、专业人才队伍不足等。基于这些问题,本课程的教学目标主要定位为:

1. 深刻学习领会习近平总书记关于城乡社区治理重要论述的思想精髓要义,准确把握新时代城乡社区治理工作的根本要求。

2. 精心解读国家和省里关于城乡社区治理的政策文件,明确当前和今后城乡社区治理的重点任务。

3. 分享省内社区治理先进经验和典型案例,为其他地市社区治理工作提供借鉴。

4. 探讨当前我省城乡社区治理面临的困境和存在的问题,探索破解之道,推进社区治理创新,为基层组织提升社区服务和管理能力提供指导。

[教学重点]

课堂教学质量与效果主要取决于三点:一是对学员需求的把握程度;二是谁来满足学员需求;三是以何种方式满足学员需求。本课程采用访谈式教学,即通过访谈互动形式讨论学员关心的问题,着力实现以上三个方面的有机统一,其难重点在于以下四点:一是访谈问题的确定;二是访谈对象的选定;三是课堂节奏和气氛的把控；四是课堂总结和理论提升。

立足本课程的教学目标，授课教师前期通过电话访谈和实地走访掌握了学员现实需求，通过结合培训目标、教学目标和学员需求，拟邀请省民政厅工作人员、社区治理专家学者、社区书记、社区工作者和典型学员代表组成访谈嘉宾团队，进行理论和实务的碰撞，探讨共性问题和个性问题，最后从理论上进行升华，达到较好的教学目的。

[教学形式]

本课程采用案例式和访谈式教学。案例教学，是一种开放式、互动式的新型教学方式，通过模拟或者重现现实生活中的一些场景，让学生把自己纳入案例场景，通过讨论或者研讨来进行学习的一种教学方法，鼓励学员独立思考，重视双向交流。访谈式教学是一种较为新颖的教学方式，是适应干部培训新形势、学员新情况的积极尝试，它集讲授式教学、研讨式教学、榜样示范教学的优势于一体，较好地体现了学员在教学中的主体地位，遵循了党校教育的基本规律，既能够改进传统教学课堂中教师与学员之间的关系，还能实现与启发式、情境式等多种教学方法的有机融合，为师生提供了自由的交流、讨论空间，利于创造性地解决学员问题，提高教学质量。

[教学内容]

(一)导入(30 分钟)

城乡社区是社会治理的基本单元。城乡社区治理事关党和国家大政方针贯彻落实，事关居民群众切身利益，事关城乡基层和谐稳定。

1.深入学习领会习近平总书记关于城乡社区治理重要论述的精髓

习近平总书记关于城乡社区治理的重要论述，包含着城乡社区治理的丰富内容，阐明了城乡社区治理的地位作用、宗旨原则、目标任务、路径策略和社区工作者队伍等几方面的内容，将我们党对城乡社区治理的规律性认识提升到新的高度。

一是关于新时代城乡社区治理的战略定位。习近平总书记强调："社区是基层基础，只有基础坚固，国家大厦才能稳固"，"社区是党和政府联系、服务居民群众的'最后一公里'"，"社会治理的重心必须落到城乡社区，社区服务和管理能力强了，社会治理的基础就实了"，"要推动社会治理重心向基层下移，把更多资源、服务、管理放到社区"。习近平总书记的这些重要论述，突出了城乡社区治理在党和国家战略全局中的重要地位，要求我们以高度的政治责任感和强烈的政治担当大力推进城乡社区治理工作。

二是关于新时代城乡社区治理的宗旨原则。习近平总书记强调:“社区工作要时时处处贯彻党的宗旨,让党的旗帜在社区群众心目中高高飘扬,让社区广大党员在服务群众中充分发挥作用、展示良好形象”,“社区的党组织和党员干部天天同居民群众打交道,要多想想如何让群众生活和办事更方便一些,如何让群众表达诉求的渠道更畅通一些,如何让群众感觉更平安、更幸福一些,真正使千家万户切身感受到党和政府的温暖”。习近平总书记的这些重要论述,旗帜鲜明地重申了“为什么人的问题,是检验一个政党、一个政权性质的试金石”。

三是关于新时代城乡社区治理的目标任务。习近平总书记强调:“让老百姓过上好日子是我们一切工作的出发点和落脚点”,“把社区建设好,把幼有所育、学有所教、劳有所得、病有所医、老有所养、住有所居、弱有所扶等目标实现好”,“加强社区服务能力建设,更好为群众提供精准化精细化服务”,“要把党的惠民政策宣传好,把社区居民和单位组织好,打造共建共治共享的社区治理格局”。习近平总书记的这些重要论述,是以人民为中心的发展思想的生动体现,要求我们把服务居民、造福居民作为城乡社区治理的出发点和落脚点,有效增强居民群众获得感、幸福感、安全感。

四是关于新时代城乡社区治理的路径策略。习近平总书记强调:“社区工作是一门学问,要积极探索创新,通过多种形式延伸管理链条,提高服务水平,让千家万户切身感受到党和政府的温暖”,“加强社区治理体系建设,推动社会治理重心向基层下移,发挥社会组织作用,实现政府治理和社会调节、居民自治良性互动”。习近平总书记的这些重要论述,从认识论和方法论上系统回答了社区治理怎么看、怎么办、怎么干等重要课题,既部署“过河”的任务,又指导如何解决“桥或船”的问题,为我们推进城乡社区治理明确了主攻方向,提供了科学路径。

五是关于社区工作者队伍建设的根本要求。习近平总书记强调:“各级都要重视基层、关心基层、支持基层,加强带头人队伍建设”,“做好抓基层打基础工作,夯实党执政的组织基础,关键是要建设一支高素质基层党组织带头人队伍”,“逐步建立一支素质优良的专业化社区工作者队伍”。习近平总书记的这些重要论述,阐明了社区工作者队伍建设的聚焦点、着力点和关键点,要求我们把社区工作者队伍建设摆在城乡社区治理的突出位置。

2.准确把握新时代城乡社区治理工作的根本要求

一是新时代城乡社区治理工作必须始终坚持党的领导。新时代城乡社区治理,必须走中国特色社会主义道路,毫不动摇地坚持党的领导,加强基层党的建设,巩固党的执政基础。要以基层党建引领城乡社区治理,充分发挥社区党组织总揽全局、协调各方的领导核心作用,完善社区党组织功能,提升服务居民能力，发挥党员先锋模范作用，把社区各类组织各方力量真正凝聚起来，有力推动城乡社区治理工作向纵深发展。

二是新时代城乡社区治理工作必须始终坚持以人民为中心。习近平总书记指出："共产党是为人民服务的政党，为民的事没有小事，要把群众大大小小的事办好。"要坚持以人民为中心，把居民群众的诉求作为第一信号，把居民群众的服务需求作为第一目标，把居民群众的获得感、幸福感和满意度作为检验工作成效的第一标准，把实现好维护好发展好居民群众的根本利益作为首要目的，着力构建精准化、精细化、专业化、标准化的城乡社区服务体系。

三是新时代城乡社区治理工作必须始终坚持人民当家作主和依法治理。要尊重居民群众的主体地位，把民主选举、民主协商、民主决策、民主管理、民主监督的实践贯穿于城乡社区治理的全过程和各方面，变"为民作主"为"由民作主"，坚持依靠居民、依法有序组织居民群众参与社区治理，实现人人参与、人人尽力、人人共享。要依法推进城乡社区治理，办事依法、遇事找法、解决问题用法、化解矛盾靠法，充分发挥自治章程、村规民约、居民公约等"软法之治"的积极作用，不断培养居民群众的规则思维、程序思维和法治认同。

四是新时代城乡社区治理工作必须始终尊重基层首创精神。习近平总书记指出："要把鼓励基层改革创新、大胆探索作为抓改革落地的重要方法。"在中国特色社会主义进入新时代的历史方位下推进城乡社区治理，更要把推动基层改革创新作为重中之重，自觉将改革信念和创新思维贯穿于基层探索实践全过程，要在城乡社区治理中引导形成鼓励基层探索实践、支持基层改革创新的鲜明工作导向，以基层改革创新的星星之火，形成新时代城乡社区治理创新发展的燎原之势。

3.学习掌握新时代城乡社区治理工作的政策纲领

《中共中央、国务院关于加强和完善城乡社区治理的意见》指出，到2020年，基本形成基层党组织领导、基层政府主导的多方参与、共同治理的城乡社区治理体系，城乡社区治理体制更加完善，城乡社区治理能力显著提升，城乡社区公共服务、公共管理、公共安全得到有效保障。再过5～10年，城乡社区治理体制更加成熟定型，城乡社区治理能力更为精准全面。

党的十九大报告进一步强调：加强社区治理体系建设，推动社会治理重心向基层下移，发挥社会组织作用，实现政府治理和社会调节、居民自治良性互动。

《中共山东省委、山东省人民政府关于加强和完善城乡社区治理的实施意见》明确了我省城乡社区治理的总体要求、重点任务，指出到2020年，基层党组织领导、基层政府主导的多方参与、共同治理的城乡社区治理体系基本建立，城乡社区治理体制更加完善，城乡社区治理能力显著提升，自治、法治、德治有机融合，城乡社区公共服务、公共管理、公共安全得到有效保障。再经过5～10年，城乡社区治理体制更加成熟定型，城乡社区治理能力更为精准全面，城乡社区居民群众获得感、幸福感、安全感更加充实、更有保障、更可持续。

4.厦门市镇海社区的典型治理经验

下面结合厦门市思明区中华街道镇海社区在公共服务、公共管理、公共安全方面的典型经验，进而理解领会习近平总书记关于城乡社区治理重要论述以及国家和省里关于城乡社区治理的政策文件，把握新时代城乡社区治理工作的根本要求，明确当前和今后城乡社区治理的重点任务。

(1)公共管理方面

街巷改造：事先征求居民意见，引导居民积极参与，成立居民自治管理小组，收取治安管理费用。

小区停车问题改造：成立车主自治管理小组，制定小区停车管理居民公约。

(2)公共服务方面

邻里互助促进会：一方面，促进会可以为居委会筹集资金，实现居委会财政上的自由；另一方面，促进会可以吸纳企业为居民提供优质和低偿的社区服务，可谓是一举两得。

家庭综合服务中心：街道统一购买E社会服务中心（社工机构）的服务，设有长者就餐区、健身室、书画室、棋牌室、活动大厅等几个功能场室，服务项目包括居家养老服务、长者日间照料、残疾人服务、青少年支援帮扶、婚姻家庭服务、志愿服务等众多服务内容。

(3)公共安全方面

医院爆破事件：召开议事协商会，街道综治办主任、街道安监站站长、医院方、施工方、业委会代表、居民代表参加。

大厦业委会冲突事件：召开议事协商会，社区党委书记、居委会、业委会、物业管理公司参加。

5.课程预期目标

街道办事处作为国家机关组织的最前沿和城乡社区的直接主管上级，其服务和管理能力的高低直接影响到城乡社区治理能力和治理水平。调研发现，当前街道办事处在加强社区服务和管理方面还存在着一些问题，如组织机构职责不清、规章制度不规范、治理体系混乱、自治能力不足、财力缺乏、专业人才队伍不足等。在这样的背景下，本课程希望实现以下四个方面目标：一是深刻学习领会习近平总书记关于城乡社区治理重要论述的思想精髓要义，准确把握新时代城乡社区治理工作的根本要求；二是精心解读国家和省里关于城乡社区治理的政策文件，明确当前和今后城乡社区治理的重点任务；三是分享省内社区治理先进经验和典型案例，为其他地市社区治理工作提供借鉴；四是探讨当前我省城乡社区治理面临的困境和存在的问题，探索破解之道，推进社区治理创新，为基层组织提升社区服务和管理能力提供指导。

（二）访谈嘉宾交流经验（60～80分钟）

拟邀请省民政厅领导、社区治理专家学者、街道办主任、社区书记和社区工作者组成访谈嘉宾团队，分享社区公共服务、公共管理、公共安全方面的先进经验和典型案例，探讨当前城乡社区治理面临的困境、存在的问题以及如何创新社区治理的对策建议。

1.街道办主任、社区书记和社会工作者交流发言（25～30分钟）

2.省民政厅领导交流发言（15～20分钟）

3.社区治理专家学者交流发言（15～20分钟）

（三）课间休息（15分钟）

（四）学员提问和交流（40～60分钟）

主持人结合教学目标和调研经历，按照预设的问题提纲进行提问。学员就自己工作中面临的难点、重点问题，与嘉宾互动交流。嘉宾进行解答或共同探讨。

主持人问题提纲：

1.治理什么

具体内容是什么？公共服务、公共管理、公共安全

城乡社区有何区别或侧重点？如秸秆焚烧（乡村社区），流动人口管理（城市社区）

2.谁来治理

社区如何定位？（自治组织、政府下派机构还是综合性功能平台？）

基层党组织和政府、基层群众性自治组织（社区居民委员会与业主委员会）、社区服务组织、企业、社区工作者、居民角色如何定位？（构建多元治理体系）

3.如何治理

自治、法治和德治如何在社区治理中相结合？

当前开展社区管理和服务工作主要依据哪些法律规章？是否存在滞后性？

据你所知，当前城乡社区居（村）民是否可以广泛参与社区治理活动？主要是哪些领域？

你认为当前社区文化建设整体如何？存在哪些问题？如何加强居民道德建设？

财政有无压力？

社会工作者待遇如何？

（五）总结提升（15 分钟）

刚才几位嘉宾分别从不同角度分享了所在地区社区治理的典型经验和面临的困难、问题，既有成就展示和经验介绍，也有以身说法、交流问题，很到位也非常具有启发性，我想各位学员也感同身受。“社区治理是个筐，什么都可以往里装”。社区治理千头万绪，首先给各位街道办主任点个大大的赞。就目前来说，加强和创新社区治理，推进社区治理现代化，更好地服务和方便群众，还需要在以下多个方面下功夫：

一是加强党对社区治理的领导。以提升组织力为重点，强化政治功能，加强和改进街道（乡镇）、城乡社区党组织建设。推动管理和服务力量下沉，推动街道党工委、乡镇党委进一步做好公共服务、公共管理、公共安全工作。加强城乡社区党组织带头人队伍建设，选优配强社区党组织书记。继续推进街道（乡镇）、城乡社区与驻社区单位共建互补，积极构建区域化党建工作格局。推进党的基层组织设置和活动方式创新，不断扩大城市新兴领域党建工作覆盖。健全完善社区党组织领导基层群众性自治组织开展工作的各项制度。加强党建带群建，发挥群团组织在社区治理中的积极作用。推动全面从严治党向城乡社区延伸，建立村级小微权力清单，严肃查处群众身边的不正之风和腐败问题。

二是强化政府的主导责任。将城乡社区治理具体内容依法纳入省、市、县三级政府职能部门权责清单和街道办事处（乡镇政府）权力清单。推动各级政府切实转变职能，把更多的人力、物力、财力下沉到社区。依法厘清街道办事处（乡镇政府）和基层群众性自治组织权责边界，建立街道办事处（乡镇政府）和基层群众性自治组织履职履约双向评价机制。充分尊重居（村）委会的自主权，支持和帮助居（村）委会依法开展自治活动。建立政府购买城乡社区服务机制，完善政府购买服务措施。

三是深化居（村）民自治实践。积极稳妥地推动“多村一社区”体制改革，依法有序撤销合并社区内原行政村村民委员会。积极稳妥地推进“村改居”社区管理服务体制转变。建立健全党组织领导的居（村）民自治机制，完善民主选举制度，深入开展城乡社区协商，加快推进城乡社区协商制度化、规范化、程序化。推进民主管理，强化民主监督。

四是完善社区综合服务设施功能。按时全面完成农村社区服务中心建设三年行动计划。力争到 2020 年年底前基本实现城乡社区综合服务设施全覆盖。实施“互联网＋社区”行动计划，务实推进智慧社区信息系统建设，探索网络化、智能化社区治理和服务新模式。加快推进“雪亮工程”建设，重点加强城乡社区公共安全视频监控联网，切实提高应用效能。

五是打造专业化的社区工作者队伍。将社区工作者队伍建设纳入各级人才发展规划，将社区专职工作者纳入干部教育培训总体规划，县(市、区)相关部门和街道(乡镇)分工负责，每年对社区其他专职工作者进行全员培训。城市社区专职工作者工作报酬标准比照当地事业单位同类人员工资水平确定，参加企业职工社会保险、缴纳住房公积金。农村社区采取以“两委”成员为主，乡镇下派、公开招募、公益性岗位开发、选调优秀高校毕业生到社区任职等为辅的方式，配备社区工作人员，并根据有关规定保障合理待遇。

六是深化“四社联动”机制。进一步推进社区、社会组织、社会工作、社区志愿服务“四社联动”。大力发展在城乡社区开展纠纷调解、健康养老、教育培训、公益慈善、防灾减灾、文体娱乐、邻里互助、居民融入及农村生产技术服务等活动的社区社会组织和其他社会组织。鼓励在街道(乡镇)成立社区社会组织联合会，发挥管理服务协调作用。

七是开展社区减负增效行动。各街道(乡镇)定期组织对社区的室内上墙制度进行清理，有条件的社区可采用电子屏、电视屏、触摸屏等方式集中展现。街道(乡镇)原则上每周只召开1次由社区主要负责人参加的工作例会，其他会议每月不得超过1次。如无特殊情况，街道(乡镇)各职能部门不得召开由社区工作人员参加的会议；确需召开的，必须经街道(乡镇)主要负责人批准。

八是扎实推进社区治理法治化建设。积极推行党代会代表、人大代表、政协委员定期联系社区制度，完善党员干部直接联系和服务群众制度，畅通群众理性合法表达利益诉求渠道。全面提高社区治安综合治理水平。切实做好“一村(社区)一法律顾问”工作，深入开展法治宣传教育和法律进社区活动。推进平安社区建设，加强城乡社区治安防控网建设。

九是全面改善社区人居环境。加大城乡社区环境综合治理力度，在城市社区切实做好绿化美化净化、垃圾分类处理、噪声污染治理、水资源再生利用等工作；在农村社区继续巩固城乡环卫一体化全覆盖工作成果，着力解决污水排放、秸秆焚烧等问题，积极开展散埋乱葬治理行动。大力推进美丽乡村、生态文明村镇、卫生城市和卫生村镇建设。积极创建安全社区，夯实安全生产基层工作基础。

十是发展现代社区文化。加强城乡社区公共文化服务体系建设，积极发展社区教育，在城乡社区普遍设立社区教育学校(课堂)，推进学习型社区建设。大力培育和践行社会主义核心价值观，深入推进“四德工程”建设。充分发挥红白理事会作用，积极组织开展文明家庭创建活动，培育邻里守望、志愿服务和民主参与等社区精神。

参考文献

[1]中华人民共和国宪法.

[2]中华人民共和国城市居民委员会组织法.

[3]民政部关于在全国推进城市社区建设的意见(中办发[2000]23号).

[4]城市居民委员会组织条例.

[5]城市街道办事处组织条例.

[6]中共中央、国务院关于加强和完善城乡社区治理的意见.

[7]习近平.决胜全面建成小康社会　夺取新时代中国特色社会主义伟大胜利——在中国共产党第十九次全国代表大会上的报告.

[8]中共山东省委、山东省人民政府关于加强和完善城乡社区治理的实施意见.

[9][德]斐迪南·滕尼斯.共同体与社会[M].林荣远,译.北京:商务印书馆,1999.

[10]陈伟东.社区自治:自组织网络与制度设置[M].北京:中国社会科学出版社,2004.

[11]董小燕.公共领域与城市社区自治[M].北京:社会科学文献出版社,2010.

[12]费孝通.乡土中国[M].上海:上海三联书店,1985.

[13]何艳玲.都市街区中的国家与社会:乐街的调查[M].北京:社会科学文献出版社,2007.

[14]雷洁琼等.转型中的城市基层社区组织[M].北京:北京大学出版社,2001.

[15]黎熙元,陈福平等.社区的转型与重构——中国城市基层社会的再整合[M].北京:商务印书馆,2011.

[16]彭勃.路径依赖与治理选择:当代中国城市社区变革[M].北京:中国社会出版社,2007.

[17]彭真.城市应建立街道办事处和居民委员会,载彭真文选(一九四一——一九九〇)[M].北京:人民出版社,1991.

[18]潘小娟.中国基层社会重构——社区治理研究[M].北京:中国法制出版社,2004.

[19]吴克昌.中国城市社区民主自治的理论与实践研究[M].北京:人民出版社,2009.

[20]吴群刚,孙志祥.中国式社区治理:基层社会服务管理创新的探索与实

践[M].北京:中国社会出版社,2011.

[21]夏建中.中国城市社区治理结构研究[M].北京:中国人民大学出版社,2011.

[22]张康之,石国亮.国外社区治理:自治和合作[M].北京:中国言实出版社,2012.

[23]赵小平,陶传进.社区治理——模式转变中的困境与出路[M].北京:社会科学文献出版社,2012.

[24][美]理查德·C·博克斯.公民治理:引领21世纪的美国社区[M].孙柏瑛等译.北京:中国人民大学出版社,2005.

[25]华伟.单位制向社区制的回归——中国城市基层管理体制50年变迁[J].战略与管理,2000(1):87.

[26]何海兵.我国城市基层社会管理体制的变迁:从单位制、街居制到社区制[J].管理世界,2003(6):57.

[27]魏娜.我国城市社区治理模式:发展演变与制度创新[J].中国人民大学学报,2003(1):135.

[28]魏姝.中国城市社区治理结构类型化研究[J].南京大学学报,2008(4):132.

[29]杨敏.作为国家治理单元的社区——对城市社区建设运动过程中居民社区参与和社区认知的个案研究[J].社会学研究,2007(4):137.

[30]张超.中共在城市社区的调适:西方学者的视野[J].国外理论动态,2015(3):83-84.

(王连伟,公共管理教研部博士)

公务员礼仪与行为规范

张　蕾

［教学目的］

使学员了解公务员礼仪的基本内容和重要意义，认识到广大公务员群体的良好形象是维护党和政府良好形象的基础，是建设高素质管理人员的迫切需要，也是对社会发展的正确导向。礼仪是一种文化，是个人、单位、民族乃至国家形象的最直观的外在表现。中央提出建设文化软实力与文化强国战略，要建设文化强国，首先必须坚定文化自信。"公民之气质，文以化育之；国家之精神，文以铸造之。"文化具体体现在一个人如何对待他人、如何对待自己和如何对待自己所处的环境。在一个有文化的文明的社会里，人既要懂得尊重自己，也要懂得尊重别人。学习礼仪就是提高文化素养与个人修养的最有效途径之一。然而文化的培育需要时间，需要舍弃追逐功利的境界；文化需要内涵和底蕴的推动力。文化的建设需要耐心，文化像干渴的禾苗，渴望细雨般的浸润。文化的培养需要精心，要像和风细雨，还要有抽丝剥茧般的细腻。中国的公务员群体无论是平均受教育的程度，还是思想道德水平以及社会责任感等诸多方面在中国社会中都是一个素质较高的群体。广大公务员群体的文化素养和礼仪水平对我们社会的进步发展和广大群众的文明意识提高起着非常重要的导向作用。总之，国家公务人员的形象理念极大地影响着国家和政府的形象、风格和管理水平。青山绿水和美丽乡愁的美好愿景需要靠有文化、有道德、有责任感的人们来建造。要想实现我们伟大祖国从文明古国和现代文化大国向当代文化强国迈进，大大提升我国的文化软实力，实现伟大复兴的中国梦，就离不开全社会文明程度的提高。"公务员礼仪与行为规范"的学习将帮助公务员群体提升个人文化素养和政府形象，有助于打造一支高素质的干部队伍，更加坚定文化自信，使我们的公务员队伍成为社会文明进步的领头羊。"公务员礼仪与行为规范"是各级政府部门机关文化建设的重要组成部分，对提升广大公务员的执政能力和与社会各界的沟通合作能力起着非常重要的促进作用。

[教学重点]

提高公务员队伍的整体文化素养从学习和实践公务员礼仪开始。公务员应该具备什么样的礼仪和行为规范？公务员应该做一个具有较高文化素养并能够充分认识礼仪文化的重要作用，在自己的日常公务乃至业余生活中展现良好的国家公务人员形象。公务员怎样才能树立正确的文化思想和文明理念？公务员怎样以自己良好的职业素养和得体的言行举止体现各级政府的良好形象？公务员怎样才能具备良好的文化修养以更好地服务于社会和服务广大群众？政府各级公务人员怎样避免不当言行以免造成个人和政府形象的损失？

[教学形式]

课堂讲授＋案例＋提问互动交流。

[教学内容]

(一)礼仪文化概述

首先介绍近年来特别是十九大以来习近平总书记对文化自信和文化建设的重要论述；礼仪在中华优秀传统文化中地位和作用；回顾礼仪与政务礼仪的发展轨迹和重要意义；领导干部和公务人员所应该具有的文化修养和职业素养。习近平总书记在十九大报告中指出："文化是一个国家、一个民族的灵魂。文化兴国运兴，文化强民族强。没有高度的文化自信，没有文化的繁荣兴盛，就没有中华民族伟大复兴。"文化是一种软实力，文化不仅是一个国家综合国力的重要组成部分，而且还是一个地区和城市的靓丽名片、金字招牌，是代表一个地区和城市综合实力、竞争能力、发展潜力的重要因素。国家公务人员的文化修养主要包括价值观念、精神追求、发展定位、管理哲学、法律意识、道德观念、文化认同、审美理念，等等。领导者和管理者的文化品位和审美意识决定着公共产品如城市规划、服务质量的档次和美感等。一个合格的公务员应具有较高的政治修养和职业素养。职业素养从表现形式上分为：内化素养(道)，内化素养是职业素养中最根基的部分，包含个人的道德观、价值观、人生观、文化修养、礼仪规范及审美能力等范畴。内化素养很难通过学历教育或者短时间一蹴而就，而是需要终生的学习和实践积累；外化素养(技)，外化素养指计算机、外语、财会、建筑设计等属技能范畴的素养，是通过学习和培训比较容易获得的、在实践运用中能够较快成熟的技能。

礼仪是中华文化重要的组成部分，礼仪文化体现了伦理道德、气质修养、教育程度、家庭教养、企业文化、民族及地区文化；礼仪体现的是天地、自然、人类社会基本法则；礼仪是人类社会道德规范和等级秩序；中国古代尊礼仪为天理和治国之具。中国是礼仪之邦，中国古代的礼仪成型于3000多年前的西周，成熟于春秋时代，为孔子所发扬光大。孔子主张“克己复礼”“温良恭俭让”，主张以“礼”治天下。孔子是世界上最早的礼仪专家。

礼仪的重要性对个体来讲如古人云“不学礼，无以立”。遵守礼仪能使个人的言行在社会活动中与其身份、地位和社会角色相适应。礼仪还是衡量个人道德水准高低和有无教养的尺度。礼仪对组织(单位)来说，可以帮助塑造组织(单位、政府、国家)形象，有助于传播沟通信息和提高办事效率。礼仪的基本原则主要体现在为他人着想，所谓“己欲立而立人，己欲达而达人”和“己所不欲，勿施于人”的处事原则。总之，礼仪是“律己敬人”的法则，礼仪不是用来管教别人而是用于约束自己的行为准则。礼仪的含义有三个层次：礼貌→礼节→礼仪。礼貌就是表达谦虚、恭敬的态度，也是一个人最基本的修养和文明标志；礼节是交际场合惯用的相互表达尊重、友好的方式，也是礼貌的具体表现形式；礼仪则是对礼节、仪式的统称。我们现在学习使用的礼仪应在继承传统文化和礼仪的同时，也要注意借鉴当代国际礼仪和交际惯例，以使得礼仪更具有时代性、实践性和可操作性。现代礼仪具有三个鲜明的特点：首先强调个人至上(不是自大)，这个指的是礼仪文化的学习和传承要有每个人的自觉；其次是强调女士优先，特别是在对外交往活动中；再就是现代礼仪更加强调交际务实，即废除了过去旧式礼仪中某些不符合时代潮流和现代文明准则的内容。公务员礼仪就是指公务员在行使自己的职责时所应当遵守的礼仪规范。“公务员礼仪”又称为“政务礼仪”，但是政务礼仪在我国具有更悠久的历史。政务礼仪的形成和延续在我国有几千年的漫长历史，在奴隶制社会的政务礼仪(公元前21世纪～前771年)有五礼——吉礼、凶礼、宾礼、军礼、嘉礼；到了封建制社会的政务礼仪(公元前771年～公元1911年)则提出了“修身、齐家、治国、平天下”和“天地君亲师”的封建礼制秩序和个人修养标准。这个封建制社会的修身理念和礼制思想深刻地影响了中国社会，至今其某些内涵仍有借鉴价值。辛亥革命推翻清王朝结束了几千年的封建统治，但是刚刚建立的民国及其后的一段时期的社会处在军阀混战、外敌入侵的动荡不安之中。当时的社会习俗既受到西风东渐的影响，也仍然遗留了很多封建传统社会的礼制风俗。所以这个时期的近代政务礼仪(1911～1949年)是封建与现代、自由与专制的混合式过渡时期礼仪。自新中国成立以来(1949年至今)的新社会里，提倡的是平等、友善、同志式关系的新礼仪，新中国彻底废除了封建社会遗留下来的礼制等级。公务员礼仪的基本特征主要有：(1)规范性，因为没有规矩，不成方圆；(2)系统性，规矩关乎政府形象和权威;(3)严肃性,只有严肃认真才能确保政令政纪的严格执行。公务员礼仪的意义与作用就是为了更好地提升公务员个人形象,从而塑造良好的部门形象,进而维护政府形象和国家形象。

(二)公务员形象礼仪

1.公务员形象塑造的重要性

公务员形象塑造的重要性在于塑造公务员和领导干部的良好形象是维护党和政府良好形象的基础,也是对社会文明进步的正确导向。国家公务人员是国家各级政府依法行政的主体,是各级机关和政府职能部门的代言人,也是社会的服务者和管理者。近些年来,随着我国经济文化水平的不断提高和发展,社会文明程度的提高,广大公务员队伍和领导干部的形象问题已越来越受到党和政府的重视,也受到了广大人民群众的极大关注。特别是多媒体和自媒体时代的到来,广大群众监督政府工作和公务员的手段和热情日渐加强。近年来屡次发生因为公务人员着装和行为不当受到社会各界批评的事件。所以,公务员特别是领导干部要注意内强素质、外塑形象。我国自古即有“相由心生”的说法。简单地讲,一个人的仪容外表总是受到其心理因素和文化内涵的影响。换言之,一个人的思想感情必然表现在人的仪表和言谈之中。一个人的精神世界虽是内在的,看似无形的,但实际也能给人外在的直观感受。一个内心善良、热心助人的人,外表就会给人阳光温暖的感觉,这就是美。这样的美比华丽的外表更有魅力,更能够打动人,也更加持久。所以人的长相虽然很难改变,但是人的面容与气质是可以经由文化学习和礼仪修养的提高而不断得到提升的。现在社会上有些人比较注重物质享受,一味追求名牌,但殊不知气质才是最好的名牌。一个人只有端正自己的品格,净化自己的思想,通过不断学习充实自己的内心,无形之中,一个人的谈吐、举止就会得到提升,其形象也会更加美好。公务员在为社会服务的过程中都有第一次在某个岗位上出现或者在同一岗位第一次服务于老百姓的情况,那么这个时候公务员给对方的“第一印象”就特别重要。因为公务员在工作中所展现的专业水准和行为方式会使接受服务的人产生正、反两个方面的印象,这个印象就会进而影响到具体的政府部门形象。第一印象的“首因效应”就是指人与人第一次交往中所给人留下的印象,这个印象会在对方的头脑中形成并占据着主导地位。第一印象作用最强、持续的时间也长,比以后得到的信息对于整个印象产生的作用都大。从数据分析来看,第一印象会在5～6秒钟的时间内完成。在第一印象的构成中外表造型即仪表占到大约55%,讲话的语气内容占到约38%,剩余的修正空间不到10%。人们往往会根据第一印象判断你的经济状况、受教育程度、可信赖度、社会地位、社会经验、工作态度、交往意向、条理性、道德水平以及性格特点等等。所以无论是在工作当中还是社会交往中，一个人的第一印象搞好了其交际的结果将是事半功倍，否则要挽回第一印象造成的失败就会很困难。由此可见一个人的礼仪修养和形象是非常重要的。在社会交往中，一个人的仪容、仪表、仪态以及言谈是构成第一印象的主要因素，并影响别人对其专业能力和任职资格的判断。外表造型不仅仅是穿衣戴帽的好坏，而是一个人内心的真实写照和文明素养的具体外在表现。

2.形象塑造的主要内容

一是仪容＋仪表，二是言谈＋举止（或仪态）。仪容主要是指容貌，包括头发、面部、手部等方面。仪容礼仪要求容貌端庄，妆容得体，整洁卫生。仪表是指着装要整洁、美观、得体，并与自身形象、出入场合以及穿着搭配相协调。言谈讲究的是格调高雅，文明礼貌；举止要站有站相，坐有坐相。从一个人的站姿能看出其才华气度，一个人走路的步态可体现其自我认知。形象礼仪的学习首先从个人生活的微小细节做起，比如个人卫生。以我们现在的生活水平来讲，绝大多数人都有讲卫生的条件，能不能做到则主要取决于一个人对文明的认识和理念以及良好的生活习惯。公务人员的个人卫生包含的内容主要有：(1)五勤：勤洗澡、勤理发、勤刮胡须、勤刷牙、勤剪指甲。(2)五不：在工作和重要场合不掏耳朵、不剔牙、不抓头皮、不打哈欠、不掏鼻孔。同时还要注意工作日午餐尽量不要吃韭菜、大蒜、大葱等有气味食品。因为无论是在办公室工作与同事对面讲话，还是向领导汇报工作，或者在政务大厅直接面对社会各界群众都会因为所散发的异味让人产生不快的感觉。在他人面前如不得已要打喷嚏或咳嗽，也应该主动背向他人或向右侧身，并用纸巾捂住口鼻以免尴尬。具体来看，男性的仪容法则主要有以下几个方面内容：(1)头发：发型短不光头、前不覆额、侧不遮耳、后不齐领；梳洗整洁，不要蓬松杂乱；(2)耳：耳朵内须清洗干净；(3)眼：眼屎绝不可留在眼角上；(4)鼻毛：照镜子时要注意鼻毛是否露出鼻孔；(5)口齿：牙齿要刷洁白，口中不可残留异味；(6)胡须：胡须要刮干净或修整齐；(7)手指甲要修剪整齐，双手保持清洁。女性仪容法则主要包括：(1)头发：在办公室工作的女同志可根据自己的爱好并结合年龄、脸型等因素选择适合自己的发型。但是当在野外场所或在劳动、生产现场出现的时候，则女性工作人员的长发不宜自然披散过肩，最好束起来或者盘起来。这样做有时候也是出于安全和环境的需要。(2)眼睛要保持清洁、无分泌物，避免眼睛布满血丝；(3)嘴巴、牙齿应该清洁、无食品残留物；(4)指甲：公务员不应留长指甲或涂抹艳丽的指甲油；应保持指甲的清洁，指甲缝中不能留有污垢；(5)在办公室工作或者参与涉外工作的女性公务员应化淡妆。

公务员着装水平的高低对于更好地开展工作并树立良好的社会形象起着

非常重要的作用。前面讲过中国的政务礼仪自奴隶制社会就出现了，在后来几千年的封建社会中起着十分重要的作用，古代的政务礼仪首先就体现在着装上。从古代封建社会到近代民国时期，一直到中华人民共和国成立以后至今，公务着装经历了多个历史时期的变化。在我国特别是改革开放以来，国家领导人的着装从传统的中山装逐渐走向国际化和现代化的西装，近几年来我国领导人在重大场合也曾着传统的中式正装。新中国成立以来着装的变化体现在国家公务人员的着装上就是从国家领导人到普通公务人员乃至普通百姓，无论身份或地位高低，大家的着装款式基本都是一样的。从新中国成立初期到20世纪80年代后期，中国人的正装（以男士为例）都是以中山装为主；到了20世纪90年代以后至今，随着我国改革开放的深入和国际交往的日益增多，现在在我们国家无论是公务人员还是一般老百姓认可的多是符合国际惯例的西装。这些都是公务着装的风向标。公务员着装的基本要求就是要做到内强素质，外塑形象，端庄得体，温文尔雅，应时应景，应己应制，干净整洁，卫生简约，女士化妆，美丽大方，遵守礼仪，优雅适度。着装的TPO原则很重要：Time（时间），即着装与时间相宜；Place（地点）即着装与工作地点相宜；Object（目的）即着装与目的相宜。这就是说公务员的着装原则首先要看是在什么时间，是在上班时间还是下班时间；还要看所处地点，就是说公务员的工作地点是在办公室还是室外场所，比如安监、救灾、民政部门的工作人员经常需要到事故现场处理问题；还有一个着装的原则就是要看工作（出行）目的，要看当日工作需要见什么人办什么事。一个公务员（领导干部）从事日常工作与外出访问交流或招商引资和进行扶贫慰问贫困百姓时候的着装应该是有很大差别的。对于很多在政府机关办公室上班的公务人员有很多不宜在工作场所穿着的便服，如：运动服、运动鞋、牛仔裤、紧身服、女士打底裤外穿、男士迷彩或类似军服的服装、女士露胸或露背装、内衣式的T恤或印有艺术品和性暗示或暴力信息的T恤、与本命年有关的饰物（可隐藏）以及脏袜子或有破洞的袜子等类型的服装。

公务员的工作着装平时多以舒适得体的休闲装为主。若单位有统一着装要求，则必须着职业装（制服），如公、检、法、司和工商、税务等政府职能部门。若没有统一着装要求的政府部门和行业，在重要场合如会议、汇报、出差和涉外场合应穿着正装。男士的正装一般为西装，女士的正装一般为职业套装。着装的最重要原则是“得体”，参加重要会议、仪式、宴会等正式场合的时候应穿正装，同时还应特别注意一下细节。该讲究的场合要讲究，该朴实随意的时候要朴实随意。男士的正装（西装）无论在公务场合还是业余生活中都已经是非常普遍的了。男士正装（西装）应该是以黑色或者藏青色等深色为主色调，在着西装的时候还要注意“三色”原则，即全身的内外服装包括配饰的色彩不宜超过三种。要注意男士着西装八忌：(1)西裤过短；(2)衬衫放在西裤外；(3)不扣衬衫扣；(4)西服袖子长于衬衫袖；(5)领带太短；(6)西服上装两扣都扣上(双排扣西服除外)；(7)西服的衣裤袋内鼓鼓囊囊；(8)西服配便鞋。男性公务员上班服装一般是夏季着短袖衬衣或T恤衫(白色或浅色为佳)，配西裤或休闲裤加同色皮鞋；秋冬季着正装西服，或休闲西服长裤，也可以着夹克衫。女性公务员的着装要求首先是整洁、利落，重要场合着套装，平时可穿着休闲装，在室内办公场所上班的女士可化淡妆。女士的服饰装扮固然很重要，但是温和的表情、精致自然的妆容和健康的心态也很重要。“有深爱者必有和气，有和气者必有愉色，有愉色者必有婉容。”女士还应该更多地注意一下细节方面，如：指甲的清洁，套装的选择，服装的面料、色彩、图案、点缀、尺寸、造型、款式等等。女士套裙的穿法要长度适宜、穿着到位、考虑场合、协调装饰、兼顾举止；裤子与裙长以适中为原则。女士还要注意一些着装方面的禁忌，如短裙穿长袜，长裤着短袜；夏季在办公场所不穿着无袖的衣服；办公室不宜穿着运动鞋或拖鞋，佩饰要少而精；女士的皮包、皮鞋颜色应一致并注意与着装搭配协调等。男士或女士们都应注意的着装事项还有：(1)着装款式选择。即公务人员的着装要注意身份与审美取向的结合，社会化与个性化的结合。如脖子短的不宜穿高领，腰粗的不宜把腰带放在衣服外面，腹部粗的不宜穿短上衣，个子矮的不宜留长发、穿长裙，手臂粗的不宜穿无袖上衣，肩膀宽的不宜穿垫肩衣服，丰满的人不适合软面料的衣服等。(2)服装色彩的选择。脸色黄的应避免绿色，肤色黑的应避免棕色和朱红色，肤色红的应避免紫色，肤色不匀的应避免花色(应以单色为主)。总之，着装要做到大方得体，扬长避短。配饰数量原则上要讲究“符合身份，以少为佳”；质色原则就是尽量做到身上所佩戴的饰物要同质同色。注意搭配原则要和服装相协调(还要考虑所处的季节、场合、环境等因素)，公务人员要注意慎带佛珠、本命年等大众饰物。

3.公务员仪态礼仪

仪态礼仪是指人的身体呈现的各种形态规范。优雅而得体的举止将有助于树立良好的交际形象，并获得他人的好感。自古中国人在礼仪修养中就讲究“站有站相，坐有坐相”。一个人走路的时候应步履稳盈，手势适当。形体是人的第二语言。简单地讲，女士无论坐或站立时双腿宜并拢，而男士则在坐和站立时双腿宜自然分开。公务员在公务场合也要注意自己的仪态得体，端庄大方。

4.负面案例

案例1：某年春节前夕，有一个贫困县的副县长带领县政府有关工作人员下乡进行访贫问苦送温暖活动。事后县政府网站报道了副县长与受访的农村贫困老人握手和旁边有工作人员手上提着米面油等生活用品的画面。此报道出现后不久网上就出现了群众发表负面评论的声音，原因是该副县长当时脚上穿着一双意大利名牌皮鞋，外着一件质地优良的呢子大衣，这身装束与对面接受慰问的贫困老人近乎破旧的衣着形成了相当大的反差。

案例2：某市有关部门几位主要领导干部在参加了一个重要会议之后去植树节现场参加植树劳动，该市政府网站上对此作了例常报道。但是有群众在该报道中配发的照片上发现了不和谐的画面：一是图片中的男领导们是穿着正装（西装领带）加皮鞋，几位女领导穿着裙装和高跟皮鞋，而且他们的皮鞋上都套着鞋套。这样的装束显然不适合野外的劳动场所，有做戏之嫌。

这些负面信息不仅仅影响到了公务员（领导干部）的个人形象，也影响了其所处部门乃至政府的整体社会形象，造成了干部脱离群众的不良结果。

（三）公务员行为规范

1.公务员礼仪水平和个人修养关乎政府和国家形象

国家公务人员和领导干部应特别注意自己在公开场合及社会公众面前的形象。党员干部除注意个人的言行举止和社会形象外，还应该教育好自己的下属和家属子女等身边人。公务员时刻要有“角色”意识，必须做到遵纪守法，工作场合遵守行为规范，业余生活也要文明健康。八小时之外并非“特区”。从现代文明礼仪的角度讲，一个有文化有修养的人，特别是公务员应该懂得“私人问题五不问”，即不问收入、不问年纪、不问婚姻家庭（尊重个体差异）、不（随便）问及健康问题、不问个人经历；还要做到“公务会面六不谈”即不得非议国家和政府、不得泄露国家机密和行业秘密、不要涉及交往对象的内政、不在背后议论同行领导和同事、格调不高的话题不谈、不打探个人隐私问题。国家公务人员还要特别注意信息安全，注意慎发朋友圈信息。在办公及公众场合不大声喧哗，在课堂上或会议中手机要设置静音，参加会议时注意集中精力不接打电话。公务员更要遵守社会公德，在国内外访问、出差、旅游时要讲文明礼貌，要时时注意维护政府和国家形象。在公众场合如餐厅、音乐厅、电影院、宾馆等场所不要大声喧哗；乘电梯时要注意次序（先下后上）；不要在景点乱写乱画或攀爬雕塑；不要乱扔乱放杂物垃圾。进出公共场所时，自觉为他人提供必要的帮助，如扶住门以方便别人进出；接受服务的时候对服务人员要有礼貌，记得说声“谢谢”或点头示意；在公众场合轻声关门，主动让座；咳嗽、打喷嚏要转身捂嘴；除非很急，乘手扶电梯自觉靠右；不要乱插队。

2.负面案例

案例1：背人涉水事件。几年前的夏季南方某省发大水，有多个市县遭遇水灾。网上出现了一个这样的画面：某市水利部门的男性干部在下乡慰问的时候，趴在了另外一位男同志的背上渡过一段漫过水面的街道。看到此画面的群众议论纷纷，对这种官僚主义工作作风进行了批评。

案例2：上班敷面膜事件。有一个群众在去一个政府部门办事的时候看到有一位年轻的女公务员在上班时间脸上敷着美容面膜，手中拿着手机玩耍，对待群众的问询态度十分不耐烦。这个事件使得一些群众对公务员的工作内容产生了怀疑，认为其工作态度散漫不严谨。

案例3：政务大厅公务员上班时间吃东西。有群众拍到了这样一个画面：在某省的一个市级政府政务服务大厅里，工作时间有一位领导模样的男士屁股半靠在一张写字台上，手中还拿着食物在不停地吃着。虽然事后该同志解释上班吃东西是因为其患有糖尿病有时会发生低血糖，所以需要吃东西。但群众对这样的解释并不买账。

案例4：工作时间睡大觉。有一个画面显示在下午的上班时间里，在一个政府部门公开的办公场所有一个公务员仰面坐在办公椅上呼呼大睡，群众对此很有意见。

案例5：上班时间追星。几年前有一个地方请到了一位大明星参加庆典活动（白天）的演出。在演出进行过程中，有一位中年男士突然从后台跑到了舞台中间，他把一只手搭在了该女演员的肩膀上并用另外一只手做出胜利的手势。他的这种不尊重女性和扰乱演出秩序的行为引起台下广大观众的哗然和谴责。事后得知该人还是公务员。

上述案例虽然发生在少数公务员和干部身上，但却反映了有些地方政府部门工作作风不严谨，对干部教育不到位的情况。这些事件的发生对政府形象造成了不良的社会影响。

（四）结语

习总书记指出："一个没有精神力量的民族难以自立自强，一项没有文化支撑的事业难以长久。""人民有信仰，国家有力量，民族有希望。"

虽然我们在经济建设中取得了举世瞩目的成就，但也要看到在社会上经常出现的不文明现象，看到我们的文化软实力还有待提高的现实。要认识到文化崛起才是真正的崛起，文化是民族的血脉和遗传基因。虽然现在进入公务员队伍的人大多受过高等教育，拥有大学及以上文凭的人越来越多。但文凭不等于文化，学历不等于学识。要成为一个专业素质过硬和行为举止文明规范的合格公务员，就需要不断地学习提高自身的文化修养。礼仪文化是中华文化的重要篇章，学习掌握公务员礼仪是加强干部队伍建设、规范公务员行为和维护政府形象的最有效途径之一。

参考文献

[1]习近平.决胜全面建成小康社会　夺取新时代中国特色社会主义伟大胜利——在中国共产党第十九次全国代表大会上的报告[M].北京:人民出版社,2017.

[2]冯家红,张继荣.中国科举人文古村落[M].北京:团结出版社,2016.

[3]戴钦祥,陆钦,李亚麟.中国古代服饰[M].北京:中国国际广播出版社,2010.

[4]王力.中国古代文化常识[M].插图修订第4版.北京:世界图书出版公司,2009.

[5]金正昆.政务礼仪[M].北京:北京大学出版社,2005.

[6]张国刚.从中西初识到礼仪之争——明清传教士与中西文化交流[M].北京:人民出版社,2003.

(张蕾　社会和文化教研部教授)

齐鲁文化与新时代价值观

王金伟

［教学目的］

在深入学习贯彻党的十九大精神和习近平总书记视察山东重要讲话精神的基础上，提升公务员运用马克思主义立场、观点、方法进行理论总结，解决文化领域相关问题的能力。通过大量的理论分析与实例剖析，建立学员对于齐鲁文化的基本认识；引导学员辨明当下诸多社会问题的根源性原因并思考对策；强化学员对于新时代价值观培育建设的齐鲁文化方案的认识，获得启示并加以实践应用。

［教学重点］

本课程旨在弘扬优秀传统文化，借助齐鲁文化的独特资源，培育践行社会主义核心价值观，提高以文化相关方式方法推动社会治理的能力。教学重点有三个方面：一是对齐鲁文化的价值评判特质及其对于价值观涵养的巨大意义的认识；二是剖析"诊断"现实社会中诸多病态现象的问题本质，归结其价值观症结并运用社会主义核心价值观加以分析；三是借鉴齐鲁文化中的典型事例，提出打造主流文化、引导大众文化、加强文教事业、葆有长效机制等四方面服务新时代价值观建设的对策。

［教学形式］

以讲授为主，也配合一定的即时课堂互动。计划课时为 4 小时。

鉴于课程内容由古及今、由文献到现实、由认识到对策的逻辑顺序，讲授中多借助自行精选、剪辑制作的视频、图片等材料，发挥文化"熏陶"的功效，变宣讲灌输为研讨启发，以追求课堂效果的优化。

［教学内容］

价值观对于人类社会非常重要。美国学者亨廷顿等人主编过一本书，叫《文化的重要作用：价值观如何影响人类进步》，从不同方面分析了以价值观为核心的文化对于人类社会发展的重要作用。核心价值观的确立对一个国家和一个民族意义重大。习近平总书记指出："核心价值观，承载着一个民族、一个国家的精神追求，体现着一个社会评判是非曲直的价值标准。"我们党在十八大提出、十九大重点阐述了社会主义核心价值观的重大论题，并将"国家倡导社会主义核心价值观"写进了宪法。习近平总书记强调："核心价值观是文化软实力的灵魂、文化软实力建设的重点。这是决定文化性质和方向的最深层次要素。一个国家的文化软实力，从根本上说，取决于其核心价值观的生命力、凝聚力、感召力。培育和弘扬核心价值观，有效整合社会意识，是社会系统得以正常运转、社会秩序得以有效维护的重要途径，也是国家治理体系和治理能力的重要方面。……构建具有强大感召力的核心价值观，关系社会和谐稳定，关系国家长治久安。"足见价值观建设在新时代具有重大意义。

本课程的设置，基于以下两点考虑：一方面，社会主义核心价值观是新时代的重大方略，因此是公务员培训课堂中必修课；另一方面，山东公务员培训课堂中的传统文化教育要立足于山东省情，以齐鲁文化为基本依托。因此"齐鲁文化与新时代价值观"为题的探讨非常必要。

课程大致按照三板块进行：第一，研讨齐鲁文化之于价值观涵养的巨大意义，重点理解齐鲁文化的价值评判特质及其成为古代中国主流文化和构筑历代核心价值观基石的意义关联。第二，通过大量实际案例的剖析来"观察"社会，透过纷扰的表象发掘病态现象的价值观症结，寻求以社会主义核心价值观来实现社会治理的对策。第三，以齐鲁文化文献中的人、事为参考，提炼其核心精神和独特价值，转化应用形成新时代价值观建设的"齐鲁方案"，打造"浪遏飞舟"的主流文化，以"百川入海"之势引导大众文化，借助"春风化雨"的文教途径，坚持"水滴石穿"的长效机制，培育践行社会主义核心价值观。

（一）齐鲁文化的价值观涵养意义

要对齐鲁文化加以利用，首先需要对它的轮廓有基本的把握，也要对它的特质有清晰、准确的认识。

1. 齐鲁文化具有鲜明的价值评判特质

(1)鲜明的特质

齐鲁文化具有鲜明的特质是它的价值评判。齐鲁文化最早的代表人物是五帝之一的虞舜。舜是中国上古时代父系氏族社会后期部落联盟首领，也是东夷部落的首领。舜是东夷文化的代表人物，也是齐鲁文化中第一位代表人物。根据正史的记载，舜之所以成为华夏的共主，不单是因为能力出色，更是因为品行出众。舜在年纪不大的时候就以孝行闻名。他能对虐待、迫害他的父母坚守孝道，还被后来的人收到"二十四孝"第一。舜不但使全家和睦相处，而且他表现出的高尚人格带来了巨大的力量。《史记》记载："舜耕历山，历山之人皆让畔；渔雷泽，雷泽上人皆让居。"只要是他劳作的地方，便兴起礼让的风尚，制作陶器，也能带动周围的人认真从事，精益求精，杜绝粗制滥造的现象。他到了哪里，人们都愿意追随，因而"一年而所居成聚（村落），二年成邑，三年成都"。司马迁在《史记》中指出："天下明德皆自虞舜始"，阐明了虞舜是构建中国核心价值观的第一人。司马迁深受儒家思想影响，舜"耕历山"的材料都来自齐鲁文化文献。舜其实是一位介于传说和历史的人物。齐鲁文化中的舜是人文的典范，在塑造舜帝形象时，价值评判是首要的。

齐鲁文化的价值评判，表现在尤其重视德行。《论语》有记载，孔门弟子根据其学业特长分为四个方面，后人称之为"孔门四科"，其中德行排在第一。颜回因德行出众而成为孔子最看重的学生，闵子骞也是以德行著称的。现在济南还有闵子骞路，是齐鲁文化重视德行传统的表现。

作为鲁国国史的《春秋》，在进行历史记载的时候对于一些"非礼"之举特别注意记录，反倒是对于合乎礼仪的常常不收录。比如著名的"季氏八佾舞于庭"、桓公接受宋国献来的大鼎并放到太庙里，都不厌其烦地记录。有的人可能觉得孔子对"八佾舞于庭"做出"是可忍孰不可忍"的态度是小题大做了。但实际上我们要根据当时实际的情况来理解就不奇怪了。再比如阅兵是非常必要的，而且须是国家领导人来阅，通常是军委主席。而20世纪90年代，安徽一个县级市的市委书记却搞起了"阅兵"，成为一个闹剧。这种"越礼"做法，其实就和"季氏八佾舞于庭"的效果相似。著名的"春秋笔法"，就是在记述历史时，行文中虽然不直接阐述对人物和事件的看法，但是却通过细节描写，始终有一种"是非"的价值评判。《春秋》是孔子修订的，蕴含了孔子的思想。孔子的一生，可以说就是在宣扬传播他的核心价值观。这对于齐鲁文化形成鲜明的价值评判特质有巨大的作用。

(2)特质的形成

齐鲁文化价值评判的特质是怎么形成的？这要探究一下齐鲁文化的形成过程。广义上的齐鲁文化，起于先民的古东夷文化，下至近现代山东地域文化，以儒家文化为核心，囊括了齐鲁大地上诸多优秀人物的思想。

周朝建立，分封诸侯，"封尚父（即吕尚）于营丘，曰齐；封弟周公旦于曲阜，曰鲁"。因为封地不同，齐、鲁两国采取了不同的建国方针和发展策略，逐渐形成了不同的文化特色。

鲁文化可称为礼乐文化。周公是周王室宗亲，是文王的儿子、武王的弟弟，被授予了祭祀文王的特权，鲁文化从一开始就有礼乐文化的优势。所谓“国之大事，在祀与戎”。战争对一个国家来说是极端重要的事，但是在他们认识上，祭祀也是大事，甚至还排在战事之前。鲁文化重视德义，宗法观念浓重。齐国就不一样。因为地处东夷腹地，毗邻滨海，远离周王朝政治中心，所以并不太在乎“名”，遵循这里土著夷人的习俗。鲁文化有浓重的务虚意味，而齐文化比较务实。

两国的政策也影响了各自不同的命运。用人政策上，周公说“亲亲上恩”，也就是倚重血缘关系治理国家；太公说“尊贤尚功”，也就是唯才是举、重视功绩。周公把鲁国的命运与周王朝绑在了一起，后世的发展中基本上处于“守势”，随着周天子势力的衰落也逐渐国力衰落。齐国重用人才，后来发展很快，但也因为过度倚重权臣造成了大权旁落，战国初年发生了“田氏代齐”。两种亚文化各自都有不足和缺陷，也一直存在着交流，最终走向融合。下面通过一个短片来了解一下两种亚文化在冲突与融合中形成。（播放《孔子》剪辑片段）

从中可见，鲁国强调名位，在孔子的主持下重视礼仪；而齐国则倚重强大的军事实力。齐、鲁文化进行了长久的冲突和交流。一方面，鲁国随着齐国的兴起和强大，也不得不重视齐文化，有识之士认识到了齐文化中的长处，比如对于武备的重视；另一方面，齐国也积极汲取鲁文化的营养，统治者也逐渐注意到了鲁文化道德规范作用的重要性。

在齐鲁文化的交流融合过程中，有一些具有代表性的人物和活动起到了重要的作用。如孔子周游列国，开坛讲学，传播了他的思想。齐国的名相管仲、晏婴也非常注意周礼对于国家的固本作用。到了战国时期，田齐政权创办的高等学府——稷下学宫大大地促进了齐鲁文化的融合，成为真正体现战国“百家争鸣”的典型。经过了较长时间的碰撞和交汇，整合成为一体化的文化类型，这就是齐鲁文化。齐鲁文化是以鲁文化为主、齐文化为辅形成的，以鲁文化的“文”和齐文化的“质”熔铸成为“文质彬彬”的更加实际、更利于治国安邦的文化。孔子及其儒学思想体系的形成是其中最为核心的部分。秦汉以后，齐鲁文化演变成为中国传统文化的主流，由一种地域文化升格而为主流文化，成为官方意识形态的主要组成部分，鲜明的价值评判倾向也保留了下来。

2.齐鲁文化作为主流构筑了历代核心价值观

由于齐鲁文化有价值评判的特质，因此从尧舜时代，经夏、商、周三代，到秦汉至明清，以至于民国时期，每一历史时段相对稳定的、为主流社会所认同的核心价值观都出自齐鲁文化。

(1)尧舜时代

中华民族在历史上最早形成的核心价值观，是“五教”，即父义、母慈、兄友、弟恭、子孝。“五教”是处理家庭伦理关系的道德规范，是尧舜时代中国社会的核心价值观。在尧舜时代，东夷人之所以能够与夏人分庭抗礼，赢得轮流执政的权力，不仅由于东夷人拥有发达的经济、社会发展水平，而且还由于东夷人拥有先进的礼乐文化。舜帝发明的“五教”核心价值观为齐鲁文化所继承。

(2)周秦时代

这一漫长时期(奴隶制社会时期)大概有七种思想，代表了不同的价值观：儒家《中庸》“三达德”、儒家思孟学派“五行”、郭店楚简“六德”、墨家思想、《管子》“国之四维”、道家思想、法家思想。这七种思想分属于儒、墨、道、法四大学派，是分别独立创造的理论成果。这其中有五种出自齐鲁文化(前五种)；一种有齐鲁文化的因子(第六种)，而法家代表人物韩非从学于荀子这位大儒，由此足见齐鲁文化资源的重要性。历史学家徐中舒提出“齐鲁为先秦最高文化区”的说法，正是对于齐鲁文化价值的充分肯定。

(3)两汉至明清

这段时期的核心价值观就是我们熟知的“三纲五常”——君为臣纲、父为子纲、夫为妻纲；仁、义、礼、智、信。时至今日，我们对待传统文化应该全面审慎地看待，不应只是批判。在特定的历史时代，这样的观念对社会有不可或缺的推动作用。“三纲五常”作为中国传统社会的核心价值观，在历史上起到了凝聚共识、统一思想、维持社会秩序的巨大作用。“三纲”是儒、法两家共同发明、倡导的。“五常”出自儒家的“鲁学”系统。“三纲五常”就是从齐鲁儒学资源中开发出来的核心价值观。

(4)民国时期

1934 年，民国政府在南昌发起“新生活运动”，提出了礼、义、廉、耻的价值准则，明确规定以之作为国民教育的中心、民族复兴的工具。这大致上就是这一时间段的核心价值观。而这是《管子》总结提出的。这一认识成果穿越时空，为民国政府继承、利用，创造了一个古为今用的范例，说明齐鲁文化资源蕴藏着巨大的开发价值。

需要指出，科学、民主、自由、平等、人权等这些舶来品，仅为少数革命者和知识分子所接受，还没有深入推广到民间社会，也未被确立为全社会认可和接受的核心价值观。这些被后来人吸收，成为现代构筑核心价值观的重要营养。

由以上可见，各个历史时期，齐鲁文化都在核心价值观的建设方面起到中流砥柱的作用。齐鲁文化是中国传统文化的主流，因此当然是涵养社会主义核心价值观的重要源泉。习近平总书记在山东考察时指出：“研究孔子和儒家思想要坚持历史唯物主义立场，坚持古为今用，去粗取精，去伪存真，因势利导，深化研究，使其在新的时代条件下发挥积极作用。”齐鲁文化在当下发挥积极作用，最重要的是促进社会主义核心价值观的培育和践行。因为齐鲁文化具有鲜明的价值评判特质，又作为主流构筑了中国历代的核心价值观。培育和践行社会主义核心价值观要落实到经济发展实践和社会治理中。当今社会亟需各方共同尊崇的思想、价值观，诸多的社会问题与正确价值观的缺失息息相关。

（二）当下社会问题的价值观症结

[引入]“当我们年轻的时候”唱段（小视频）

这段用评弹的样式来演绎调侃社会问题，现实中都能找到例子。比如假疫苗、护士妻子注射毒杀丈夫等事件，这些都是病态的社会乱象。

1. 观察：社会病态乱象

改革开放40多年以来，经济高速发展，人民物质生活水平越来越高。但不可否认的是，当下社会问题突出，甚至出现社会病态。一家权威媒体曾做过社会调查，有超过八成的受访者认为当前中国处于亚健康状态。现在在网上经常可以看到各种“新闻”，有些简直可以用“匪夷所思”来形容。有一些不可忽视的基本道德严重缺失的现象，因其“奇怪”程度时常跳到新闻版面头条。譬如人与人之间的关系，近些年的一些案件令人毛骨悚然。对陌生人，如滴滴顺风车事件两起；对熟人，如保姆纵火案、毒保姆事件；对亲人，如近年来三起震惊社会的“杀妻案”。凡此种种，令人胆战心惊，我们怀疑：“这个世界是不是疯了？”这些已经不能用“法盲”来评价，根本就是做人基本准则的缺失。这是严重的精神危机，是巨大的道德赤字与坏账凸显。正像有的学者所说的，“中国要解决经济快速发展背景下道德领域问题，让灵魂跟上发展的脚步”是“一个艰巨的工程”。

因此，中国实现经济上的超越、物质极大丰富、人们生活水平极大提升的同时，“一条腿长，一条腿短”的问题也愈加凸显，公共精神式微、家庭伦理关系淡漠、功利主义泛滥、价值失范等社会病态令人焦灼、迷惘。结合当下社会的一些现象，可以总结如下：

（1）【懒惰麻木】“鸵鸟逃避”、看客心态：逃避现实，“掩耳盗铃”，面对压力与困难采取回避态度；进而阿Q式的冷漠、麻木与围观，崇尚“事不关己高高挂起”的处世哲学，如2011年“小悦悦事件”。

【延伸】网络依赖症。如2018年6月，青岛海滩双胞胎女孩溺亡，母亲当时在用手机发朋友圈；《变形计》中的孩子被断网后在家中大闹。

（2）【沉沦堕落】娱乐至死、审丑心理：崇尚个人享乐主义，心甘情愿地成为娱乐的附庸；丑闻成为丑闻制造者的通行证，假恶丑盛行、越骂越红。前者如“玩的就是心跳”；后者如“高铁霸座男”坐轮椅出来“作妖”。

【延伸】思考恐惧症、炫富心态。

(3)【消极反动】习惯性质疑及批评:一面由于社会诚信危机导致人与人之间缺乏信任和安全感,从而怀疑一切;一面又骂政府、恨体制,对越“正能量”的人骂得越凶。

【延伸】社会焦虑症、暴戾狂躁症等。如上海无业男“因生活无着报复社会”砍杀小学生。

2.诊断:价值观偏颇

当下社会问题大多可以归结为价值观问题。价值观是指什么样的价值对于人有何种意义的看法,也就是人辨认事物、判定是非的一种思维或取向,从而体现出人、事、物一定的价值或作用。基本特性在于是非判断,对于任何存在的肯定或否定认定。人必定会有一定的价值观。前面举出的病态现象,在价值取向上与“真善美”的正能量存在巨大偏差,严重背离了正确的思想观念。譬如“懒惰”,被西方宗教认为是“七宗罪”之一。“麻木”的状态放弃了人的基本责任,变相地助长了恶行。沉沦堕落、以丑为美,是放纵自身,是非不分,放弃了做人的底线。消极反动,则会危害社会,是观念和意识上的“重大恶行”,违背了人类社会结成的最起码原则。马克思主义的科学理论告诉我们,人是不能离开社会的。社会存在决定社会意识,人的观念不能与社会利益冲突,否则就是价值观的偏颇。

当代社会是开放社会,有多元文化,因此多元价值并存。人与人之间的冲突,人与社会之间的不协调,大多是价值观冲突。正确价值观的缺失,是造成诸多社会问题的首要原因。价值观的偏颇是诸多社会病态的症结。

3.处方:社会主义核心价值观

所谓“心病还需心药医”,治疗社会病态的三大药方分别为:加快培育社会核心价值观、经济发展、政治体制改革。培育核心价值观是具有中心地位的。

社会主义核心价值观的主要内容凝练在12个关键词中,包含了三个从大到小的层面——国家、社会、公民。社会主义核心价值观回答了我们要建设什么样的国家、建设什么样的社会、培养什么样的公民的重大问题。这一理论的形成,吸收凝练了古今中外优秀的文化营养,结合了中国的国情,符合时代的要求。富强、文明、和谐,公正、法治,爱国、敬业、诚信、友善这些内容,是中国传统文化中一直就有的。而民主、自由、平等,是现代社会的重要精神内容之一,是中国传统文化中相对不足的,从西方社会的核心价值观中借鉴过来。这是重大的理论突破,也显示了这一理论的巨大容纳力,因此也保障了其强大的生命力。

三个层面在实践上要“倒”过来,即先公民、再社会、再国家。“爱国、敬业、诚信、友善”的要求,是公民应具有的基本价值观,是另外两个其他层面(国家、社会)的基础。先要倡导公民树立正确价值观,才能凝聚力量,改善社会环境,进而消弭一些社会问题,乃至治愈“社会之病”。从公民而社会而国家,是由个体而集体再上升到整体的思路,这与儒家文化所讲的“推己及人”,修齐治平的思路是一致的。因此,社会主义核心价值观遵循了优秀中国传统文化的基本构成方式,并汲取了人类文明的有益养分。

培育和践行社会主义核心价值观,要把社会主义核心价值观融入社会发展各方面,转化为人们的情感认同和行为习惯。基层是培育和践行社会主流价值的重要依托。以社会主义核心价值观为代表的正确的新时代价值观的培育,是治疗社会问题的一剂良药。这是一方“慢效”但能“治本”的“中药”。

(三)新时代价值观建设的齐鲁方案

建立核心价值观,靠行政命令不行。古今中外,行政力量、军事力量从来都不能根本解决核心价值观的确立问题。综观人类发展史,常常是文化落后的民族征服了文化先进的民族之后,文化上反而被对方征服和“同化”。这样的例子很多,说明价值观的涵养非朝夕之功。建设新时代核心价值观,要通过文化的手段,运用“本位”“本色”的方法。齐鲁文化也应发挥巨大作用,在新时代核心价值观的建设中贡献出“齐鲁方案”。

1.持久的生命力——齐鲁文化为何能成为古代中国的主流文化

齐鲁文化形成后,在后续的发展中不断吸纳道家等其他学派的思想精华,完善自身思想体系。西汉时,以新儒学为代表的齐鲁文化,从一种地域文化升格成为主流文化,成为当时思想文化的核心和意识形态的基础。在后世漫长的封建王朝时期,儒家思想一直是官方的主导思想。

那么为什么齐鲁文化能在众多的地域文化中脱颖而出,成为主流文化?通过和其他地域文化的比较可见,主要有如下几个原因:一是区位优势。产生于黄河流域,这是秦汉以前王朝的中心。相比之下,荆楚文化也是先秦时期重要的地域文化和中华文明的重要组成部分,但产生于长江流域,一直是“南方文化”的代表,未能成为主流。吴越文化亦然,更毋论岭南那样极为偏远的地区的文化。两广地区尤其是广东经济文化发达,只是近几十年的事。二是代表人物。诸子各家及其代表人物多半出于齐鲁或受齐鲁的重大影响,正所谓“诸子大半出齐鲁”。尤其是有孔子这样首屈一指的大思想家。对比而言,燕赵文化缺少有思想体系的代表人物,因为无法成为主流。三是现实功用。儒家文化强调经世济用,主要的方式是通过思想上的规范约束人的行为,通过“治人”来治理国家。这样的文化推广起来,有利于形成稳定的社会。比如发生在鲁南的水浒故事中,梁山好汉聚义成功,站稳了脚跟,生活比较安稳了之后,就要考虑得更多了,于是排座次,改忠义堂,创造机会向朝廷表达归顺的意愿,一心想着招安朝廷。因为儒家思想是维持秩序，久为草寇不是山东好汉应该干的事。其根植于当时的历史文化传统中，并顺应了社会发展和文化潮流，当然是统治者需要的。历史学家傅斯年说："从春秋至王莽时，中国的上层文化只有一个重心，这个重心就是齐鲁。"充分肯定了齐鲁文化作为主流文化的地位。

2.深厚的根源滋养——齐鲁文化如何为新时代核心价值观培育服务

习近平总书记强调："培育和形成核心价值观，必须根植和立足于中华传统文化。抛弃传统文化作为根本，就等于割断了自己的精神命脉。"社会主义核心价值观在新时代，也要充分借助齐鲁文化等传统文化的滋养。齐鲁文化服务核心价值观建设，应秉持如下思路：

(1)"浪遏飞舟"——打造主流文化

文化是一种历史沉淀。主流文化是特定时代在社会上起主要影响作用的文化，在竞争中产生，有高度的融合力、较强的传播力和广泛的认同性，有整合和引领的作用。因此，打造主流文化非常重要。

[案例1]老家在外省的七旬老人起诉子女，要求其"常回家看看"，遭拒后经法院审理，判决子女们每人每年探望老父亲一次。云南女大学生因父母离婚后不愿支付学费而将父母诉至法院，讨要压岁钱交学费。

由此来审视当下父母和子女的关系，道德上是年轻子女对年老父母的赡养和年轻父母对年幼子女的抚养，法律上是父母子女出现矛盾时的解决方式。现代社会是法治社会，强调使用法律武器来维护权益。但父母子女是至亲之人，对簿公堂终究是下策。且古人讲究防患未然，可从古人那里取一取经。如《荀子》中记载孔子为鲁司寇时"有父子讼者，孔子拘之，三月不别。其父请止"。本例中，孔子对于"父子讼"采取的是"软处理""冷处理"，通过社会潜在规约的作用，使父子认识到了自己的问题，达到了"无讼"的效果，可谓上策。习近平总书记强调既要讲法治又要讲德治，重视发挥道德教化作用。此例正是典型。需要认识到的是，其实现是由于古代社会中有孝德的强大规约力，因此当政者才有了这样的自信。此为一——弘扬优秀传统，提高文化自信。

探讨传统文化一定要讲求时代性，注意甄别、批判式应用。党的十九大报告指出："深入挖掘中华优秀传统文化蕴含的思想观念、人文精神、道德规范，结合时代要求继承创新。"习近平总书记视察曲阜时强调，对先人传承下来的道德规范，要：古为今用、推陈出新；有鉴别地加以对待；有扬弃地予以继承。对待"孝"文化也是如此，一定要区分"智孝"和"愚孝"。比较一下"二十四孝"中的王祥卧冰求鲤与郭巨埋儿奉母，可见前者的可贵和后者的愚昧。开放的视野中择善而从，与时俱进。此为二——加强文化交流，体现时代气息。

因此，齐鲁文化要弘扬优秀传统，提高文化自信；加强文化交流，体现时代气息。齐鲁文化应打造主流文化中发挥功能,形成“浪遏飞舟”的大器格局。

(2)“百川入海”——引导大众文化

主流文化不等于最先进的文化。精英文化与大众文化之间有一定距离。用适当的方式,对通俗文化进行引导,有利于文化的良性发展,将正确的价值观念广泛散播到民众中间。齐鲁文化本身有价值评判的特质,应成为引导大众文化的“排头雁”。

[案例 2]路人的诚信(《落叶归根》片段视频)

例中老赵的遭遇令人难过而又气愤。从齐鲁文化的优秀传统中,我们能找到人与人之间可贵的诚信和友善。比如《聊斋·王六郎》里的百里赴约故事。尽管这是一则文学故事,但反映的却是人的真实价值信念。这也是蒲松龄借助作品来弘扬诚信、友善的价值观念,是现代人应该学习的。

齐鲁文化要发挥作用,引导大众文化的诸多“溪流”走向正道,进而汇入社会主义核心价值体系的“大海”中。

(3)“春风化雨”——加强文教事业

文化的属性在于以春风化雨、润物无声的方式起作用。行政、法规运用强制力执行,而价值观念则需要熏陶、教育。齐鲁文化中有很多古人对于教育的智慧,如因材施教、启发诱导、知行合一等先进理念,应该借鉴到当代的文教中。加强社会主义核心价值体系建设,需弘扬以爱国主义为核心的民族精神和以改革创新为核心的时代精神。齐鲁文化中的很多人、事,可以为爱国精神、改革精神等的教育提供鲜活素材,堪称现成的“教材”。

如辛弃疾堪为齐鲁文化培养出的爱国典型。他生于济南,出生时家乡早已沦陷金人之手。若以今天美国的法律,出生在美国就是美国公民,则辛弃疾也可以自认为是金国人。但他却不忘身为汉人,一心以宋朝为祖国,满怀民族情感,终于起义抗金,回归南宋。“胡汉恩仇,须倾英雄泪”,辛弃疾本是一介武夫,但深受儒家文化熏陶,一生恢复中原的爱国信念始终没有动摇,这是齐鲁文化滋养的结果。

改革精神应以范仲淹为例,他是齐鲁文化培养出来的富有改革精神的古代士大夫的代表。范仲淹本非山东人,他籍贯苏州吴县,先祖世居陕西,生在徐州。但他早年长期生活在山东地区,因为父亲早亡,随母改嫁淄川朱家。他少年时生活在齐鲁大地,深受齐鲁文化的滋养。宋仁宗任用范仲淹进行改革,施行庆历新政。这与他早年养成的改革创新精神密不可分。

教育是百年大计,也是培养新时代价值观的主阵地之一。齐鲁大地是中国教育肇始的圣地,孔子、孟子、荀子等都是古代杰出的教育家。习近平总书记引用古语“德者,才之帅也”勉励北大师生,强调育人中立德的重要性。因此,齐鲁文化一定要“春风化雨”，通过文教事业来将社会主义核心价值观的种子播撒到青少年中，为新时代的文化发展做出应有的贡献。

(4)“水滴石穿”——葆有长效机制

文化的功效是比较慢的。孔子主张“远人不服，则修文德以来之”，就是长效机制。发挥文化的长效作用，比如对于官德的建设。

[案例 3]官德与敬业

反例是《人民的名义》中的孙连成，对比诸葛亮“鞠躬尽瘁，死而后已”。《三国志》载，诸葛亮事必躬亲，士兵受二十军棍以上的处罚都要亲自过问。他说，不是不知道伤身，只是怕别人不像他那么用心，最终积劳成疾而终。孔子说：“执事敬”“造次必于是，颠沛必于是”，善始善终，方成大业。核心价值观的培育是“任重而道远”的。

新时代的文化建设和社会主义核心价值观的培育，注定是循序渐进的。因此切忌急功近利，搞形式主义，造粗糙产品。文化的产品常常是需要“千淘万漉”的辛苦打磨的，慢工出精品。过于“高速”和盲目跟风的产品，常常会起到反作用。习近平总书记在讲话中强调“战战兢兢，如临深渊，如履薄冰”，是告诫广大干部，对于文化事业的发展也有重要指导意义。所以葆有长效机制也是必然的选择。

进入新时代，我国社会主要矛盾是人民对美好生活的需要和不平衡不充分的发展之间的矛盾。美好的生活，需要美好的心灵，社会主义核心价值观的培育和践行正是这样一份构筑美好心灵的事业。山东省十一届党代会强调大力实施中华优秀传统文化传承发展工程，创建两大示范区——曲阜优秀传统文化传承发展示范区和齐文化传承创新示范区，正是致力于将齐鲁文化应用到新时代建设中，值得期待。历史告诉我们，在价值观上，必须要义利并重，这样才不会违背齐鲁文化的本旨，这也是对于社会主义核心价值观的有效践行。

参考文献

[1]习近平. 决胜全面建成小康社会　夺取新时代中国特色社会主义伟大胜利——在中国共产党第十九次全国代表大会上的报告[M]. 北京：人民出版社，2017.

[2]韩震，章伟文. 中国的价值观[M]. 北京：中国社会科学出版社，2016.

[3]任者春，郭玉锋. 社会主义核心价值观践行论：以齐鲁文化为视域[M]. 济南：山东人民出版社，2015.

[4]任者春，郭玉锋. 齐鲁文化与社会主义核心价值体系研究[M]. 济南：山东人民出版社，2014.

[5]王志民.山东文化通览[M].济南:山东人民出版社,2012.

[6]孟祥才,胡新生.齐鲁思想文化史——先秦秦汉卷:从地域文化到主流文化[M].济南:山东大学出版社,2002.

(王金伟,社会和文化教研部教师、博士)

加强乡村文化建设　推动乡村文化振兴

李国江

［教学目的］

1. 引导学员深入认识和领会新时代乡村文化振兴贯穿于乡村振兴的各领域、全过程，是乡村振兴之魂，对推动乡村全面振兴所具的重要性，增强做好繁荣乡村文化工作的责任感。

2. 从实践层面，指导学员结合自身工作实际，深入思考，开阔视野，启迪乡村文化振兴的思路，探索可行路径，进一步提高做好乡村振兴工作的能力。推动农业全面升级、农村全面进步、农民全面发展。

［教学重点］

1. 乡村文化振兴对于乡村全面振兴重要性的理解把握。

2. 乡村文化问题存在的原因以及乡村文化振兴的路径建议。

［教学形式］

讲授式与互动式结合。

［教学内容］

（一）导入

1. 新时代乡村振兴战略概要解读

（1）振兴战略的提出

乡村振兴战略是十九大提出的重要战略之一。战略的提出应把握住三点：①基于我国“三农”问题。从目前来看，农业衰落、农村凋敝是主要问题。振兴战略就是要针对存在的问题，加快我国农业农村现代化的新征程，使农业农村在我国实现现代化进程中同步现代化。②基于经济社会发展的结构性问题。

目前我国经济社会发展中最大的结构性问题就是农村农业发展滞后，是我国经济社会结构中的短板和弱项。振兴战略就是要补短板，强弱项，使我国经济社会全面平衡健康发展。③基于中国梦实现的问题。中国梦是中华民族复兴之梦，是全体中国人民的梦想，充分体现了以人民为中心的思想。振兴战略的提出就是要贯彻以人民为中心的发展思想，使亿万农民能够共享现代化建设成果。

上述三点并非平列关系，而是由表及里、由现象到本质形成了一个逐层递进的逻辑关系。

(2)振兴战略的内涵

乡村振兴，换言之就是振兴乡村，它蕴含着丰富内涵。习近平总书记对实施乡村振兴战略作出重要指示："要坚持乡村全面振兴，抓重点、补短板、强弱项，实现乡村产业振兴、人才振兴、文化振兴、生态振兴、组织振兴，推动农业全面升级、农村全面进步、农民全面发展。"由此可以看出，新时代乡村振兴要求的是乡村的全面振兴，不是注重突出哪一方面，而忽视弱显另一方面。具体来讲，乡村产业振兴、人才振兴、文化振兴、生态振兴、组织振兴五大方面的振兴是振兴战略的内涵所在。其中，产业是重点，人才是基石，文化是精神，生态是关键，组织是保障。五个方面在实现乡村全面振兴战略目标进程中相辅相成，不能有任何的偏废，否则不仅违背新时代乡村振兴的主旨，而且乡村振兴的合力难以形成，达不到乡村振兴效果和目标。

本讲专门就乡村文化的振兴进行讲解。

2.乡村文化

乡村振兴，既要塑形，也要铸魂。没有乡村文化的高度自信，没有乡村文化的繁荣发展，就难以实现乡村全面振兴的伟大目标。实施乡村振兴战略，要物质文明和精神文明一起抓，既要发展产业、壮大经济，也要激活文化、提振精神，繁荣兴盛乡村文化。那么首先要明确乡村文化所指是什么？

目前学界对"乡村文化"这一概念尚无统一的定义，有的用为村落文化、农村文化，有的则称之为乡土文化、农村文化，总的来看，乡村文化、乡土文化、农村文化和村落文化往往互称互指。一般意义上讲，乡村文化是一种文化系统，具体有两方面所指，一是在社会空间层面形成的文化系统，乡村文化是基于乡村社会空间而形成的文化系统，这与城市社会空间形成的城市文化相对。它是以农民为主体的农村居民在长期的历史进程中，创造和形成的乡村社会文化。它包括农民的物质文化、精神文化、社会组织及制度文化、语言和符号，等等。二是从历时角度而形成的文化系统，它可分为乡村传统文化和乡村现代文化两条文化干流，即主体部分形成于过去的乡村传统文化和形成于当今社会的乡村现代文化。

(二)主要内容

1. 当前我国乡村文化的总体态势

就总体态势而言,当前我国乡村文化的传承发展主要呈现为两个方面的不平衡。

(1)城乡文化发展不平衡:乡村文化弱势位

乡村文化和城市文化作为社会文化的两大系统,其基于的文化话语体系直接影响其在整个文化系统中的位势。在我国数千年以乡土性、封闭性为特征的传统社会中,乡村和城市虽然在功能上存在差异,但是两者所用的文化话语体系却是一致的。我国传统社会以本土化儒家文化话语体系为主导,期间,尽管有本土道教和外来佛教等文化的冲击影响,但是却始终无法撼动本土化的中国社会儒家文化话语权。相反,在一定程度上,儒家文化的包容性更加强化了自身的话语主导权。这一话语体系是中国传统社会的城市和乡村共用的文化规则。在这样一套文化话语主导下的城乡社会,其文化自然别无二致,在文化位势上也自然无明显的强弱高低之别。

这样一套主导的文化话语体系在中国现代化的进程中发生了裂变。自民国已来,西方的科学、民主、法治等文化理念渐趋强化,强力冲击中国主导的文化话语体系,最终在中国文化话语体系中分得一席之地,逐渐占据上风,并成为引领中国社会发展的主流文化话语。这一变化在改革开放后的中国文化发展中尤为显著。中国社会文化裂变形成了两套话语体系,一是以现代性为取向的文化话语,一是以传统价值为取向的文化话语。在中国加速现代化进程中,前者首先以城市为阵地,成为具有引领性的城市文化。后者则失去了在城市社会的话语权,被挤缩成为在乡村存续的乡村文化。中国社会的现代化进程始终以城市文化话语体系为引领,城市文化处于文化霸权地位,占据文化系统的强势位。与此相对,乡村文化则成为亚文化,被挤压至文化系统的弱势位。

文化位势的强弱,从表层来看,是城乡文化地位的差异,但是从深层来看,实质是城乡文化发展的结构性不平衡。但是这种不均衡态势近年来已引起政府层面的关注,并对此采取了一定措施,如加强农村公共文化建设、传承弘扬农村优秀传统文化等,不平衡状况虽有所改变,但仍需要加大力度,促其平衡发展。

(2)自身发展不均衡:乡村文化发展形态多样化

乡村文化自身发展不均衡主要体现为乡村文化自身发展程度差异大,造成多样性的发展形态。就乡村文化发展变迁现状来看,乡村文化形态大体上可以分为三种类型:

①文化两断(凌乱)型。该形态的乡村文化表现是,乡村民众原有居住环境、生活方式、价值取向、人际交往范围甚至语言都不断地变化着,农民对土地的依赖减少了,原来的归属感、家园感逐渐丧失。乡村传统生活形态、社会关系日趋淡薄,乡村文化传统日渐荒芜。“水土不服”的现代性文化又没有及时补进乡村民众的生产生活,未能帮助乡村民众建立起现代的农业生产体系,形成新的乡村现代性文化。乡村文化濒于传统断根、现代断裂的形态。这种类型主要以“空心化”乡村为代表。从地域来看,该类型多处于我国农民工流出较多的中西部乡村。

②文化维持封闭型。该文化类型的主要特点是乡村处于相对封闭状态中,乡村民众对外交流少,受外界影响小,乡村传统文化作为主体文化,一直在乡村民众生产生活中享用和传承。该类型以中西部偏远地区、少数民族地区、贫困地区、革命老区的乡村为主。

③文化整合型。这种形态的乡村文化主要表现为,在乡村文化发展中,传统文化与现代文化彼此碰撞,相互融合。这一形态既体现了现代文化对乡村传统的冲击改变,也体现出乡村文化传统对现代文化的接纳吸收。乡村文化的这种整合形态是乡村社会开放性的鲜明体现,该类型形态多集中在我国经济发达的东部地区乡村。

我国国土辽阔,乡村众多,各地区的自然条件,经济、社会发展水平存在差异,受外界影响的程度不同,反映在文化发展上,各地乡村呈现出的文化形态也不尽相同。这就要求振兴乡村文化要做到因地制宜、有的放矢,不能“一刀切”。

随着十九大提出的乡村振兴战略的实施,尤其是精准扶贫工程的深入推进,我国乡村社会将会得以全面发展。这必将带动乡村文化的全面发展,乡村文化自身发展不平衡状况也必将得到改变。

乡村文化发展的两种不平衡,从本质上来讲,是我国加速现代化进程以来所积聚的“三农”问题在文化层面的集中体现。因此,振兴乡村文化,解决乡村文化不平衡发展问题,也将有助于“三农”问题的有效解决。

2.乡村文化问题

宏观上乡村文化不平衡发展现状,在微观上以乡村文化传承发展的系列问题表现出来。具体来看,乡村文化传承发展中的问题集中体现在“乡村传统文化危机”和“现代文化发展不足”两方面。

(1)乡村传统文化危机

乡村是人类文明发祥地,农耕社会是人类得以生生不息发展的命脉所在。这对于具有悠久农耕传统的中国尤为显著。尽管中国社会在经历着工业化、城镇化、现代化的深刻变革,但是孕育中华民族并使其生生不息发展的乡村文化传统依然是社会不断前进的文化根脉。但是，这一传承数千年的文脉却在一场“前所未有的大变局”中经历着考验，承受着危机。这主要表现在以下三个方面：

①存续危机

乡村传统文化是不同地域或民族的乡村民众在长期的历史生活过程中所创造、享用和传承的生活文化。伴随着中国现代化进程的快速推进，乡村传统文化出现了前所未有的生存困境，部分还面临存续危机。乡村传统特色民居程度不同地遭到破坏，有的已从人们的生活中消失；乡村原有的传统节日庆典活动，如春节、中秋等民俗活动渐趋式微，原有的民俗仪式已失去了传统文化功能，成为“仪式体操”；民间花会及其组织活动也在乡村民间传统文化市场衰微；乡村传统仪礼习俗被“移风易俗”的改革之风所涤荡；（如 2018 年江西“绿色殡改”运动，致使乡村土葬习俗遭到破坏）；乡村社会淳朴仁厚的价值观念，以差序格局为基础的传统人伦观念等日渐动摇；诸如传统技艺等具有地域特色的非物质文化遗产面临失传的危险（中央人民广播电台“难忘的中国之声”《非遗传承》）；村规民约、家风家训等非正式制度认同感降低。这一危机的进程首先始于乡村物质文化层面，然后又进入制度与精神文化层面。对此，贺雪峰曾总结道，现代性不仅是器物层面的，而且还应是观念层面的。改革开放后，中国农村被卷入现代性的旋涡中，越卷越深，从物质生产到行动准则再到价值观构建上系统地改造了中国农村，整个过程并非浮光掠影般划过中国乡村，却像篦子一样，细细地梳理、改造传统，甚至是彻底地消灭传统。

②文化秩序危机

传统农业生态文化秩序：该秩序是以深刻、智慧的生态思想，建立起的尊重自然、善待自然的和谐发展秩序。当前，传统乡村文化中丰富的生态伦理思想逐渐被抛弃，人类与大自然相融合、相协调的生态意识以及人类节制欲望、合理利用和开发自然资源的原始的可持续发展观念逐渐被改变。过分重视经济发展的理念，已使得农村生态环境被破坏，滥砍树木、乱挖山石等行为导致水土流失现象严重，土地荒漠化问题突出，农村出现了前所未有的环境危机。当前乡村社会正经历着蕾切尔·卡逊在《寂静的春天》中所提的警示：农业生产为提高农业产量，过度使用化学药品和肥料而导致环境污染、生态破坏，乡村社会生态系统遭受着难以逆转的危害。

传统农村精神文化秩序：是以农民的道德主张及社会的伦理关系约束人们的交往行为，维系乡村社会生产生活良性运行的秩序。在这种秩序下，人们根据伦理关系确定自己在乡村中的位置与角色，以亲情和乡情为支撑（亲情和乡情是建立在“伦理本位”或“差序格局”之上的），彼此亲近、沟通。这种秩序是一种自下而上、自然形成的体现了人类群居基本需要的道德秩序。这一文化秩序的目标:以亲仁善邻为道德态度,以乡邻和睦为价值目标,以相容相让为基本原则,以相扶相助为伦理义务。当前,传统道德的权威在乡村社会日渐衰落,道德舆论控制作用日减。多元道德观念对乡村民众影响加强,农民陷入了主流道德文化和多元道德观念尖锐冲突的两难境地。地方性的伦理共识和道德规范失效,对人与事的道德评价往往只依赖于个人的喜好及与当事人的亲疏等主观认识,乡村社会道德评价标准失范,而且道德评价的参照体系混乱。乡村社会精神文化秩序紊乱无序状态的风险不断上升。

传统农村非制度化规范秩序:传统农村非制度化规范是通过传统仪礼、乡规民约、宗族组织等乡村文化范式,自我整合和治理乡村社会秩序的文化规则。从乡村社会内部来看,乡村传统"非制度化"文化规范,相对于人为设计的命令式的制度化规范而言,它具有自发性、软控性特点,它在维护乡村社会秩序中,构建形成了乡村社会特有的非制度化规范秩序,这在当前乡村社会和谐发展中依然具有积极作用。但是,当前国家"制度化"权力、权威改造着乡村社会的非制度化规范,在某种程度上削减了传统乡村非制度化规范的积极作用,乡村传统规范秩序在渐趋消解。

③乡村传统文化功能危机

根据文化功能理论,文化作为社会有机体的组成部分,具有一定的社会功能。乡村传统文化为乡村民众创造、享用和传承,在传统乡村社会中发挥着积极的社会功能。这主要包括教化功能、规范功能、维系功能和调节功能。

传统乡村社会中,代代相传的乡村文化生活模式和标准,塑造着个人的经验和行为,每个个体都是乡村文化的创造物,其行为总是被打上传统乡村社会的烙印。个体社会化过程中,乡村文化发挥了不可或缺的教化作用。乡村社会的仪礼习俗、乡规民约、宗族组织等传统文化中的非制度化规范对每个成员来讲是一只看不见的手,无形中支配着人们的行为。传统社会中,乡村传统文化不仅能统一成员个体的行为方式,而且也维系着成员的心理认同,维护着乡村社会稳定。乡村民众也能够借助丰富多彩的传统文化形式来调节社会生活和心理情感。

目前,乡村文化的上述功能在乡村民众生活中都不同程度地削弱。个体的社会化过程突破了乡村传统文化的形塑,乡村传统文化的规范约束性受到挑战,乡村传统文化积极性的向心凝聚力不再为乡民所认同,乡村民众依靠乡村传统文化中的娱乐、宣泄、补偿方式调节社会生活和心理情感的需求越来越低。

与此相对,乡村传统文化积极的正功能在消减的同时,其负功能却部分地得到突显。例如多地乡村宗族社会组织民俗影响和抵制着乡村自治的进程。

具体表现在，干扰村民委员会的选举，利用宗族势力把持村民自治组织；影响农村党组织建设，出现了“宗族党支部”；宗族组织直接取代或对抗农村基层政权组织。更有甚者，有的乡村传统文化对社会风气产生错误引导，在乡村社会诱导形成了不少社会问题。如大操大办人生仪礼习俗，在乡村社会造成了民众间礼尚往来的沉重负担。有的更是借助传统节日、人生仪礼的馈赠习俗，滋生蔓延了乡村腐败。

积极功能的衰减和消极功能的萌发，从正、反两个方面表明了当前乡村传统文化功能面临的系列危机。抑制负功能，发挥正功能的积极作用是当下乡村文化振兴必须面对的话题。

(2)乡村现代文化发展不足

乡村在传统文化出现危机的同时，现代文化在乡村的发展没有及时跟进，致使乡村现代文化发展严重不足。这集中体现在三个方面：一是乡村公共文化建设不足，二是乡村文化产业发展不足，三是农村文化市场活力不足。而上述三方面的发展在某种程度上决定着新时代乡村文化的发展和繁荣。

①乡村公共文化建设不足

A. 乡村公共文化网络载体建设，缺乏统一标准的基层公共文化网络基础设施，如乡村数字图书馆、乡村远程教育中心、乡村网络服务中心、乡村旅游网上展馆、乡村文化网上展馆等。B. 政府保障，即投入保障、政策保障和机制保障不足。C. 基层公共文化服务设施不足。一是各类活动场所，如体育健身、农村老年人文化活动场所、农村文化广场等基础性设施建设不足。同时，现有公共文化服务设施效能低。近年来，国家出台政策，加大农村基本文化设施（基层文化站、馆）、体育设施的投入，各乡镇村都按比例完成政策要求，但是其真实效用却堪忧，诸如像农家书屋形同虚设的现象已不是个例。二是数字文化广场、无线网络等新兴文化设施建设不足。D. 公共文化服务供给质量方面，群众喜闻乐见的文化产品和文化服务还很缺乏。E. 农村文化人才支撑力方面，缺少素质高、业务精、结构稳的乡土专业文化人才队伍。

②乡村文化产业发展不足

A. 乡村文化产业的扶持力度不足。文化产业发展的配套政策措施还不完善，如发展乡村文化旅游中缺乏有关土地利用配套政策措施，在制度层面制约了特色村的开发建设。B. 民俗文化产业发展不足。民间艺术、民俗表演项目、传统工艺等民俗文化资源产业化开发滞后。C. 乡村文化产业精品工程不足，缺乏特色突出的文化小镇。D. 基于互联网的新型乡村文化产业模式不足。E. 乡村文化旅游精品不足。在文化遗产、节庆赛事、民俗文化、名人文化等方面缺少创意开发。

③农村文化市场活力不足

A. 乡村文化发展的“市场导向”意识不够，没有建立完善的文化市场体系，农村文化市场活力没有激发。B. 农村文化市场规模小，尤其是规范化经营户少。C. 农村文化市场经营布局欠合理，有的文化行业很少甚至出现空白。D. 农村文化市场经营欠规范，监管不到位，非法、违法、庸俗等市场乱象使得农村文化市场经营秩序混乱。

3. 乡村文化问题原因

总体上来看，文化是整个社会有机体的一部分，往往与社会其他方面相互关联。因此，文化问题原因不能只囿于文化层面，不能只就文化谈文化，而应将文化问题放经济家社会大的发展时空中来考察。就这一意义来讲，当前乡村文化问题主要可归因于以下因素：

(1)传承主体

文化传承理论认为，每一个民族的传统文化都是该民族成员共同传承、集体拥有的财富，之所以流传数千年，是文化的拥有者与参与者、特定的文化场域、一定量的文化介质长期共同作用的结果，任何一方的改变都会引起民族传统文化的弱化、消亡、扩大或转移。可见，文化传承需要三要素：传承主体、传承场、传承方法。三要素在程度不同地作用于文化传统。但是就当前我国乡村传统文化传承角度来看，社会环境变迁固然重要，但是最根本的因素仍在于“人”，即传承主体以及基于传承主体的文化实践。人是乡村文化发展的主观能动因素，也是造成乡村文化问题的重要因素。在村落这个“面对面的社群”中，乡村文化在村民日常生活中被保存与记忆。这种基于村民主体生活的特有传承形式与群体记忆，克服了文化断裂的障碍。但是，伴随着农村空心化现象，乡村传统文化传承主体严重断层与缺位。这种阻碍文化断裂的主体在悄然消失。因此，从乡村内部来看，文化传承主体缺失，传统文化代际传承断裂，从而导致乡村传统文化的一系列危机。

另一方面，文化传承实质上是一种文化的再生产。就乡村传统文化再生产而言，一段时期以来，我国乡村传统文化再生产缺乏创新引领主体，致使乡村传统文化创新发展活力不足。这主要在于缺少来自乡村外部的文化专业人才的支撑，从而致使乡村文化发展缺乏新元素、新形式。

因此，就人的因素来看，乡村文化总体上经历着“内忧外患”的考验。

(2)政府

政府是乡村文化发展，尤其是乡村公共文化建设层面的主导性因素。

政府对乡村公共文化服务缺乏求实调研。政府乡村公共文化服务缺乏精准性，不能做到因地制宜，而是过于注重过程数量，在一定程度上忽视了效能质量，以绩效考核为目的，不考虑工作的实效性，致使政府乡村公共文化建设在某种意义上成为形象工程，从实效性上讲难以满足乡村民众文化需求。

政府文化政策跟进力度不够。乡村文化政策缺乏前瞻性、预见性，多数文化政策往往是对已出现问题的解决之策，存在临时抱佛脚现象。在遇到新的文化发展情况和问题时，仓促应付，一般是就问题谈问题，未能主动围绕乡村文化，就其传承发展作出全面科学性规划，有关乡村文化政策较明显地体现出“权宜之策”的特色。同时，有关乡村文化政策大多与乡村相关政策缺乏配套性，严重影响乡村文化发展。

政府文化工作重心调整不到位。尽管中央文化政策要求实施城乡公共文化统筹建设，但是在实际工作中，公共文化资源没有结合城乡实际将重点向乡村倾斜，文化建设重心没有真正下沉至乡村社会。乡村文化管理滞后，人力配备和部门设置都值得商榷。在人力资源配备方面，乡村文化管理人员数量少，与乡村文化发展繁荣以及乡村民众对美好文化需求差距较大。基层政府文化管理部门设置不合理。部门职能分工不清晰，归口管理不清。有的乡镇将民间文化组织活动看作宣传性工作，由乡镇宣传部门负责管理。这类情况，对乡村文化发展的效果性如何，却很少有人深究。

政府文化惠民工作开展不够深入，对农村文化市场消费能力没能做到准确预判。文化下乡惠民演出活动中缺乏文化精品，在一定程度上仍难消除农村文化盲点。

(3)市场

乡村文化发展还受到市场因素的影响。农村文化市场的构成要素极为复杂，一是从业人员身份，较为复杂；二是演出节目内容复杂；三是文化产品进货渠道较为复杂。再加上农村文化市场分布零散，没有形成产业化经营，市场的供求状况不像城市文化市场那样具有相对稳定的预期，农村文化市场必须考虑季节因素的影响。这些因素在不同程度上增加了农村文化市场的监管难度，也在很大程度上了制约了农村文化市场的活力，影响了乡村文化市场健康繁荣发展。

(4)社会组织

乡村社会组织培育发展落后，承担文化职能的社会组织在乡村地区更是匮乏。乡村民众文化活动缺少自组织性，参与文化活动机会少。这与乡村社区社会组织培育发展力度不够密切相关。乡村社区社会组织培育发展整体滞后的状况，严重影响了乡村社会文化组织的培育发展，从而成为乡村社会民间自组织性文化发展的羁绊，影响了乡村文化生活。

4.乡村文化振兴建议

乡村文化振兴原则及目标：以社会主义核心价值观为引领，坚持物质文明和精神文明一起抓，实践传统与现代整合优化的和谐文化路径，培养文明理性的新时代乡村文化。从总体上讲，乡村振兴关键有两点：内需人才，外依政策。

（1）聚人气

张孝德教授对乡村振兴提出了“人来了，乡村就活了”的观点。该观点强调了人的因素在乡村振兴中的重要性。这一观点对于乡村文化振兴也同样适用。农民大量离土离乡已经使得乡村发展及乡村文化传承缺少了人气的支撑。因此，重新汇聚乡村文化传承发展的人气是推进乡村文化振兴的根本途径。汇聚乡村人气，首先，留住乡村民众，稳定乡村文化传承主体，确保乡村文化的代际传承发展。其次，吸引离村的“乡村能人”返乡，以乡情、亲情为基础，积极创造条件，使乡村贤达、乡村精英回乡，发挥新乡贤振兴乡村文化的引领作用。最后，引导、鼓励企业家、知识分子等社会能人下乡，借助其资本、科技等资源，带动乡村文化建设，繁荣乡村文化。

（2）兴产业

乡村文化振兴，离不开乡村文化的活化。这就需要发挥市场在文化活化中的作用，大力培育乡村文化市场，发展乡村文化产业。

①特色为本

乡村拥有丰富多样的传统文化资源，在文化资源向产业资源转换中市场潜力巨大。发展乡村文化产业，要发挥乡村特色文化资源优势，依托乡村文化遗产项目、民俗节庆等，精心打造特色鲜明的乡村文化产业。如：烟台依托剪纸、胶东花饽饽、棒槌花边技艺等非物质文化遗产项目，发展了具有地域特色的乡村文化产业。促进乡村文化产业与农业观光、乡村旅游、民宿经济等相关产业深度融合，发展以乡村民俗为核心的乡村文化旅游。如：济南章丘区三德范村挖掘利用民间“大扮玩”节庆民俗活动，打造远近闻名的文化旅游活动，每年元宵节期间吸引游客万余人，使得民间传统节庆活动在现代乡村社会再次焕发生机，促进了村庄文化繁荣。

但是为了避免乡村文化旅游的低层次、同质性开发，乡村文化旅游需创新发展思路，与文化创意产业融合发展，提升乡村文化旅游的品质。文化产业本身发展就应有一定的文化底蕴和文化氛围，只有这样发展起来的文化产业才是名副其实的文化产业。在发展乡村文化产业之路上，要避免打着农村文化产业的幌子走城市文化产业的发展之路。

②创意为核

乡村文化产业的特色化发展，可以有效避免乡村文化产业雷同和重复性建设。但是，乡村文化产业的提档升级，则在于创新发展理念的引领。因此，以创意为核心，以文化为灵魂，以科技为支撑，打造乡村文化创意园，在乡村文化产业发展中不断创造新产品、新服务，形成更高层次的乡村文化产业形态。

(3)促建设

振兴乡村文化既要传承创新乡村传统文化，也要建设发展乡村现代文化。就后者而言，需要政府发挥主导性作用，促进乡村公共文化建设。

首先，在文化供给体系中，广泛引入市场等社会力量参与，多元供给，在政府、市场和社会之间形成良好的协作机制，激活三种力量共同参与，将各类公共文化和社会公益文化活动与市场化文化活动融合。发挥社会力量的作用，鼓励开办民营演出剧团，采用群众喜闻乐见的形式和现代传播手段，为乡村民众多样化的文化需求服务。同时，严把文化供给侧质量关，确保文化产品和服务的质量。另外，建设乡村文化设施也是文化供给的重要内容。政府需加强乡村公共文化设施建设调研工作，增强建设的针对性，做到精准建设，确保设施的实用性和效能发挥。

其次，政府引导乡村文化消费，在坚持市场运作原则下，加强乡村文化消费场所设施建设，引导文化产品和服务向农村基层倾斜，统筹城乡文化消费，推动乡村文化振兴。

最后，加强文化市场监管力度，构建完善的乡村文化市场管理体制机制。乡村文化市场有别于城市文化市场，不能复制城市文化市场的管理模式。这需要对乡村文化市场充分调研，结合乡村文化市场特点和实际，合理规划，科学管理，在完善管理体制机制过程中，少走弯路。

当然，乡村文化建设的深入推进，需要在政府主导下，充分吸收社会资本，加大乡村文化建设资金投入力度，为乡村文化建设提供资金保障。

(4)强教育

乡村文化振兴离不开乡村文化教育。目前来看，一方面要围绕乡土性，加强乡村伦理道德教育和乡村生态教育；另一方面需结合现代性，加强乡村文化的创新发展教育。

从理论层面看，学者对乡村文化教育的价值已作了系统论述，说明了乡村文化教育促进乡村发展以及承继传统、发展现代乡村文化的现实意义。从实践层面看，加强乡村文化教育，一是建立乡村文化教育基地。鼓励支持社会力量参与成立以乡村文化为主题的博物馆、民俗馆等，并将其与学校联合打通。二是使乡村文化进学校、进课堂，避免乡村教育离土，建立乡村文化学校教育的长效机制。目前学校教育内容设置上，城乡一致，乡土教育基本被放弃，至少重视不够，形成了城市学生不懂、乡村学生不知乡土的教育局面。这种局面不改变，将最终造成乡村文化传承后继乏人状况，乡村文化必将受到摧毁性的破坏。三是兴办乡村文化讲堂，构建“引导人、教育人、鼓舞人、激励人”的农村新型文化体系。

(5)育组织

乡村文化社会组织是我国乡村文化传承发展不可或缺的重要力量。在我国传统社会中，乡村文化社会组织始终是乡村文化展演的重要组织者和参与者。遍布乡村的“民间花会”组织丰富盛大的杂艺表演，娱人、娱神又自娱，服务和满足了乡村民众生活需求，丰富了乡民的文化生活，繁荣了乡村文化。当前，振兴乡村文化，乡村社会组织依然发挥着重要作用。但是，总体上来看，我国乡村社会组织发展严重滞后的状况，影响和制约着作为乡村自组织性文化力量的乡村文化社会组织的发展。因此，振兴乡村文化，丰富乡村民众日益增长的文化需求，培育发展乡村文化社会组织，着重做好以下方面工作：

①把乡村文化社会组织作为扶持重点，政府加大资金投入，同时支持社会资金参与乡村文化社会组织的培育发展。

②结合乡村治理体系建设，在乡村文体活动方面，优先引导发展一批社区社会组织，加强乡村文化社会组织的注册及备案管理，不断壮大乡村文化发展力量。

③完善乡村文化社会组织管理体系，明确职责，促进乡村文化社会组织规范化管理。在不违背社会组织管理政策的情况下，以政策为导向，适度将发展重心向乡村文化社会组织倾斜，鼓励支持文化人才组织成立文化社会组织或指导文化社会组织；加强成立乡村文化枢纽型社会组织，服务指导乡村文化社会组织，营造良好的乡村文化社会组织发展氛围。

(三)总结

乡村文化振兴是乡村社会文明程度不断提高的过程，在这一过程中，要结合地域实际，突出特点，发挥党政主导作用，尊重农民主体性，加强乡村文化宣传教育，唤起农民文化自觉，树立文化自信，调动社会力量参与文化振兴，壮大乡村文化自组织性力量，以乡村文化产业为引擎，不断激发乡村文化活力，最终繁荣兴盛乡村文化，焕发乡风文明新气象，振兴乡村文化。

参考文献

[1]习近平在中国共产党第十九次全国代表大会上的报告. 人民网：http://cpc.people.com.cn/n1/2017/1028/c64094-29613660.html.

[2]钟敬文. 中国民俗学概论[M]. 上海：上海人民出版社，1998.

[3]费孝通. 乡土中国生育制度[M]. 北京：北京大学出版社，1998.

[4]孙隆基.中国文化的深层结构[M].南宁:广西师范大学出版社,2011.

[5]梁漱溟.中国文化要义[M].上海:上海人民出版社,2011.

[6]孙萍.文化管理学[M].北京:中国人民大学出版社,2015.

[7]胡惠林.文化产业学[M].北京:清华大学出版社,2015.

[8]高宏存.政府文化管理前沿[M].北京:国家行政学院出版社,2014.

[9]朱启臻.新农村:乡风文明[M].北京:中国农业大学出版社,2007.

[10][英]哈耶克.自由秩序原理[M].邓正来,译.北京:生活·读书·新知三联书店,1997.

(李国江,社会和文化教研部副教授)

绿色发展与美丽乡村建设

韩　玫

［教学目的］

贯彻落实党的十九大确定的乡村振兴战略，促进山东乡村振兴发展，必须有一支忠诚、干净、有担当，谋发展、有责任、善开拓的高素质干部队伍发挥引领作用。受中共山东省委组织部委托，山东省行政学院以贯彻落实党的十九大精神，培育新时代高素质基层乡镇干部为基本任务，自 2018 年 4～6 月举办了三期为期一个月的全省乡镇长培训班。

本次现场教学培训的目标是选择济南市长清区万德街道马套村作为乡村振兴发展示范教学点，通过实地调研收集的大量素材，开展户外体验与室内互动交流等形式，使受训学员实地见证马套村发展历程和成长经验，从而提高感性认识、启发理性思维，进一步提高政治责任感、发展紧迫感。以马套村经验为借鉴，结合本地区实际特点和发展优势，找出一条适合本地区发展、富有鲜明地域特色的乡村振兴之路。

［教学步骤］

为确保教学任务顺利完成，教学分五个环节进行。一是提前发放纸质和视频材料，供学员进行教学中的自学准备；二是充分利用时间（在赴马套村的大巴上）讲解马套村发展历史，使学员对学习对象快速建立概念；三是通过现场讲解、观赏等形式使学员在体验区全面考察和体验教学内容；四是在前三个环节教学基础上，由受训学员现身说法，交流感受谈认识，并邀请乡镇干部和村支书一同座谈，使教学成果真正“落地”；五是教师做最后总结，并在结课前留下相关问题供学员思考，结业前形成书面成果。

［教学形式］

实地体验式教学，现场宣讲，面对面互动交流相结合。

总学时：3 学时

地点：济南市长清区万德街道马套村

日程安排：

7:00～9:00　集体乘车赴马套村；

9:00～10:30　参观茶叶园区、农耕体验区、乡村休闲旅游项目及民宿民居；

10:30～12:00　与村书记、乡镇领导座谈交流；

12:00～13:00　就餐；

13:00～14:30　乘车返回学院。

［教学内容］

一、马套村基本情况介绍

（在前往马套村的大巴上讲解）

马套村地处济南市长清区万德街道最南端，位于灵山秀水的泰山脚下，与泰山西大门一步之遥，全村共有 503 户，1645 人，耕地面积 1336 亩，山场面积 7000 亩。谁能想到这个藏在大山深处、曾经仅靠一条部队修建的柏油路与外面相连的小山村，在这地无三尺平、出门就爬坡、吃饭靠老天的环境下，成为今天交通便利、风景秀丽、环境优美、村容整洁、民风淳朴的美丽乡村，并且还捧回了“全国文明村”“全国绿化千佳村”“中国美丽休闲乡村”国家级金字招牌，成了人人羡慕的先进村。

二、马套村美丽乡村建设

（到达马套村文化广场时由讲解员讲解。随后参观便民服务中心、文化广场、日间照料中心餐厅、活动室等，全程有讲解）

1.高标准打造美丽乡村，呈现绿色生态美景

马套村先后投资 1000 多万元用于村内公共基础设施的建设。村内修建了旅游观光道路 30 多公里，街道硬化 6 万平方米，绿化面积 3 万多平方米，墙体美化 2 万平方米；安装 LED、太阳能路灯 230 盏，实现了全村街道绿化、路面硬化、环境美化、夜晚亮化和环卫一体化，如今的马套村呈现出四季花开、茶香飘逸、终年常绿的山区生态美景。

2.开展精神文明建设,培育文明乡风

为进一步丰富群众精神文化生活,村党支部还筹资修建了文体广场、文化大院,购置了健身器材和7000多册图书,道德讲堂、农家书屋等公益设施一应俱全;办起了庄户剧团和秧歌队、腰鼓队、舞蹈队,每年春节村里都举办新春文艺联欢活动,村民自编自导、乐在其中。通过一系列丰富多彩的群众性文化活动,进一步培育形成了干群和谐、邻里和睦的良好村风。

马套村以社会主义核心价值观、农耕乡村文化为主要内容,在村公共服务中心、村主干道两侧绘制文化墙,潜移默化地引导村民积极践行社会主义核心价值观。设施齐全的文化活动中心,农家书屋、大舞台等为村民提供了广泛的公共文化服务。通过全面开展"农家读书会"活动、"道德规范进家庭"和"道德模范"评选活动,把先进模范人物照片做成喷绘张贴在文化广场,树立成为群众行为的标准、村民学习的榜样。

3.建设综合服务中心,开展便民服务

按照"以人为本、服务村民"的基本原则,马套村投资140多万元建设了便民综合服务中心,开设便民综合服务办公室,对本村村民实行一站式服务。还设置了文娱活动室、党建活动室、接待室和老年餐厅。便民综合服务办公室设有两个窗口——便民综合服务和村财务,可以给村民提供代缴电费、电话费,代收代办养老保险和医疗保险等业务,村民不出村即可解决问题。由于距离街道办事处有15公里的路程,村里对接农行在这里安装了POS机,国家发放的60岁以上老年人基本养老保险金可以在这里领取,非常方便。

4.成立幸福院,破解农村养老难题

随着外出务工人员和进城人员的增多,农村空巢老人越来越多,部分老人由于没有劳动能力,在生活保障上面临很多困难。开设幸福院,为老年人居家养老提供了有力保障。

为解决老年人的日间生活,村两委在长清区民政局的支持下,建起了村级日间照料中心,向村里的65岁以上老人提供日间照料服务。村里为幸福院提供了基础服务设施,有图书室、棋牌室、健身房,活动室还配有电视机,老人们日间可以到幸福院锻炼身体、娱乐、唠嗑,还可以在餐厅享用免费午餐,餐品由旅游合作社统一配送,每天都不重样。每天都有七八十位老人来这里,其中年龄最大的94岁。村里派专人负责他们的日间活动,使老人们日间生活有了保障。

幸福院还建起20人的床铺,每个床铺都有固定的床头卡,老人们在家无人照顾的情况下,可直接在幸福院住下来。

在马套,老人们除了享受日间照料外,65岁以上老人能享受到免费查体,60岁以上老人每年可领到360～600元不等的养老补贴,中秋节、春节还会收到慰问品。

为了鼓励子女养老敬老，2016 年村里推出了《马套村子女养老金补贴办法》，即子女为老人每月交纳 100 元养老金，村委会补贴 60 岁以上的老年人 30％、80 岁以上的老年人 50％，无子女的老人，村里每年直补 600 元。马套村还推出了以房养老政策，面向全体村民，只要个人申请，签订协议，房屋抵押村委会，由村委会照顾其饮食起居。马套村真正实现了老有所乐、老有所养。

三、现场体验茶叶园区、农耕体验区和乡村休闲旅游项目及民宿民居，见证马套村农村一、二、三产业融合发展

（整个现场参观过程有讲解）

1.确立全方位立体绿化的工作思路

村落实施“红花绿叶工程”，以高大乔木为背景，激发乡村活力。在松软坡地栽植沙棘、茶树，稳定坡面，保持水土；在山体石壁种植攀缘植物，使山梁峭壁形成一道道苍翠的绿壁；在平缓山区种植林木，提升经济价值和绿化档次。

2.发展特色产业——茶叶种植和茶叶加工

马套村利用独特的地域优势，光照时间长、昼夜温差大，土壤疏松肥沃，有机质含量高，发展茶叶养殖，把茶产业列为全村农业主要产业、重点工作来抓。

2008 年，马套村围绕绿色生态发展，开始推广茶叶种植。没钱咋办？村“两委”提出了村民筹资筹劳方式，党员干部带头，走街入户发动群众，当年筹资 130 万元。建茶厂、跑销路，流转土地，经过四年努力，茶产业逐渐发展壮大，经济效益显著提高。很多群众也纷纷参与到合作社里来，村民得到实惠，村集体也有了 200 多万元的收入。

2013 年，在党支部的号召和带动下，19 户村民投资 110 万元入股茶厂，引进了自动标准化茶叶生产流水线，集杀青、揉捻、解块、烘焙、炒干、提香于一体，实现了茶叶生产加工全过程自动化。村里成立茶叶合作社，一方面解决了村民的鲜叶销路问题，另一方面也创造了长清茶“将军山”茶叶品牌。目前，茶叶种植面积 720 余亩，年产干茶 1 万斤。马套村成为济南市远近闻名的“茶村”。

马套村目前有高标准茶园 30 亩，茶业合作社炒制干茶 1.2 万斤，销售收入 400 余万元，入股村民每股分红达到 2.3 万元。旅游合作社累计接待游客 8 万多人次，营业收入达 600 余万元。目前马套村已形成集茶叶采摘、加工、包装、销售为一体的一条龙生产模式。为了促进茶叶产业与乡村旅游协同发展，马套村为游客提供茶叶采摘等活动，通过了解茶叶知识，参观茶叶加工车间，体验炒茶、制茶过程，让游客体验马套村独特的茶马风情。

在摸索前进的过程中，以马套茶叶合作社为龙头，不断探索茶园观光、茶叶

采摘、茶叶加工及茶文化体验等旅游项目，附带其他观光休闲旅游为主线，探索出了较为有效实用的发展模式。

3.开发旅游项目，打造民宿，实现美丽乡村休闲旅游一体化

马套村借助地理优势以及优美的自然风光，在区政府的支持下于2015年4月成立了济南市长清区将军山旅游度假专业合作社，发展乡村旅游。在休闲体验区打造高标准观光路3公里。围绕朱家峪水库，打造游客休闲娱乐场所，修建摸鱼池、钓蟹池，在休闲区还引进许多小动物。大人们在这里抛竿垂钓、骑马射箭，孩子们在这里喂养动物，娱乐玩耍。水库周边种植的花草树木，使水库更具生态化，让游客感到与自然融为一体。为丰富乡村旅游的文化内涵，借助马套悠久的历史，打造了民俗民风体验区，除了剪纸、捏泥人外，还安装了石磨、石碾等传统的劳动设备，使游客能够在马套通过老作坊摊煎饼、做豆腐等传统的劳作方式激发怀旧情怀，体验民俗风情。

2018年初，村里投资1000万元，打造攀岩、青少年国防教育拓展中心、南方果蔬观赏品种高效农业大棚等，新打造20套高标准民宿户，并沿水库周边推出了采茶、品茶、观茶艺表演、骑马射箭、足球场、景观长廊及齐长城文化体验区等，让游客来到这里可以感受淳朴的农家生活。

目前旅游合作社还成功引进了青少年绘画写生基地、泰山露营房车基地，现在建设完成并投入正式运营。

旅游合作社还利用入股资金，统一打造闲置房屋。按照“外表农村化、内在标准化”的理念，根据房屋结构打造特色民宿户，每一个民宿都有不同的风格，有一户两个房间的，也有一户三五个房间的，可根据游客的实际需求安排入住。共打造民宿房间100多个，商务宾馆50间，可同时接待300余人住宿。为提升游客住宿体验，创造舒适的住宿环境，合作社打造不同风格的高端民宿13户，(双人间680元/天，多人间880元/天)，分别配备高档家具和高级床上用品，有独立厨房、卫生间和餐厅，还可以在里面召开小型会议、举办生日聚会，满足游客的不同需求，让游客真正感受到了乡村休闲旅游的氛围。

马套村的这种家居、休闲、娱乐、文化等融合在一起的乡村旅游模式实现了以旅游度假为宗旨，以村庄野外为空间，以人文无干扰、生态无破坏、以游居和野外行为特色的村野旅游形式，丰富了乡村游的内涵，吸引了许多的游客前去旅游观光体验。

四、访谈互动式交流

现场部分结束后回到会议室进行互动交流环节。共有四方面内容：教师讲党建、面对面互动交流、学员谈体会、教师做最后总结。

在学员和村书记、乡镇领导互动交流前，由教师讲授党建引领的重要作用，讲课之前首先提两个问题供学员思考。

问题1：什么原因使得一个连吃水都有困难的贫穷落后小山村发展到今天的“全国文明村”“中国美丽休闲乡村”？

问题2：如何发挥党支部的战斗堡垒作用？

1.课堂讲授：基层党组织在乡村振兴中的战斗堡垒作用

马套村的党建在发挥战斗堡垒作用主要体现在以下三个方面：

(1)党支部带头积极干，改天换地变新颜

过去的马套村相对闭塞，自然环境相当的恶劣，它三面环山，地势崎岖不平，自然环境十分恶劣，由于地势落差大，大雨过后水土流失严重，而且由于地势陡峭，雨水存留不下，全村没有一块水浇田，完全靠天吃饭。就是在这样的条件下，党组织发挥了作用，村党支部号召全体村民发扬愚公移山精神，致力于改变贫穷落后面貌，为了激发群众参与的积极性和热情，党支部成员以身作则，率先带头干，他们来得早，走得晚，干得多，抱怨少。在党支部带领下，马套人在河道内棚河造地，用石块把原先雨水冲刷形成的河道填满、抬高，在石块上面再覆盖上土，就这样硬造出了270余亩水浇地。同时，在山谷建水坝，蓄雨水。由于有了水源，便开始在山上栽植板栗、苹果、桃树、花椒等。在党组织的带领下，用了30余年的时间，全村把7000余亩山场全部绿化，森林覆盖率达到80%，实现了春季有花，夏秋有果，满眼望去郁郁葱葱，水库就像一个美丽的碧玉一样点缀其间，非常漂亮。马套村成为当地首屈一指的小康村、“全国绿化千佳村”。原来穷山恶水的小山村变成了花果飘香的美丽乡村。现在我们看到的美丽景象，是党组织坚强的领导，身先士卒带头干，带领群众做出来的成绩。

党支部的带头实干，实现了党支部带头干、群众思想上信任的效果。只有得到群众思想上的认可，他们的行动才会跟得上。

(2)党支部创新指方向，特色产业促发展

农村要想奔小康，关键得有产业做支撑。马套村要想实现大发展，产业发展势在必行，但到底发展什么产业呢？这个产业发展方向的重担党支部担起来了。进入新时代，党支部看到随着生活水平的提升，人们对于美好生活的向往越来越高，人们开始走出城市去呼吸新鲜空气，去采摘水果，去体验慢节奏的乡村生活，于是在党支部的带领下马套村摸索出了一套“党支部＋合作社＋电商平台”的特色发展道路，党支部引领、合作社主营、电商平台带动，促进集体经济高效发展。

成立了茶业合作社，不但产茶，而且还进行采摘；成立将军山旅游度假专业合作，发展乡村旅游，修建民宿。截至目前，村里的旅游合作社累计接待游客

8 万人次，营业收入达 600 余万元。

创建模式："村委会＋合作社＋资金股东＋房屋股东"。1 万元一股，一间房屋一股。不仅吸引村民资金入股，而且还鼓励 33 户村民以房屋入股。

运营模式：合作社采取自主经营，独立核算。为支持合作社发展，党支部专门成立了领导小组。

分配模式：村委会占 5%，15% 自留，80% 分红给股东。坚持让利于民的原则，按股分红，这样的分配模式主要是保障村民利益最大化，另一方面可以壮大村集体经济。

马套村特色产业的发展和推动，得益于党支部的创新理念和积极引导。党支部的积极创新，得到群众认可，从效果来讲党支部为群众富裕谋发展，群众得到了实惠，就会主动跟随党支部共同发展。

(3)党支部作为搞建设，民生项目为群众

习近平总书记曾不止一次提到，要让改革发展的成果惠及全体人民。党的十九大报告中指出，保证全体人民在发展中有更多获得感。为了使群众有更多的获得感，党支部和村委先后投资 1000 多万元用于村内公共基础设施的建设，实现了全村街道绿化、路面硬化、环境美化、夜晚亮化和环卫一体化。

2017 年又投资 200 多万元进行了美丽乡村建设提升工程，完成了步行路改造、排污排水、风情一条街打造等，进一步提升了村居环境，也增加了旅游内涵。

投资 100 多万元建成马套文体广场和活动中心，还建设了幸福院和日间照料中心，极大地提高了村民的幸福指数。

这样的民生工程很多很多，党支部的积极作为，从效果上看实现了党支部惠民生，群众组织上拥护。群众拥护基层党组织，因此马套村党组织很稳固、很团结、很有战斗力。

马套村的党支部带头干，得到了群众思想上的信任；他们处处为群众着想，也得到群众行动上跟随和拥护，这正是马套村党支部战斗堡垒作用的真实体现。现实向我们深刻说明：基层发展，党建是根本。

进入新时代，国家提出了乡村振兴战略，乡村振兴应抓住党建这个关键要素。正如习近平总书记所说："做好基层基础工作十分重要，只要每个基层党组织和每个共产党员都有强烈的宗旨意识和责任意识，都能发挥战斗堡垒作用、先锋模范作用，我们党就会很有力量，我们国家就会很有力量，我们人民就会很有力量，党的执政基础就能坚如磐石。"

党员干部面对面与群众交心沟通、心贴心凝聚共识、肩并肩治村理事，马套村几十年来从未发生一起刑事案件和民事案件。

2.面对面互动交流

接下来进行互动交流环节。学员通过学习、见证马套村的发展经验，对工作中出现的问题、难题，与村支书、乡镇领导交流经验。以下是学员在和书记交流时的部分问题摘选。

(1)村民是怎么认可合作社进而加入合作社的?

(2)村委是怎样找到发展旅游这条路的?中间有什么波折和问题?

(3)合作社运营期间有什么规章制度来约束?

(4)合作社建立之初的资金来源是什么?

(5)村委和合作社之间是什么关系?

(6)用什么样的方式确保合作社的账目不出问题?

(7)村庄发展的过程当中遇到什么样的困难?有什么样的方式去解决的?

(8)未来的发展有哪些规划?想要达到什么样的目标?

3.学员分享收获谈体会(学员发言摘选)

互动交流环节结束后，学员代表对今天的现场教学分享收获谈体会。主要内容如下：

习总书记提出乡村振兴有五大振兴，即产业振兴、组织振兴、生态振兴、文化振兴、人才振兴，马套村都做得很好。

(1)产业振兴：立足实际，发展旅游观光产业，建成了将军山旅游度假区；发展茶叶产业，培育将军山茶叶品牌；发展健康养老产业，设立老人日间照料中心，免费就餐、以房养老，这是个创新；发展美丽乡村建设产业，美丽乡村既是基础，又是产业；在发展中做到一、二、三产业融合发展，使产业链相加、价值链相乘，一产接二连三，往前延伸，二产带一连三，双向延伸，三产接二连一，往后延伸；一产发展果蔬茶叶种植，二产搞茶叶深加工，三产发展民宿民俗、水库观光、旅游娱乐、休闲餐饮、农事体验等；在销售上，建立电商平台，构建线上线下一体化销售网络。

(2)组织振兴：发挥党支部的领导核心作用，坚持党建统领、协调各方，创新了“三位一体、五抓五促、四权治村”这些行之有效的模式和成功的探索；发挥新型经营主体的作用，三个合作社具体经营、具体操作、市场化运作，建立“村委—合作社—股东股民”资源整合的完整链条，建立村委—合作社—股民的利益分配机制，规定分配比例，不是吃干分尽、分干榨尽，这样能最大程度保障村民利益最大化，能把村集体的蛋糕越做越大、越做越强，确保集体有钱干事、村庄永续发展。

(3)生态振兴：树立绿水青山就是金山银山的绿色发展理念，看得见山、望得见水、留得住乡愁在这里体现得最为充分，一山一水、一草一木、一梯一田都能唤起我们儿时的欢乐和记忆。这里发展果蔬采摘，搞绿色种植，有水库青山，不见大拆大建，不见腾田挪地，不见乾坤大转移，而是依据实际、遵循规律、道法自然，保存住了最宝贵的生态环境，完美实现人、山、水、绿的天然合一。

(4)文化振兴：既有显在的文化设施，如文娱活动室、党建活动室、便民服务大厅、文化广场等，搭建活动载体，培育纯朴民风村风，以文育人、以文化人，让群众闲有所玩、娱有所得，又充分挖掘当地独有的自然资源和非物质文化资源，如孝贤文化、农耕文化、齐长城文化、山水文化等，把文化当成资本，把文化化成资源，形成靓丽的文化品牌，也让群众找到了根基，找到了心灵的寄托。

(5)人才振兴：一是本土人才，鼓励返乡创业，发挥新乡贤作用，二是吸引大学生外来人才，提供便捷条件，为乡村振兴提供了不竭动力和人才支撑。

4.教师总结

最后教师对马套村现场所见所闻谈谈个人的感想。内容如下：

一是乡村振兴，除了党建引领、好的政策外，要有敢想、敢干的带头人。

马套村之所以有今天的巨大变化正是因为有一位眼光独特、极具魄力、甘于奉献的老书记。在他的带领下大家植树造林、治山治水，为今天马套村的绿色发展打下了良好的基础。如今的肖书记放弃自己的事业参与集体管理，带头掏钱发展产业，产业壮大后率先退出让利于民，他们的奉献精神、以民为先的高风亮节，对马套村的发展起了至关重要的表率作用。

二是乡村振兴和美丽乡村建设，必须依托资源优势，找准产业定位，才能实现特色产业的优化提升。

马套村根据得天独厚的地形和气候条件(地处泰山山脉，气候属于暖温带半湿润大陆性季风气候，平均海拔在240米左右，昼夜温差大，光照时间短；远离城市和工业区，生态环境优越，水质纯净、土壤肥沃且略带酸性)，开发茶叶种植、引进先进的茶叶加工流水线，发展乡村旅游，成为今天交通便利、风景秀丽、环境优美、村容整洁、民风淳朴的美丽乡村，获得了许多的荣誉称号。它的成功证明一个乡村的发展必须结合自身资源优势才能发展壮大特色产业，才能实现绿色发展、振兴乡村的美好愿景。

三是抓好乡村振兴和美丽乡村建设，必须整合政策资金，强化基础设施建设。

马套村在美丽乡村建设等许多方面的基础设施投资，除了自己的收入以外，还争取了交通、水利、文化旅游等多个部门的政策性资金，才为马套村的发展奠定了经济基础。领导也是愿意扶持能办好事的村，也愿意把好政策交给放心的人。

总之，乡村振兴离不开党支部的引领、准确的产业定位和上级政策及资金的支持，更重要的是离不开一个能干、会干、敢干的共产党人：始终坚持党的原则和理想信念，诚心诚意为群众办实事、做好事，大胆工作，乐于奉献，吃苦在前，享受在后，时刻把群众的利益放在第一位，有了这样的领路人，乡村振兴之路才能走得越来越宽阔。

希望各位学员通过今天的现场体验、交流，学习马套村的各项管理制度，对大家今后的工作有所启发和借鉴，这样就达到了我们本次现场教学的教学目标和要求。最后留一个问题给大家，供大家思考。

问题与思考：借鉴马套村经验，结合本地区实际特点和发展优势，找出一条适合本地区发展、富有鲜明地域特色的乡村振兴之路。

（韩玫，社会和文化教研部副教授）

现场教学开发与组织实施

张芹玲

到2020年全面建成小康社会是全党当前的中心任务。作为建设高素质干部队伍的先导性、基础性、战略性工程，干部教育培训工作必须超前谋划、改革创新、及时跟进、主动作为，为全面建成小康社会、基本实现现代化提供思想政治保证、人才保证和智力支持。

改革创新是提高干部教育培训质量的不竭动力，是干部教育培训工作保持生机活力的必由之路。近年来，为提高培训实效，各地各部门积极推进干部教育培训方式改革，情景模拟、现场体验、案例教学等方式广泛应用。但是，就现场教学来说，大部分培训教师并不真正了解怎样才算是真正的现场式教学，普遍存在把现场教学简单理解为拉学员到现场走一下、看一下、听一下，并且，大部分的现场教学也是这样实施的。本教案根据亲身开发与组织的现场教学实践，"以案说法"，就什么是现场教学、现场教学的功能、如何选择开发现场教学点、采取哪些教学形式来组织现场交流互动、现场教学中需要的师资素质和能力如何等相关问题，与党校、行政学院系统教师进行研究性交流，服务于干部培训质量的提高。

[教学对象]

党校行政学院系统教师。

[教学目的]

本课程不仅要进一步提高党校行政学院系统教师对现场教学开发的认识，提高现场教学开发和组织实施能力，而且还期待与同行进一步交流探讨：一个现场教学能否变成另外一堂案例教学、情景模拟、访谈式教学甚至学员论坛？等等，如果依托一个教学案例把多个教学形式互动起来，干部培训或许会更鲜活些。

［教学准备］

课程前期准备主要做以下几项工作：一是调研。跟随参与不同班次去不同的省市以及省内的各种现场教学点，观摩和调研目前省内外现场教学的基本形式、实施步骤方法，掌握一手的教学素材资料，包括图片、音视频等。二是教学研究课题成果进课堂。主讲教师曾主持过院级创新课题《青州文化现场教学开发》课题，结合相关成果丰富本课程讲座内容。三是将学员针对现场教学提出的问题和建议整合进入本课程内容体系中。

［教学形式］

现身说法式讲授。基于本人亲自主导、设计并成功在学院各类班次上使用过几类现场教学，淡化理论说教，用案例探讨现场教学的开发需要具备哪些条件，探讨组织现场教学如何从细节入手避免现场教学发生"教学事故"。对多种教学形式融合进行未来设计探讨。成功开发一个现场教学，实际上完全可以再延伸开发一个案例教学、一个情景模拟教学或者访谈式教学等。课堂上采用互动式教学，与同行探讨感兴趣的教学研究共性话题，必定产生良好的互动效应。

［教学内容］

一、开场引言：现场教学开发的背景兼谈现场教学的意义

【教学场景】PPT 定格标题，主要是通过口述形式从谈现场教学开发的必要性开始，启发学员重视现场教学开发的意义。

社会和文化教研部着重从社会治理社会建设与文化建设方面进行科研和教学培训。鉴于师资原因，我们教研部除了在舆情管理、社会沟通方面有自己的特色以外，其他方面都明显不足。2015 年 10 月，国家行政学院在我们学院召开了全国文化建设教学观摩会议。因为是文化建设师资会议，组织方有意安排来自全国的师资到济南的文化类现场教学点去走走看看。遗憾的是，我们没有！山东是文化大省，但是山东除了曲阜建设了一个全国干部政德教育基地，文化类现场教学点和基地少有耳闻，这与文化大省的名号极不相称。这是我们要在省内开发现场教学点或基地的一个诱因。2016 年，学院决定由教研部尝试设计实施落实"三位一体"发展理念的专题研讨班。2017 年，学院将一个乡镇长示范班交由社会和文化教研部进行专题培训设计。围绕社会和文化教研部教学科研主要职能，决定主要课程围绕乡村振兴中的社会治理、乡村文化建设等。为做好这个专题班的培训工作，教研部组成团队开始寻找适合培训主题的现场

教学点。

获知潍坊青州正在打造“文化青州”品牌，开发团队便到了青州考察，发现青州文化资源丰富、从民间到政府文化底蕴深厚，尤其是市委、市政府利用青州地域文化特色进行产业打造和社会治理非常出色，决定开发青州现场教学点。但是因为异地，青州现场教学不适合半天的现场安排，适合两天、三天或者一周。如果培训时间限定半天的时间，去外地显然不合适。于是，我们对济南市又展开了现场教学点调研。利用节假日，去了省市级博物馆、文化馆、美术馆、图书馆等公共文化场馆，场馆建设硬件漂亮，但是人气不旺。去了济南市旅游局开发的文化街区百花洲、芙蓉街，但因地处景区中心地带，搞不好会引起社会舆论的误解。后来无意中得知济南市市中区利用工业文化遗产进行文化产业园区的开发很有特点，就分头组织老师前往考察调研。2016 年底，我们派老师先后考察了济南国际创新设计产业园、星工坊·飞尔姆乐园和 JN150 文化创意产业园(创意设计文化工场)。考察后，发现位于济南市市中区的创新设计产业园这个地方最适合，无论是园区特点还是空间距离都比较理想。在人们固有的意识里，很多人难以把工业设计与文化符号联系起来，市中区工业创新设计产业园实现了对既有的工业元素的艺术加工，一方面保护了“工业遗址”的生态原貌，另一方面工业设计师引入文化艺术元素，进行工业产品创新化设计，用文化来进行工业产品增值，而园区本身属于工业文化遗产再利用，将传统工业空间“盘活”而为开放性新式产业活动空间和公共活动空间融合的新“场景”。

【教学场景】播放园区精美的宣传视频，让学员间接感受选择现场教学点的出发点和价值点。

2018 年初，我院接到 3 年培训 2000 人乡镇长班的任务，学院进行教学改革，以招投标的形式进行课程招标。有老师想开发一个乡村振兴绿色发展方面的现场教学课程，向我咨询有关课程开发的事。之前因为参加济南市党校系统精品课程评选的活动，获取了长清区北马套村发展不错这个线索。给这个老师提供后，她立即展开调研，进行招标课程准备并中标。开课前，我们邀请财务人员又亲自跑了一趟现场，全面确认了整个现场教学的流程项目和场地费用以及出场讲师等相关细节。现在济南市长清区马套村这个乡村振兴现场教学点越来越成熟，受到每一期乡镇长学员的一致好评。

【教学场景】展示由参训学员记录的马套村现场教学“村居生活美　山麓茶园香”PPT。

上面介绍了我们开发现场教学的初衷和基本情况，下面结合我们的实践谈谈我个人对现场教学开发和组织实施的一些粗浅认识，供大家参考。

二、现场教学及其理论支撑

【教学场景】通过PPT进行基本理论或者知识的梳理。

1.何为现场教学

现在流行的把学员带出去走走、看看、听听是不是真正的现场教学？有没有实现培训目的？对这些问题我个人的看法是：

现场教学是：现场+教学→一种培训形式

(1)现场：历史的和现实的“故事、事件、实践活动”等发生的场地、场景。比如，临沂、遵义、井冈山、延安等地利用其红色旧居遗址实地打造现场教学，让学员在革命历史现场接受革命传统教育、学习优良作风、树立理想信念。我们开发的青州文化现场教学和济南设计创新园以及长清马套美丽乡村都属于此类。

(2)教学：带着学员到现场不是为了转转、看看，作为一种教学形式必须有培训逻辑和主题、有教学目的和内容，有提出问题、分析问题、解决问题的学员和专家、教师等。

(3)现场教学是一种教学培训方法。是教师和学员同时进入一种在特定场地、场景，利用现场各种资源、多种手段以及多种教学培训形式，达到提高学员思想认识水平、分析问题和解决问题能力的一种教学方法。

2.现场教学的理论支撑

(1)马克斯·范梅南(Max van Manen)：教育需要转向体验世界，体验可以开启我们的理解力，恢复一种具体化的认知感。体验性活动显然指的是走进火热的生活中进行体验。

(2)约翰·杜威(John Dewey)：现代教育理论的代表，区别于传统教育“课堂中心”“教材中心”“教师中心”的“旧三中心论”，他提出“儿童中心(学生中心)”“活动中心”“经验中心”的“新三中心论”(思维五步法)。

①准备一个真实的经验的活动场景，要有一个对活动本身感兴趣的连续活动。

②在这个情景中产生一个真实的问题，作为思维的刺激物，将学员置于欲解决疑难的境地。

③利用所提供的资料进行观察、操作，根据材料和亲身观察、操作做出种种假设。

④根据假设进一步观察事实，展开对设想的问题的解决方案和办法。

⑤有机会进行试验，验证解决问题的想法，自己去发现假设的想法是否有效。

(3)戴维·库伯(David Kolb)经验学习圈理论。他认为经验学习过程是由四个适应性学习阶段构成的环形结构，包括具体经验、反思性观察、抽象概念化、主动实践。

3.现场教学的基本功能

(1)现场环境压力迫使学员定向思考。学员到郭永怀纪念馆，听到一个个故事，看到一幅幅老照片，深切感受郭永怀对国家的爱、对祖国无私的奉献。种种磨难、种种坎坷为什么没有让一个科学家丧失对祖国的爱、对科学事业的爱？同样是禀赋自然资源条件不足的村庄，为什么马套村在几十年后竟然蜕变得如此美丽？这样的现场环境自然会增压人的思想去追问多个"为什么"。

(2)现场真实素材激发学员活跃思维。看到新奇就会问，有了问题就会激发寻求答案的欲望，对迫切通过培训提升解决问题能力的各级公务员尤其如此。所以，现场教学选择什么样的内容场景，以什么方式呈现都会影响学员思维的变化。激活是现场教学目的之一。

(3)现场人与人、人与事交互热烈，产生想解决自身问题的观念和假设。全省乡镇长班学员参加了长清区马套村的现场教学后，有些问题或者经验现场没能有机会得到解答，有的学员毕业后又专程去现场教学点学习取经。这就是经过现场教学的人与人、人与事交互影响后，结合自己实际工作产生了某些假设思想，事后又再次前往发生地寻找答案的生动事实。

(4)现场过后通过应用来验证生发的想法是否有效。学员们在现场教学中学到的经验方法，必然会借鉴到自己的工作实践中。

4.现场教学的基本类型

目前进行的现场教学大抵有两种类型：

第一类：各级组织部门参与的思想政治类、关涉意识形态文化的现场教学。比如，中组部管理的井冈山干部培训基地、延安干部学院所进行的各类现场教学；山东省曲阜传统文化政德教育基地、临沂革命文化红色教育基地、威海民族复兴干部教育基地等进行的各种现场教学。

第二类：根据学科专业要求或干部专业素质能力提升要求，由党校行政学院自主开发的各类现场教学。比如国家行政学院开发的"北京798艺术区"主要应用于文化现场教学。我们教研部开发的文化助力社会治理的青州现场教学基地、济南市工业设计国际创新创意产业园、长清区马套村的美丽乡村建设现场教学点等，分别适用于社会文化类课程设计单元。法学教研部开发的济南市中级人民法院现场教学则主要用于提升法治思维和依法行政能力等教学。

三、现场教学点开发与教学设计

基于我们自身实践来谈谈现场教学开发的基本步骤。有些步骤有先后之别，有些则是在行进中有多次反复。

1.现场教学开发

(1)根据培训逻辑明确现场教学主题需求意向。首先明确现场教学开发目的和培训主题要求，根据培训需求确定现场教学点的教学主题。当然，后期可以微调，但是主题方向必须相对具体，不可笼统。我们自主开发的几个现场教学点事先明确了考察主题，比如围绕基层社会治理的培训目的，确定“地域文化助推社会治理”现场教学培训主题；围绕乡村振兴培训要求开发了“美丽乡村绿色发展”现场教学。另外如“工业文化遗产与文化创意”；“社区社会组织参与社区治理”等，都是现场教学点考察确定前的主题意向。

(2)广泛调研考察现场点。根据确定的培训主题，通过不同渠道发现线索选点进行初步考察。调研考察与现场教学培训主题确定可以交叉进行，直到“主题点”与“培训点”基本匹配。

(3)深度参与初选点的各种活动或实践。带领学员参观现场，边走边看不是现场教学的目的和本质意义，而是能在现实场景中获取更多隐藏在呈现形态背后的东西，学到真经是目的。我们开发现场教学点不仅要选取入眼之景物，而且还要挖掘现场隐含的入脑入心之精髓。所以，必要的话，尽可能多地多跑几趟初步选取的现场点，多直接参与或间接参与他们的实践活动，在参与中发现亮点、发现问题，在参与中更加接近和确定现场教学主题，甚至在参与中发现更合适的在地师资(或者现场教学的讲解者、访谈嘉宾等)人选。现场教学不是现场参观，既然是教学，那么只要参与到教学环节中的在地人员，必须具备教师的基本素质，不仅有理论和实践，而且还要具备良好的口语表达能力和思辨能力。我们在开发现场教学点的过程中，先后数次参与当地的各种实践活动，比如济南市工业设计创新创意园教学点开发中，我们参与了他们的《台湾设计师走进齐鲁乡村》精准扶贫项目设计汇报会；参加了进驻园区的社会组织进行的各种活动；参与《社区基金参与社区治理分享讲座》；省、市、区三级政府部门服务园区的对接活动等，在参与各种活动中，我们不仅确定了不同班次在现场学习的内容，而且发现了非常优质的师资人选。仅这一个现场点，目前就有四位不同身份的人选参与到公务员培训的课程进来，有政府官员，有园区运营方的负责人，还有台湾设计师，还有社会组织负责人，等等。青州现场教学点，我们曾先后六次前往调研和参加体验“翰墨青州”国际书画节；非遗项目展演活动；农民画创作与产业运作，等等。参与并了解了活动，有利于我们自主设计教学内容、教学环节、教学形式，并能准确预估教学效果。我们自主开发的这些现场教学点之所以具有生命力，正是得益于对内容的挖掘深入到位。

(4)确定具体项目点和教学场所场景等。首先与当地主要负责人商洽确定符合培训主题的现场项目,确定教学流程。包括行进最佳路线、驻步地点、场景、教师讲解内容和教学时间控制等,并做出初步方案。其次,要考察确定教学需要的其他配套设施或设备,比如异地住宿、教室、现场互动空间大小、现场耳麦等。

(5)敲定参与教学的校院教师、在地专家(实践者)人选。教师人选直接影响教学效果,尤其对在地师资选择上。我们确定的基本原则是,既非以领导者身份为指向,亦非以形象口才俱佳的讲解员为首要,我们选择的是有理论、有实践的专家型人员参与到教学中来,不然违背了"教学"的目的。

(6)审核在地师资的讲稿内容。这一点很重要。首先,现场教学从内容到形式是我们设计的,讲什么内容是我们确定的,即便让在地人员讲,也要符合我们教学的需要,所以要审核。其次,在地人员没有经过授课专业训练,不免会跑题或出现其他意外情况。最后,有些基层干部或工作人员,长期与群众打交道,与群众交流用的大白话会说,但对工作进行提炼式概括并用一定术语表述可能会存在不足,甚至可能会造成某些表达上的"事故"出现。上述种种原因,都决定了上课之前的审稿环节是必要的。

(7)做出具体教学方案。教学方案要素除了包括教学时间、内容、形式、教师、场地或场景等,还应该有协调人、应急备选预案等。

(8)与财务人员沟通费用发生及结算方式等。通常来说,异地现场教学结算方式有规定"动作"。而本地现场教学如果因为路途等原因,无法按常规教学时间完成预期目标,为保证教学质量,就需要创新或变更某些费用结算方式。财务结算政策性强,教研人员无法确定的情况下,不妨邀请相关财务人员参与到前期准备环节,以保证不违规的前提下,协调协商好费用发生和发生的费用结算形式。

(9)模拟现场教学流程。开发了一个现场教学点或教学基地,在使用过程中会出现种种意外情况,所以,预先模拟完整的教学流程是必要的也是必需的。据了解,我院乡镇长班在威海进行异地教学一周,为了做好现场教学的衔接工作,威海市行政学院利用当地班次进行了一次完整的模拟并作相应的修改。即便如此,第一期乡镇长班结束后,根据学员反馈情况,随后的几期班次还是作了大量的调整,从项目点到教学内容都作了修改。我们开发了青州现场教学点以后,为了确保班次教学效果,专程去青州做了一次实地模拟,尤其让在地专家或讲授人进行了一次类似"试讲"的活动。现场模拟保证了现场教学效果完美呈现。

(10)向教务处提交现场教学方案予以审核。

2.教学设计

(1)多元结构化课程群。考虑现场教学目的和内容、现场资源条件、师资团队状况及计划课时等各种限制条件来设计，可形成不同形式课程群满足需要。

①讲座＋参观＋现场讲解＋讲座(PPT展示济宁政德教育课程设计)

②讲座＋参观＋现场讲解＋访谈互动＋点评(PPT展示美丽乡村——马套课程设计)

③考察＋现场讲解＋讲座＋互动访谈＋点评(PPT展示济南市工业设计创新园区教学设计)

④讲座＋考察＋现场讲解＋访谈互动＋案例教学＋模拟问政＋学员论坛(这是对未来进行的一个教学设计，主要目的是由现场教学深耕细作为一个完整的教学模块。以马套教学及有关马套村土地问题、学员疑问等基本材料为例，介绍未来课程设计)

【教学场景】PPT展示结构化课程。

(2)多层次师资配备。师资团队施行“统筹布局＋细致分工”。

发挥“本院校师资＋在地院校师资＋领导干部兼职师资＋现场师资”团队优势，根据培训时间和现场教学项目多少具体灵活搭配。下面是我们曾经进行为期一周的异地现场教学师资团队布局。

【教学场景】PPT展示教学团队构图。

团队成员职责具体如下：

总策划：总体规划、策划培训框架，定夺培训主题内容、形式等。需要掌握学科基础理论、了解把握时政要点、丰富教学经验。

教学主持人：统筹协调组织、执行。了解培训逻辑整体设计、组织协调能力和表达能力，形象好。

项目助理：负责具体事务联系、环节督促落实等。

专家队伍：专兼职教师，负责进行政策解释理论提升、解疑释惑、引领学员分析问题并提出解决问题建议。

在地实践者：介绍情况、实践做法等。

解说员：项目导游、场景等解说。

四、现场教学组织实施

以流程化管理来组织整个现场教学活动。

教学流程是教学管理各项环节单一性功能的有机整合。通过整合教研部门、教务管理部门、培训管理部门以及后勤保障等各部门的功能，完成一项教学任务。

1.教学流程设计基本原则

(1)控制原则。教师、学员、时间、场地、教学组织形式、经费等各种控制。

(2)精细化原则。时间进度控制、时间进度、教学形式以及配合的师资分配、课时分配、甚至讲课费多少等等都要进行精细化考虑。

(3)整合原则。各部门不同职责、相同职能的分工和配合。现场教学组织实施牵扯多部门配合,如果职责分工不明确,有可能影响教学活动。我院曾经发生过租用社会车辆用车无人签字、相互推诿的情况。这些看起来是小事,一旦发生不仅仅是影响教学活动,而且还会影响学院形象。

(4)增值原则。流程是为了增效,所以教学流程既要简洁、好操作,还要不能有漏项。

2.教学流程

教研部设计,教务处审定,教研部实施。

【教学场景】PPT展示青州现场教学流程、威海现场教学流程

3.学员组织管理流程

教务处设定,学员管理部门实施。

4.培训费用结算流程

教务处协调确定预算,培训处、教研部与财务处实施。

以上流程仅以我院为例,各院校可能会有所不同。

五、几点体会和未来需要重视解决的问题

1.开发团队要分工有序

现场教学开发工作不是一朝一夕,也不是一个人能够胜任的,需要团组共同完成。开发团队构成要分层分工。既要有整体统筹策划者,也要有不同层面的具体执行实施者。统筹策划者最好是学科带头人,了解政策掌握学科理论的同时,还应对干部培训有着丰富的教学经验。教学主持必须参与制订教学方案全过程,了解全部教学方案。参与组织实施各环节教学活动的教师具备行动力和执行力。主讲教师有深厚的专业理论功底和实践经验。

2.选取现场教学"点"决定现场教学成败

首先,现场教学点的主题要素要具备与目前热点、关注点、问题点、培训主题等相吻合,也就是点的"主题"提炼要到位,否则就有公费旅游嫌疑。比如,青州是"地域文化助推经济社会发展",市中区创新园是"工业文化遗产保护利用与文化创意对工业设计的价值再造""乡村振兴的样本——马套的绿色发展与新农村建设"。二是"点"上的人、景、物、事等要对人的视觉、听觉等感觉器官形成冲击,在视听盛宴中开阔视野。三是"点"与你能形成良好的互动关系。也就是这个"点"愿意配合你。一般来说,开发省内现场教学点,正面典型容易得到对方的高度配合,负面典型则难以为继。所以,目前大部分现场教学都是从正

面典型挖掘入手。有的地方出于自身发展宣传的需要会无条件配合，这样的现场教学往往可以开发到位，使用率也很高。但也有地方不愿意配合。比如，有老师发现了一个地方的特色产业发展得不错，前往调研时要各种证明、要求发工作函等，如此“不情愿”的地方除非有独特的现场价值，否则就及早放弃。四是“点”上的讲师人选必须有一定的概括能力和表达能力，如果再有些专业背景就更理想了。我们在开发济南市工业设计创新创意园的时候，多次与园区管委主任以及园区运营总经理接触，发现这两位来自不同领域、从事不同性质的工作的“70后”领导，具备培训师的优秀潜质。一是思维敏捷、表达清楚；二是两个人的经历都很丰富，都是从基层一步步地走上来的，有一个人甚至曾是高校教师；三是他们知识面广，政策抓取和理解把握敏锐。更重要的是他们敬业，是真正干事业的人。当决定让他们给我们的学员进行现场解说和双讲式互动教学以后，就开始了认真的备课，根据我们反馈的讲稿修改意见及时调整。比如第一次双讲的时候，运营总经理的课程定位是“工业设计创造价值”，讲授的都是很专业的工业设计知识点，处级干部学员听起来觉得很困难，也难以理解课程目的。通过沟通，下一个班次上，总经理很快就将授课主题转到文化要素文化创意对工业设计的价值创造。

调研的深度和广度，决定“点”的质效和持续运用的可能性。挖掘并拥有教学点本土高水平、高素养的兼职讲师或教授也是该现场教学点可持续的重要因素。

3.现场教学场景选择和设计很关键

比如，很多现场教学设计都会充分利用乘车这个时间段，由随车教师趁此做课程简要介绍或者参观项目基本情况。随车教师站在行进的大巴车上讲解存在行车安全隐患，有时音响效果也不尽如人意。威海市现场教学做法是：提前录制好相关解说内容，通过车载音响进行播放。如果参观考察的项目多，学员一直马不停蹄地走走停停，没有坐下来听或看的环节就很容易有疲劳感，课程效果也就不会很好。所以，教学场景选择和设计非常关键。

4.教学组织流程要有节奏

现场教学流程要有一定的节奏感。教学预热阶段不拘一格：提前给学员发纸质材料；运用新媒体在班级群里发视频或者PPT，提出课程要求；车载音视频推送等。参观互动、案例研讨、学员论坛等各阶段有个好的教学主持很关键，既能活跃课堂气氛，又能进行时间控制。课程结束后组织学员进行教学情况反馈必须落实到位，以便今后教学活动改进。

5.创新现场教学形式需要各种机制创新相配合

教研部开发了新的教学形式，还需要学院相关部门在教务管理、绩效考核方面等进行相应的机制改革，促进教学创新活动继续深入持续下去。

6. 现场教学主讲教师需具备的基本素质

掌握学科前沿、对政策理论有研究；熟悉干部教育培训方法；有控场能力（概括总结与组织控制）。

教师如何深度参与现场教学需要研究。目前专职教师还没有做到深度参与现场教学环节，专职教师如何融入现场教学成为新课题。

现场教学点或教学基地的使用与维护问题需要专题研究。

六、教师与学员互动环节

课程结束。

（张芹玲，社会和文化教研部主任、教授）

后 记

山东行政学院是参照《公务员法》管理的省政府直属单位，是国家公务员和国有企业管理人员教育培训的主渠道、公共行政理论和政府管理创新研究的重要基地、党委和政府决策咨询的思想库。教学培训、科学研究、决策咨询是行政学院的三项重大任务。近年来，山东行政学院以习近平新时代中国特色社会主义思想为指导，紧紧围绕省委、省政府决策部署，在教学培训、科学研究、决策咨询方面都取得了丰硕的成果。本书在教研部对部分优秀教案进行梳理、筛选的基础上，由教务处宫金琼、王世旭、阮冬梅等同志选编了33篇教案，汇编成册，出版发行。本书涵盖了政治、经济、文化、社会、法律等多个领域，紧密结合当前干部教育培训工作实际，聚焦当前干部培训教学的焦点、难点，是我院广大教师对新时代干部培训教学研究的重要成果。

在此，谨向在本书的编写和出版过程中给予支持和配合的各有关部门、各位领导和同志们表示衷心感谢！

山东行政学院

2018年9月